国家一流本科专业（南京师范大学－法学）建设点系列教材

新世纪法学教材

Moot Court Practice Textbook

模拟法庭实验教程

赵杰 主编
潘溪 金鑫 副主编

图书在版编目(CIP)数据

模拟法庭实验教程/赵杰主编. —北京:北京大学出版社,2020.11
新世纪法学教材
ISBN 978-7-301-31804-1

Ⅰ.①模… Ⅱ.①赵… Ⅲ.①审判—案例—中国—高等学校—教材 Ⅳ.①D925.05

中国版本图书馆 CIP 数据核字(2020)第 210443 号

书　　名	模拟法庭实验教程
	MONI FATING SHIYAN JIAOCHENG
著作责任者	赵　杰　主编
责 任 编 辑	徐　音
标 准 书 号	ISBN 978-7-301-31804-1
出 版 发 行	北京大学出版社
地　　址	北京市海淀区成府路 205 号　100871
网　　址	http://www.pup.cn　新浪微博:@北京大学出版社
电 子 信 箱	sdyy_2005@126.com
电　　话	邮购部 010-62752015　发行部 010-62750672　编辑部 021-62071998
印 刷 者	天津中印联印务有限公司
经 销 者	新华书店
	787 毫米×1092 毫米　16 开本　27.5 印张　635 千字
	2020 年 11 月第 1 版　2024 年 1 月第 4 次印刷
定　　价	69.00 元

未经许可,不得以任何方式复制或抄袭本书之部分或全部内容。
版权所有,侵权必究
举报电话:010-62752024　电子信箱:fd@pup.pku.edu.cn
图书如有印装质量问题,请与出版部联系,电话:010-62756370

编者简介

赵　杰　教授,硕士生导师,南京师范大学司法鉴定中心主任、法学院省级实验教学示范中心主任。从事高等教育四十余年,参编高校教材四部,获得省部级教学奖项三项,发表学术论文五十余篇。

潘　溪　副教授,高级实验师,法学博士。南京师范大学法学实验中心主任、司法鉴定中心副主任,兼任南京市玄武区人民法院副院长,中国法治现代化研究院研究员,江苏高校区域法治发展协同创新中心研究员,主持省部级课题两项,发表学术论文三十篇。

金　鑫　副教授,高级实验师,硕士生导师。国家级虚拟仿真实验教学一流课程核心团队成员,获得省级教学奖项一项,主持厅级课题两项,发表学术论文十余篇。

胡家栋　讲师,南京师范大学泰州学院法学实训教学中心主任,江苏省恒爱法律援助与研究中心发起人之一,参与省市多项课题,发表论文数篇,并以指导教师身份多次带队参加各类省市高校模拟法庭、模拟仲裁大赛。

何　瑶　南京师范大学中北学院助教,曾获红十字国际人道法模拟法庭大赛一等奖,主持西南政法大学行政法学院科研项目"中国特色监察官制度的运行与完善"。

编 者 说 明

　　模拟法庭实验教学是法学实验教学最经典的模式。通过模拟法庭实验教学的开展,可以丰富法学教学内容,完善法学教学手段,全面提升法学专业学生的业务素质和实践操作能力。通过模拟法庭实验室的建立,可以发展法学教学实践平台,为进一步拓展法学实验教学奠定基础。模拟法庭实验教学的开展,与理论教学一样,需要系统的理论和成熟的实验方案加以指导才能保证教学质量。而法律的不断修正和补充,对实验教学内容的与时俱进也提出了相应的要求。针对模拟法庭实验教学发展的需求,我们组织了几位长期从事法学实验教学的老师,结合我校法学实验教学实践,共同编写了这本《模拟法庭实验教程》。本书既有基础理论介绍,又有可以直接使用的实验教学模板,同时在立足国内三大模拟诉讼的基础上,还介绍了国际模拟法庭竞赛训练的内容,力求成为一本视野开阔且实用性强的实验指导书。

　　本教材撰写人员及分工如下：
　　第一章:赵杰；
　　第二章:赵杰；
　　第三章:金鑫；
　　第四章:第一、二节,潘溪；第三节,金鑫；
　　第五章:潘溪；
　　第六章:金鑫；
　　第七章:金鑫；
　　第八章:胡家栋；
　　第九章:何瑶。

目录

第一章 模拟法庭实验教学概述

第一节 模拟法庭实验教学的概念和分类 ········· 1
　一、模拟法庭实验教学的概念 ········· 1
　二、教学型模拟法庭与其他模拟法庭的区别 ········· 1
　三、模拟法庭的分类 ········· 2
第二节 模拟法庭实验教学的发展原理 ········· 3
　一、主体学习论 ········· 3
　二、情景认知论 ········· 4
　三、系统学习论 ········· 5
　四、学习迁移论 ········· 6
第三节 模拟法庭的教学地位 ········· 6
　一、模拟法庭托起法律实验室的教学平台 ········· 6
　二、模拟法庭为法学实验教学树立了范式 ········· 7
　三、模拟法庭实现实验教学的人才培养功能 ········· 8

第二章 模拟法庭实验教学的基础

第一节 模拟法庭基础设施 ········· 11
　一、模拟法庭基础建设的目的 ········· 11
　二、模拟法庭基础建设的基本原则 ········· 13
　三、模拟法庭的硬件建设 ········· 14
　四、模拟法庭的软件建设 ········· 16
第二节 模拟法庭实验教学的组织和实施 ········· 17
　一、模拟法庭实验教学的组织原则 ········· 17

二、模拟法庭实验教学的课程安排 …………………………………… 18
　　三、模拟法庭实验教学的组织模式 …………………………………… 19
　　四、模拟法庭实验教学的检查和监督 ………………………………… 19
第三节　模拟法庭实验教学评价体系 ……………………………………… 20
　　一、教学评价的目的 …………………………………………………… 20
　　二、教学评价的内容 …………………………………………………… 21
　　三、教学评价的方法 …………………………………………………… 24

第三章　模拟法庭基础知识

第一节　法庭的空间与座次关系 …………………………………………… 26
　　一、法庭的空间设置 …………………………………………………… 26
　　二、审判区的座次关系 ………………………………………………… 27
　　三、国徽的悬挂 ………………………………………………………… 28
第二节　法庭的着装规范 …………………………………………………… 28
　　一、真实法庭的着装规范 ……………………………………………… 29
　　二、模拟法庭的着装要求 ……………………………………………… 31
第三节　法庭的基本礼仪 …………………………………………………… 32
　　一、法槌的使用 ………………………………………………………… 32
　　二、到庭 ………………………………………………………………… 33
　　三、起立 ………………………………………………………………… 33
　　四、发言秩序 …………………………………………………………… 33
第四节　法庭的行为规范 …………………………………………………… 33
　　一、共同的行为规范 …………………………………………………… 34
　　二、不同角色的行为规范 ……………………………………………… 35
　　三、模拟法庭的行为规范 ……………………………………………… 37

第四章　模拟庭审程序训练

第一节　模拟法庭分项训练实验方案 ……………………………………… 39
　　一、法庭询问模拟演练的实施 ………………………………………… 40
　　二、法庭举证与质证演练实施方案 …………………………………… 42
　　三、法庭辩论模拟演练的实施 ………………………………………… 45
第二节　模拟法庭综合实验流程 …………………………………………… 47
　　一、法庭环境 …………………………………………………………… 47
　　二、模拟案例 …………………………………………………………… 48

  三、课程设置 ……………………………………………… 49
  四、文书材料 ……………………………………………… 49
  五、庭前分工 ……………………………………………… 50
  六、彩排与案例沟通 ……………………………………… 50
  七、庭审流程与环节 ……………………………………… 51
  八、总结评价 ……………………………………………… 52
 第三节　模拟法庭的语言规范 ……………………………… 53
  一、法官的语言规范和技巧 ……………………………… 53
  二、检察官的语言规范和技巧 …………………………… 56
  三、律师的语言规范和技巧 ……………………………… 58

第五章　模拟法庭法律文书

 第一节　辩护词与代理词 …………………………………… 60
  一、辩护词 ………………………………………………… 60
  二、代理词 ………………………………………………… 63
 第二节　诉状 ………………………………………………… 64
  一、起诉状 ………………………………………………… 64
  二、上诉状 ………………………………………………… 67
  三、答辩状 ………………………………………………… 69
  四、刑事反诉状 …………………………………………… 71
 第三节　人民检察院起诉书与抗诉书 ……………………… 72
  一、人民检察院起诉书 …………………………………… 72
  二、刑事抗诉书 …………………………………………… 80
  三、民事抗诉书 …………………………………………… 84
  四、行政抗诉书 …………………………………………… 85
 第四节　判决书 ……………………………………………… 87
  一、第一审刑事有罪判决书 ……………………………… 87
  二、第二审刑事判决书 …………………………………… 103
  三、第一审民事判决书 …………………………………… 107
  四、第二审民事判决书 …………………………………… 110
  五、第一审行政判决书 …………………………………… 113
  六、第二审行政判决书 …………………………………… 121

第六章 刑事诉讼模拟审判

第一节 刑事诉讼庭审流程与实训要求
一、刑事诉讼庭审流程 …… 125
二、刑事诉讼模拟案件的训练要求 …… 132

第二节 刑事诉讼一审案例 …… 132
✦刑事诉讼一审案例1：夏×危险驾驶案 …… 132
　一、示范案例 …… 132
　二、示范案例裁判文书与点评 …… 146
✦刑事诉讼一审案例2：丁××以危险方法危害公共安全案 …… 149
　一、示范案例 …… 149
　二、示范案例裁判文书与点评 …… 160

第三节 刑事诉讼二审案例 …… 163
✦刑事诉讼二审案例1：吴×华非法拘禁案 …… 163
　一、示范案例 …… 163
　二、示范案例裁判文书与点评 …… 175
✦刑事诉讼二审案例2：高×故意杀人案 …… 177
　一、示范案例 …… 177
　二、示范案例裁判文书与点评 …… 188

第七章 民事诉讼模拟审判

第一节 民事诉讼庭审流程与实训要求
一、民事诉讼庭审流程 …… 201
二、民事诉讼模拟案件的训练要求 …… 210

第二节 民事诉讼一审程序 …… 210
✦民事诉讼一审案例1：张×与周×离婚纠纷案 …… 210
　一、示范案例 …… 210
　二、示范案例裁判文书与点评 …… 214
✦民事诉讼一审案例2：刘××房抵快贷金融借款合同纠纷案 …… 215
　一、示范案例 …… 215
　二、示范案例裁判文书与点评 …… 240

第三节 民事诉讼二审程序 …… 247
✦民事诉讼二审案例1：于××与仇×、楼×等机动车交通事故责任纠纷案 …… 247
　一、示范案例 …… 247

二、示范案例裁判文书与点评 ··· 263
✦民事诉讼二审案例 2：严×与王×等民间借贷纠纷案 ··············· 266
　　一、示范案例 ··· 266
　　二、示范案例裁判文书与点评 ·· 271

第八章　行政诉讼模拟审判

第一节　行政案件庭审流程与实训要求 ·· 278
　　一、行政案件庭审流程 ··· 278
　　二、行政诉讼模拟案件的训练要求 ···································· 286
第二节　行政诉讼一审案例 ·· 286
✦行政诉讼一审案例：李×诉山城市城市管理行政执法局规划行政
处罚案 ··· 286
　　一、示范案例 ··· 286
　　二、示范案例裁判文书与点评 ·· 298
第三节　行政诉讼二审案例 ·· 302
✦行政诉讼二审案例：××雅惠美容化妆品有限公司诉民安市鼓楼区
市场监督管理局、民安市鼓楼区人民政府行政处罚决定案 ············ 302
　　一、示范案例 ··· 302
　　二、示范案例裁判文书与点评 ·· 323

第九章　国际模拟法庭竞赛训练

第一节　比赛介绍 ·· 329
　　一、杰赛普国际法模拟法庭大赛 ······································· 329
　　二、威廉·维斯国际商事仲裁模拟仲裁庭大赛 ··················· 330
　　三、红十字国际人道法模拟法庭大赛 ································ 330
　　四、国际刑事法院模拟法庭大赛 ······································· 331
　　五、ELSA-WTO 模拟法庭大赛 ··· 331
　　六、曼弗雷德·拉克斯国际空间法模拟法庭大赛 ················ 332
　　七、国际航空法模拟法庭大赛 ·· 332
　　八、史丹森国际环境法模拟法庭大赛 ································ 332
第二节　基本流程及比赛规则 ·· 333
　　一、关于参赛队伍 ··· 333
　　二、关于比赛案例 ··· 334
　　三、关于书面陈述 ··· 334

四、关于对手匹配与立场选择 …………………………………………… 335
　　五、关于口头辩论 ………………………………………………………… 336
　　六、关于初赛评分 ………………………………………………………… 337
　　七、关于决赛队伍 ………………………………………………………… 338
　　八、关于季军附加赛 ……………………………………………………… 338
　　九、关于帮助 ……………………………………………………………… 338
　　十、关于奖项 ……………………………………………………………… 338
　　十一、关于规则解释 ……………………………………………………… 339
　第三节　赛前准备及比赛技巧 ……………………………………………… 339
　　一、赛前准备 ……………………………………………………………… 339
　　二、比赛技巧 ……………………………………………………………… 340

附　录

中华人民共和国法官职业道德基本准则 ……………………………………… 359
中华人民共和国人民法院法庭规则 …………………………………………… 362
关于人民法院案件案号的若干规定 …………………………………………… 366
法官行为规范 …………………………………………………………………… 369
诉讼费用交纳办法 ……………………………………………………………… 382
人民法院法官袍穿着规定 ……………………………………………………… 390
人民法院法槌使用规定（试行） ………………………………………………… 391
人民法院司法警察条例 ………………………………………………………… 392
人民法院司法警察值庭规则 …………………………………………………… 396
中华人民共和国检察官职业道德基本准则 …………………………………… 398
检察官职业行为基本规范（试行） ……………………………………………… 399
公诉人出庭行为规范（试行） …………………………………………………… 403
检察机关文明用语规则 ………………………………………………………… 408
律师执业行为规范（试行） ……………………………………………………… 412
关于依法保障律师执业权利的规定 …………………………………………… 422
律师出庭服装使用管理办法 …………………………………………………… 429

第一章

模拟法庭实验教学概述

第一节　模拟法庭实验教学的概念和分类

模拟法庭实验教学作为法学人才培养最常用且卓有成效的实验教学模式,已经得到世界范围法学教育的认可,我国法学教育已经明确将模拟法庭实验教学作为法律人才培养的基本手段,通过模拟教学形式让学生学会"像法律人一样思考和行动"。然而,究竟什么是模拟法庭?模拟法庭是一门独立的课程,还是一种不同常态的教学方式,或者是人才培养的模式之一?在开展模拟法庭教学之前,关于模拟法庭实验教学的概念等问题首先需要厘清。

一、模拟法庭实验教学的概念

模拟的意思是模仿和比拟,简单地说就是通过模仿诉讼中的人物设置和场景,比拟诉讼环境和行为规则开展的教学活动。模拟法庭实验教学是指在专业教师的指导下,以一定的案情为剧本,由学生分别担任诉讼中的人物角色,在仿照的法庭审理环境中按照法律程序开展诉讼活动的体验式教学活动。

模拟法庭实验教学广义上是指模拟诉讼的全过程,即与诉讼有关的任何阶段模拟式教学都是模拟法庭教学,比如,刑事案件的立案、侦查,民事案件的执行等。狭义上的模拟法庭实验教学是特指模拟法庭审判阶段的教学活动。

二、教学型模拟法庭与其他模拟法庭的区别

1. 与普法型模拟法庭的区别

教学型模拟法庭与普法型模拟法庭虽然在形式上类似,但目的不同。普法型模拟法庭通过人物表演的方式,将某一个典型案件的审判情景演绎出来,用于说明某种行为的违法性,向社会宣教法律后果,从而实现观摩者接受教育目的。其表现的重点在于案情内容和审判结果,案情要浅显易懂;模拟法庭人物角色不一定是法律学习者,可以是普通群众或真正的审判者,审判程序也可简略。而教学型模拟法庭重在过程体验,人物角色必须由学习者担任,演绎的案件不一定具有经典意义,但通常有辩论价值,而且,不一定要有最后的审判结果。

2. 与司法改革型模拟法庭的区别

司法改革型模拟法庭,旨在探索司法改革的路径研究,通过反复试验,发现现有庭审模式或程序存在的问题,并寻找改革的方案;或者对新的法律法规进行试点落实,通

过模拟法庭的演绎,发现对法律法规理解上的分歧或障碍,进一步找出解决问题的方法。相比较教学型模拟法庭,司法改革型模拟法庭探索的问题是更高层次的,模拟法庭人员主要由在职的司法专业人员担任。由此可见,教学型模拟法庭与司法改革型模拟法庭最大的区别就是目标不同,教学型模拟法庭模拟的是入门级案件,目标是为了培养未来型法律人才。

三、模拟法庭的分类

1. 按照案件性质适用的法律不同,分为刑事、民事和行政案件的模拟法庭

刑事案件针对的是具有社会危害性的犯罪行为,适用的是最严厉的刑法,诉讼程序上适用的也是相对严谨的刑事诉讼法;民事案件针对的是平等民事主体之间的矛盾纠纷,适用的法律较为广泛,诉讼程序上适用的是专门的民事诉讼法;行政案件针对的是行政主体在处理行政事务过程中与民众产生的矛盾纠纷,解决案件适用的是行政法,同样有与之配套的行政诉讼法。三大诉讼程序虽然有相似的规定,但差异也有本质的不同,对某一类诉讼程序的掌握并不能替代其他诉讼程序。因此,按照适用的诉讼程序法不同,分成不同类型的模拟法庭不仅合理,也非常必要。

2. 按照诉讼跨度的不同,分为阶段性模拟诉讼和全程模拟诉讼

诉讼程序由若干个阶段性程序构成。例如刑事诉讼,可以分成侦查程序、审查起诉程序和审判程序。每个程序又由若干小程序构成,如审判程序包括简易程序和普通程序,也包括一审、二审和再审程序。一次实验教学完成全部诉讼程序几乎是不可能的,而且也不符合教学规律。因此,大部分院校开设的模拟法庭是阶段性模拟诉讼程序实验,只有少数是在综合演练时采用一个案件走完全部诉讼程序的模拟诉讼实验。了解这样的分类,有利于我们合理地分配实验教学时间,有选择地开展实验教学内容,科学地安排模拟法庭实验教学类型,正确地考评教学质量和学生能力。

3. 按照教学方式的不同,分为单项模拟和综合模拟

诉讼程序按照步骤由若干个小程序构成,每个程序又由不同的技能加以支撑。例如在刑事案件的开庭审判中,作为律师,需要会与被告人沟通、会阅读卷宗快速了解案情、会询问证人、会收集证据并举证、会辩论与反驳等;作为控方检察官,必须会审查证据、会写起诉意见书、会质证鉴定意见、会辩论和反驳等;作为审判员,必须熟悉审判程序、掌控法庭进程,会写审判文书等。每一项技能培训都可以采用单项模拟训练的方法实现,在完成各种技能模拟训练的基础上,再进行相对独立程序的模拟训练。这样的分类方式旨在提醒教学者,模拟实验教学也应该通过分层次递进式实现,由单项基础训练开始,逐步扩展模拟实验的内容,直至学生有能力完成完整的模拟法庭诉讼实验,有效发挥这一实验教学形式在人才能力培养方面的功能。

4. 按照教学效果的不同,分为验证型实验和设计型实验

实验教学按照实验的难度和效果分成观摩型(示范型)、验证型和设计型实验。观摩型和验证型实验都是实验教学的初级形式。由于法庭实验教学的观摩通常采用去法院观摩真实庭审的方式,观摩的是真实的法庭,尚且不能将其称为模拟,因此,验证型实

验就是模拟法庭的初级形式。学生通过对模拟法庭中不同角色的扮演,体验开庭审判的基本程序和要求,体验不同角色的法律地位和基本心理感受,故验证型实验又称为体验型实验。验证型实验停留在重复验证层面,未能发挥学生的自主能力和独创性,而设计型实验则能很好地激发学生的潜能,考验学生对基础理论的理解程度以及对基本技能的灵活运用能力。设计型模拟法庭实验通常没有标准答案,只有基本的案情,一切都要靠学生的专业水准和个人能力的发挥,每一个人的努力都有可能扭转案件的发展方向。相比较而言,设计型实验更能全面培养学生的专业素养。设计型实验是模拟教学中的高等级实验,也是教育部大力推广的实验教学模式。

5. 按照实验方式的不同,分为计算机虚拟实验和实物操作实验

虚拟仿真实际上是一种可创建和体验虚拟世界(virtual world)的计算机系统。这种虚拟世界由计算机将现实世界在计算机系统里再现,通过人机对话,现实中的每个人都可以成为虚拟世界的一员,并在虚拟世界发挥着影响力,同时让实验操作者获得接近现实的体验。计算机虚拟仿真技术的发展,为实验教学带来革命性的突破。虚拟方式解决了很多实验由于现实危险而难以开展的难题,或者因需要昂贵的设备或庞大的操作空间而无法实现的障碍,因此,很多教学实验都开始采用虚拟方式来代替。模拟法庭也有虚拟法庭实验,所有的参与者都是通过计算机系统参与庭审过程,遵照庭审程序进行交流对话,虽然不一定能完全感受审判现场的氛围,但不受环境资源甚至时间的限制自由开展模拟诉讼程序还是有其优越性的。不过同样有人质疑虚拟世界难以替代真实环境下的体验,庭审环境、人物情景、情感反应都是虚拟的,难以对人的感官形成刺激,不能达到心智联动的训练效果。实物操作实验是指传统的实验教学方式,学生在模拟的实验环境中开展实验教学。这种教学相对于虚拟实验,触感真切,情景体验更强烈,能够较好地激发实验者的潜能,更符合实验教学的要求。

第二节　模拟法庭实验教学的发展原理

一、主体学习论

传统的教学思想强调教师在教学活动中的主体地位。以教师为主体的教学改革,更多的是探讨教师在教学模式、教学方法上的改革,忽略了教师和学生在教学过程中通过互动来激发学生的求知欲和潜在能力,更忽略了学习者的主观能动性。众所周知,最失败的教育就是让学习者失去了学习的兴趣和乐趣。教师的教学方法虽然在不断改进,教学形式也在不断变革,但如果学生被动地接受知识的形式不变,则难以唤起学生的好奇心和挑战未知世界的欲望,教学始终无法摆脱灌输形式的桎梏,教学质量也就难以实现质的飞跃。基于对传统教育的反思,现代教育理论越来越强调学习者的主体地位。现代教育理论认为,尽管学生是被教育的对象,但教育的目的就是让其逐渐脱离教学对象的身份,而逐步成长为教学的主体。用最简单的语言归纳就是,教育的目的是让学生从"要我学"向"我要学"的方向成长。为此,我们的所有教学改革应当围绕这样一

个方向进行;教学活动不再是教师一个人的舞台,而是有了学生的加入;教师与学生之间不再是教学主体与客体,而是教学主体与另一个教学主体的关系;教师的功能在于运用恰当的教学手段,让学习者产生好奇心和求知欲,让学生积极主动地建构自己的知识体系,形成需求导向,让两者的积极性都得到发挥,并形成一种良好的互动关系,最终使教学质量得到根本性的改善。

模拟法庭实验教学是典型的以学生为主体的教学形式。一般讲授的教学环节,教师是主导,是主动积极的一方,学生被动接受知识;而模拟情景下的教学环节,学生则成为主导,主动地去发现问题,运用知识分析解决问题。模拟法庭的所有角色都是由学生承担,他们是这场实验教学的绝对主角,在实验教师的指导下,除了基本的案情,他们可以置身于与真实法庭同样的场景中,身着不同角色的服装,对案件作出自己的判断。即使没有担当角色的学生,也会对模拟法庭实验表现出极大的关注,关注案件审判是否按照自己的预期往前推进,观察担当角色的学生在实验中的表现、在案件审理中的成与败,并形成自己的感悟和总结。参与实验的学生收获的不只是对专业知识的重温和深化,也是对以往理论学习成就的检讨,还包括对未来工作角色的认知,以及兴趣的发现、情感体验等被动教学所难以获得的内容。在模拟法庭中,指导教师设计案情、组织模拟实验、提出指导方案、给予总结点评,依旧保持教学主体的地位。总之,模拟法庭实验教学可以使教师的主导作用和学生的主体作用有机地结合起来。学生虽然是学习的主体,但要考虑到学习者学习能力和背景的差异性,学习者对主体的担当也存在差异,教育主体要尊重学生的差异性,坚持引导和帮扶,让学习者最终能实现学习思维的转换。

二、情景认知论

捷克著名教育学家夸美纽斯曾说过,"一切知识都是从感官开始的"。《MIT认知科学百科全书》也强调,"情境是一切认知活动的基础"。情景认知是人类知识的启蒙,也是持续获得知识的重要方式,同时也是教学中的"金科玉律"。特别是人文学科知识的发展与行为、环境密切相关,没有情景体验,学习将缺乏能动性和效率,因此文科实验课程最根本的目标就是教学的有效性,即需要通过创设一种与社会生活相近的功能性情境,在该情境中学生通过从事与环境相一致的社会活动,从而将书本上的抽象理论转化为情境学习理论认可的知识。情景认知论运用到教学过程中就称为情景教学法。所谓的情景教学法就是教师按照人才培养目标的需要,根据课程教学大纲和教学内容,模拟出特定的社会场景,将学生置身其中,通过实际操作获得的感受和体验帮助其理解理论知识,培养多种行为能力。

模拟法庭实验教学是典型的情景教学法,它是对诉讼审判活动的形象模拟。通过模拟真实法庭的实验环境,模拟诉讼中的某一阶段或某个诉讼环节,让学生扮演诉讼中的各类人物角色,按照一定的程序和步骤,解决在现实生活中发生的法律问题。在模拟情景下,学生在特定的法律事件的环境中,感受和体验法律事件的背景,找到解决问题的方法。在这个过程中,学生必须依靠自己拓展逻辑思维,积极主动地寻找解决问题的方式和路径,还要懂得如何去倾听以及与诉讼各方进行沟通,学会抓住问题的关键,并结合专业知识加以分析。学生的思考分析、判断和解决问题的能力,以及决策、表达沟通能力等都得到了有效的锻炼和提升。同时"通过不同角色的扮演,使学生亲身体验到了法律职业中不同角色的道德要求,有利于其道德认知的内化即法律职业道德情感和态度的养成"①。

情景教学法的核心不是情景的创建,而是教学法。完整的情景教学法内容应当包含以下几部分:情景的创建、实验教学大纲、实验指导教程、教学案例、教学效果评价体系。(1)情境的创建。情景的创建通常分为两部分:一是场景的建设,如模拟法庭的建立、案例分析室的建立、调解室的建立等,相当于硬件的建设;二是与案件相关情景的建立,如刑事案件要求严肃谨慎,民事调解过程则可能会出现讨价还价,总之情景要切题,具有个案特色。(2)实验教学大纲。教学大纲是用以确定教学目的、教学课时等内容的纲要。教学必须有章法,实验教学也是如此。(3)实验指导教程。实验指导教程相当于实验教学教科书,虽然实验教学是对理论教学内容的实践,但也是对理论教学欠缺内容的弥补,有着理论教学无法覆盖到的知识。例如,送达、立案、庭前会议等操作技能方面的知识,正是实验指导教程的主要内容之一。实验指导教程也是指导教师开展模拟情景教学的指导书。(4)教学案例。教学案例的选择是情景教学法的重中之重,案例的选择和编辑对学生能否实现情景体验非常关键,案例要接近真实,才能产生情感上的共鸣,要对学生提出思考,要对能力产生提升,同时还要符合教学的规范。案例可以来源于实践,又要通过后期加工达到教学的要求。(5)教学效果评价体系。评价体系是对教学活动的总结,也是对教学效果的反馈,包括对案例选择是否恰当、指导教师的引导工作、学生角色担当等的评价。拥有科学合理的评价体系,有利于教学效果的改进和对学生努力的肯定,从而能够提高学生的学习热情。

三、系统学习论

知识的价值就是通过其体系化架构,将零碎的学习内容加以整合,使其整体发挥作用。知识的功能在于解决问题,如果所学的知识一直呈现碎片状,彼此间缺乏联系和照应,即便拥有海量知识,也只能是零件,无法形成正常运转的仪器设备。所以,人才培养中知识体系的架构非常重要。而知识的架构主要依靠两个方面:一是课程的设置,课程的设置必须像建造金字塔,先铺垫宽大的基础再逐步叠加高度,依次增加难度;二是教学模式,合格的教学模式如同建筑中的黏合剂,让所学的知识彼此连接,互为补充和增强。我们为学生开设了一门门独立的课程,每门课又是独立教学,课程内容如果不通过一定的形式形成交互,彼此间隔,学生的学习只能说掌握了各个方面的法律知识,但并不具备运用知识的能力。正是由于知识碎片难以发挥作用,需要通过整合方式将其系统化。一方面,在课程安排上,形成科学的课程体系,由浅入深,由基础理论逐步上升到

---

① 房文翠:《法学教育价值研究——兼论我国法学教育改革的走向》,北京大学出版社 2005 年版,第 115 页。

应用理论;另一方面,在教学方法上,除了传统的理论教学,还采用多种形式的实践教学,旨在让学习者通过实际操作,用理论知识指导行动。理论转化过程就是一个知识整合的过程,也是知识系统化的过程。

四、学习迁移论

学习迁移理论是心理学对学习方式的研究成果,简单地说就是一种学习对另一种学习的影响,或习得的经验对完成其他活动的影响。例如,学习写毛笔字对后来学习写钢笔字就能产生积极的迁移影响。关于学习迁移理论目前有形式训练说、相同要素说、经验泛化说、分析概括说、转换说、学习定势说和能力说。不管哪一种学说,都确认任何一种学习都要受到迁移的影响,可以说学习是迁移的持续和稳固。但迁移的影响结果并不都是正向的,当一种学习对另一种学习起促进、助长作用时,称为正迁移;当一种学习对另一种学习起干扰、抑制作用时,称为负迁移。① 通常认为学习的正迁移量越大,说明学习产生的适应新的学习情境或独立解决问题的能力就越强。因此,根据学习迁移理论,若要提高学生对新知识的学习能力,早期教育为其积累的正迁移量很重要。知识的学习是一个方面,学习方法的拓展则是教育的另一个重要方面。

法学是一门实践性很强的学科,这点已经得到公认,我们的法学教学改革一直在致力于弥补学生法律综合能力、素质训练和技能培养的不足。开设模拟法庭课程,就是希望学生能像法律人一样思考和行动。根据学习迁移理论,当拥有了法学理论知识后,按照相同要素说,两种学习之间相同的要素越多,正迁移量也就越大,也就是法律实践能力的获得变得越加容易。采取模拟法庭教学法,通过模拟法庭的教学平台,让学生亲自操作法庭诉讼的全过程,将法学知识转化为法律实务能力。我们的教学最终培养的是解决社会问题的法律人才。学生在未来的工作环境中,仍然有大量的知识和能力需要依靠自己的努力去扩充;同理,模拟法庭的实践,与未来要学的知识有着大量的相同要素,正迁移量的积累能更好地帮助学生接受新的知识,更快适应法律实务的需要。

第三节 模拟法庭的教学地位

一、模拟法庭托起法律实验室的教学平台

为强化实践教学,提高人才培养质量,各法学高等院校纷纷开展法学实验教学,最先引进的实验教学形式就是模拟法庭,首先建设的实验室是模拟法庭实验室,首次开设的课程也是模拟法庭教学。模拟法庭基本上就是法学实验课的开山之作,也是实验教学的核心。众所周知,文科实验教学处于刚刚起步阶段,还没有成熟的模式,不论是实验教学课程的设置,还是实验室的建设管理,以及实验室文化的建设,都处在探索中。对于文科性质的法学,实验教学开展也属于盲点,是当前法学还一直置于首位的改革重

---

① 参见朱少山:《学习迁移理论在法律专业教学中的应用》,载《黑龙江教育》2006 年第 10 期。

点。没有实验室支撑的实验教学更是如无根浮萍,因为实验教学与理论教学一样,不仅需要教材、教学大纲和专业师资,还需要实验场地建设、管理和维护。

法学实验教学不同于理工科,后者的实验室建设历史悠久,拥有专业管理团队和成熟的实验教学体系。没有实验室,就不可能配备专业的实验管理教学人员,就没有专业的管理,相关的制度建设不起来,设备也就没有专人定期维护,没有了人和制度也就没有持久发展的可能。法学实验缺乏立足的基础,缺乏持续发展的生命力,只能寄生在理论教学中。可以对比,凡是拥有专门的实验室、有独立的实验人员编制、有一套独立的实验教学体系的院校,法学实验教学做得风生水起;相反,凡是兼职型的院校,没有人以实验教学为职业发展方向,导致实验教学和管理人员经常变换,没有专业队伍作支撑,实验教学始终驻足于初始阶段,很难有所进展。对此,法学教育家孙晓楼先生早就指出:"研究法律的当然也应当注意法律的实验,所以于学校的设备方面,所谓的法律实验室,即模拟法庭,也不可不加以相当的注意。"[1]建设模拟法庭实验室只是法学实验教学立足的第一步,有了实验室后,通常会在模拟法庭的基础上进一步拓展实验内容、项目和类型,有的学校已经发展出模拟法庭、法律诊所和法律实训基地三位一体的法律综合实验中心,并由模拟法庭教学衍生出各类模拟法庭大赛。从某一区域高校模拟法庭竞赛,到依照不同专业进行细化,如知识产权模拟法庭、家事案件模拟法庭等。不仅在国内开展竞赛,同时也积极参与到国际模拟法庭赛事中去,不断创出新高。可以说,模拟法庭是法律实验教学的基地,是对法学实验教学地位的宣示,是对法学实验教学的物质人力保障,是法学实验教学管理的平台,也是法学实验教学持续发展的载体。

此外,拥有了实验室,才能进一步发展法学实验室文化。实验室文化是高校文化建设的重要组成部分,也是实验室得以继承发展的精神内核。它是高校文化塑造和孕育的产物,又影响和推进了高校文化建设。实验室文化可以有效地增强实验团队的凝聚力,把个人融入集体中,扩展实验教学的发展空间。对外,积极健康的实验室文化是一种形象,反映的是实验室的精神面貌、实验室环境、管理水平、学术氛围等,它如同一面镜子,向社会展示实验室的形象。法学实验文化也从无到有,从浅层次物质文化发展到务实型的管理文化,最终内化成精神面貌向学生传递。现在各个高校在原有的模拟法庭基础上不断改进教学模式,如中国政法大学,将单一的模拟法庭实验教学分解成多步骤实验教学,实验室也随之分化成多个实验室,有"审判卷宗副本阅览室""庭审实况录像转播室"等,模拟法庭课程也由一门发展成九门,这是对模拟法庭教学最好的演绎。

二、模拟法庭为法学实验教学树立了范式

实验教学模式开启实验教学的基础,是实验教学走向成熟的标志。所有的教学探索,首先研究的就是该门课程的实验教学模式,确认成熟可行才会进入到实际教学中。一项实验教学模式至少包含四个板块内容:实验教学大纲、实验指导方案、实验指导案例、结果评价体系。不论是模拟法庭还是诊所式教学,都是经过理论上深入研讨、实践

---

[1] 孙晓楼:《法律教育》,中国政法大学出版社1997年版,第92页。

上多次演练修订、教学效果上充分论证才成就现在的基本教学模式。模拟法庭实验并非只是模拟庭审过程那么简单,模拟法庭实验是一个综合实验模块,是由多个实验项目架构而成的。首先是单项练习,如诉讼中各类文书的写作,还有如何会见当事人、如何审查卷宗等。如果再细化,按照三大诉讼的不同,刑事案件要会证据交换,能主持庭前会议;民事案件要懂得如何进行财产保全,如何在法庭上释明,如何进行调解和谈判;行政案件要学会如何取证,如何送达等。只有在获得基本技能的基础上,才能进行综合层次的实验——模拟法庭审理过程。综合层次实验教学也可分为验证型和设计型:验证型实验相对简单,全程可控;而设计型实验则是原被告和审判人员较量的结果,审判结果未知,全凭实力说话,每个人都可能改变诉讼结果,对参与者的应变能力、专业素质都是一个极大的考验,几乎完全等同于现实审判。这样的实验,极大地考验指导教师的专业指导能力,以及如何科学合理地评价实验者的表现。模拟实验教学的成功比其他实验教学模式更有意义,如物证技术实验、诊所式教学,都不如模拟法庭实验对法学实验教学更具有普适性,几乎所有的专业方向皆可用。例如,美国的法学院非常重视模拟法庭的教学,把它作为专门的课程开设,学院内部、学院之间和州范围内都积极举行辩护状写作、法庭辩论等各种单项和全能比赛,以推动教学。[①] 同时,模拟法庭实验的成功为其他实验教学奠定了发展的基础,其成熟的实验教学模块,为其他实验教学作了有益的示范。比如,将实验课设立为专业课的做法、实验课时独立计算的方式和每个学生都有实验学分的考评,都很好地固化了实验教学的地位。[②] 模拟法庭实验不仅成就了法学实验教学改革,也造就了一批实验教师队伍。文科实验教学发展难点之一就是缺乏专业实验教师。由于体制的关系,很多教师理论功底很好,但缺乏实践工作经验,或者只有单项经验,比如律师工作经验,担任实验课的指导能力欠缺,用这样的师资指导模拟法庭实验,充其量只能进行表演式演练,很难达到模拟法庭实验的教学成效。模拟法庭作为专业课程之后,实验教师也由原来理论授课教师兼职,逐步发展成专门去实务部门挂职锻炼的教师指导和实务部门到高校挂职锻炼的法官、检察官共同指导,这样能极大提升实验教师队伍专业水平,而这种专业教师、实验教师和兼职教师三结合的方式也为其他实验教学提供了成功的可借鉴模式。

三、模拟法庭实现实验教学的人才培养功能

模拟法庭教学虽然在本科阶段和研究生阶段均可使用,但主要是为本科教学服务。高等院校法律专业致力于培养出的本科毕业生继续从事理论研究的人员毕竟为少数,大多则是法律的实践者。如果他们仅仅拥有理论上的法学知识,而不具有运用这些知识服务于社会的能力,或缺乏组织、运用知识的能力,这不是社会所需求的,也背离了人才培养目标的设定。正因为此,法学教学改革首先体现在对人才培养目标设定上的变

---

① 参见宋锡祥、蔡建敏:《借鉴美国法学教育改革经验,提升中国大学法律实践教学的质量》,载《和田师范专科学校学报》2015年第3期。

② 参见赵杰:《法学实验课程设置的改革探索》,载《实验室研究与探索》2005年第5期。

革,开始以培养"职业化、应用型"卓越法律人才为目标。所有的教学改革,从教学大纲的修订、教学模式的变革、教材的更新到人才的考评方式都以应用型人才培养目标为前提,这一目标也从根本上改变了实践教学在法学人才培养中的定位。法律理论是抽象的,法律条文是枯燥的,但法律实践可以是生动的、多彩的。因此在本科教学阶段,通过提高实践教学在整个教学课时中的比重,给学生创造更多的实验体验和锻炼的机会,逐步将实践教学和理论知识教学融为一体,使实践教学贯穿于整个法学人才培养全过程,同步完成知识学习和职业技能的培养、法律职业意识和职业素养的培养、国际视野和国情意识的培养。

当下的法律人才需要文化素质和实践能力全面发展,才符合社会对法律人才质量的需求。司马光云:"学者贵于行之,而不贵于知之。"模拟法庭实验教学不可动摇的教学地位正是表现在对人才能力培养的落实上。第一,模拟法庭要求学生必须具备一定的专业知识储备,才能较为熟练地运用相关法律知识与思维方式来理解、分析、归纳评价所给的案例,来对抗同样拥有专业知识实力的对手。理论知识的扎实是获胜的前提,由此强化学生对法律专业理论知识重要性的认识,激发其主动学习的热情。

第二,模拟法庭对于学生实践能力培养的一个重要方面就是激发听说读写的潜能。听:学会听懂对方的表达,迅速捕捉到核心思想甚至隐藏的目的,听懂法庭审判人员的提问,听清对手的发问和抗辩等。听力需要理解力的支撑,理解力又需要专业知识作为基础,善听才有可能善辩。说:表达能力是法律人的必备能力之一,通过法庭给予的陈述机会,表达出自己的观点,指出对方的法律适用错误和逻辑问题,说服法官或当事人相信自己的观点和证据。法庭对说的要求不仅仅是逻辑清楚,观点明确,对事实和证据的陈述准确,更要有情感共鸣。法官的表达要具有权威,达到听者诚服;检察官的表达要注重严谨可信;律师的表达既要抓住核心更要有说服力;还有司法鉴定人、出庭支持诉讼的警察等。只有模拟实战才能使得学生对表达有着真实的感悟,听与说的技能获得锻炼。读:通过对卷宗材料的阅读抓取问题的核心,通过对证据材料的审看发现问题所在,通过对法律法规的正确解读获得理论上的支持。模拟法庭来自实际审判的案例材料可以给学生最好的锻炼,从中领悟阅读应有的技巧。写:写作是法律人无法绕开的基本能力,除了大量的法律文书需要写作外,很多在法庭上用语言表达的内容,最后也需要通过文书的形式提交给法庭并存档。法律文书的写作固然在非模拟环境下也可以进行练习,但离开具体案例,写作往往不得要领,抓不住问题的关键。在模拟诉讼环节中的写作,是实务操作的重要组成,与案件紧扣的练习可以得到最深切的体验。无疑,通过模拟法庭的教学,能有效调动学生的主体意识,使其对自身能力有正确的认识,对成为法律人必须具备的能力有真实的感悟。

第三,模拟法庭锻炼学生的团队合作精神。团队精神是大局意识、协作精神和服务精神的集中体现,核心是协同合作,反映的是个体利益和整体利益的统一,并进而保证组织的高效率运转。社会学实验表明,两个人以团队的方式相互协作、优势互补,其工作绩效明显优于两个人单干时绩效的总和。法律人从事的是社会活动,其工作能效很大程度上取决于能否与其他组织及个人有效合作。团队意识并非自然形成,需要通过刻意的训练才能达成。模拟法庭诉讼实验采用的分组形式，无论是对每个角色的承担，还是对抗式辩论，或是案例中证据的辨析，都需要团队的配合才能取得出色的成绩。即便是模拟对手，对抗也需要相互配合才能完成审判程序。学生在合作和对抗中懂得自身角色与社会角色的相关性，通过实践也认识到只有积极参与和主动发挥个体才能，并通过积极的沟通实现相互了解，才能获得团队的认可，才能取得最后的成果。同样，作为团队成员，要有宽容的态度，接纳不同的人、不同的观点，拥有大局意识，才能达成共同的目标。

　　第四，学生的心理素质锻炼。世界卫生组织给健康下的定义是："健康不仅是没有身体的欠缺和疾病，还要有完整的生理、心理状态和社会适应能力。"对于年轻的学生而言，健康的身体不是难题，但抗挫折的心态却是普通教学模式难以培养的，只有通过实际对抗演练，才能正视自己能力上的欠缺。或许，一两次实验不足以练就学生强大的心理，但根据心理学关于学习迁移性的理论，前期的锻炼积累的正向迁移量会在后期的学习中发挥作用。心理素质来自情感体验的积累，心理承受力是一个逐渐叠加的过程，对学生抗挫力和承受力的培养，可以通过重复锻炼提升。在模拟演练中引导学生塑造冷静、谦虚的气质和自信、积极、乐观、果断的性格，模拟法庭的前期积累可以给学生以后的心理素质养成打下良好的基础。

　　第五，人文素质培养。人文素质虽然指的是人的文化素养，但学业教育更多的是培养未来职业文化素养，通常表现在行业文化中。法庭有法庭文化，除了要遵循法庭的事实程序，听从法庭审判人员的指挥和管理，每个角色应当遵守的礼仪、衣着打扮、行为举止和行为规范等都是法律人应当懂得的文化素养。法官的冷静、律师的敏锐、检察官的自信、鉴定人的求实，每个角色又彰显出角色背后的职业文化。这些只有现实工作中才能感受到的法律职业内涵，在模拟实验中可以得到相应的体验和领悟。模拟法庭角色的演练不仅仅是理论知识的落地，还承担着多种教学功能。

第二章

模拟法庭实验教学的基础

第一节 模拟法庭基础设施

一、模拟法庭基础建设的目的

1. 模拟法庭基础建设是实验教学规范性管理的需要

模拟法庭实验教学是高校法学院系开展实践教学的首选。通常情况下,开展模拟法庭教学,都会将模拟法庭的建设作为实验教学的实验室场地建设投入,模拟法庭实验或模拟法庭辩论赛等实践教学都是在模拟法庭环境中进行的。建设模拟法庭环境,不仅是为了形式上更接近真实,而且从模拟法庭教学来看,模拟法庭实验教学属于体验式实验,环境、氛围对于情景式体验教学是不可或缺的要素,仿真的法庭是制造审判氛围的必要设施,模拟法庭这样的基础设施,也是实验教学规范化的基本要求。虽然相对于理工科而言,文科对实验室的概念比较淡薄,很多实验教学,如案例讨论、专题辩论、法律宣讲等可以在教室中完成,也可以在真实的社会环境中实现,不一定需要特定的实验空间,甚至不需要教材和方案。正因为如此,法学实验教学缺乏规范化管理的理念。实则实验教学与理论教学一样,以人才培养为目的,以成熟的教学理论为指导,通过科学有效的管理对教学活动进行运作。而且,实验教学同样需要专业教材作指导,需要成熟的教学模式为参照,需要一套严谨有效的考评机制开展管理,才能有效保证实验教学的质量。

模拟法庭的建设为实验室建设奠定了基础,而实验室建设可以说是实验教学规范化的良好开端,为实验教学发展铺就了上升的阶梯。有了正规的实验室,才会设立专业管理人员,有了专业管理人员才有可能对实验室进行规范化管理,通过建设模拟法庭实验教学管理制度保证实验有序开展,通过实验课表的安排杜绝用理论课替代实验课现象,通过对教师的实验教案制订要求保证实验教学的质量,通过对学生实验结果考评激发其学习热情和对理论学习的反思。总之,科学管理是教学质量的前提,有了实验室才有可能建设实验教学的管理制度并保证落实,从环境卫生到对教师教学质量的考评,都需要合理的制度加以支撑;依靠实验室为教学单元,才有可能进一步提升实验教学的质量,并拓展实验教学改革和创新。实际中,很多法学院将模拟法庭直接建设成为会堂或报告厅模式,以便有效地利用场地,但是由于经常与其他活动相冲突,模拟法庭的实验室地位就愈发不突出。将模拟法庭视为一个实验教学场地,采用兼职管理,这也是很多高校法学实验教学一直徘徊不前的重要原因。

2. 模拟法庭基础建设是专业发展的需要

实验教学发展同样包括硬件和软件建设。模拟法庭是实验教学的基础,但模拟法庭实验教学却不是初级法学实验。按照实验教学难度层级的标准划分,第一层次为观摩教学,也称为演示教学,由教师或其他专业人士演示实际操作过程,学生在现场或通过视频进行观摩,比如真实法庭的观摩教学。第二层次是验证型实验,学生根据理论原理和指导教师的示范,自己验证一遍实验的结果。验证型实验依然属于浅层次实验,不具有探索性和创新性,比如按照剧本演练的模拟法庭实验,这也是本科模拟法庭实验教学的常态。第三层次是探索型实验,实验的结果具有不确定性,比如模拟法庭对抗式辩论赛。第四层次是综合型实验,实验结果不仅不具有确定性,实验过程也需要多方配合,或者需要分阶段叠加才能完成,由学生主导的综合模拟法庭演练即是如此。① 例如,南京师范大学法学院与南京森林警官学院举办联合演练,森林警官学院学生负责前期的侦查破案实验过程,法学院学生担任后期诉讼检察官、法官和律师角色,共同完成刑事诉讼从案件侦查到审判终结的全过程。实验过程的走向不确定,全部取决于学生实验的结果,非常具有挑战性。前两种为基础实验,重在帮助学习者了解实验操作基本规则,培养正确的操作习惯,掌握操作的基本技能,为后期的学习奠定基础;后两种实验具有唤醒学习者的自主意识和激发其探索潜能的功效,是实验教学倡导的模式,也是具有一定难度的教学形式。

在模拟法庭实验框架下,实验教学可以分解成多层次的实验单元,从阅卷摘录、文书写作等单项技能训练,到证据的收集和整理等阶段性探索实验,直至综合模拟法庭诉讼实验;特别是必须建立在观摩型和验证型实验基础上的探索型实验和综合型实验,每项实验都是一个完整的教学过程,需要专业教学规范加以指导,需要统一的考评标准加以管理。以模拟法庭作为建设平台,对内不断拓展实验项目和实验教学内容,如诊所式教学、法庭辩论赛、案例研讨等,对外共建实践教学基地。拥有基础才能进一步向上发展,开设模拟法庭课程,将其教学安排与内容常规化和专业化,是克服当下弊端的可行之法。在不放松理论教学的前提下,调整部分理论课程的设置,通过合并或适当增减理论与实践学分,逐步将模拟法庭教学嵌入整个教学计划中,改变单就某一部门法理论教学辅之以模拟法庭训练的模式,全面提升模拟法庭教学的地位。在模拟法庭课程已经设立的前提下,结合模拟法庭课程的推广,探讨如何将已确立的教学课程予以巩固,推进模拟法庭作为法学院校内实践教学平台功能的发挥。例如,在吉林大学随时都可以感受到模拟法庭教学的氛围。在学期内,校内大规模的模拟法庭赛季常规性地进行;在寒暑假,参加各类模拟法庭竞赛的学生在校积极备战。②

3. 模拟法庭基础建设是实验教学持续发展的需要

法学教学改革一直在强调重视实验教学,可见法学实验教学的地位并不理想,更多时候是说起来重要做起来次要。理论教学挤占实验教学课时,实验教学形式大于内容

---

① 参见赵杰:《跨校合作实现法学实验教学的超越》,载《实验技术与管理》2005 年第 12 期。
② 参见陈兵:《法学教育应推进模拟法庭教学课程化》,载《中国大学教学》2013 年第 4 期。

的现象时常出现。造成此类现象的原因固然多种,忽视专业基础建设是一个很重要的影响因素。拥有固定的教学场所,有专业实验教师,有专门的指导教材,有专门制订的实验教学管理规范,有投入才会珍惜,有投入才会有长远发展。基础设施建设完备,实验教学融入正常教学中,实验教学后期发展就会变得容易,成长壮大的实验教学体系才能与理论教学抗衡,才能夯实自己的地位。没有哪一种教学模式可以跳过基础直接发展成为人才培养的重要手段。有了第一本书才有可能出系列教材;有了基础实验,才能分层次实验;有了基本的管理路径,才能拓宽实验渠道;有了合作的基础,才能从邀请社会实务人员如法官、检察官、律师来开讲座、客串指导模拟法庭,到成为兼职指导教师。不积跬步,无以至千里。没有基础不能成长为主流。

二、模拟法庭基础建设的基本原则

1. 教学为主原则

模拟法庭的空间建设首先要立足于模拟法庭的基本功能。模拟法庭建设并不是简单复制真实法庭,模拟法庭与真实法庭最主要的区别在于两者的功能:真实法庭建设的目标是满足审判功能的需要,观摩、听庭只是其附带的功能,可有可无;而模拟法庭不仅要符合真实法庭的环境条件以满足真实审判的需要,满足学习者观摩真实法庭的需要,同时还要满足教学的需要。比如,真实的法庭不需要太多的旁听座位,旁听座位通常不超过二十个,模拟法庭则相反,需要较多的旁听席以满足观摩的需要,甚至还要考虑听众与法庭形成互动的效果,这在真实法庭是不被允许的。在建设中需要将两种功能很好地糅合到一起,所有的设施即使不能将两种功能兼具,也不能相互妨碍。实际中,有的法学院在建设模拟法庭时更多地考虑要全面发挥大会堂的作用,除了模拟法庭之外,还想兼顾报告厅、大型会议中心、演出舞台和活动中心等功能,最终将模拟法庭建设成为与普通报告厅无异的空间,而且由于功能太庞杂,经常被挪作他用,慢慢脱离模拟法庭建设的初衷。按照教学管理原则,模拟法庭是实验室,实验室有其独立的管理规范和使用要求,虽然文科管理不像理工科那样严谨,模拟法庭实验也可能呈现多种教学模式,但作为实验教学设施,只能用作实验课程或与实验教学相关的内容,如果要借用,应当参照实验室借用规范。目前,很少有模拟法庭实验室在管理上做到严谨规范,甚至在使用频率和优先程度上本末倒置,实验课常常让位给其他活动。

2. 经济实用原则

模拟法庭主要是为本科生提供实验教学场所,不是展示场所,首先在建造上必须要有一定的经济核算,功能上可以追求小而全,满足教学的同时,也可以开展表演性审判,甚至拍电视短剧等,但形式上不能追求奢华。实际中,有的院校模拟法庭按照报告厅甚至舞台模式建造,座椅华丽,灯具美观,各种射灯闪亮,极具观赏效果,唯独不适合实验教学,这样的设计已经背离实验室建设的基本原则,建设成本高带来的负面效应是使用成本也高,管理难度增大,有时为了减少维护的负累,就会限制使用次数,从而背离实验室建设初衷。其次是实用。实验室是给学习者开展练习的空间,每个学生都是抱着动手练习的愿望来学习的,实验正是一个由生疏到熟悉的过程,我们不期待每个学生都能正确且谨慎地使用各种设备,损坏在所难免,更何况"铁打的教室流水的学生"。正因如此,模拟法庭实验室的建设不仅要经济,而且要皮实耐用,经得起练习者的操练,还要有足够的备份。正如前面所言,过于华丽的实验室不仅会沦落为摆设,更会给后期维护增加不必要的负累。

3. 合理前瞻原则

对于文科院系而言,设置实验室并非易事,实验课的比例很低,如果不能合理利用模拟法庭实验空间,难免令人质疑设置模拟法庭实验室的必要性。模拟法庭实验室并不只能用于模拟审判,与诉讼有关的内容都应该有所考虑。比如,模拟仲裁、民事调解和刑事和解、庭前会议、证据交换、专题调查等,模拟法庭建设时期往往是法学实验教学的发展初期,教学内容尚未全面开发,如果仅考虑审判需要可能会阻碍后期其他实验教学内容的使用。所以,模拟法庭的建设首先要考虑到未来扩大实验教学的需要,实验室要尽可能覆盖到法学实验教学中重要的实验内容,至少预留出一定的空间,为未来发展留有余地,不一定要一次性建设到位。其次是功能可以合理超前,模拟的关键在于模拟法庭的精髓,而不限于形似,更要紧跟司法改革的步伐。比如,证据展示,不仅要有传统的投影设备,还要有影音播放系统;证人出庭接受质询,不仅可以现场,还可以通过网络传输系统远程质询,实现法庭与证人、鉴定人及见证人等诉讼参与人的远程互动;通过网络传输,保证庭内庭外同步听庭,庭审情况适时上传,减少人为因素对审判活动的干扰。当然,前瞻性应当适度,毕竟模拟法庭实验室更多致力于教学而不是司法改革探索,对于尚未在实践中经过验证评价为可行的设施不要轻易模拟。

三、模拟法庭的硬件建设

1. 模拟法庭场所

根据模拟法庭实验教学的需要,模拟法庭的环境分为审判区、观摩区和辅助区。场地面积建议在 150 平方米左右,审判区占 1/3,观摩区占 2/3,层高无须太高。不赞成将舞台兼作模拟法庭。将实验者与观摩者之间的距离拉得过大,会影响实验的效果,也容易破坏法庭庄严肃穆的气氛。

2. 模拟法庭基本设置

模拟法庭模拟的核心是在审判区,设置的内容相对复杂。一是审判席,审判台和座位应高于其他席位,并保持宽松状态,保证审判员有一览所有区域的优势位置,审判台的座椅造型要突显古朴庄重,一般为三人席,如果环境宽松,也可以设置成五人席位。二是书记员席位,为单人工作台,由于要放置电脑及打印机等设备,通常相对宽大一些。三是原告和被告及其辩护人或代理人席位,考虑到原告、被告可能不止一人,外加模拟的辩护人和代理人可能更多一些,通常两边席位可以容纳四至五人,由于没有太多操作内容,位置可以相对拥挤一点。四是刑事诉讼中被告人的位置,为面向审判席的特定位,模拟教学中通常是一个被告,观摩人数可能多一点。为了方便法庭适宜不同诉讼类型的案件,被告席通常采用可移动式围栏,在不需要的时候可以撤下。五是出庭人员的位置,在诉讼中可能出庭的人员有:证人、见证人、鉴定人、警察等,出庭是审判中的阶段性活动,且很少有数人同时出庭的情况,共用一个出庭席位就可以。观摩区就是观众席,观众席与审判区距离不宜太远,要保证既听清审判区的内容,又能与审判区的人员产生情感共鸣。我们不赞成在观摩区内通过增加视频转播的方式扩大观摩区的范围,看视频与看真实的人和场景还是有质的差别。辅助区指的是外围区域,包括法官更衣室、犯人羁押室、出庭人员等候室以及合议庭的讨论室等。如果能够保证真实的法庭在此开庭,基本上就达到模拟的效果了。

关于法庭的布置可以参见1993年颁布的《最高人民法院关于法庭的名称、审判活动区布置和国徽悬挂问题的通知》和2010年修订的《人民法院法庭建设标准》的相关规定。

3. 模拟法庭的音响和播放设施

模拟法庭场地通常都比较开阔,必须依靠音响设备才能实现声音的传输。模拟法庭的教学功能也是通过示范和互动来实现,音响设施是互动的保证,所以审判区应当配有良好的音响系统。该系统首先是声音传输,保证审判区内从审判员座席、原告被告及其代理人座席到书记员座席都能实现声音的扩放。此外,还有证人席位的音响,除了固定话筒外,还应当有可移动的无线话筒。这一方面为观众席与审判区的互动提供条件,另一方面还可适时弥补审判区音响的不足。播放设施也是现代法庭必不可少的设备,证据的展示、鉴定意见的说明、远程作证的图像播放等,都需要播放设备作为技术支撑。投影屏幕应当尽可能顾及观摩区不同位置的视角,如果不能覆盖,可以通过增加屏幕的数量来解决。音响和播放设施是模拟法庭实验教学中非常重要的设备,甚至可以说是最核心的设备,各个高校模拟法庭实验室停止使用最常见的原因就是音响设备损坏,最影响模拟法庭实验效果的往往也是音响设备陈旧,话筒没有声音或发出奇怪的啸叫都会让严肃认真的法庭陷入极度的尴尬中。虽然实验室的建设要遵循经济原则,但核心设备还是要有合理的投入来确保其质量。

4. 模拟法庭道具

除了模仿法庭座椅配置外,庭审还需要一系列基本的仿真道具。

(1)国徽。模拟法庭审判席背面上方必须悬挂国徽。国徽是中华人民共和国国家的象征和标志,法院是国家司法机关,代表国家行使审判权,悬挂国徽表示法庭得到国家的授权,根据《中华人民共和国国徽法》第4条第4款的规定,各级人民法院和专门人民法院应当悬挂国徽。关于国徽的大小,《最高人民法院关于法庭的名称、审判活动区布置和国徽悬挂问题的通知》中有具体规定,由于模拟法庭较之真实法庭规模不同,国徽的大小也可以作适当的调整。

(2)服装。模拟法庭是情景教学,形式是情景认知的重要刺激元素。服装包括法官服、检察官服、律师服、法警服以及相应的配饰等,配置时要考虑性别和型号大小,按照男女分类,不同大小型号的多配几套,以保证实验者穿上合体的服装。因为服装也是法庭文化的重要组成,得体的服装可以让实验者体验到职业的尊荣感,快速地与其担当的实验角色融为一体,促使个人能力得到发挥,从而达到情景化教学的目的。不合体的服装会让一场本应当严肃认真的模拟诉讼变成开心剧场。

（3）席位牌。不论是三大诉讼中的哪一类诉讼实验，参与模拟法庭诉讼的人员都应当有其席位标识，包括出庭人员的席位牌。由于模拟诉讼的内容多变，为适应教学需要，通常采用固定的席位卡座＋活动的席位牌方式，将席位卡座固定在桌上，席位卡的内容则可以根据庭审的类型和内容任意更换。席位卡颜色应当庄重、醒目，大小以保证观摩区能清楚地看到为佳。当然，有的院校模拟法庭还兼有多功能报告厅的功能，固定的席位卡座可能影响其他活动的开展，因此也可以采用活动席位卡座。

（4）审判中的道具。模拟法庭所用的道具分成两类：一类是所有法庭通用的，如必不可少的法官法槌、书记员记录用的电脑。另一类是根据案件需要准备的各类实物证据，如诉讼过程用的卷宗等材料、庭审需要展示的物证、控辩双方各自准备的文书材料等。在有条件的情况下，可以通过仿制方式，制作多份不同类型的案件卷宗。

5. 模拟法庭的安全设施

模拟法庭虽然是实验教学场地，但也是特殊实验场所。因为模拟法庭在满足实验教学的同时，又能兼顾真实法庭的示范观摩。作为真实法庭，有着其特殊的要求，比如人身安全的保障。作为多人聚集的实验场所，同样有着安全的要求。所以，安全保障要从两个方面考虑：一是按照实验室规范进行的安全管理；二是在实验教学过程中进行的安全管理。具体而言，其一是需要有监控，监控范围应当对法庭全覆盖，监控同时还可替代信号传输系统，将模拟法庭的内容传输到其他教室或空间，拓展普法面，扩大受众的范围。其二是消防逃生设施，要有必要的消防管线，常备灭火器等装置。设置逃生门和逃生通道，有紧急情况下的应急方案，防止意外发生。其三是电源的安全防范装置，电源线的连接和安装必须规范，禁止私拉乱接形成安全隐患。

6. 模拟法庭的远程设置

现代的模拟法庭并不是一个与社会隔绝的实验场所，而是可以通过网络方式与外界连接。正如前文所述，模拟法庭有两重功能，一是基本教学功能，二是研究探索功能。不仅要模拟真实法庭当下的操作，同时也通过研究探索，改进庭审方式。模拟法庭的远程设置，其实就是可以联网操作，一是与法院连接，直接在模拟法庭环境中收看庭审实况；二是模拟庭审中远程视频出庭的方式，通过人机互动实现庭审直接言辞证据规则；三是将模拟法庭中的实况传输出去，在更广阔的空间，有更多的人实现互动。

四、模拟法庭的软件建设

与硬件建设相对应的软件建设主要体现在管理制度和资料库建设上，有了硬件，需要有配套的软件来运行硬件，比如，实验室使用规范、实验课程安排等。如果将硬件比作模拟法庭的躯体，那么，软件就是模拟法庭运行的灵魂。模拟法庭教学质量高低，不是取决于模拟法庭建设的豪华程度，而是在于软件建设的完善程度。

1. 模拟法庭案例库

案例库是对案例汇集的简称。根据实验教学需要，结合教学大纲和人才培养目标，将各类不同类型的实验教学案例汇编到一起。要成为库，就要达到一定的数量。因为案例作为模拟法庭的基本设施，犹如理论教学教科书一样不可缺少。案例库的案例可以分成两种类型:第一种是典型案例,在案件影响力、审判过程或裁判文书上具有典型意义,可以来自国内,也可以来自国外;第二种是模拟审判案例,是专门为模拟法庭课程而准备的,这种案例不一定要有影响力,但在形式或内容上具有典型性,适合教学所用。教学案例也可以分成两种类型:一是完整的案例,从立案到审判,甚至到再审,有着完整的诉讼过程;二是单项练习案例,如法庭调查阶段练习或证据交换等,应当说,阶段性案例更具有教学意义。

案例库通常是通过逐步积累形成的。虽然通过媒体可以收集到一部分案例,但由于内容经过媒体加工,信息不完全,因此,主要的形式是通过组织教师进行调研,收集适合成为实验教学的基本素材,然后按照一定的规范进行编写,形成案例库。合格的案例还要经过学生的试运行,将不恰当的内容进行修改,直至成为成熟合格的教学案例。模拟法庭实验教学可以分层次、多阶段进行,案例库的案例形式也应该多层次。案例的形成并非一劳永逸,随着形势的变化和法律的修改,对案例也要持续更新。

2. 模拟法庭实验教学指南

实验教学是比理论教学难度更大的教学方式,理论教学是以教学大纲作指导,依靠教材提供详细的教学内容,通过教学记录规范教学进度。由于绝大多数教师都缺乏专业的教学训练,缺乏对实验活动的组织管理能力,所以,实验教学要达到或超越理论教学质量,不仅需要理论教学那样完善的教学规范,还要有更加细化的实验指导书,内容主要为不同的实验教学项目模板,包括:实验教学项目教学目的、实验教学内容、实验课时、实验目的、实验的分工和组织、实验结果考评。为了保证教学质量,对实验教学必须有经过验证的、成熟的教学模式作为指南。

3. 模拟法庭管理规范

模拟法庭作为实验室,既要遵循教学实验室的基本规范,同时又必须根据模拟法庭实验教学的特点,制订符合模拟法庭实验教学的特色管理制度。制度的内容主要包括:一是实验设备的管理,主要是使用和维护管理,包括实验场所环境的管理。二是实验室使用管理,模拟法庭很多时候还兼有其他功能,本着共享原则和实验设施利用效率原则,应该尽可能开放使用,但作为实验教学设施,对教学应当遵循优先原则。对实验室的使用管理包括安全管理。三是实验教学管理,教与学都要有反馈。最好的管理是制度管理,所以,对上述管理最好形成规范文件,主要的要求应当形成提示板,"制度上墙",确保教师和学生共同遵守。

第二节 模拟法庭实验教学的组织和实施

一、模拟法庭实验教学的组织原则

实验教学组织原则应当根据法学人才培养目标,依照实验教学规律,从以下几个方面加以考虑:

1. 按照人才目标,重在能力培养原则

开展实验教学的目的就是通过学生亲自参与实际操作,将理论知识转化,发现自身能力的不足,通过锻炼,使各方面能力得到培养和提升。实验项目的制订要以能力培养为目标,实验方法的研发也要考虑到对学生能力提升的作用,实验的评价体系也是以学生能力提升结果为重点考虑的方面。

2. 遵循认识规律,贯彻循序渐进原则

实验教学应该形成科学完整的体系,由初级观摩实验到创新性实验,从单项技能训练到综合型实验。按照循序渐进的原则开展。在低年级阶段,主要是观摩实验和单项技能训练,如去法院听庭、进行法律文书写作训练等,提高学生的实验兴趣;高年级阶段可以逐步增加实验的难度,从综合型实验到研究性实验,比如,从普通的模拟法庭诉讼实验到具有专业难度的专业性模拟法庭,如公益诉讼模拟法庭实验等,让学生从被主导者向学习的主导者进化。

3. 以教师为主导,发挥学生主动性原则

实验教学首先是一种教学活动,需要教师来主导教学过程,通过制订实验目标、提出实验要求、控制实验进度、把握实验发展方向等措施,使实验教学向着预定的目标前行。但实验教学目标是培养学生的实验能力,实验教学过程应当是师生双向互动的过程。在这个过程中教师要学会引导学生认识自我、建立自信、释放潜能,调动学生的学习热情,培养学生人格上的独立性和思维上的创造性。

4. 独立考核实验,科学评价实验结果原则

考核是检查教学质量的基本方式,也是督促学生参与实验教学的重要手段,但目前模拟法庭实验教学更重视流程,很少对实验教学结果进行评价。导致这种结果的原因有两个方面:一是对实验教学缺乏重视,很少开设独立的模拟法庭实验课,寄生在诉讼法学中的模拟法庭缺乏应有的地位,对实验结果的评价可有可无;二是模拟法庭实验的特殊性,由于参与实验的学生各自担当的角色难度不同,能够发挥自身能力的机会并不均等,难以用统一的标准进行科学的评价。没有成绩反馈就没有总结,也无法对教师的教学质量进行检查监督。正因如此,需要对模拟法庭这种独特的实验方式建立一套具有针对性且科学合理的考评制度。

二、模拟法庭实验教学的课程安排

模拟法庭教学究竟是课程还是教学手段,学界一直存在纷争。其实,实验教学作为人才培养的重要手段这是不争的事实,模拟法庭教学作为法学实验教学的代表,承担人才能力培养的重任。传统的模拟法庭实验教学一直是作为一种教学手段存在于理论课程教学当中,既然是教学手段,就意味着可以选择,而绝大多数理论课教师因为缺乏开展实验教学的能力,常常选择放弃,因而模拟法庭实验教学并没有发挥应有的作用。将模拟法庭设置为实践性课程,课程内容主要是诉讼过程涉及的操作性强的环节,如证据交换、举证、质证、证据调查、法庭辩论等,将这些环节变成一个个相对独立的实验项目,由浅入深,由基础的观摩教学到最后的综合演练,一起构成模拟法庭课程。可以由受过训练的专业教师担当任课教师,也可以聘请实务部门人员担任,以实验操作为主,理论讲授为辅。只有作为课程设置才能确保模拟法庭实验与其应有的教学地位相对称。

三、模拟法庭实验教学的组织模式

1. 观摩庭审组织

(1)联系法院,选择开庭时间和庭审内容;(2)对学生进行旁听前的纪律培训;(3)事先预告本次庭审的基本内容和听庭的重点;(4)组织学生提前到庭;(5)观摩庭审;(6)结束后写出旁听小结。

2. 单项技能实验的组织

(1)确定实验项目;(2)选择案例;(3)告知学生提前做好预习准备;(4)划分练习小组或对抗小组;(5)组织实验;(6)对实验结果进行点评;(7)要求学生写出实验报告;(8)给出实验成绩。

3. 模拟诉讼演练实验组织

(1)选取案例,案例内容要翔实完整,要有基本台词;(2)对学生进行角色分组,给予基本台词;(3)组织阶段性模拟实验;(4)对模拟实验结果进行点评;(5)观演学生写出评析;(6)参演学生写出感想;(7)给出实验成绩。

4. 模拟诉讼实验

(1)选取案例,只有主要案情;(2)对学生进行角色分组,并安排指导教师;(3)给予基本素材,由学生写出角色台词;(4)邀请点评教师;(5)组织阶段性模拟实验;(6)对模拟实验结果进行点评;(7)要求学生写出实验报告;(8)旁听的学生写出评析;(9)整理出实验卷宗归档;(10)给出实验成绩。

四、模拟法庭实验教学的检查和监督

教学质量是需要严格的监督管理来保证的,对模拟法庭实验教学的检查和监督主要从以下三个方面来进行:首先是实验课的落实。模拟法庭属于实验教学,不得用理论课程进行替代,特别是独立开设的模拟法庭教学,讲授时间不应超过总课时量的30%。而穿插在诉讼课中的模拟法庭实验,更是重点检查的对象。因为实验课往往会被一场听庭甚至是录像所替代,没有真正落实模拟法庭教学的实质意义,更有甚者直接被替换成理论课。其次是检查教学规范。实验教学与理论教学一样,为保证教学效果,必须遵循教学规律,所以重点是检查模拟法庭教学是否依照人才培养计划要求和实验教学大纲的规定开展实验教学、教学内容与实验项目是否一致、教学的过程是否按照实验教学规范进行、教师对实验课程备课状况等。最后是教学的效果。正如理论教学一样,必须给予学习者学习结果的评价,这也是对教学效果的反馈。对于独立设课的实验课程,应该根据各个分项实验成绩,依照一定的标准最后综合评定出该门课的成绩;如果是与理论教学混合的实验教学项目,必须给出独立的实验成绩,并约定在总成绩中的比例,与平时成绩、考试成绩一起构成该门课的最终成绩。模拟法庭实验教学虽然在人才能力培养上成效显著,但与理论教学相比,由于教学存在一定的难度,且工作量要远高于课堂讲授,必须依靠严格认真的检查,才能将实验教学纳入到人才培养体系中来,使实验教学常态化,成为教学体系不可或缺的部分。

第三节　模拟法庭实验教学评价体系

一、教学评价的目的

1. 完善教学体系

实验教学评价是对实验教学效果的全面考评。对于理论教学,在反复多次检查评估后,各校已经建立一套相对成熟的考评制度,但对于实验教学,由于其特殊性,不能简单适用理论教学考评体制。实验教学作为现代教学体系的重要组成部分,考评制度的缺失影响对教学效果的准确认知,而且实验教学成绩如果不纳入学习总成绩的评价中,则难以确立实验教学的地位。只有建立科学的实验教学评价体系,才能全面反思教学体系存在的不完善,从而进一步开展教学改革,提升法学人才培养质量。

2. 检验教学效果

教学改革的目的是为了求得更好的教学效果,实验教学被认为是改进法学人才培养的重要手段。改革总是在试错中前进,通过不断发现问题、纠正问题,使改革向既定的目标达成。模拟法庭实验教学是否能有效发挥人才培养功能,取决于操作规范的正确制订和掌握。教学方式得当的,可以获得良好的教学效果;如果操作上有误,实验效果则有可能背离设计初衷。通过科学的评价体系,可以有效检验教学成果。另外,实验教学的开展建立在理论教学的基础上,是对理论知识的运用,学生只有在理解并掌握相应理论的基础上,才有能力从事实验操作。实验教学的评价,也是对学生理论知识掌握程度的检验,以此来有效审视理论教学的成败。

3. 评价教师教学成效

同样的课程,不同的教师可能会教出不一样的效果,没有第三方评教就难以发现问题。特别是有的教师不能正确地对待实验教学,重理论轻实践,教学上缺乏认真态度和钻研精神。教学评价,旨在通过分项评价指标打分方式,帮助教师审视自己的教学过程,发现问题找出原因,纠正效果不佳的教学方式,弥补欠缺的教学能力,强化优秀的教学手段,使得教学水平不断得到提升。评教也是对教师工作给予合理的压力,促使其认真对待实验教学。

4. 评价学生学习成效

教学相长,教学改革的目的是为了更好地学、方便地学和有效地学。教学方式是否优秀,作为用户,学生是最有发言权的。对学生学习成效的检验,一是符合教育教学规律。任何学习,都应该有考评验收机制,否则,教学会流于形式。实验教学同样属于教学系列,也要遵循教学管理规律,不能脱离教学管理制度。二是通过教学评价体系,对学生的学习状况及成效给出具体的评价。这有助于学生反思自己的学习态度和学习方式,包括对理论知识的学习,找出知识体系中薄弱的环节,有的放矢地加以弥补,使自己的知识架构更加合理完善。三是通过恰当的考评,督促学生重视实验教学。

二、教学评价的内容

教学评价体系分成两大块:一是对教学主体——教师的教学情况进行评价;二是对学习主体——学生的学习情况作出评价。为了使评价更加合理且具有说服力,将评价内容分化成若干项。

(一) 对教师教学情况的评价

1. 评价教学方案

教学方案简称教案,是教师开展教学活动的依据。众所周知,教学效果与准备的认真程度呈正比,教师对教学活动准备的认真程度就体现在教案中,教学方案是否细致周全,表现在对教学目的的理解程度、案例选择是否得当、设计的方案是否具有可操作性、方案的培养计划与教学大纲的要求是否一致上。实验教学的教案还应当体现出实验教学的特点,更多反映出对学习者动手能力的培养,有方案目标,有组织分工,还要强调团队合作。模拟法庭实验教学对于很多教师而言还是一个全新的课题,教学的开展属于摸着石头过河,可以采用选择试点班级、实验小组试做或集体备课研讨等方式,逐步找出一条切实可行的实验教学路子,并通过强化教学研究活动,有针对性地采取措施,以提高实验教学的质量。

2. 评价教学内容

评价的内容应当包含以下几个方面:

(1) 教学内容与实验教学大纲是否一致。实验教学大纲就是用来遵守的,教学检查必须围绕大纲进行,任课教师不得随意取舍实验教学的内容。

(2) 按照实验教学计划制订的教学内容是否基本完成。每一项实验都有基本的学时,特别是独立设课的实验教学,是由多个实验项目组合而成,每个项目都是实验教学内容的重要组成部分。如果不能合理安排课时,则可能导致部分项目被遗漏,这样的状况不能视为合格的教学。

(3) 教学内容之间安排是否具有连贯性。不论是附设在理论课时中的实验教学,还是独立设课的实验教学,实验教学项目安排都要遵循一定的教学规律,通常先从基础的单项练习开始,最后发展成为综合演练,内容的实验难度呈现逐步提升的趋势。如果一直都是模拟演练庭审阶段,学生各方面的能力得不到锻炼,实验成效也只能停留在浅层次的模仿上。

(4) 教学内容在理论讲授和实验操作的比例上是否适当。即使是独立设课的实验教学,也不能完全排斥理论讲授模式,因为必要的讲授是实验的前提,但理论讲授应当符合比例,不得超过一定的标准,更不能用理论讲授和课后作业的方式替代实验教学。

3. 评价教学方式

教学方式是指在教学过程中使用的各种方法,如提问法、对抗辩论等。教学方式影响教学内容对学生的吸引力,决定着教学效果。对教学方式的评价包含以下几个方面:

(1) 该方法是否得到普遍认可。教学不是实验田,未经过论证的实验教学方式不得随意启用,毕竟每个学生接受实验教学的机会有限,教师不得按自己的兴趣随意变换。

（2）该方法是否是实现教学内容的有效方式，学生能否从中获得技能的培养。对于技能的培养可以有多种方法，比如写作能力，可以通过法律文书写作或者辩护词的写作得到锻炼，也可以选择小论文的方式，关键是哪一种更符合实验教学要求。

（3）该方法重点培养学生哪些方面的技能，是否激发学生主动学习的热情。每一种实验都应当有明确的教学目的，不仅让学生的能力得到锻炼，同时也寻找到一种自我能力提升的学习路径。

（4）是否在既定的教学时间里完成实验教学内容。实验教学如同课堂理论教学一样，规划好每节课的教学内容量，在规定的时间里完成实验项目。实验项目与理论教学的不同之处在于会存在不确定因素，时间不易掌控，需要教师做好规划，考虑各种影响因素，在既定的教学时间中完成所有的实验教学。

（5）学生是否普遍参与实验。实验中需要将学生进行合理分组，模拟法庭实验教学最容易形成的弊端是部分人参与实验，部分人观看实验，教学没有形成全覆盖，没有参与模拟诉讼的学生往往不能得到情景体验，基本的执业技能得不到历练，因此必须有对实验主体覆盖面的要求。

（6）教学氛围与实战是否接近，教学气氛是否活跃。实验教学的核心是在情景体验下获得知识，除了要求实验氛围最大限度地与实务接近外，还要能激发学生的参与热情，从"要我做"变为"我要做"。

（7）是否能够运用不同的教学方法激发、鼓励学生的创造性。学生在操作过程中能够发现自身或他人的问题，通过咨询、查阅资料和重做等方式解决问题。

（8）是否有效借助现代教学设施开展实验教学。现代电子记录设备的推广，可以为提高实验教学效果发挥作用，例如可以采用全程录像的方式记录庭审过程，然后回放点评。参与的学生通过观看录像，可以直观地看到自身行为存在的问题以及产生问题的原因，直接进行整改。

（9）是否有科学合理的评分标准。评分标准既是教学的要求也是学生行为的导向，通过明确的标准引导学生向优秀靠拢。

4. 评价教学态度

对教师的教学态度主要从以下几个方面考评：

（1）教师对教学备课是否充分，内容是否熟练。

（2）是否严格按照实验程序规范的要求开展实验，而不是擅自更改内容规定，将完整的实验教学变更为简化版实验。

（3）对实验教学现场的掌控能力。

（4）对学生存在问题的发现能力。优秀的教师是对学生有要求的，不仅敢于提出要求，更要善于提出实验的要求，注重启发式教学，不断挖掘学生的学习潜力，激发出思维的火花。

（5）对实验作业和实验报告是否都认真批阅和反馈。正如前面所述，实验报告是掌握学生学习状况的最佳途径，也是对本次教学成效最好的反馈。如果教师只布置实验作业却从不审批，则是重形式不重质量的教学态度。

（6）教态、着装、语速、精神状态等影响教学效果的因素。即便是指导实验教学，无须靠全面讲解，但作为教师，教学的精神状态影响着学生的精神状态，着装和语速等皆属于正常考评的范畴。

5. 评价教学成效

（1）实验教学是否完成实验教学大纲规定的内容；

（2）教学活动是否激发学生的学习热情和兴趣；

（3）学生是否获得与理论教学不一样的知识和技能；

（4）实验教学成绩是否正确反映学生的学习状况；

（5）学生是否全部参与了实验教学，并都有成绩；

（6）实验教学档案是否完整。

（二）对学生学习情况的评价

1. 评价学习态度

（1）实验教学课程的出勤率。是否每一次实验都能积极参与。

（2）实验教学参与程度。特别是在自选项目或角色时，主动报名的情况，以及实验角色选择的难易程度。除了老师规定的项目，学习的内容是否有所拓展。

（3）对实验内容预习准备情况。实验教学都要有个前期准备，熟悉案例、了解实验基本程序、熟悉实验场地和设备等，是否都已经做到。

（4）实验过程能否注重发现问题，是否会主动请教老师，主动查阅相关资料，而不是只关心结果。

（5）实验教学作业完成情况。实验作业完成的认真程度，是否主动寻找课堂以外的帮助，例如，借助参考书或其他专业教师的帮助等。

（6）能否主动协助老师开展实验。实验教学不同于理论教学之处在于所有的教学活动并非全部都由教师完成，实验教学工作量大且烦琐，教学活动的前期准备、教学结束之后对实验器材和场所的整理等，需要学生帮助教师共同完成。对教学活动的参与也是学习的一部分。

（7）是否与其他同学友好合作。或者成为小组的骨干力量，或者是实验活动的积极参与者。

2. 评价学习成效

第一，单项实验的成绩评定。它是指单项技能训练，如文书写作、证据交换、证据保全、法庭辩论等。

（1）实验前的准备情况；

（2）实验过程中对理论知识运用的熟练程度；

（3）实验结果与实验标准的差距；

（4）实验后对实验设备和场所的恢复情况；

（5）实验报告是否认真完成。

第二，综合实验的成绩评定。

（1）法学理论知识掌握程度和知识拓展能力的评价。综合型实验或设计型实验，实验进程是跟随学生的努力推进,实验结果是具有不确定性的,这在很大程度上考验学生对理论知识掌握的扎实程度,以及学生对知识的理解和使用程度。

(2) 法律基础实务能力评价。包括诉讼程序了解程度、证据意识养成状态、经验法则的运用能力、口头表达和说服能力、言谈举止的表现、基本技能的熟悉程度等。

(3) 综合法律实务能力评价。实验过程全面考验学生的能力,不仅要有阅读能力和写作能力,还要善于表达,善于使用法律赋予的各种权利帮助己方。

(4) 法律文书写作能力评价。设计型模拟法庭实验和演练型模拟法庭实验对法律文书的要求是不同的,演练型模拟法庭实验更多的是注重形式,而设计型模拟法庭实验的法律文书则要根据审判的进展、诉讼双方提交的证据以及对证据的质证状况而确定,基本上最大限度地接近真实。

(5) 个人角色担当情况。

(6) 团队合作状态。法学属于社会化工作,必须依靠他人的帮助才能实现工作目标,学会与他人合作是必备的技能。模拟法庭实验通常采用分组形式,如法官组、法警组、辩护人组,不同的角色难易程度不一样,人数也有可能不同。每个小组也有可能分为幕前人员和幕后人员,个人能否有出色的表现,离不开团队的合作。

(7) 实验档案制作情况。这里的档案是指实验形成的模拟档案,也是教学档案的一部分。模拟实验教学,首先要做的就是模仿,从诉讼开始到庭审结束,这个过程必然形成相关的文字材料,也就是档案的原始资料。制作实验档案是实验教学的重要环节。档案的制作并没有太大的难度,更多的是考验学生的认真程度,从档案作业可以正确解读出学生的学习态度。

模拟法庭教学存在多个环节,除了在模拟和再现审判的过程中需要对学生进行评价考核外,庭前准备阶段也要评价和考核学生的学习能力及状况。前者主要侧重考察庭审阶段学生的团队合作能力及辩论技能,后者评价和考核的重点则是学生个人的学习能力及效果。

三、教学评价的方法

(一) 对学生学习情况的评价方法

1. 通过观摩打分

打分是教学评价最常用的方法,分数是对某个行为量化了的评价。可以是教师给学生的学习状态打分,通过分数汇集,形成最直观的评价。打分的关键是对分值的设计,各项内容科学合理的占比,才能真实反映教与学的状态。对学生学习成绩的打分,要符合教学规律的正态分布。

2. 批阅实验报告

实验报告对理工科学生而言是常态,但对于法学文科生而言就是比较陌生的内容。实验报告是学生对实验教学内容的总结和反馈,是其自我评价的方式,也是其提高能力的重要途径。若只有实验没有反思,学习的效果事倍功半。对于法学的学生而言,养成写实验报告的习惯,对反思自己的学习方法和学习成效会产生积极的帮助。而实验报告对于教师而言,既属于学生实验学习的书面成果,是学生成绩的依据之一,同时也属于用户反馈,是教师了解实验教学成效的重要途径,也是教师在今后的教学中进行整改的主要依据。

3. 批阅实验作业

对于法律文书类的实验,可以通过对法律文书的批阅给出成绩。

(二) 对教师教学情况的评价方法

1. 组织学生座谈

座谈是广泛收集意见反馈最简单直接的方式,采用座谈的方式主要是为了了解教师的教学情况以及对教学的意见和期望。座谈通常采用抽签方式选择一定数量的学生,围绕一定的主题进行畅谈。比如对老师的教学情况,可以是正面肯定的,也可以有负面意见,以及对教学方式、教学内容和教学评分等内容的建议。座谈要有主题,并围绕主题开展意见的收集。由于座谈是采取抽样调查的方式,发言较为松散随意,有的观点可能具有片面性或附和性,所以,对于座谈的内容,要加以整理分析后汇总成座谈纪要或意见。

2. 组织学生评价

设计评分表格,组织学生给任课教师打分。对教师的打分也要科学解读,合理参考,因为有时候严格执教的教师可能远不如一团和气的教师得分高。

3. 组织督导评教

可以采用示范教学方式,也可以是教学检查的方式,还可以组织有经验的老教师采用随机听课的方式,对任课教师按照一定的标准给出评教意见。

4. 收集反馈建议

不论是座谈还是实验报告,都是一种正式收集意见的渠道,反馈建议可能来自听课教师,或者来自受教的学生,也可能来自教学检查的领导。对于教学的反馈,可以随时随地,也可以通过正式的方式。对于教师而言,要养成随时获取建议的习惯,便于在教学过程中加以改进。

第三章

模拟法庭基础知识

模拟法庭实验教学模拟的是实务中的庭审情景,准确模仿的前提就是要全面了解真实庭审开展诉讼中的基本要素,在模拟时能抓住关键,不仅要形似,更要神似。所以,在了解模拟法庭基础知识之前,首先要了解模拟法庭的原型——真实法庭的相关要求。

第一节 法庭的空间与座次关系

一、法庭的空间设置

(一)真实法庭的空间设置

根据《人民法院法庭规则》,为维护法庭的安全和秩序,保障庭审活动正常进行,保障诉讼参与人依法行使诉讼权利,方便公众旁听,法庭分设审判区和旁听区,两区以栏杆等进行隔离。两大主要区域之外,法庭应当设置残疾人无障碍设施,并可根据需要配备合议庭合议室,检察人员、律师及其他诉讼参与人休息室,以及被告人羁押室等附属场所。

除了几种不公开审理的案件,绝大多数案件的审理采取公开形式,庭审过程是公开透明的,公民可以参与旁听。为了保证旁听权利的落实,法庭必须准备一定数量的旁听席。旁听席位于审判台的下方,与审判席相向。旁听席位通常分成几个不同的数量档,即小法庭、中法庭和大法庭,以便于根据案件原告和被告人数的多少以及案件的影响程度来选择。

(二)模拟法庭的空间设置

模拟法庭与真实法庭最大的不同就是旁听席与法庭的面积之比。真实法庭开庭,除了有关联的人,鲜有大规模旁听庭审的,审判区与旁听区的面积比可能为 2∶1 或 1∶1。而模拟法庭是为教学所用,学生通过观摩、参与模拟诉讼,将理论知识向技能使用方面转化,模拟法庭不仅应该有足量的旁听席,而且还应当保证坐在旁听席的人能够清楚地看到庭审过程的每个细节,清楚地听到模拟庭审中的每句对话,所以审判区与旁听区的比例通常为 1∶2 或 1∶3。旁听区尽可能保持扇形分布,以保证旁听的效果。

二、审判区的座次关系

(一) 真实法庭的座次关系

法庭空间设置中最关键的因素是各诉讼角色的位置与相对关系,法庭上不同角色所处的不同位置折射的是司法文化和审判制度理念。这种相互位置关系在司法文化进程中一直处于调整状态。随着我国证据裁判原则的确立,审判中心主义的地位理念得到进一步巩固。总的看来,在法庭空间设置上,反映现代民主和诉讼合理化观念的设置方式是法官居中同时其位置高于诉讼两造,以示相对于两造的"居于其间,踞于其上",即审判中心和审判至上。控辩双方相对设置,体现出平等观念。而证人、鉴定人等位置则要考虑便于各方观察和审查等技术性问题。大致说来,能兼顾价值和技术的法庭设置方式较为合理。

1. 民事审判庭

参照《最高人民法院关于法庭的名称、审判活动区布置和国徽悬挂问题的通知》,人民法院开庭审理民事、经济、海事、行政案件时,审判活动区按下列规定布置:

(1) 审判活动区正中前方设置法台,法台的面积应满足审判活动的需要,高度为20至60厘米。法台上设置法桌、法椅,为审判人员席位。法桌、法椅的造型应庄重、大方,颜色应与法台及法庭内的总体色调相适应,力求严肃、庄重、和谐。

(2) 法台右前方为书记员座位,同法台成45°角,书记员座位应比审判人员座位低20至40厘米。如果法庭空间允许,可以将书记员的座位设置在法台前面正中处,同法台成90°角,紧靠法台,面向法台左面,其座位高度比审判人员座位低20至40厘米。

(3) 审判台左前方为证人、鉴定人位置,同法台成45°角。

(4) 法台前方设原、被告及诉讼代理人席位,分两侧相对而坐,右边为原告座位,左边为被告座位,两者之间相隔不少于100厘米,若当事人及诉讼代理人较多,可前后设置两排席位;也可使双方当事人平行而坐,面向审判台,右边为原告座位,左边为被告座位,两者之间相隔不少于50厘米。

2. 刑事审判庭

人民法院开庭审理刑事案件的,其审判人员、公诉人员、辩护人员及被告人的位置安排,按《最高人民法院、最高人民检察院关于人民法院审判法庭审判台、公诉台、辩护台位置的规定》执行:

(1) 审判法庭的审判区正面设审判台,高20至60厘米,高度要与审判法庭面积相适应。

(2) 审判台前方右侧设公诉台,高度与审判台相同;审判台前方左侧设辩护台,高度也与审判台相同。在审判台、公诉台和辩护台上,分别设置审判人员、公诉人、辩护人的座席。公诉台与辩护台呈八字形,两面对被告人。

(3) 证人座席位置设在公诉台右下方平地上。

3. 行政审判庭

行政审判庭的审判活动区座次与民事审判庭基本一致,但在审判席上会有所区别。我国《行政诉讼法》第68条规定:"人民法院审理行政案件,由审判员组成合议庭,或者由审判员、陪审员组成合议庭。合议庭的成员,应当是三人以上的单数。"从该条法规中不难看出,人民法院审理行政案件时,需采用合议庭式的审判组织形式,不采用独任制的模式进行案件的审判。人民法院审判行政案件合议庭的组成一般有两种情形:一种是全部由人民法院的审判人员组成的合议庭,另一种是由人民法院的审判人员和人民陪审员共同组成的合议庭。

(二)模拟法庭的座次安排

在座次关系上,模拟法庭应该按照真实的法庭进行布局,模拟法庭场地空间通常大过真实法庭,完全可以按照实际法庭的座次关系进行安排。不同的是,模拟法庭为实验教学需要,采用实验小组模式,如法官组、检察官组、律师组及其他诉讼参与人组等,上场人数要多过真实法庭,法庭各席位的座位数也要相应增加。即使模拟法庭场地比较开阔,也建议诉讼各方位置关系相对紧凑一些,便于三方语言、动作和眼神上的交流。

三、国徽的悬挂

(一)真实法庭中国徽的悬挂

《人民法院法庭规则》第2条第2款规定:"法庭正面上方应当悬挂国徽。"根据《国徽法》的规定,法庭应当按下列规定悬挂国徽:

(1)法庭内法台后上方正中处悬挂国徽;
(2)审判委员会会议室内适当处悬挂国徽;
(3)调解室、接待室内不悬挂国徽。

不同级别的法院悬挂的国徽尺度不同。国徽直径的通用尺度为:基层人民法院、人民法庭:60厘米;中级人民法院:60厘米;高级人民法院:80厘米;最高人民法院:100厘米。

(二)模拟法庭中国徽的悬挂

按照真实法庭的规范,模拟法庭也必须悬挂国徽,即在法庭内法台后上方正中处悬挂国徽,至于具体的尺寸可以不受关于法院行政级别的限制,模拟法庭通常场地都比较大,重点要考虑场地的影响因素,尺寸通常要更大一些,要确保旁听区听众能清楚地看清国徽。

第二节 法庭的着装规范

生活中的着装是个人自由,法庭是特定的公众场合,是国家司法机关依法行使职权的地方,法庭的文化氛围是庄重而严肃的,法庭上的着装必须与法庭文化相一致,因为着装不仅仅是一个人的外在表现,是执业的要求,也是法律文化在现实中的体现。法庭上的着装因每个人的身份不同要求也有所不同。《人民法院法庭规则》第12条规定，"出庭履行职务的人员，按照职业着装规定着装。"

一、真实法庭的着装规范

（一）制服

制服的全称是制式服装，即按照规定的式样制作的服装。制服的功能，一方面用来统一和凝聚，让穿着者有职业尊荣和归属感；另一方面用来区别和隔绝，用制服将体制内外人的身份区分开来。制服对穿着者形成某种制约。国家官员的制服代表着权力，制服就是制度的外衣。

1. 法官制服

我国的法官制服经历了六个发展阶段。在中华人民共和国成立以后的相当一段时期，法官与其他政府机构的工作人员一样穿着改良式的中山装，又称干部服。1984年5月1日开始有了带肩章的制服，与军警式制服相类似，第一批称为"84款"，在1990年和1995年分别在面料和款式上作了改进，使制服变得更加合体。2000年7月1日开始，法官的制服变成了西服式制服，从军警式的帽徽肩章变迁到采用胸徽作为审判人员的司法标志。后来，又增加了法官袍。2008年增加了新夏装，新夏装一改往日的一袭灰色，上衣变成浅湖蓝色，下装为藏青色，女法官还配有裙装，带上红色的领带和闪光的法徽，法官们穿上后变得更加英姿挺拔、精神干练。2010年，法官服进行了微调，较旧款法袍增加了法徽、领徽和袖章，法官们穿着新式法袍在法庭上更显庄严肃穆。

法官制服是身份的标志，也是正义的外衣。法官制服的颜色和装饰上的设计都有其独有的意义。比如，法袍的黑色代表庄重严肃，红色前襟佩有装饰性金黄色领扣，与国旗的配色一致，体现人民法院代表国家行使审判权；四颗塑有法徽的领扣象征审判权由四级人民法院行使，彰显了法官审理案件的权威和神圣。2002年1月24日，最高人民法院发布了《人民法院法官袍穿着规定》。该规定中明确要求法官在以下场合应当穿着法官袍：(1) 审判法庭开庭审判案件；(2) 出席法官任命或者授予法官等级仪式。同时明确规定在以下场合可以选择穿着法官袍：(1) 出席重大外事活动；(2) 出席重大法律纪念、庆典活动。

2. 检察官制服

人民检察院实行统一着装，是维护国家法治尊严、依法行使检察权的需要。检察制服是检察人员依法履行法律职务时统一穿着的制式服装。检察徽章是证明检察人员身份的专用标识。我国检察官制服的发展经历了三个阶段。在1984年以前检察官是没有统一服装的，主要是穿着传统的蓝色中山装干部服，与普通政府工作人员难以区分。1984年5月1日开始全国检察机关统一正式着装，称为"84款"检察官服。米黄色制服，小翻领，配领章和肩章，配发大盖帽，与军警式制服相类似。1988年，检察制服换装，制服的颜色从米黄色变成了豆绿色，与人民解放军的制式服装很接近，增加了武装的威慑力，称为"88款"。"88款"在1991年增加了"金双剑"领花，制服显得更加刚性，突显检察院的监督职能。随着国家财力的增强和新时期检察工作的发展变化，2000年10月

1日彻底更改了检察制服的样式,制服统一为藏青色的西服,取消了领章、肩章和大盖帽,并配上了统一的领带和衬衣,女检察官还配备了裙服,服装款式更加修身。彰显检察官身份的是胸前以国徽为主要图案特征的检徽和"检察"两字的汉语拼音作为花纹的纽扣。这套服装更贴切地表达了检察人员作为文职公务人员的特性,展现出较强的亲和力,诠释着检察工作逐步走向职业化和专业化的发展方向,强调司法公正和文明执法。2009年又作了小幅度的修改,将领徽和胸徽合二为一,使得制服看起来更加简洁干练。对于检察官的着装规范,2010年12月3日最高人民检察院出台了《人民检察院检察制服着装管理规定》,规定检察服为工作专用服装,必须按照规定配套穿着,不得与非检察服混穿。

3. 法警制服

法警,完整的称呼是法院司法警察,是法院内部设立的特殊警种。根据《人民警察法》第2条第2款的规定,人民警察包括公安机关、国家安全机关、监狱、劳动教养管理机关的人民警察和人民法院、人民检察院的司法警察。警服,是指警察执行公务时统一穿着的制服,是警察身份和执法的重要标志。以上五个系统的制服、警衔、帽徽样式完全相同,各部门警种通过臂章、胸徽以及警号的排列方式加以区别。司法警察的胸徽和臂章小字是"法院"和"检察",警号虽然也是六位数,但排列方法不同,法警的警号前两位是省份代码。法警是司法辅助人员,不仅在刑事诉讼中承担押解、看管和送审被告人的重任,也是其他诉讼活动中维护法庭秩序和保障庭审安全的核心力量。2019年8月,最高人民法院印发了《人民法院司法警察着装管理规定》,对法警着装的条件、时间和基本要求作了详细规定。司法警察在诉讼活动中要严格按照着装规定配套穿着,不同制式警服不得混穿。警服与便服不得混穿。警服内着非制式服装时,不得外露。保持警服干净整洁。不得歪戴警帽,不得披衣、敞怀、挽袖、卷裤腿。除工作需要或者其他特殊情形外,应当穿制式皮鞋、胶鞋或者其他黑色皮鞋。非工作需要,不得赤脚穿鞋。男性司法警察鞋跟一般不得高于3厘米,女性司法警察鞋跟一般不得高于4厘米。不得系扎围巾,不得染指甲,不得染彩发、戴首饰。男性司法警察不得留长发、大鬓角、卷发(自然卷除外)、剃光头或者蓄胡须,女性司法警察发辫(盘发)不得过肩。

(二) 职业服

1. 律师袍

2001年以前,我国律师出庭都是自由着装。虽然要求穿严肃一点的正装,但人们对正装缺乏统一的认知,而且即使穿正装还是难以将律师与其他诉讼参与人以及当事人区分开来,由此带来种种诉讼管理上的不便。2002年3月30日,全国律师协会正式通过了《律师出庭服装使用管理办法》。根据该办法的规定,律师作为辩护人、代理人参加庭审诉讼的,必须穿律师出庭服装。律师服是由律师袍和领巾组成,律师徽章内圈图案为由一大一小两个同心圆、五颗五角星、三组正反相背代表律师的"L"图案组成的律师协会标志,外圈标有"中国律师"黑体、中英文字样。规定的穿着方式是:内着浅色衬衣,佩戴领巾,外穿律师袍,律师袍上佩戴徽章,下着深色西装裤和深色皮鞋。律师出庭服装仅使用于法庭审理过程中,不得在其他任何时间、场合穿着;保持律师出庭服装的洁净、平整,服装不整洁或有破损的不得使用。律师穿律师袍出庭,能够直观地彰显律师的职业形象,体现律师职业的严肃性和专业性,与法官、检察官一样穿着职业装,便于案件双方当事人以及审判人员、公诉人员等辨别身份,更有利于制造控辩审三方平等对话、平等协商的氛围。同时也提醒律师,铭记自己的职责,敬重职业,不负使命,增强律师的自我约束力和社会责任感。

2. 诉讼参与人着装

《人民法院法庭规则》第 12 条第 2 款规定:"非履行职务的出庭人员及旁听人员,应当文明着装。"诉讼中除了控辩审三方外,还有原告与被告,以及其他诉讼参与人,如鉴定人、证人、翻译人员等。服装作为人类文明的产物,除了有保暖、遮体功能外,更多的是礼仪文化的体现。虽然法庭对诉讼参与人的着装没有特别的要求,但法庭作为特殊的公众场合,彰显着严肃、庄重的气氛,着装必须要合乎公众场合的礼仪。鉴定人、翻译人员、有专门知识的人等这类运用自身的技术能力为法庭提供服务的人,正装更能凸显身份,以及表明自己对庭审重视的态度,使自己的话语更具可信度。出庭履行职务人员没有职业着装规定的,应当着正装以示庄重。"正装"指正式场合的装束,即严肃场合所宜穿着的正式服装,多为西服。在我国中山装也为正装,深色翻领夹克因不少领导人在正式公务活动场合穿着,也视为正装。夏天的话,衬衫、POLO 衫亦可作为出庭着装,颜色以黑、白、灰、藏青等纯色为宜,避免鲜艳色彩。

证人出庭亦然,正装可以提高其证言的可信度。其他旁听人员不得穿奇装异服,不能穿短裤、背心、拖鞋等不符合公共场所基本礼仪的服装参加庭审。

(三)刑事被告人着装

过去,我国刑事被告人一直是穿着看守所的监号服出庭。近年来,刑事法律的人权保障功能不断被强化,庭审文明取得了较大进步。过去部分出庭被告人穿识别服、坐囚笼、被剃光头和违法戴戒具,案件未审结之前就被贴上了"犯罪化标签",甚至这种形象未经技术处理就通过电视或网络向社会公开。这在一定程度上可以说是有罪推定的具体表现,不利于保障被告人人权,不利于展示我国司法文明。因此,从整体上看,去除出庭被告人"犯罪化标签"是司法文明的具体体现,是对无罪推定原则的落实,是真正建立审判中心主义的应有之义。为此,最高人民法院、公安部于 2015 年 2 月 10 日联合下发了《最高人民法院、公安部关于刑事被告人或上诉人出庭受审时着装问题的通知》。《人民法院法庭规则》第 13 条规定:"刑事在押被告人或上诉人出庭受审时,着正装或便装,不着监管机构的识别服。人民法院在庭审活动中不得对被告人或上诉人使用戒具,但认为其人身危险性大,可能危害法庭安全的除外。"保障刑事在押被告人或上诉人在法庭上的衣着、仪容整齐,并解除监管机构识别服、严格管理法庭上的戒具使用,体现了对人权的尊重与司法文明的进步。

二、模拟法庭的着装要求

依照规定,法官、检察官和警察制服仅限于特定身份的人才有资格穿着,且穿着方式必须要严格遵循着装规范。模拟法庭教学作为一种专业人才培养形式,允许采用仿制或定制的方式,将上述服装用于模拟诉讼教学,由学生穿着,参与教学演练。仿制服装要最大可能接近真实服装,可以选用不同的服装面料,但不得随意更改服装的颜色、款式和配饰。学生在穿着时,也必须遵守该类制服穿着的规定和要求,衣着必须完整,不得采取上身制服下身便服式的随意穿搭,不得任意添加或减少配饰,维护制服所代表的职业身份应有的严肃和尊荣。教学单位应当落实专人管理模拟法庭制服,保持制服的整洁和完好,不得将制服用于非教学目的,或在非教学场合随意穿着。律师服也是特定身份的代表,虽然没有像制服那样管理严格,但也是有着统一的管理规定。在教学中使用的律师服,可以采用直接定制或仿制的方式制作,学生在穿着时,要本着对律师职业应有的尊重,依照规范认真穿戴。

模拟法庭教学中其他诉讼参与人可以自由着装,由于没有统一的要求,通常也不会专门去添置上述服装。学生可以选择自己的日常服装,只要与角色合拍,同时也符合法庭所需要的严肃性即可。

第三节 法庭的基本礼仪

礼仪就是礼节和仪式。礼仪是以建立尊重及和谐关系为目的的各种符合礼的精神及要求的行为准则或规范的总和。礼仪是由人们社会交往过程中根据历史传统、风俗习惯、宗教信仰等因素而形成的。礼仪受社会意识形态制约,它反映一个时代人与人之间关系的基本特征,并随着社会的发展而不断变化。在中国传统法文化中,有独角兽断案、血祭神判、盟诅神判、鬼师等司法礼仪。[①] 礼仪的本质是行为规范,所以礼仪的核心不是认同,而是要遵守。法庭礼仪,包括不同的法律职业群体之间的相互称谓、行为模式。法庭礼仪能够强化司法的尊严,能够让当事人亲身感受到法律人之间、法律职业共同体的团结。不同的社会环境遵循的行为规范各不相同,基本原则是要求每个人约束自我,尊重他人,真诚相待。

社会交往过程涉及的礼仪众多,司法也有司法礼仪,法庭上遵守的是司法礼仪中的法庭礼仪。礼仪主要是通过行为、语言和程式表现出来,法庭上的礼仪也是如此。

一、法槌的使用

法槌在我国有渊源可追溯。早在春秋战国时期,我国就开始使用惊堂木,这可以被视为法槌的雏形。以法槌敲击的方式主持庭审活动是世界各国通行的做法,我国法官采用法槌主持庭审活动,主要目的在于显示庭审活动的权威性、程序性和裁判性,强化庭审的现场效果。2002年6月1日起《人民法院法槌使用规定(试行)》开始施行,从此,

---

[①] 参见邓志伟:《符号学视角下的司法礼仪透视——法院文化的表达与实践》,载《河北法学》2014年第4期。

法槌成为法庭审判不可或缺的道具之一。该规定明确了法庭审理中使用法槌的不同阶段及程序：审判长在宣布开庭、继续开庭时，先敲击法槌，后宣布开庭、继续开庭；宣布休庭、闭庭和判决、裁定时，先宣布休庭、闭庭和判决、裁定，后敲击法槌。其他情形使用法槌时，应当先敲击法槌，后对庭审进程作出指令。在法庭上法槌只能一个人使用，如果是普通程序，由审判长使用，如果是简易程序则由独任审判员使用。

二、到庭

审判区的控辩双方或原、被告及其诉讼代理人应当提前到庭，并按照座位指示牌落座，放好证据资料，做好开庭的准备工作。旁听席的听众也应当提前到庭，依照由内向外的顺序，依次落座。书记员也应当提前到场，做好开庭前的准备工作。证人、鉴定人和专家辅助人虽然不得参加旁听，但也应当在通知要求的时间内到达法庭，到达时可以先告知书记员，然后在指定的地点等候出庭。

三、起立

法官是法庭的代表、法律的化身，对法官的尊重就是对法律的尊重。当审判员进入法庭时，全体人员均需起立。为避免审判员进入时，在座的人员因注意力分散而呈现杂乱无序状态，可以由书记员宣布"全体起立，请审判员入场"。起立时法官在全体人员行注目礼之中走进法庭并端坐到审判席上，允许其他人坐下之后，在庭人员方可落座。当审判员宣告判决、裁定、决定时，审判员应率先起立，全体人员应当跟随一同起立，共同聆听法律的声音。

四、发言秩序

法庭是由控辩审三方组成，发言必须有序，才能保证庭审依照一定的程序高效率地向前推进，帮助审判员在听辩过程中了解事实真相，依照法律作出判决。《人民法院法庭规则》第17条规定，"全体人员在庭审活动中应当服从审判长或独任审判员的指挥"。法庭上的发言顺序是依照审判程序进行的，但在任何时候，审判员的发言都应当优先，即使自己的发言尚未终了，当审判员开口询问时，可以暂停等待，待审判员问完后继续发言。该条同时规定，"检察人员、诉讼参与人发言或提问，应当经审判长或独任审判员许可。"其他人员的发言顺序应当听从审判员的安排，当一轮发言完毕后最好告知审判员，"我的这轮发言讲完了"，或者是"我的提问完毕""我的回答完毕"等，便于审判员有效控制审判节奏。

第四节 法庭的行为规范

参与法庭诉讼的人和旁听的人在法庭的活动都必须遵循行为规范，这里既有所有人需要遵守的共同行为规范，也有部分人因身份的不同而要遵守的特定的行为规范。

一、共同的行为规范

1. 守时

无论是对朋友,还是对陌生人,守时是最大的礼貌。庭审是一件严肃的事,可能关系到被审判者的生死,或是重大权益的得失。不论是参与庭审的控辩双方,还是诉讼中的原、被告,或是准备出庭的证人、鉴定人等都应该在通知的时间里赶到法庭并在相对应的位置坐好等候。审判员虽然晚于诉讼参与人出场,但也应该准时到庭。如果参与庭审的人确因无法预料的因素无法准时到庭,比如飞机延误、火车晚点等,应该提前告知法庭,可以确定短时间无法赶到法庭时,还应该告知行程所需的时间,以便审判员决定本次庭审是否还要正常进行,以及下一步如何继续等问题。如果不慎迟到,到庭应向审判员说明情况,并向在座的各位表示真诚的歉意,包括需要提前离开,也要说明理由并致歉。

2. 听从审判员指挥

《人民法院法庭规则》第 17 规定,"全体人员在庭审活动中应当服从审判长或独任审判员的指挥"。审判员是庭审活动的指挥者,参与诉讼的每个人都必须尊重并维护审判员的权威。不论原、被告社会地位、级别的高低,不论诉讼代理人的法学地位及学术影响力的大小,或许与审判员可能是曾经的同学、同事关系,或许是师长、学长的关系,甚至可能是曾经的上下级关系,但在法庭上,必须服从审判员的管理,听从审判员的指挥,发言要经过审判员的许可。对审判员的观点或行为持异议时,应当通过辩论或抗议等正当程序予以提出,但禁止对审判员的人格进行贬损。

3. 遵守规则

法庭是人民法院代表国家依法审判各类案件的专门场所,开庭是严肃的司法过程。为了维护法庭安全和秩序,保障庭审活动正常进行,保障诉讼参与人依法行使诉讼权利,方便公众旁听,促进司法公正,彰显司法权威,根据《人民法院组织法》《刑事诉讼法》《民事诉讼法》《行政诉讼法》等有关法律规定,最高人民法院于 1993 年 11 月 26 日制定了《人民法院法庭规则》,并于 2015 年 12 月 21 日进行了修正。《人民法院法庭规则》中的许多条款就是法庭司法礼仪的规则化。比如,审判员入席或宣判时全体人员必须起立,法庭在发言中禁止鼓掌、喧哗。出于人性化考虑,允许律师、检察官、鉴定人等携带手机,但应该调至静音,避免打搅正常庭审,如庭审途中因故接听使用,必须征得审判员的许可。

4. 语言文明

语言交流是庭审活动必不可少的方式,也是人的内在素质最好的体现。人不仅要通过语言表达思维活动,更要用文明的形式表达。语言的文明礼仪表现在以下几个方面:首先是考虑他人的听辨能力,法庭上要用普通话进行表述,如果困难,也尽量减少方言土语。其次是语速和音量,语言的目的是让他人倾听,能否倾听完整的意思表达取决于讲述人的语速和音量。庭审中的发言语速要适中,如果涉及较多的人名或专业词汇,还要考虑书记员的记录速度,给予适当的放缓。最后是语言的表达,坚持文明用语,尤其是反驳对方的观点时,不得夹杂辱骂、下流的词汇。如果对方用语不文明,可以要求审判员予以制止,而不能以牙还牙直接对骂。

二、不同角色的行为规范

1. 审判员庭审的行为规范

审判员是法庭上案件的审理者,也是法庭审理进程的掌控人,对法庭的秩序负有管理职责。审判员对司法礼仪的认知不仅影响其个人的言行举止,更关系到整个法庭司法礼仪的管理标准,关系到其对审判过程司法礼仪的维护。而且审判员的行为举止对整个法庭具有示范效应,审判员在庭审中的失态将直接影响庭审的有序进行,影响庭审的成效。为避免行为失当,审判员必须了解并遵循行为规范。

(1) 保持中立。诉讼是两造对抗,由审判员居中裁判,所以审判员在任何时候不能混淆自身的定位。审判员在庭审中首先在心理上避免先入为主,即使在对案情有着初步判断的基础上,也不能因个人观点而歧视诉讼中的任何一方,努力做到不带个人好恶地公正适用法律。在行为上显示中立,例如在刑事诉讼中,切忌越俎代庖化身为审讯者;民事诉讼中不能替代任何一方发问;行政诉讼中不能对被告方显示特别亲和的态度。要确保在对抗的双方中保持超然地位,避免在言辞和行为上让当事人对审判员的中立性产生合理怀疑。

(2) 平等对待。程序的公正和对等性要求审判员在庭审过程中应平等地对待诉讼双方。平等对待主要是保障诉讼双方充分地行使诉讼权利和实体权利,不因为诉讼双方的身份、地位、宗教信仰、经济实力等不同而有失偏颇。法庭上,审判员应当公平合理地分配诉讼各方在庭审中的举证、质证、辩论时间,平等地确定诉讼各方举证期限,公平地对待各方提出的异议,对双方不当言行及时予以制止。平等不等于绝对的相等,不是说原告有五分钟的陈述时间,被告也应当同样拥有,而是合理前提下的公平。根据诉讼性质的不同,保障双方权利所需要的条件不同,根据各方文化水平、理解能力等方面的差异而合理兼顾,既符合法律又符合人性化关怀。

(3) 慎言慎行。审判员在审判中居于裁判者地位,诉讼双方所有的努力都是旨在说服审判员相信自己的证据真实和观点可信,指出对方的证据或陈述中的破绽。他们在陈述和论证过程中,往往高度关注审判员的表现,力求从审判员的表情、言谈和行为举止中判断出自己努力的成效,甚至由此猜度审判员是否真正居于中立状态。正因如此,在庭审过程中,审判员出言要谨慎,轻易不要对诉讼一方的陈述或辩论表示肯定或反对,也不要通过表情或行为来表达自己的态度,少言多听,举止有度,稳重平和,时刻保持中立的立场以维护司法威严。

(4) 张弛有度。审判员在庭审过程中不仅居于裁判者位置,也是庭审进程的推动者和审判秩序的维护者。审判员的威严并不完全建立在严肃的面孔和不苟言笑的举止上,不是所有的庭审都要以严肃的面孔出现,审判员的耐心及亲和力也是当事人信赖的基础。对于初次参与庭审情绪高度紧张的当事人可以加以安抚和鼓励,宽容其抓不住要点的陈述,对于当事人不理解的释明可以进行更细化的解释。对于当事人及其代理人故意采用不着边际的陈述回避问题或拖延庭审,甚至进行人身攻击式的谩骂陈述,要合理使用司法威权加以阻止。调解阶段,允许双方就各自利益讨价还价,耐心听取各自要求,帮助双方分析利弊。举证、质证和判决阶段则严格维护法庭纪律,依照秩序推进庭审,不受任何一方无端干扰,也不接受任何无理要求,使法庭审理氛围有张有弛,一切尽在掌控中。

2. 公诉人的行为规范

法庭上的公诉人首先要考虑自身检察官的身份,是代表国家公权参与诉讼,必须要按照规定穿制服,佩戴检察徽章,仪表端庄得体。除了遵守法庭共同的行为规范外,还应当遵守公诉人独有的行为规范。

(1) 尊重法庭。即尊重审判秩序和审判人员。公诉人虽然代表国家参与到诉讼活动中,负有打击犯罪维护正义的使命,但并不因此就拥有超越其他人的地位和特权。在法庭上,要遵守庭审纪律,听从审判人员的诉讼指挥。遵守庭审程序,发表公诉意见或辩论意见要经过审判员的许可,对审判员的注意提示和告诫要虚心接受,注意维护审判员的权威。

(2) 尊重辩护人。法庭上控辩双方居于平等地位,并不因为控方行使公权而拥有地位上高于辩护人的优势,或者因律师是为犯罪嫌疑人辩护从而拥有道德上的优越感。公诉人在法庭上要耐心倾听辩护人的发言,即使其所陈述的内容与事实相违背,或认为其采用的是诡辩术,也不要随意打断辩护人的发言,更不能站在道德的制高点对其进行嘲讽或训斥,因为偏离案件事实采用指责的方式去对抗,只能显示公诉人力绌,更不能与辩护人相互对讽,以谬对谬,而应依据事实和法理,从逻辑上驳倒对方,并合理地利用法庭规则制止对方的无理要求。这样的公诉人才能赢得法庭和民众的尊重和信赖。

(3) 尊重其他诉讼参与人。尽管刑事法庭的被告人很有可能最后被法庭认定为犯罪人,但在庭审中仍然应当理性地称谓被告人、客观地陈述犯罪事实和有逻辑地进行举证。事实证明,一个从容冷静的公诉人往往比情绪激昂的公诉人更具威慑力。对待辩方的证人,提问时应避免使用讯问的口气,即使在其回答中存在谎言成分,也不应当对被告的包庇者加以训斥,而是以事实或从逻辑角度来揭露。邀请专家辅助人辅助质证是法律赋予当事人的权利,对待辩方的专家辅助人参与质证,公诉人可以询问专家辅助人辅助质证的收费情况,但不应站在道德的高度指责专家被金钱收买,更不能以此推论专家的意见属于利用身份误导法庭。公诉人往往非常礼待鉴定人,这是因为出庭的鉴定人通常是公诉方的证人,但对待专家辅助人往往毫不客气,这种做法容易被视作心胸狭隘,影响公诉人的形象。对专家辅助人给予尊重,是对科学应有的态度。

3. 律师的行为规范

律师作为辩护人或诉讼代理人自始至终参与庭审,是对抗式诉讼重要的一方,地位重要,礼节的要求更高。

(1) 尊重法庭。律师作为职业法律人应当有着比常人更高的法律素养,参加庭审应当尊重审判员,遵守法庭规则,听从审判员的指挥,不得因其年龄大小、资历深浅以及学历高低而有所怠慢,也不能因自己是曾经的学长、师长或上级领导等身份而有所傲娇。发言或辩论要征得审判员的许可,发言时尽量冠以称谓,例如,"审判长,现在我来发表一下辩护意见";发言完毕也应当让法庭明白,例如,"我的发言完毕"。

(2) 举止有度。一个自信而又举止得体的律师更容易赢得信任。在法庭上要保持正确的坐姿,不要跷腿晃悠。发言或辩论时要举止大方,表达观点时目光应正视对方或面向审判席,音量要保证对方和审判员都能听到,情绪亢奋声音响亮并不意味着有理,有时反而会给人粗鲁的感觉。讲话的语速既要能表达出情感又要便于书记员记录。发言要把握好时间,善于抓住重点,做到语言精练,直击要害,以理服人,不要刻意拖延,更不要刻意渲染事实或情节来哗众取宠。要学会很好地控制自己的情绪,不因对方制造谎言或提供虚假证据而气恼,不因对方贬低自己的人格而失态,一个不动声色的律师肯定是一个令人畏惧的对手。在法庭上不仅要管理好自己的情绪,还要能有效地安抚当事人的情绪,在维护庭审正常秩序的同时,也能引导庭审向着有利于己方的方向发展。

(3) 尊重公诉人和其他诉讼参与人。律师与公诉人虽然形式上是对立的双方,但律师必须充分理解和尊重公诉人代表国家履行打击和追诉犯罪人的重任,与自己对委托人权利的维护并不矛盾,要认真倾听公诉人的发言,双方的对抗关键在于举出证据讲出法理,切忌抓住对方的口误或笔误大做文章,或故意曲解对方的意思等有失风度的做法。尊重对方的当事人和律师,尊重的最好方式就是认真倾听对方的发言,允许对方完整地表达自己的观点而不随意打断,不要刻意曲解对方的意思。对待证人、鉴定人和专家辅助人亦然,质证问题的提出要明确,不要含糊其词,更不要寄希望于陷阱提问来获得形势的扭转。

4. 旁听人员的礼仪规范

旁听人员不论身份职位,只能在旁听区听庭审,未经许可不得擅入审判区,在庭审中必须遵守法庭的规则,审判员入席或宣判时必须起立,未经审判员的许可不得录音、录像。在听庭过程中必须保持安静,旁听人员不应频繁走动或窃窃私语,以免干扰他人听庭,不得提问和发言,遇到精彩的辩论不得鼓掌欢呼,遇到反对意见,不得插入争辩。旁听人员即使认为对方的当事人、证人在说谎,有必要澄清事实真相,也不能在旁听区直接发言,更不能指责谩骂对方的当事人、律师或证人。旁听人员虽然没有着装要求,但应当保持仪表整洁,注意个人卫生,入场前不要食用气味浓重的食品,不得喷洒气味浓烈的香水等,以免影响别人。

三、模拟法庭的行为规范

仪式的目的是让活动变得郑重,而郑重就是为了要求行为慎重。作为模拟法庭,行为规范应该与现实一致。或许我们在观摩真实诉讼的过程中,观察到审判员出庭、控辩双方发言等可能没有严格按照规范来,比如,开庭前独任审判员已经在审判席上坐定,并没有入场仪式,但不能因此就以为法庭的礼仪属于可选择项。在模拟法庭中,由于控辩双方不是真实交锋,原、被告也不会产生情感上的冲突,旁听人员也与模拟的案件没有牵连,不会出现实际审判过程中经常不能避免的语言或肢体冲突,但模拟法庭却会出现真实法庭不可能出现的情况。比如,穿着拖鞋、吊带衫进入法庭旁听,甚至带着食物进入法庭;天热的时候,因穿法官袍、律师袍太热,卷起袖子、内搭短裤的都有;遇到辩论精彩之处,还有欢呼掌声响起。如此种种,皆是缺乏司法礼仪的表现。

第四章

模拟庭审程序训练

　　法学作为社会性和实践性很强的学科,要求学生通过模拟的方式实践庭审这一庄重而神圣的法律活动。模拟法庭的建设为我们解决学生所学理论知识与司法实践相连接的问题提供了物质基础。通过模拟法庭的教育形式,学生可以亲身感受到法庭的严肃氛围,树立神圣的司法理念。通过相关法律知识的讲解、复习、观看录像、实地参观、认真旁听观摩等准备工作的实施,增加学生对开庭的感性认识,为模拟法庭程序的有效运作打下坚实的基础。通过分段式实验训练,进一步加深学生对法庭运作程序的感性认识,进一步提高学生运用法律分析问题、解决问题的能力。最终让学生学会运用模拟法庭环境与设施实施具体庭审活动,包括开庭准备、法庭调查、法庭辩论、合议庭评议、宣判等环节。

第一节　模拟法庭分项训练实验方案

　　波斯纳法官在《法官如何思考》一书中认为,"老牌的法律教学采用的是诉讼律师的立场,也就这样教授善于辩论的学生,如何清除先例的碎片,如何富有想象力地解释法律文本,因为如果你要诉讼,你就必须掌握这些有时很隐晦的艺术。"[①]开庭审理是诉讼的核心环节,也是训练法科学子掌握法庭控辩艺术的主要手段。在模拟诉讼中,一般情况下应模拟完整的庭审环节,即从宣布开庭、法庭调查、举证与质证、法庭辩论、最后陈述,到宣判。在有些模拟法庭活动中,应程序设计的需要也可以就其中某些环节展开,如以法庭质证和法庭辩论为主,这样的话省略一部分环节可以提高庭审的针对性和效率。所以,模拟法庭的训练不仅应当包含完整庭审的模拟,还应当对庭审中的重点环节进行专项训练,以培养参加人员的各项法庭参与能力。在模拟庭审程序中,一部分环节是流程性的,只需要少量时间演练便可以完成,其主要的作用在于保持庭审的完整性。还有一部分模拟庭审的环节,是通过专项训练提高学生的司法技能和职业素养,锻炼其法律思维和口头表达能力,将完整高效的庭审活动拆分为基础训练,也为学生在今后的法律执业中的真实对抗进行模拟演练。为了有针对性地实施这一部分的训练,现专门编制若干分项训练实验方案,主要针对法庭询问、法庭举证与质证、法庭辩论等,此外就法庭常见的法律文书的写作和训练还将在专门章节中阐述。

---

① 〔美〕理查德·波斯纳:《法官如何思考》,苏力译,北京大学出版社2009年版,第200页。

一、法庭询问模拟演练的实施

（一）实验目的

通过法庭询问模拟实验训练，进一步加深学生对法庭询问程序的感性认识，进一步提高学生提出问题、运用法律分析问题、归纳和逻辑推演的能力。

（二）实验步骤

1. 分组分配案件角色

根据学生的意愿，将全班学生分成原告组、被告组、审判组、证人组。证人组的学生机动，可以由原告组、被告组的学生兼任。

2. 法庭询问演练的准备工作

在法庭询问之前，原告组、被告组分别确定本组申请出庭作证的证人。之后原告组和被告组了解法庭询问的顺序，根据提供的部分证据材料拟订询问内容，审判组了解法庭询问的步骤、顺序，知悉证据材料的内容。

3. 法庭询问的演练步骤

法庭宣布原告方证人出庭，原告组的成员直接询问原告方的证人，被告组的成员交叉询问原告方的证人；法庭宣布原告方证人退庭，被告方证人出庭，被告组的另一成员询问被告方的证人，原告组的另一成员交叉询问被告方的证人；法庭宣布被告方证人退庭。

4. 法庭询问的演练要求

询问证人的目标明确，问题的设置逻辑严密、条理清晰，问题的句式、用语符合直接询问、交叉询问的规范，询问时间控制得当。

审判组可就法庭询问中出现的情况进行适度控制，并视具体情况进行少量的发问。在控辩双方陈述和答问陈述的基础上，法庭应当进行庭审归纳小结，归纳案件事实的争议情况。首先归纳双方无异议的案件事实，在归纳时，应当先征询控辩双方的意见，无异议后予以确认。控辩双方没有争议的事实不能直接予以认定，应当进一步审查相应的证据后，再行认定。随后归纳控辩双方争议的案件事实，在归纳时，主持人（审判长或者合议庭其他人员）应当先征询控辩双方的意见，无异议后予以确认。控辩双方争议的事实往往是法庭进一步调查的重点，但法庭调查的重点不以此为限。

（三）法庭询问方法

我国三大诉讼法都赋予辩护人、代理人当庭询问证人、被告人的权利。随着直接言辞原则的进一步落实，对抗式审判方式进一步加强，对证人和被告人的交叉询问将会变得更重要。

1. 开放性询问与封闭性询问

开放性询问是指问话给回答者提供了较大的选择余地，问题的答案理论上是开放的，甚至是无限的。开放式问话分为窄式开放性问话和宽式开放性问话。窄式开放性问话所期待的回答内容比较具体，指向性明确，简短回答即可。比如，"谁？""什么时间?""去了哪里?""多少钱?""几个人?"宽式开放性问话所期待的回答内容是一个自由表述,没有边界,通常是事件陈述或心理表述,回答者很难简短作答。比如,"你为什么要杀他?""你是怎么处理赃款的?""你当时心里是怎么想的?"

封闭性询问是指问题本身已经限制了回答的范围,回答的选择不是无穷尽的。一般来说,答话只能从"是"和"不是"、"同意"和"不同意"、"对"和"不对"、"有"和"没有"等两种相互对立、互相排斥的答案中选择其一。比如,"2015年8月5日下班后,你是不是回家了?""你杀人了吗?""你有没有收对方的钱?"

2. 迂回询问与交叉询问

迂回询问是指询问时先不直接提出核心问题,而是从表面上与案件无关联或者不重要的事实开始发问,由远及近,先外后内,在缓和回答者负隅顽抗或者警觉戒备的心理后步步引入主题,迫使回答者说出案件真相。迂回发问法能够隐藏询问意图,使得回答者在心理堤防较弱的情况下逐渐放松警惕,在环环相扣的询问下自我瓦解。这种询问方法需要较高的询问技术,要求询问人必须精心设计问题,厘定问题之间的关系,但又要注意问题不能离题过远,迂回的圈子不能过大,以免遭到辩护人反对或者审判长制止。反复询问中,对于询问不利于己方的情况,律师要采取迂回的方法,一次针对一个点发问,逐个突破,为自己主张的结论积累论据。

庭审程序中对己方的证人进行询问称为直接询问或主询问,对对方证人的询问称为交叉询问或反询问,交叉询问是由一方当事人或其律师在法庭上对另一方证人进行的盘诘性询问。

交叉询问的主要目的是对对方证人提供的证言进行质疑,以便降低甚至消除该证言在裁判者心目中的可信度。在诉讼实践中,实现交叉询问目的的基本途径是攻讦对方证据的弱点或缺陷。

交叉询问作为质证的基本方式,有利于调动当事人进行质证的主观能动性,有利于实现质证的目的和功能,也有利于保障庭审调查的程序公正。但是,交叉询问也容易出现一些问题,如拖延诉讼、侵犯证人权利等。因此,诉讼各方在法官主持下进行交叉询问时,应当遵守以下规则:首先,交叉询问的问题应当与证人或鉴定人等陈述的案件事实或鉴定事项有关,对于不具有上述关联性的问题,证人或鉴定人可以拒绝回答,但是涉及证人资格或鉴定人资格的问题除外。其次,在对证人或者鉴定人的资格进行质疑时,可以涉及与个人信誉或品行有关的问题,但不得损害证人或鉴定人的人格尊严。再次,在交叉询问中不得使用威胁、利诱等语言。最后,如果一方认为对方在交叉询问中提问的方式或内容不合适,应当及时在法庭上提出异议或反对,审判员应当及时对异议或反对作出裁判。

3. 询问内容的要求

担任审判员、检察官和律师的学生在询问证人时都应当注意询问内容与案件事实有关,不得采用诱导方式询问,不得威胁或者误导证人,不得损害证人人格尊严。同时应当注意,有些问题不应当被认为是诱导。比如,涉及需要明确证人的身份、经历等准备性事项的;涉及诉讼各方没有争议且已经明确的事项的;询问主要意图是反驳证人的不实证词、质疑该证人证言真实性的;证人记忆不清时,为唤起其记忆而确有必要的。审判长认为询问不适当时,可以制止。

对证人询问,可以针对案件事实,或者证人的观察、记忆、表达等能力,以及证人与案件的利害关系、偏见、预断、前后证言之间的矛盾等事项进行;在询问中发现证言合法性有疑问的,也可以针对证言收集的合法性进行。但是,不得擅自涉及证人的前科、劣迹、行为特例等有损证人名誉的事项。控辩双方可以通过提问的方式向证人询问与案件事实有关的问题,也可以让证人向法庭自由陈述其所亲自感知的案件事实。在必要时,经审判长许可,控辩双方可以利用图画、照片、模型、装置等进行询问。

二、法庭举证与质证演练实施方案

（一）实验目的

通过分段式实验训练,进一步加深学生对法庭运作程序的感性认识,进一步提高学生运用法律分析问题、解决问题的能力。

（二）实验步骤

1. 分组并分配相关案件角色

将全班学生分成原告组、被告组和审判组。原告组每组安排原告和代理人各一名,被告组每组安排被告和代理人各一名;其余学生组成审判组。

2. 法庭举证质证演练之前,由审判组学生负责组织证据交换

举证一方演练具体要求为:对证据编组和编号、提供证据清单、说明证据使用的目的。

质证一方演练具体要求为:查验证据的形式、来源等,对疑证进行摘录、复印,组织质证的重点。

审判组演练具体要求为:熟悉了解证据交换的程序、知悉了解双方当事人对证据的基本观点,为庭审作准备。

3. 庭审举证质证演练步骤

首先由审判组宣布进入法庭调查阶段,对案件争议焦点进行概括,表明举证质证的方法;之后由原告方举证,被告方质证,再由被告方举证,原告方质证。可采用一证一质或者类举类质、综合质证的方法。

4. 法庭举证质证演练的具体要求

举证方应有序提交证据并能够支持主要的诉讼请求,明确所提交证据的目的,对自己提交的证据所证明的对象表述清楚、完整。质证方应准确把握证据质疑的疑点,清晰表达质证意见,论证合理。

审判组学生要释明举证责任的分析原则与要求,固定双方无争议的证据与事实,确定案件的主要争议焦点,有序地组织双方当事人的举证与质证工作,掌握证据认定的具体标准,适时对证据进行认定。

（三）举证方法

在法庭调查举证阶段,审判员指示当事人有针对性地展示不同种类的证据,其举证

的具体要求各不相同。同时,审判员可以出示人民法院调查收集的证据,由控辩双方进行质证。这一阶段证人出庭作证,鉴定人出庭接受当事人质询。一般顺序为:当事人陈述(控辩双方进行询问)—证人出庭作证—出示书证、物证及视听资料—鉴定人宣读鉴定结论—宣读勘验笔录—控辩双方质证。质证应围绕证据的真实性、关联性、合法性针对证据的证明力有无、大小进行质疑和辩驳。

1. 物证举证

应当出示原物,并说明证据的来源、证明对象等。不能出示原物的,应当说明理由,并出示相应的照片、复制品等证据材料。

2. 书证举证

应当出示原件,并当庭宣读,说明证据的来源、证明对象等。不能出示原件的,应当说明理由,并出示复印件、抄录件等证据材料。

3. 视听资料举证

应当出示原始载体,并当庭播放,说明证据的来源、证明对象等。不能当庭播放和出示原始载体的,应当说明理由,并出示抄录件等证据。

4. 证人书面证言、当事人陈述、被害人陈述的笔录举证

应当出示原件,并当庭宣读,说明证据的来源、证明对象等。

5. 犯罪嫌疑人、被告人的口供举证

应当出示原件,并当庭宣读,说明证据的来源、证明对象等。如果该被告人提供过内容不同的口供,那么法庭应当要求公诉人提交该被告人的全部口供笔录。

6. 鉴定意见和勘验检查笔录举证

鉴定意见和勘验检查笔录应当出示原件,并当庭宣读,说明证据的来源、证明对象等。同时应当说明鉴定人、勘验检查人员不能出庭作证的原因。如果鉴定人、勘验检查人员对同一事实有多份内容不同的鉴定意见、勘验检查笔录的,法庭应当要求公诉人提交全部鉴定意见、勘验检查笔录一并审查或者传唤其出庭作证。

7. 电子数据证据举证

电子数据证据应当出示原件,并当庭宣读,说明证据的来源、证明对象等。控方的证据材料应当于开庭前向被告方开示。如果控方的证据材料未经开示即当庭出示的,法庭应当征询被告方是否质证的意见。如被告方未提出异议并同意当庭质证的,可以交由被告方质证。如被告方提出异议,且法庭认为没有出示之必要的,即不予采纳;如法庭认为确有出示的必要,被告方有权要求获得必要的质证准备时间。法庭应当给予被告方必要的质证准备时间,期满后再行开庭组织质证。

8. 举证技巧

首先,分清举证责任。代理人应当寻找与自己代理案件有关的法律文件,看谁应负举证责任,自己是否有必要举证,是否存在举证责任倒置的情形。如果自己应该举证,就必须尽力寻找有利于自己的证据。

其次,及时完整地提交证据。开庭前要做好充分准备,将证据分类,列出证据清单。可将所有准备在法庭出示的证据分类、编号,说明每一份证据证明什么问题。当事人在

法定举证期限内提交证据时,应当围绕诉讼请求事项对证据进行分组归类编号,列出证据目录,通常包括序号、证据名称、证据内容、证据来源、页码等要素。在证据目录中对每一份证据材料的证明内容应当予以详细表述和说明,必要时要对证据材料中与待证事实密切相关的主要内容进行摘录,并作说明。在证据目录中还应当标明每一份证据材料的来源。

最后,避免举证的一些误区。应避免将所有收集到的证据不分种类、不分主次全部送交法庭,以致"淹没"最重要的证据,影响证据的效力。把握好举证中心。应紧紧围绕自己的诉讼请求及陈述的事实进行举证,这就是举证中心。举证的目的,是为了使己方证据得到审判员的肯定与认可,以及得到有利的判决结果。在诉讼实践中会收集到一些"似是而非"的证据,这些证据既有利于己方的证明价值,又有利于对方的证明价值,甚至对方的证明价值高于己方。对于这类证据在诉讼中应尽量少举或不举,切忌举出对己方不利的证据。

(四)质证方法

质证是指当事人双方采用询问、辨认、质疑、辩驳等核实方式对一方提出的证据进行质辩的过程。质证是为了就证据的可采性和证明力对审判员的心证产生影响,使法院正确认定证据的效力。

当庭质证一般以"一举一质"或"类举类质"的方式进行。法庭质证的程序一般是:出示证据—辨认证据—对证据质询和辩驳,所以举证和质证可以交替进行。一方当事人出示证据后,由另一方进行辨认。辨认的意义在于了解另一方当事人对所出示证据的态度,以便决定是否需要进行质证。辨认的结果分为认可和不予认可两种。如承认对方出示的证据的真实性和证明力,则审判员可以当庭确认其证明力,无须作进一步质证。一方出示的证据被另一方否认其真实性、关联性或合法性的,否认一方需要向法庭说明否认的理由。质证方陈述完否认的理由后,出示方还可以针对否认的理由进行反驳,然后再由质证方对反驳的理由进行辩驳,直至法庭认为该证据已审查核实清楚。质证的范围,是在法庭上出示的证据。质证时,应当围绕证据能力和证明力这两个方面来进行质疑、说明和辩驳。

1. 对书证、物证、视听资料的质证

对书证、物证、视听资料的质证主要是质疑书证、物证、视听资料的真实性,以及与本案待证事实的关联性。一般情况下,应掌握原件原物优先规则,坚决要求对方出示原件原物,并认真辨认和审查对方当事人出具的书证、物证、视听资料原件原物,判断其复印件、复制品与原件原物是否相符。对书证的质证应关注书证的来源是否可靠、书证的形成是否合法、书证是在什么情况下制作的、书证的内容与案件事实有无内在联系、书证的内容是否有错误、书证的形式是否符合要求、书证是否有伪造或者变造、书证与其他证据之间的关系等。对物证的质证还需要通过辨认、对比、鉴定等方法,鉴别真伪,作出判断,查清该物证是否属于涉及本案事实的物品、是否与案件事实有联系等。对视听资料的质证应注意录音、录像以及电子技术资料存在剪辑、加工、伪造的可能性,必要时可以进行司法鉴定,以验证是否是原始材料,是否有伪造、剪辑拼接等情况。

2. 对人证(证人证言、勘验笔录、当事人陈述)的质证

应当关注言辞类证据的主体资格,证言的真实性、客观性、与待证事实的关联性等。比如对到庭证人证言的质询,可以关注证人与当事人之间的关系、证人的主观能力(如理解力、记忆力、表达能力、感觉能力)、证人证言的来源及合法性、证人感知案件事实时的环境和条件、证人前后的证言是否矛盾、证言与其他证据的相互印证及其因果关系等。

3. 对鉴定意见的质证

应当关注供鉴定的材料是否充分可靠、鉴定部门和鉴定人的资格、鉴定所采用的方法和操作程序是否科学、鉴定人在鉴定过程中是否受到外界的干扰、鉴定意见与有关证据是否冲突、鉴定人与本案当事人有无利害关系等方面。必要时可以请求鉴定人出庭接受当事人询问。

4. 对电子证据的质证

要注意电子证据常具有脆弱性,很容易被删除、篡改,在认定电子证据时,还是应尽可能地排除疑点,确保证据有效。必要时利用技术手段对来源、内容进行审查,并辅以其他证据来证明,才能作为定案的根据。

三、法庭辩论模拟演练的实施

(一)实验目的

法庭辩论,是在庭审中通过语言为己方争取更多利益的一种对抗性表达过程。通过法庭辩论的训练,锻炼和提高学生的法律思辨能力、对案件事实和证据的理解运用能力、法庭应变能力、语言表达能力、总结和归纳能力、法庭程序控制能力。适应法庭环境和庭审节奏,通过控辩双方或当事人双方的相互辩论交锋,实现模拟开庭的实效性对抗训练效果。

(二)实验步骤

1. 挑选合适的案件或者辩题

可以由指导教师和学生经过讨论确定几个有针对性的辩题,可以选用案例中已确定好的争议焦点,也可以协商确定争议焦点。

2. 分组并分配相关案件角色

分小组进行对抗练习的准备,按照选题的类型,刑事案件可将学生分成公诉组、辩护组、审判组,民商事或者行政案件或辩题可分为原告组、被告组、审判组。

3. 法庭辩论的演练准备

法庭询问之前,公诉/原告组、辩护/被告组分别确定本组一辩、二辩发言顺序。控辩双方阅读相关的证据材料,准备好辩论词或提纲,审判组熟悉了解法庭辩论的顺序。

4. 法庭辩论的演练步骤

准备完成时,进行面对面的直接辩论。教师根据情况可以选择部分准备充分的辩论在课堂上进行示范,为课后进行反复训练打下基础。

由审判组宣布法庭调查结束,进入法庭辩论阶段。公诉/原告组的一辩发表公诉意

见或代理意见,辩护/被告组的一辩发表辩护意见或代理意见,法庭根据双方的辩论意见归纳争议焦点,进入互相辩论阶段;公诉/原告组的二辩发表辩论意见,辩护/被告组的二辩发表辩论意见;公诉/原告组、辩护/被告组轮流发表意见;法庭在询问双方再无新的辩论意见的基础上,宣布法庭辩论结束。

5. 法庭辩论的演练要求

控辩双方应语言表达清楚、语速适中、使用法言法语,辩论意见观点鲜明、重点突出、条理清晰、推理严密,对事实的论证要有理有据,对法律的分析要合理、准确。

(三)法庭辩论方法

1. 模拟法庭辩论的目的

法庭的对抗和双方利益的对立,是辩论存在的条件和空间。法庭辩论与一般辩论赛的不同之处在于,法庭辩论的最终目的不是为了驳倒对方,赢得点数上的胜利,而是为了表达和实现利益诉求,影响审判者对案件事实和法律的运用,引导庭审向着有利于己方的方向发展。

2. 审判组在法庭辩论中的工作要点

审判组要控制法庭辩论的节奏与氛围,并对辩论中出现的各种影响法庭辩论正常进行的行为予以制止。法庭辩论是庭审又一阶段的开始。审判员在法庭辩论中以倾听为主,适当主持和引导。这一阶段重点做好三方面工作:第一,宣布辩论规则。审判员在辩论阶段要把握平衡原则,首先确定辩论规则,让当事人有章可循,也为进一步控制辩论的发展打好基础。第二,确定辩论焦点。为使辩论能够紧扣争议焦点,审判员会在辩论时扼要地概括争议的焦点,告知双方当事人先按法庭确认的焦点问题展开辩论。第三,控制辩论节奏。在辩论过程中,需要对一些内容进行控制。当事人重复陈述事实甚至与起诉意见、答辩意见重复的,要加以提示;当事人在辩论中跑题,陈述与案件无关的事实的,须打断其陈述,让其言归正题;当事人陈述内容空洞,哗众取宠,观点模糊的,要适当提示;当事人长篇大论,甚至占用大量时间陈述一些法理的,可以限定其发言时间。为了控制庭审时间,可以提前对辩论时间和次数进行规定。

3. 控辩双方的辩论要点

对于模拟法庭辩论活动的开展,如果要取得良好的训练效果,应该在庭审环境和氛围上形成一定程度的代入感和仪式感,要求参与者注重以下几个方面:首先,控辩双方应注意展示自信形象,避免懦弱胆怯。其次,庭审时可以穿着模拟法庭专用的律师袍、检察官服,也可以穿着便装,但是要简洁大方。最后,庭审语言应运用法言法语,逻辑严密,用语应纯熟,语调宜舒缓,避免死记硬背、啰嗦重复,注重展示法律功底和法律思维能力,坚持有理、有利、有节的策略。

辩论方法方面应该注意仔细倾听,避免答非所问,也不宜故意运用辩论中的偷换概念、避重就轻等方法,而应当有针对性地大胆假设,小心求证,准确表达观点,注重观点的合理性和结论的可接受性。

4. 法庭辩论的规则

首先,应当避免自己的主张和表达出现矛盾,这就要求控辩中任意一方提出任何一个主张时均不得自相矛盾,主张得出的结论应该具有较强的必然性和可信度,而不是偶然巧合,应当避免使用模糊的语言。

其次,应该关注证明责任分配的规则。按照实体法和程序法中关于证明责任的分配规则,控辩双方对自身要证明的案件事实和法律适用问题应该有一个梳理,在此基础之上明确证明的要求,在庭审中选择立论和驳论的证明方法,以应对不同事实的证明要求。言说者必须应他人的请求就其所主张的内容加以证明,除非能举出理由证明自己有权拒绝给出证立。控辩双方均可以对对方的主张提出质疑,均可以对自己的主张和理由作出证明,必要时也需要对自己的质疑作出解释和证明,对于新提出的不属于辩论范围的主张还需要证明讨论的必要性。

再次,应避免无关陈述、重复冗余陈述。要求对已经提出的论述,只有当出现争议时才有必要作进一步的论述。对已经表达过的主张或者已经进行过的证明过程不应当再进行重复,必要时法官可以打断其陈述。

最后,应当遵循论辩理性。要求控辩双方应注重辩论内容的一致性和有效性,避免内在矛盾:肯定性主张和否定性主张不能在相同的证立中发生。不能出现人身攻击,避免过激语言,保持辩论秩序,遵守辩论规则,保持理性表达。

第二节　模拟法庭综合实验流程

一、法庭环境

模拟法庭实验教学能够充分体现法律专业特点,更好地把法学教育与司法实践相结合。通过对所选择的案件模拟庭审全过程,使学生熟悉司法审判的实际程序,熟悉与案件相关的实体法和程序法,加深学生对有关程序法的准确理解,锻炼学生在真实的环境里从事法律实务的能力;通过"亲身、亲历"参与模拟法庭活动,培养和锻炼学生发现问题、分析问题和解决问题的能力,提高学生的语言表达能力、组织协调能力,提升学生的专业技能和实践技能,同时还能检验学生的专业知识学习成果、法学理论掌握程度、反应能力与思辨能力等。模拟法庭的学习使学生加深了对开庭审理的认识,对法庭上各组成人员的职责有了更深一步的了解,提高了其感性认识,使其对诉讼程序有了切身的了解。

要开设模拟法庭课程,模拟法庭场所的建设是必不可少的。模拟法庭课程是法学专业的实验实践课程,模拟法庭场所就是法学专业的实验室。模拟法庭实验室的建设,应当有专门的实验场地,模拟法庭场地设置要在能提供模拟庭审场地的同时,也可以满足邀请人民法院的相关工作人员来模拟法庭审理真实案件的需要,由学生现场观摩人民法院的审判活动。

在模拟法庭的设计上,可作实验教学多功能厅使用,如示范法庭、巡回法庭、案例研讨报告会、模拟法庭辩论比赛等,充分利用好模拟法庭的场地。

二、模拟案例

模拟法庭案例的选择应该以有效服务模拟法庭训练、锻炼学生庭审能力为目的,注重案例的实践性、典型性、实用性。用于模拟的案例可以通过教材指定,也可以通过教师或者学生提议投票选择等方式确定。总体说来,所选择的案例常有三种来源。

(一)社会关注的热点案件

这类案件如近年来在司法实务界、理论界以及普通百姓都关心的"许霆案""彭宇案""林森浩案"等。这类案件的特点是案情引起广泛关注,事实基本清晰,证据材料和案件事实经过媒体多次报道和曝光。对于参加模拟庭审的学生而言,对这类案件一般都有一定程度的了解,资料查询和收集也比较便利,对现有事实和证据的争议较少,可以把模拟庭审活动集中在法庭辩论中的观点碰撞上,形成较为集中高效的模拟庭审效果。但是采用这类案件的劣势在于,人民法院作为案件的审理机关,已经或者即将形成有效判决,而这些判决不管争议程度如何,都是依法定程序和特定法理谨慎作出的,学生在模拟庭审时一方面很难不受到现有判决及其理由的影响,另一方面也可能由于考察因素的片面构成对生效判决的不当质疑,从而影响模拟庭审的效果。使用这类案件时应当注意:首先,应适当固定案情,必要时选取部分案情作为庭审内容,因为这类案件往往案情复杂、材料丰富,很难在短短的一次模拟庭审中覆盖所有案件要素;其次,应注重理论研讨,避免陷入案情争议的泥淖中浪费庭审时间;最后,教师应注意引导庭审,形成正确的模拟庭审价值观,而不是一味地受网络媒体舆论引导,同时对模拟庭审的总结报道也应当避免引起歧义,导致发生不必要的舆情事件。

(二)自行收集的真实案件或者根据真实案件改编

这类案件可能是来自教师自己办理或者接触到的司法实践案件,也可能是来自裁判文书网、各级法院公报或者典型案例,或者经网络媒体报道但是未引起广泛讨论的典型案例。近年来,教育部也在组织编写人文社会学科教学典型案例,其中法学类入选案例多属于此类情形,这一案例库的完成也为模拟法庭的案例教学提供了重要的素材来源。选取这类案件作为模拟庭审案件的优点在于,案件经过教师的筛选或者改编,对庭审需要训练的要素和要达到的模拟法庭效果有针对性,能够实现对某一知识点从争议、讨论,到达成共识的过程,集中高效。但这类案例需要教师和参与者花的时间精力较多,需要对案例材料进行精心筛选、研判,费时较多。同时案例材料获取渠道单一,收集也往往存在一定的困难,难以复现案件全貌。

(三)虚拟案件

这类案件的案件材料和案情全赖编写(见表4-1)。编写人可以是指导教师,也可以是参加案件模拟的成员。此类案件往往案情相对简单,注重开放式训练,可以结合法律文书训练,也可以结合现场勘查实验;让参与者自行设计案件、参与收集案件证据材料的全过程;适用于法学高年级学生进行综合法律实训,也可用于跨校、跨专业进行联合法律实验。

表 4-1　案例与法庭辩论赛提案表

提案人	案例/辩题	性质	简要案情/正反方观点

三、课程设置

模拟法庭课程的设计，一般安排在实体法的课程完成之后，可以在程序法课程中加入模拟法庭的课时，也可以在程序法学习完毕后单独设置模拟法庭课程。法学专业本科生一般在大一下学期或者大二上学期开设刑法总论、民法总论课程，之后开设刑法分论、物权法、侵权行为法、行政法等课程，刑事诉讼法、民事诉讼法、行政诉讼法、仲裁法等课程则在这之后开设。以上课程是模拟法庭课程开设的先修课程，但是部分课程在开设过程中也可以穿插模拟庭审的环节。

四、文书材料

模拟法庭案例确定之后，应该围绕模拟法庭的训练目的准备相关的案件材料，案件材料的准备过程就是模拟法庭活动的先行环节，案件材料是保证模拟法庭互动顺利开展的保障。

常见的文书材料有：

(1) 民事案件：案情简介、证据材料、当事人信息、民事起诉状、证据目录清单、答辩状、代理词、法庭纪律等；

(2) 刑事案件：案情简介、证据材料、犯罪嫌疑人基本信息、被害人信息、起诉书或刑事附带民事起诉书、证据目录清单、刑事侦查卷宗、现场勘验笔录、讯问笔录、询问笔录、现场调查笔录、答辩状、代理词、法庭纪律等；

(3) 行政案件：案情简介、证据材料、当事人信息、行政起诉状、证据目录清单、答辩状、代理词、法庭纪律等。

五、庭前分工

根据庭审内容对参加模拟法庭的人员进行分组和角色安排。首先应确定审判长的人选,出任审判长的学生需要熟悉庭审的过程,能够掌握法庭的节奏,控制整个庭审活动运行。一般通过自荐报名、民主推荐和教师指定等方式确定审判长,报名人数较多时也可以将上述方法结合运用,并依次推选出审判员、人民陪审员、控辩双方当事人及代理人等。然后确定庭审中其他需要的角色,如书记员、法警、证人、鉴定人、翻译人员、勘验人员等。由于受诉讼角色数量的限制,当一个班的学生在进行模拟法庭的审判活动时,可能无法为每一位学生分配法庭角色。可以将所有学生分配到模拟审判的各个小组团队中,协助出庭的学生做好庭审准备,也可以为未分配角色的学生分配书面或者口头评议任务。

表 4-2 模拟法庭角色分工表

法庭组成					刑庭						民庭					其他
审判长	审判员	陪审员	书记员	法警	辩护人	证人	公诉人	鉴定人	勘验人	犯罪嫌疑人	受害人	原告	被告	原告代理人	被告代理人	第三人	证人	鉴定人

六、彩排与案例沟通

在正式开始模拟法庭庭审之前,应当有必要的沟通,可以通过彩排的方式实现,也可以通过分组讨论、案例研讨等其他灵活方式进行。这一沟通有三个方面的作用:首先确认案件基本事实与证据材料,便于控辩双方在同一语境下对话,防止出现较为拖沓的案件事实争议,影响庭审效果。其次,进一步明确各角色岗位人员的职责分工,了解在庭审中被期待的言行表现,在同组人员中也应当对自己的发言时机进行初步的确认,对案件中审判员、人民陪审员、检察官、律师表达观点的顺序进行初步划分。最后,对案件中的主要争议焦点进行分析,为庭审辩论充实材料、完善证据、总结观点,积极组织有效辩论。在民事诉讼中,对于需要开庭审理的案件而言,证据交换是审前准备阶段的核心任务。通过证据交换,明确双方当事人争议的焦点和需要提交庭审的证据,使正式的开庭审理围绕这些争点,对交换过的证据进行质证和辩论,以实现充实而集中的审理。①

---

① 参见江伟主编:《民事诉讼法》(第六版),中国人民大学出版社 2013 年版,第 281 页。

在模拟诉讼中,也可以通过庭前沟通和证据交换的形式实现上述目的,这一做法在刑事案件和行政案件的模拟中同样适用。

七、庭审流程与环节

(一)宣布开庭

书记员应先期到达法庭,检查出庭人员的到庭情况,并核对当事人及其诉讼代理人、辩护人的身份等情况。如有证人、鉴定人、勘验检查人、专家出庭的,经核对其身份后,请其退席,等候传唤。宣布法庭规则和法庭纪律。

准备工作就绪后,书记员向审判长报告庭审前准备工作情况,包括出庭的诉讼参加人的情况、到庭旁听采访的新闻单位及记者的情况及其他需要向审判长报告的情况。然后,书记员宣布:"报告审判长,双方当事人及委托代理人经合法传唤现均已到庭。法庭准备工作就绪,请审判长主持开庭。"

在书记员已核对的基础上,审判长简单查明和核对出庭人员身份并经控辩双方对出庭的人员身份确认无异议后,即宣布:"经法庭当庭核对确认出庭的人员符合法律规定,准予参加本案的庭审活动。"审判长告知当事人诉讼权利义务,并征询申请回避意见。

(二)法庭调查

主持人(审判长或者合议庭其他人员,以下同)可以对法庭调查的顺序作出说明。法庭调查的一般顺序为:控辩双方陈述—讯问和发问—庭审归纳小结—当庭举证和质证—法庭认证。

刑事案件首先由公诉人宣读起诉书。然后由被告人针对起诉书指控的犯罪事实进行陈述。附带民事诉讼的,在公诉人宣读起诉书后由附带民事诉讼原告人及其代理人宣读附带民事起诉状,或者简要说明请求及所依据的事实和理由。被害人参加诉讼的,在被告人陈述后由被害人及其代理人陈述。经征询并确认公诉人需要讯问被告人的,主持人宣布由公诉人讯问被告人;经征询并确认辩护人需要向被告人发问的,辩护人发问,被告人直接答问。同案有数个被告人的,讯问和发问应当分别进行。经审判长准许,控辩双方可以向其他当事人发问。

民事案件和行政案件法庭调查按下列顺序进行:首先由原告口头陈述事实或者宣读起诉状,讲明具体诉讼请求和理由。其次由被告口头陈述事实或者宣读答辩状,对原告诉讼请求提出异议或者反诉的,讲明具体请求和理由。最后由第三人陈述或者答辩。有独立请求权的第三人陈述诉讼请求和理由;无独立请求权的第三人针对原、被告的陈述提出承认或者否认的答辩意见。原告或者被告对第三人的陈述进行答辩。

(三)法庭辩论

法庭辩论是在法庭调查的基础上,控辩双方就案件事实的认定和法律的适用进一步向法庭阐明己方的观点,反驳对方的主张,进行论证和辩驳的活动,以期进一步查明案件事实,核实有关证据,为裁判奠定基础。

（四）最后陈述与调解

在刑事案件中，辩论终结后应由被告人作最后陈述。主持人宣布："现在，由被告人作最后陈述。"随即指示被告人陈述最后意见。合议庭成员应当认真、耐心听取被告人陈述，一般不宜打断其发言。但其陈述过于冗长的，法庭应当予以引导；陈述的内容简单重复多次的，或者陈述的内容与案件没有直接关联的，法庭应以适当的方式予以制止。

在民事和行政案件中法庭辩论终结，审判长按照原告、被告、第三人的顺序征询各方最后意见。法庭辩论终结后，如有调解可能的，审判长在征得各方当事人同意后还可以进行调解。当庭达成调解协议的，由审判长签发调解书；调解不成的，及时判决。

（五）评议与宣判

决定当庭宣判的，应于休庭后立即进行评议；择期宣判的，应在庭审结束后五个工作日内进行评议。合议庭评议案件时，先由承办法官对认定案件的事实、证据是否确实充分以及适用法律等发表意见，审判长最后发表意见；审判长作为承办法官的，由审判长最后发表意见。对案件的裁判结果进行评议时，由审判长最后发表意见，审判长应当根据评议情况总结合议庭评议的结论性意见。合议庭成员应当认真负责，充分陈述意见，独立行使表决权，不得拒绝陈述意见或者仅作同意与否的简单表态。同意他人意见的，也应当提出事实根据和法律依据，进行分析论证评议后，合议庭应当依照规定的权限，及时对已经评议形成一致或者多数意见的案件作出判决或者裁定。在审判长宣告裁判结果前，由书记员宣布："全体人员起立。"合议庭成员和书记员，以及诉讼参加人、旁听人员均应起立。宣读完毕，审判长敲击法槌。

八、总结评价

在庭审结束以后，应当对模拟庭审进行总结评价。

首先，由未分配庭审角色的学生进行评价，就庭审中同学的表现和存在问题提出见解，也可以就庭审案件事实和观点发表看法，或者对参加庭审的同学和教师提出疑问。指导教师或者参加评审点评的实务专家也可以在这一环节就庭审中发现的问题进行提问。

其次，由参加庭审的学生自我总结和回应问题，同时进一步展示自己限于庭审角色要求不便表达的观点，提出疑问或者展开简短的进一步辩论。

最后，应该由指导教师或者邀请的实务专家就本次模拟法庭庭审过程和庭审表现进行全方位点评。点评应当围绕案件事实是否调查清楚、证据是否确实充分、庭审程序是否完整合法、法庭辩论是否有理有据、运用法律是否得当、语言表达是否清晰、出庭技巧是否把握恰当以及存在什么问题等方面进行。点评时，既要肯定模拟审判过程中好的一面，对表现优秀的出庭人员予以表彰，又要找出其中的不足之处，具体指出在哪些方面存在欠缺，存在哪些欠缺，以及应当如何改进。指导教师和实务专家必要时可以组成评委会，就本场模拟法庭角色的表现评选出"优秀审判人员""最佳公诉人""最佳辩护人""优秀代理人"等并颁发证书。在课程结束后，课程指导教师应根据学生参与角色、参加庭审点评、撰写书面文书和评议材料的情况,按照课程评价办法对课程成绩分别进行评价打分。

评分体系建议为:

(1) 实验态度、仪表、举止和纪律(10%);

(2) 法律专业知识(20%);

(3) 法律技能(40%);

(4) 分析结论(30%)。

第三节　模拟法庭的语言规范

一、法官的语言规范和技巧

人民法院是国家的审判机关,承担着解决纠纷的重要职责。法官是诉讼的居中裁判者,是依法行使审判权的法定主体。我国是大陆法系国家,我国现行诉讼法很大程度上体现了职权主义风格,因此,担任法官的学生在法庭上不仅有组织者、指挥者的身份和职责,在一定的程度上还负有查明案件事实真相的义务。庭审活动中,法官的语言使用是否准确得体,不仅关系到模拟庭审的顺利进行,也体现人民法院的权威形象和司法公信力。扮演法官的学生需注意以下语言规范:

(一) 法言法语与通俗语言

担任法官的学生在庭审中要严格规范地使用法言法语。所谓"法言法语",即法律专业用语。在审判活动中,法官不能使用一些随意、口语化的言辞。例如,人们口语中会说"打官司",法官在法庭上就不能使用此类口语,应当说"×××向人民法院提起诉讼""×××诉×××"。在诉讼程序中,涉嫌犯罪的人员,在不同的诉讼阶段有不同的称谓,法庭上对其人身称谓的使用要符合诉讼程序,何时用"犯罪嫌疑人",何时用"被告人",诉讼法对此都有规定。在庭审中,法官的言辞力求简洁。简洁地使用法律语言,能突出法律的威严气质。语言简洁可以提高沟通效率,也体现了法官的专业素养,有利于提高模拟审判的质量和效率。

在庭审中,要求法官准确使用法言法语,只是一个方面。或者说,法官在庭审中并不能一味地追求法言法语,庭审中的每一次交流、问答,都应考虑到当事人的理解能力。我国地域辽阔,人口众多,是一个多民族国家,这就要求我国的法官既要通晓法律规则,又要熟悉社会风貌、社区民情,能够用通俗自然的语言将法律规则运用到各种类型的案件中。法官要照顾到不同性别、年龄、职业、文化程度的当事人,把专业的、抽象的法律语言转化成通俗的大众化语言,因人而异,灵活运用,让格式化的法律规则变得朴素易懂。

法官把握专业用语和通俗口语之间的平衡,使当事人在庭审活动中感到自然,能缩短当事人与法官之间的心理距离,建立起双方的信任感,充分调动起庭审活动中的积极因素,提高庭审活动的配合度,能够快速、准确、有效地解决纠纷。

(二) 保持中立

法官中立,即法官在审判过程中应客观、公正、不偏不倚,持中立的立场与态度。法官中立主要有以下几层含义:首先,从案件实体处理方面分析,是指裁判结果不应由与自身有利害关系的法官作出,裁判结果中不应包含法官个人利益,不应有支持或反对某一方的偏见。其次,从案件遵循司法程序方面分析,是指法官独立、严格地按诉讼程序规定办事,保障各方当事人享有的法律规定的诉讼权利得到平等、充分的行使,保证各方当事人不论民族、职业、宗教信仰、政治背景、社会地位、财富状况的差别,也不论法官个人情感的好恶,而一律享有平等的诉讼地位。最后,从法官职业角色和行为准则方面分析,是指法官在审判过程中不偏不倚,以居间裁判者身份定位,不得对任何一方当事人有偏见或袒护。《法官职业道德基本准则》第一次以规范性文件的形式把"法官审理案件应当保持中立"规定为法官基本的道德行为准则,并将其具体规定为法官"在宣判前,不得通过言语、表情或者行为流露自己对裁判结果的观点或者态度","法官调解案件应当依法进行,并注意言行谨慎,避免当事人和其他诉讼参与人对其公正性产生合理的怀疑"。

法官中立在庭审中主要体现为不代表任何一方当事人利益居中裁判,这在民事、行政诉讼中已普遍被认同。在刑事诉讼中,法官代表国家依法惩罚犯罪,但法官不代表国家行使追诉职能,也不代表国家为被告人进行辩护,因此,在刑事审判中也是居中裁判。法官保持中立,在庭审中体现为:

(1) 法官要保证控辩双方享有平等的诉讼权利。在法庭调查、辩论、调解的各阶段,在组织举证、质证的各环节,都要保障当事人充分地行使自己的诉讼权利,有同等的机会陈述自己的主张和理由,绝不能因一方要败诉使其行使权利的机会受到压制、减少,也不能因一方当事人要胜诉而使其行使权利的机会得到关照、增加。

(2) 法官的言行、表情要始终保持中立的形象。在法庭上,有时法官对当事人的一个眼神、一种表情甚至言语声调高低刚柔的细微差别,都可能使当事人在心理上感到不够严守中立。法官要加强自身道德修养,培养良好的心理素质,具有深厚的涵养和高度的自制力。在法庭上,要做到形象庄重、态度平和,与当事人保持同等的司法距离,对案件保持超然的态度,成为名副其实的"中间人"。

(3) 法官要始终以中立者的身份发表对证据、案件事实、法律适用及调解方案等的看法。不管是对证据、事实的认定分析,还是对当事人主张的评价,不管是对是非责任的区分确定,还是对法律适用的解释说明,都要讲求用事实和法律说话,都要客观细致地分析说理,而非直接下结论。

(三) 耐心倾听与主动发问

我国的三大诉讼法都赋予了法官在庭审中询问和讯问的权利,法官可以询问证人、被害人、鉴定人,也可以讯问被告人。这样的规定,体现了职权主义的色彩。但是从 20 世纪 90 年代以来,我国的审判模式已经逐渐由职权主义向当事人主义转变。当事人主义的对抗式庭审,要求法官作为诉讼的居中裁判者,以沉默、倾听为主,在诉讼双方的激烈对抗中发现事实真相,从而作出裁判。由此可见,法官在庭审中,既要耐心倾听,又要主动发问,何时听、何时问,如何把握好二者的平衡,是对审判水准的高阶考量。

在法庭审判中,法官作为行使审判职能的人,只有耐心听取诉讼双方的意见,才有可能对案件的实情有充分细致的了解。对法官而言,认真细致地听取证词,不自以为是地随意介入法庭辩论,是一项重要的职业素养。所谓"兼听则明,偏信则暗",在审判活动中也是这样。法官需要做的是尽可能地听取证词,以倾听为主,法官主动发问或介入,是对倾听之外的补充。法官应当尽量在实体性话语和程序性话语中选择多说程序性话语,鼓励控辩(或原、被告)双方多说,法官少说或不说。法官只有在以下几种情形下可以主动发问或介入:

(1)有问题被诉讼双方回避或忽略。比如在民事诉讼中,原、被告双方通常只陈述对自己有利的事实,回避对自己不利的事实,在此情况下,法官要积极主动地向双方当事人发问,引导双方回到诉讼的焦点中进行对抗。

(2)诉讼双方言行失当。如因情绪激动导致言语冲突或者超越案情辩论的人身攻击,法官应出言制止。旁听区有人鼓掌、哄闹的,法官也应当出言制止并发出警告。

(3)双方纠缠与案情无关的事情。这时,法官应及时制止并引导双方重回案件本身的关键点和争执处进行辩论。

(4)双方过度重复某一问题,无视诉讼效率的反复和拖沓。

假如法官超越此限,就等于改变自身的角色,这于案情并无帮助,也不符合法官的角色认定。

(四)发问的方式与策略

无论是在职权主义的纠问式审判制度中,还是在当事人主义的对抗式审判制度中,法庭审判方式都是问答。法官为了查明事实真相,可以主动地对当事人、刑事被告人、证人、鉴定人发问。在一个问答回合中,原则上是一问一答。这样既能使问话的目的明确,针对性强,又能避免回答者迂回逃避。若在一个问话中,同时提出数个问题,容易给回答者增加负担,令回答者不能集中注意力,还会给有些人钻漏洞的机会。

法官不可对被告人进行诱供和逼供。诱供,即诱导性讯问,指的是提问者对如何回答该问题带有一定的暗示和倾向,这不符合法官需要保持中立的要求。法官需要坚持平等地对待诉讼双方,还要防止无意识的诱导性询问。逼供,即讯问者通过言语等方式威胁被告人,迫使被告人在法庭供述犯罪。法官应有的中立性也决定了法官的发问不能采取威胁、逼迫的口气。

此外,法官不应对回答进行评论。根据诉讼法的规定,对证据如何评价,应当经过合议庭评审。即使是独任庭审理案件,独任法官对言辞证据的真实性也不应当庭进行评论。一方面,可以与其他法官充分讨论,防止个人意见与其他法官不一致,从而让自己陷入被动;另一方面,当场评论不符合中立的态度和要求,容易引起某一方当事人认为法官有意偏袒对方的猜测,违背了法官应有的公正性。

二、检察官的语言规范和技巧

在法庭中,出庭支持公诉的检察官是从事公诉业务的检察官,因此又称作公诉人。在庭审活动中,公诉人代表的是国家,一方面代表了现代法治国家的法律所赋予的客观真实的角色义务,另一方面还是国家司法形象的代言人之一。作为控方的检察官应当是象征正义的政府官员的化身,必须不徇私情地控告被告人。公诉人需要在言辞中平衡好庭审中需要的"胜诉"和代表国家时需要的令人信服的"威严"。扮演检察官的学生需注意以下语言规范:

(一)严格使用规范用语

最高人民检察院《公诉人出庭行为规范(试行)》对公诉人出庭支持公诉的言辞进行了严格的规范。

(1)公诉人出庭支持公诉,对合议庭组成人员应当分别称"审判长""审判员""人民陪审员"或统称"合议庭"。向法庭提出要求时应当称"审判长"。当某阶段活动完毕或发表公诉意见时应当称"审判长、审判员(人民陪审员)"。

(2)多名被告人聘请辩护人的,应当称"被告人×××的辩护人",一名被告人聘请两名辩护人的,应当称"被告人×××的第一辩护人""被告人×××的第二辩护人"。在讯问中,对被告人应当称"被告人×××",也可以根据具体情况称"你"。公诉人作上述称呼时,应当正视上述人员。公诉人可以自称为"公诉人"或者"本公诉人"。

(3)公诉人宣读起诉书时,应保持姿势端正。宣读起诉书应从"××人民检察院起诉书"开始至"检察员×××"结束。宣读完毕后,应面向审判长告知:"审判长,起诉书宣读完毕。"

(4)公诉人讯问被告人,应首先告知其应当如实回答讯问。公诉人当庭讯问被告人应遵守下列要求:在起诉书指控的范围内,围绕对被告人的定罪和量刑进行讯问;讯问具有针对性,目的明确,有利于公正审判;同一事实,一般不重复讯问,但确需强调的除外;不得使用有损人格或带有人身攻击性的语言进行讯问;不得采取威胁、诱导等不正当方式进行讯问。

(5)在法庭调查阶段,遇有下列情况,公诉人应根据情况自己或提请审判长制止,或者建议休庭:被告人的供述与案件无关或答非所问的;被告人使用污言秽语,或者攻击国家机关、社会团体或其他公民的;辩护人或者诉讼代理人采取威胁、诱导等不正当方式进行提问的;辩护人或者诉讼代理人的提问与案件无关的;被告人的供述或者辩护人、诉讼代理人的发言可能泄露与案件无关的国家机密的;辩护人越权为同案其他被告人辩护的,但该辩护有利于从轻、减轻或免除自己当事人刑罚的除外。公诉人提请审判长制止的方式可以是:"反对。审判长,刚才……(例:辩护人向被告人提问是诱导性的)"或"审判长……(例:被告人当庭使用污言秽语,有损法庭庄严的形象,应予制止)"。

(6)讯问暂时告一段落时,公诉人应向审判长说明:"审判长,对被告人×××的讯问暂时到此。"法庭调查过程中,如果需要继续对被告人讯问的,应当向审判长申请:"审判长,公诉人需要补充讯问被告人×××。"得到准许后再讯问。前述申请不得打断辩护人、诉讼代理人正在进行的提问。

(二)以理服人,而非以势压人

我国《刑事诉讼法》第52条规定,"严禁刑讯逼供和以威胁、引诱、欺骗以及其他非法方法收集证据,不得强迫任何人证实自己有罪。"在庭审中,公诉人代表国家对犯罪嫌疑人进行控诉,因此,在法庭上,公诉人的言辞必须是理性而平和的。公诉人既要遵循法律的基本准则,又要尊重人道主义精神。公诉人需要注意自己在底气十足的情况下,如何控制好分寸,避免以势压人。

1. 语言平和,勿急勿缓

公诉人在庭审活动中会遭遇形形色色的被告人和辩护人。一些被告人的认罪态度良好,公诉人则可以借此让其交代全部的犯罪事实;一些被告人态度强硬,公诉人要心态平和,避免因为急躁被其引入尴尬的境地,要冷静地通过翔实有力的举证来令其伏法。在法庭上,辩论的目的是为了辨明事实真相,由法庭准确裁决。因此,一名优秀的公诉人需要知进退:对认定事实、证据、罪名、罪责及适用法律方面有分歧时必须答辩;不影响定罪量刑的细枝末节问题可不予答辩。对以下情形则不应答辩:与本案无关的辩护;与公诉人无原则性分歧的辩护;属于学术争论的辩护;对起诉书提出正确批评意见的辩护。

2. 讯问被告人的方法

(1)直接讯问。案件事实清楚、证据充分,被告人态度良好、真诚悔改、不抵赖狡辩的,公诉人可用直接问询法,迅速突破,有效举证。对案件的关键点,如犯罪意图、案件起因、犯罪预谋、作案地点、作案时间、案件的具体实施行为、犯罪行为的后果等重要细节,都可直接、有重点地提问。

(2)间接讯问。某一些案件,犯罪人员成员多、案件纠结复杂、被告人在法庭上临时翻供给公诉人造成问询困难的,为避免直接讯问时遭遇尴尬或被认定无效,公诉人要从案件的外围和次要问题着手,消除被告人的对立情绪和戒备心理,一点点推进,用事实作证,粉碎狡辩的虚假,迫使其如实陈述。

(3)借言反证、矛盾攻击。对于一些被告人,当其证言因谎言的逻辑自相矛盾时,公诉人可用被告人自己的言辞来反击被告。公诉人要善于抓取被告口供与客观存在的案件事实中的漏洞和矛盾,一旦发现,应紧紧抓住,层层递进,不断进攻,用事实根据进行反驳。

(4)启发调动、对质讯问。当被告人拒绝认罪或者翻供时,公诉人要积极调动被告人多说、反复说,在重复的过程中,谎言自有其漏洞,趁机抓其弱点,乘胜追击。当被告人成员间彼此存在利害关系时,公诉人要利用他们之间的矛盾,让其彼此对质,分化瓦解,各个击破。

三、律师的语言规范和技巧

律师接受当事人的委托或法院的指定,在法庭上,为了维护当事人的合法权益进行辩论和代理活动。律师出庭的目的是在法律允许的范围内最大限度地维护当事人的利益。律师需要尽可能地说服裁判者。律师在法庭上的辩论有助于人民法院全面听取双方当事人的不同意见而作出正确的分析、判断和处理,维护当事人的合法权益,保障法律的正确实施。律师需要通过语言体现专业性,做法律和社会的沟通桥梁。律师在法庭上的言辞是否恰当、得体、灵活,直接影响到辩论的效果。律师在法庭辩论中,言语运用要注意两点:一要理正;二要技巧。即言之有理,论之有据。再辅之语言技巧的运用。律师的法庭辩论不同于一般的辩论,需要遵守法律程序,围绕着案件事实展开,目的是维护当事人的合法权益。19世纪美国著名律师威尔曼(Francis L. Wellman)在《交叉询问的艺术》一书里指出:"从事法庭辩论和询问的律师需要有出众的天赋、逻辑思考的习惯、对广泛常识的清晰把握、无穷的耐心和自制力、通过直觉而透视人心的能力、从表情判断个性进而觉察动机的能力、精确有力的行为特点、对于与案件相关知识的精湛理解、极度的谨慎以及——这是最重要的——质证过程中敏锐地揭露证词弱点的能力。"律师辩论包括两点:一是在法庭调查阶段的交叉发问,律师通过交叉发问,为巩固自己的辩论观点打下牢固的基石;二是在法庭辩论阶段,律师全面论证自己的诉讼观点,驳斥对方的诉讼观点。在不同的阶段,辩论的作用不同,所需的语言技巧不同,一切围绕着核心目的来进行。扮演律师的学生需注意以下语言规范:

(一)有理有据

在法庭上,诉讼双方的地位平等,试图虚张声势是脱离现实的。想要说服法官,赢得胜利,只有在事实与说理中去突破,做到以理服人。语言的说服性不是靠气势汹汹、先发制人就能达到的。除了事实本身,以理服人的关键还需言语有逻辑。逻辑是一种层层推进的力量,缜密的逻辑才是辩论中最强有力的武器。

民众通常认为律师是一份靠"巧舌如簧"据理力争的职业。不可否认,律师的职业素养之一便是能言善辩,但能言善辩的背后是智慧和勇气的支撑,不是靠小聪明的诡辩。滔滔不绝者,只能使人避而远之。在法庭上,诡辩只能令法官厌烦。在诡辩的伎俩中,常见的有偷换概念,即利用一语多义,扩大或缩小概念的内涵,将内涵和外延完全不同的概念生硬地拉扯在一起等,用欺骗和隐蔽来混淆认知,回避事实。诡辩在法庭辩论中不仅没有意义,反而容易引起法官的不满。

机械类比也是一种诡辩。机械类比是以对象间偶然相同或相似作为论据,或将仅是表面上有些相似而实质上完全不同的两类对象进行类比,从而推出一个荒谬的结论。法庭辩论中,合理类比是允许的,而且可以起到很好的效果。若是为了掩盖谬误,强行机械类比,即是诡辩。

律师作为法律专业人士,法庭上的辩论与辩论比赛有着截然不同的准则和要求。在法律的威严下,诡辩不可存在于法庭之上。

(二)合理运用情感

法庭辩论是正义与邪恶的较量,其中掺杂着真理与谬误,既有真善美,也会有假恶丑。一切事物都有发生的起因和缘由,也有相应的法律后果,但缘由中总会引发人们情感与道德、理性与感性的思考和体会。在情感和法律的交战中,律师应当善于用语言去激发人们的情感,去争取使法官于己方的立场上最大限度地运用自由裁量权。律师的职责就是为代理人争取最大的、合法的利益。法庭上除了正义的追寻,还有情与理的追问。合法又合情理的案件无论是对当事人还是对社会都是有正面意义的。

第五章 模拟法庭法律文书

在模拟法庭教学活动中,必然涉及法律文书的制作。作为法学专业综合性实验教学活动的模拟法庭的开展,也存在对学生进行法律文书训练的目标和任务。所以,对模拟法庭涉及的法律文书制作,应当作为模拟法庭教学活动的内容之一。在教学过程中开展写作训练,一方面为模拟庭审提供案件文书材料的准备,另一方面也是模拟法庭活动效果的记录和体现。本章对模拟法庭法律文书的介绍,主要涉及常见的庭审中使用和庭后需要制作的文书,不要求涉及非诉讼法律文书,也不用涵盖保全、执行等整个完整的诉讼过程,对法律文书中一些固定格式文本的写作介绍也从略。这是本书区别于法律文书教材之处。

第一节 辩护词与代理词

一、辩护词

辩护词,是被告人及其辩护人在诉讼过程中根据事实和法律提出有利于被告人的材料和意见,部分或全部地对控诉的内容进行申述和辩解,反驳控诉,证明被告人无罪、罪轻,或者应当减轻甚至免除刑事责任的法庭演说词。

在刑事案件的审判阶段,被告人除自己行使辩护权以外,还可以委托律师,人民团体或者被告人所在单位推荐的人,被告人的监护人、亲友,以及经人民法院许可的公民出庭辩护。辩护人的职责是根据事实和法律,提出证明被告人无罪、罪轻或者减轻、免除其刑事责任的材料和意见,维护被告人的合法权益。

在审判的辩论阶段,辩护人的辩护词和公诉人的公诉词的发表,从不同的角度剖析案件事实,论证案件性质,提出适用法律的意见。通过辩论,使人民法院客观地、全面地了解案情,查明案情真相,分清罪与非罪,正确定罪量刑,使案件得到正确、合理的处理。这对维护法律的尊严,保护被告人的合法权益是有积极意义的。

(一)辩护词的基本内容和写法

鉴于辩护词的作用,辩护词必须具有较强的辩驳性和充分的说理性。辩护词的说理可以通过正反两种论证方法充分展开:一是正面说理。摆事实,讲法律,根据本案事实,依据国家法律,对本案提出自己的看法和主张,依据逻辑规律,对自己的观点予以充分的举证和论证,然后援引法律条款,提出合理的意见和要求。二是直接针对对方的观点进行驳斥。抓住对方认定中的错误或分歧,论证对方观点的不合理性,使法庭对于对方的观点存在足够的怀疑,就可达到辩护的目的。为了更好地达到辩护目的,在实践中通常是两种方法结合使用。

从辩护词的结构上看,分为首部、序言、正文、尾部四部分。现分述如下:

1. 首部

(1) 标题。写明案件性质和文书名称,如"关于×××(姓名)××案的辩护词"。

(2) 呼语。因辩护人的发言面对法庭的集体成员,所以一般顶格写:"审判长、审判员"或"审判长、人民陪审员"。

2. 序言

(1) 说明辩护人出庭辩护的法律依据。辩护人分委托辩护人和指定辩护人。如果是委托辩护人,辩护人在此写明:"根据《刑事诉讼法》第 33 条的规定,接受被告人委托,出庭辩护";如果是指定辩护人,在此应写明:"根据《刑事诉讼法》第 35 条的规定,经人民法院指定,出庭为被告人辩护。"

(2) 简要说明辩护人在庭前为此案辩护进行的活动。目的在于向法庭表明辩护人为辩护作了充分的准备活动,本辩护词的结论是在调查、分析的基础上得出的。

(3) 承启下文。此处写:"提出如下几点意见",起到引出下文的作用。

3. 正文

一般来说,可以从以下几个方面进行辩护:

(1) 事实方面。辩护人如果认为检察院起诉书认定事实错误或者有不当之处,可以以此为出发点,展开辩护。刑事诉讼中起诉方负担证明责任,被告人在辩护时无须举出自己无罪的证据和理由,只要指出起诉方的观点和证据存在漏洞,使法官对起诉方的观点产生足够的怀疑,从而对全部或部分犯罪事实进行否定,辩护即可达到目的。如果在事实认定方面没有分歧,但是检察院在起诉时发生法律定性错误,即起诉罪名的认定错误,此时辩护人不宜作无罪辩护,因为在我国现行法律规定中,对于事实认定无误,仅仅是罪名认定错误的,法院判决时可以直接改变起诉罪名。辩护人对此应有充分的准备,维护被告人的合法利益。

(2) 量刑方面。如果被告人的行为对社会造成了危害,依照法律规定,确已构成犯罪,且起诉方在事实认定方面准确无误,证据确实、充分,则辩护人就应当着重分析案情,从中找出量刑情节,作从轻、减轻处罚或者免除刑事责任的辩护和请求。对于准确、合法的法定从轻情节,法院在量刑时会予以考虑。

(3) 诉讼程序方面。如果司法机关在诉讼过程中有违反刑事诉讼法规定,侵犯犯罪嫌疑人、被告人合法权益的严重情节存在,辩护人也可以在掌握充分证据的基础上,依据法律向法庭提出主张,要求法庭对违法情节予以惩处,保护犯罪嫌疑人、被告人的合法利益。

以上所述辩护理由的三个方面,根据不同案情的需要,有所选择。写好辩护理由必须尊重事实和法律,必须有针对性地运用事实和法律;切忌模棱两可和提出无理要求,更不能颠倒事实,歪曲法律。

最后写明辩护人的要求和意见。一般来说,先对全部辩护发言作一总结,说明本案在事实的认定上、适用法律上、定性上适当还是不适当。再谈辩护人对本案处理的意见和要求,或者要求法庭判决被告人无罪、免除刑事责任或予以从轻处罚,或者要求法庭对辩护人的辩护理由给予充分的考虑和足够的重视。

4. 尾部

辩护词的尾部仍然是程序上固定化的内容。在辩护词全文的右下方署辩护人的姓名,下一行注明年月日。

(二)制作和发表辩护词应注意的问题

1. 多方搜集材料

(1)研究起诉书。检查事实要素即时间、地点、动机、目的、情节、手段、后果是否真实齐全,确认犯罪事实是否查清,证据是否真实充分,定罪是否准确,应否追究刑事责任,诉讼活动是否合法等,力求发现问题并研究症结所在。

(2)查阅案卷材料。注意各种材料的可靠程度及其真伪。摘抄被告人的基本情况、家庭成员、社会关系、拘留逮捕时间、犯罪因果关系等必要的材料,以利于为被告人辩护。查阅案卷材料时要做好阅卷笔录,抓住决定本案实质的问题。还要认真审查被告人的供词。被告人的供词可能由于各种不同的原因和动机而不真实,要用唯物辩证的观点加以分析。

(3)会见被告人。案卷全部阅完以后,要拟好会见被告人的提纲。提纲将阅卷中发现的疑点和不清楚的事实、证据、情节列出,以便在会见被告人时有的放矢地发问,有目的地弄清案情,提出新的事实和证据。

(4)调查访问。辩护人通过社会调查能核实被告人的陈述,发现和提取有利于被告人的新的证据。不具备律师身份的辩护人,经人民法院许可,也可了解案情,同在押的被告人会见和通信。

2. 交叉使用证明与反驳

(1)紧扣主题,观点鲜明,有理有据。紧扣辩护的中心思想,主张什么,反对什么,观点必须十分明确,说理有根有据,不推测估计,更不能演绎。

(2)注意辩护的分寸,特别是对于恶性较大的案件。辩护词是很严肃的法庭说词,但也要注意文采。不要故意卖弄,有意讽刺挖苦对方,也不要在一些无关紧要的词语上纠缠不休。

3. 有效发表辩护词

(1)辩护词的发表是在法庭的辩论阶段。在公诉人发表公诉词或刑事自诉案件的自诉人发言以后,辩护人发表辩护词。发言要依法定的顺序,可互相辩论。在辩论中不应节外生枝,互相谩骂攻击。

(2)辩护词是在法庭辩论阶段第一轮的演说词。辩护人要注意随时补充修正,注意对方提出的问题和法庭上可能发现的新情况。

(3)发表辩护词必须严格保守国家机密。涉及国家机密和个人隐私的案件,一般应由律师出庭担任辩护。其他人出庭担任辩护的,需经人民法院允许。

二、代理词

代理词,是民事案件当事人委托的诉讼代理人,在法庭辩论阶段为维护被代理人的合法权益所发表的综合性发言。

(一)代理词的基本内容和写法

代理词与辩护词都是法庭演说词。在内容和写法上,二者大致相同。

代理词的结构分首部、序言、正文、尾部四部分,下面将各部分的基本内容和写法分述如下:

1. 首部

(1)标题。应标明审级和被代理人所处的诉讼地位。一审写:"×××诉×××一案代理词"或"民事被告诉讼代理词"。二审写:"民事上诉代理词"或"民事被上诉代理词"。

(2)呼语。在标题下的第一行,顶格写:"审判长、人民陪审员"或"审判长、审判员"。

2. 序言

应写明三个方面的内容:

(1)说明代理人出庭进行诉讼代理的身份。如果是委托代理,说明受被代理人的委托出庭代理诉讼;如果是指定代理,说明是受人民法院的指定或受××单位的指定并经法院同意出庭代理诉讼;如果是法定代理,说明被代理人不具有或不完全具有诉讼行为能力的情况,及与被代理人的身份关系。

(2)简要说明代理人在开庭前所做的各种准备工作。例如,查阅案卷、调查取证等。

(3)承启下文。此处写:"提出如下几点意见",起到引起下文的作用。

3. 正文

诉讼代理和辩护词的写法大体类似,但其内容有所区别。辩护词针对的是刑事起诉书和公诉词,辩护人是要根据事实和法律,提出证明被告人无罪、罪轻或者减轻、免除其刑事责任的材料和意见,维护被告人的合法权益。代理词针对的是民事纠纷的争执焦点,根据事实和法律,论证被代理人的诉讼请求合法,所持理由正确,使被代理人的合法权益得到保护和确认。民事案件的诉讼代理人,既可以为原告代理,也可以为被告代理。从某种意义上讲,代表原告一方所发表的代理词,近似公诉人所发表的公诉词,代表被告一方所发表的代理词,近似于辩护词。针对几类主要民事案件,在具体写代理词时,应阐明的主要事实和理由分述如下:

(1)离婚案件。在事实方面,首先应说明夫妻双方的婚姻基础,包括男女双方认识时间的长短、了解的程度,是否自由恋爱、经人介绍、家庭包办等;然后说明婚后的发展变化情况,感情是否真正破裂、破裂的原因以及是谁的责任;其次说明子女情况,子女多大年龄、由何方抚养;最后,说明婚前、婚后财产情况,分割财产的具体意见等。如果被代理人不同意离婚,应提出具体理由。不论为何方代理诉讼,在阐述理由时都应注意援引《婚姻法》的有关规定,以加强说服力。

(2)继承案件。首先,用事实说明被代理人与被继承人之间的关系,是不是合法的继承人,同时说明对方与被继承人之间的关系。其次,详细说明继承的标的物,是动产还是不动产、具体数额是多少、当前保管情况怎样。最后,讲清对继承标的的争执情况、双方各自的主张和理由,提出被代理一方当事人的具体要求,反驳对方的理由和要求,并以《继承法》为根据,对被代理一方的理由加以论证。

(3) 赡养案件。首先,说明被代理一方与对方之间的关系,或者双方之间争执的事实和各自的理由。然后,依照有关民事法律规定,论证所代理一方提出要求赡养的理由,或者答辩不能给付赡养费的理由。

(4) 赔偿案件。首先写明一方或者双方造成损失的事实,损失的财务数额、价值以及造成损失的责任。然后,根据民事法律、政策的规定,提出赔偿或者拒绝赔偿的要求、理由和根据。

(5) 合同纠纷案件。首先写明在何时何地与对方签订了以什么为标的物的合同,合同中对标的、价款、履行方式、违约处理的办法等内容是怎么规定的,在合同履行过程中发生了什么争执,主要过错是什么,在哪一方。然后,根据我国《合同法》和其他民事法律的规定,阐明指控或答辩对方的理由,明确提出诉讼的具体要求。

最后,要对上述发言作出总结,提出对民事纠纷的处理意见。总结要用结论性的语言进行表达。归纳对被代理人有利的理由,提出恰当的处理方法,使法庭对整个代理发言有深刻的印象。

4. 尾部

代理人署名,注明年月日。

(二)制作代理词应注意的问题

(1) 民事案件在叙述事实时注意将纠纷写清楚,阐述理由,注意引证有关法律规定和政策。叙述事实要实事求是,诉讼代理人不要被当事人的意愿或无理要求所左右,应有自己的独立见解。

(2) 论点要明确,论据要可靠。引用证据确凿的事实或已为法庭查明认定的事实,对正、反两方面的证人证言,应分析比较。

(3) 不要超越权限。该讲的要讲全面、透彻,不该讲的不要讲,特别是涉及实体问题的处理不应越俎代庖。

(4) 对于在法庭调查中所发现的新问题、新情况,应及时作出补充和修正。要注意文采,不互相攻击。

第二节 诉　　状

一、起诉状

根据我国刑事诉讼法、民事诉讼法和行政诉讼法的有关规定,起诉状可以分为刑事起诉状(本书只介绍刑事自诉状)、民事起诉状、行政起诉状。

刑事自诉状是指自诉案件的被害人或者其法定代理人为追究被告人的刑事责任,

直接向人民法院提起诉讼时使用的法律文书。

民事案件的原告,为维护自己的民事权益,就有关民事权利义务的争议向法院提起诉讼的诉状,称民事起诉状。民事案件的原告既可以是公民,也可以是法人和其他组织。

行政诉讼的原告认为行政机关和行政机关工作人员的具体行政行为侵犯其合法权益,根据事实和法律,诉请法院裁决的诉状,就是行政起诉状。

起诉状的作用在于向法院提起诉讼。因此,必须通过起诉状,把案件事实记叙清楚,把诉讼理由、法律根据讲明白,让法院了解刑事自诉人、民事原告、行政原告对案件的看法、意见和要求。起诉状是法院对案件进行审理或调解的依据和基础,写好起诉状是十分必要的。

起诉状由首部、案由和诉讼请求、事实和理由、结尾和附项几部分组成。其书写顺序和内容如下:

1. 首部

(1) 标题。标题是诉讼文书的特定名称,要根据具体案件的类别确定标题,如刑事自诉状(刑事附带民事自诉状)、民事起诉状、行政起诉状。

(2) 当事人的基本情况。刑事自诉状中,应当依次写明自诉人和被告人的姓名、性别、出生年月日、民族、出生地、文化程度、职业或者工作单位和职务、住址等。对被告人的出生年月日确定不知的,可写明其年龄。自诉人有法定代理人的,紧接着自诉人另起一行写明法定代理人的基本情况。

叙述当事人的基本情况,应当注意以下两个问题:一是当事人应当按照规定的顺序书写,先写自诉人,后写被告人,不能颠倒。自诉人和被告人为二人以上的,自诉人按受伤害程度的轻重列出,被告人按罪行轻重列出,重的在前,轻的在后,然后分别写明各人的情况。二是当事人的基本情况应当按照规定的项目顺序书写,即写明姓名、性别、出生年月日、民族、出生地、文化程度、职业或者工作单位和职务、住址等项。以上项目不能前后颠倒,更不能随意添加或减少。

民事起诉状中,当事人是公民的,应当依次写明姓名、性别、出生年月日、民族、籍贯、职业或工作单位和职务、住址等内容;当事人是法人或其他组织的,原告应当写明单位或组织名称、地址以及法定代表人或代表人的姓名、职务,接着还要依次写明企业性质、工商登记核准号、经营范围和方式、开户银行和账号等。被告应当写明单位或组织名称、地址、法定代表人或代表人的姓名和职务以及联系电话。有第三人的,应当写明第三人的姓名、性别、出生年月日、民族、籍贯、职业或工作单位和职务、住址等。第三人是法人或者其他组织的,应当写明法人或者其他组织的名称、地址,以及法定代表人或代表人的姓名和职务。同案原告为二人以上的,应一一写明。同案被告为二人以上的,应按责任大小的顺序写明。原、被告为法人或者其他组织的,名称应当写全称,要与其公章上字样相一致,不可随便简写,所在地址要具体、清楚,企业性质等内容也应准确无误、清楚明白。

行政起诉状中,原告基本情况书写的项目与要求,与民事起诉状中相应的要求相同。由于行政诉讼的被告是特定的,即作出具体行政行为的行政机关或者法律、法规授权的组织,书写基本情况时,应当依次写明被告的名称、所在地址和电话、法定代表人或代表人的姓名和职务。

2. 案由和诉讼请求

(1) 刑事案件的案由和诉讼请求。刑事案件的案由是对案件性质的说明,即控告被告人的罪名。案由要准确、简明,按我国法律规定的罪名写,如伤害罪、侮辱罪等。诉讼请求是自诉人依照被告人对自身权益的侵害事实,请求法院追究被告人的刑事责任,要求赔偿损失的主张和要求。诉讼请求要简明清楚,如需赔偿,要写明请求赔偿的具体事项和赔偿的数额。

(2) 民事案件的案由和诉讼请求。民事案件的案由即案件的性质,如排除妨碍。诉讼请求是原告提起民事诉讼的具体要求。即要求人民法院判令被告履行什么义务。诉讼请求要明确、具体。

(3) 行政案件的诉讼请求。行政案件的诉讼请求只对请求的内容作高度概括性表述,要言简意赅,切忌冗长。例如,原告对被告就××(事项)给予作出罚款(或其他)处分不服,特诉请法院依法审判。根据行政案件的特点,诉讼请求主要有撤销违法决定、请求作为、请求变更或损害赔偿等几种,原告可针对自己不服被告的具体行政行为的情况分别列出不同的诉讼请求。

3. 事实和理由

(1) 刑事案件。首先,写明起诉人与被告人之间的关系,如邻居、父子、夫妻,被告是二人或数人的,要分别写明。其次,写明侵权行为的事实,包括案发的时间、顺序、目的等。侵权人数多的,可以按顺序列写。再次,写明证据。最后,写明理由,即被告人行为触犯了《刑法》第×条,构成何种罪,有无从轻减轻情节。

(2) 民事案件。事实部分首先要围绕诉讼目的,全面反映案件的真实情况,包括:当事人之间的法律关系、纠纷发生的过程、争执焦点的具体内容、被告应承担的责任。要详叙事实,所叙述事实必须是客观真实的。然后列举证据,说明证据的来源、证人情况。理由部分要根据事实,对照有关法律条款作理由上的论证。只有理由充分,合情合理,才能具有说服力。

(3) 行政案件。叙述事实和阐述理由要围绕具体行政行为是否合法,向法院陈述被告作出具体行政行为违背了事实真相,不符合法律规定。叙事要具体、明确,理由必须充分。事实是起诉的根据,理由是对事实的评论。

行政诉讼的被告人负举证责任,人民法院有权要求当事人提供或补充证据,因此,原告应向人民法院提供证实被告侵权事实存在和支持自己的诉讼请求的有关证据材料。

4. 结尾

事实和理由部分写完后,要写"此致:××人民法院",分两行写,具体格式同写信一样。最后由具状人(原告、自诉人)在右下方签名盖章,并注明年月日。

5. 附项

写明下列事项:

(1) 本诉状副本×份；
(2) 证物×件；
(3) 书证×件。

二、上诉状

上诉状有刑事上诉状、民事上诉状和行政上诉状。

刑事上诉状是指刑事案件的被告人、自诉人和他们的法定代理人，不服地方各级人民法院第一审的判决、裁定，在法定期限内，向上一级人民法院提出上诉，要求撤销、变更原裁判而制作的法律文书。

我国《刑事诉讼法》第227条规定："被告人、自诉人和他们的法定代理人，不服地方各级人民法院第一审的判决、裁定，有权用书状或者口头向上一级人民法院上诉。被告人的辩护人和近亲属，经被告人同意，可以提出上诉。附带民事诉讼的当事人和他们的法定代理人，可以对地方各级人民法院第一审的判决、裁定中的附带民事诉讼部分，提出上诉。对被告人的上诉权，不得以任何借口加以剥夺。"

民事上诉状是指民事诉讼的当事人不服人民法院作出的第一审未生效的民事判决、裁定，在法定期限内，要求上一级人民法院进行审理，并依法作出撤销或变更原裁判的法律文书。

我国《民事诉讼法》第164条规定："当事人不服地方人民法院第一判决的，有权在判决书送达之日起十五日内向上一级人民法院提起上诉。当事人不服地方人民法院第一审裁定的，有权在裁定书送达之日起十日内向上一级人民法院提起上诉。"第165条规定："上诉应当递交上诉状。上诉状的内容，应当包括当事人的姓名，法人的名称及其法定代表人的姓名或者其他组织的名称及其主要负责人的姓名；原审人民法院名称、案件的编号和案由；上诉的请求和理由。"第166条规定："上诉状应当通过原审人民法院提出，并按照对方当事人或者代表人的人数提出副本。当事人直接向第二审人民法院上诉的，第二审人民法院应当在五日内将上诉状移交原审人民法院。"

行政上诉状是指行政诉讼的当事人不服人民法院第一审的行政裁判，依照法定程序和期限，要求上一级人民法院重新审理，并撤销或变更原裁判的法律文书。

我国《行政诉讼法》第85条规定："当事人不服人民法院第一审判决的，有权在判决书送达之日起十五日内向上一级人民法院提起上诉。当事人不服人民法院第一审裁定的，有权在裁定书送达之日起十日内向上一级人民法院提起上诉。逾期不提起上诉的，人民法院的第一审判决或者裁定发生法律效力。"

上诉是诉讼中一个独立的阶段，上诉状一旦递交，即引起第二审程序的产生。因此，在整个诉讼过程中，具有极其重要的意义和作用。它可以促使人民法院及时纠正一审判决或裁定的错误或是促使正确的判决或裁定得以及时执行，进而确保当事人的合法权益不受侵犯，维护法律的尊严和权威，同时，也有助于上级法院指导下级法院的审判工作，总结经验教训，提高办案质量。

上诉状由首部、上诉请求和理由、结尾、附项四部分组成。其书写顺序和内容如下：

1. 首部

(1) 标题。根据具体案件情况,写明"刑事上诉状""民事上诉状""行政上诉状"等。

(2) 当事人的身份等基本情况。刑事案件中,应当写明上诉人的姓名、性别、出生年月日、民族、出生地、文化程度、职业或者工作单位和职务、住址等。上诉人是原审被告人或自诉人的,用括号加以说明。在民事、行政案件中,按上诉人、被上诉人、第三人顺序列写。上诉人、被上诉人是公民的,写明姓名、性别等基本情况。上诉人、被上诉人是法人或其他组织的,写明其名称、地址、法定代表人或代表人的姓名、职务。

(3) 案由部分。刑事案件中包括罪名、原审法院名称、裁判文书名称、字号、制作时间、上诉表示等。民事、行政案件,包括案由、原审法院名称、处理时间、文书名称、字号、上诉表示等。

2. 上诉请求和理由①

(1) 上诉请求。无论是刑事案件,还是民事、行政案件,都要明确、具体、详尽,要一针见血地指出想要达到的目的,不可含糊不清。

(2) 上诉理由。这部分主要是针对原审裁判的不当之处,进行有理有据的论述,与起诉状中针对当事人不同。上诉状实际上是对原审裁判的驳论,其辩驳性很强。因此,在写法上,可针对案情采取不同的手法。或者先摆不服论点,即把一审判决或裁定的观点进行归纳,集中反驳;或者边摆边驳。总之,要针锋相对,有的放矢,在反驳中阐明自己的观点和主张。

论证上诉的理由,主要从以下几个方面进行:

首先,对原审裁判认定事实的论证。应具体指出错误所在,并且提出客观、真实的情况,用确凿、充分的证据加以说明。如果原审裁判事实不清,证据不足,可以此为重点提出。因为事实不清,证据不足,便不能认定。在刑事案件中应宣告无罪,在民事案件中,亦不能得出任何处理决定。

其次,对适用实体法方面的错误的论证。例如,刑事案件中把此罪当成彼罪或用刑不当,该从重反而从轻。

最后,对原审违反程序法导致处理不当的论证。包括:① 没有经过法定程序。例如,没有为未成年人指定辩护人,没有告知当事人有申请回避的权利。② 违法地采用程序。这也会导致一审裁判的错误。

在书写上诉请求和理由部分时,应当注意以下几点:第一,要有针对性。上诉主要是针对原审裁判的不当,而不是针对对方当事人(反诉除外),因此,认为原审裁判哪一部分有问题,就对哪一部分提出意见和理由。若是全部有错,则提出全部否定的理由,切忌笼统、含糊。第二,提出的事实要有根据、真实可靠,理由应当充分,不可强词夺理、无理取闹。第三,在结构安排上,应当开门见山,不说空话、废话。这部分写完,正文即结束。

---

① 民事和行政上诉状的上诉请求和理由分为上诉请求和事实理由两个部分,刑事上诉状的上诉请求和理由结合成正文一部分。

3. 结尾

请求和理由写完后,最后要写:"此致:××人民法院"。在右下方由上诉人签名盖章,并注明年月日。如系律师代书,则写:"××律师事务所×××律师代书"。

4. 附项

写明下列事项:

(1) 上诉状副本×份;

(2) 证物×件;

(3) 书证×件。

三、答辩状

答辩状是指在诉讼活动中,民事、行政案件的被告(被上诉人),以及刑事自诉案件的被告人,针对原告(上诉人)提出的起诉状或上诉状的内容,为维护自身的合法权益,依法向人民法院作出的一种答复和辩解的书状。

答辩是答辩人的一种诉讼权利。人民法院应保证他们能正确地行使这种权利。至于答辩人是否进行答辩,由其自己决定。根据法律规定,不提答辩状的,不影响人民法院对案件的审理。

被告人(被上诉人)提出答辩状,有利于人民法院全面地了解案情。原告(上诉人)向人民法院起诉之后,人民法院听到的只是"一面之词"。为了"兼听则明",公平合理地断案,人民法院按法律规定将起诉状、上诉状的副本送达被告(被上诉人),并限期要他们提出答辩状,使人民法院能了解到两方面的情况。这对于人民法院查明案件事实、全面分析案情、正确分清是非、恰当准确地行使审判权有着重要意义。另外,被告(被上诉人)使用答辩状,能够充分地陈述有关的事实,明确地提出自己的主张和理由。因此,提交具有驳辩性质的答辩状并在诉讼中进行公开的答辩,对于保护被告(被上诉人)的正当合法权益,充分行使其诉讼权利,有着诉讼上的重要意义。

(一) 答辩状书写方法

答辩状一般分为首部、正文、尾部三部分。现分述如下:

1. 首部

(1) 标题。写明"答辩状"字样。属于一审程序中的答辩状,即写"民事答辩状""刑事答辩状";属于二审程序中的答辩状,即写"民事上诉答辩状""刑事上诉答辩状"等。

(2) 答辩人的个人基本情况。依次写明姓名、性别、出生年月日、民族、籍贯、职业、住址。答辩人是未成年人的,应在答辩人项后写明其法定代理人的姓名、性别、职业或工作单位及职务、住址及其与答辩人的关系。答辩人委托律师代理诉讼的,在答辩人项后写明律师姓名及律师所在的律师事务所的名称。

(3) 案由。刑事公诉案件的被告人不写答辩状。刑事自诉案件与民事起诉案件的答辩状,案由部分的写法基本相同。一般为:"为×××诉×××一案,根据原告(或自诉人)提出的诉状,答辩如下:……"或者这样行文:"答辩人于××××年××月××日收到××人民法院交来原告(或上诉人)因××一案的诉状(或上诉状),现答辩如下:……"

2. 正文

(1) 答辩的理由。这是答辩状最关键的内容。在理由中要明确地回答原告(上诉人)所提出的诉讼请求,要清晰地阐明自己对案件的主张和理由。就答复原告(上诉人)诉讼请求的内容来说,一般有以下两个方面:

第一,承认诉讼请求。即被告(被上诉人)愿意接受原告(上诉人)所提出的实体权利的请求。虽然在双方当事人有争执的情况下,不易做到轻易承认诉讼请求,但在一定的条件下,也有可能承认诉讼请求,不过,这种情况在答辩中较为少见。

如果被告(被上诉人)在答辩状中承认原告(上诉人)的诉讼请求,而又为人民法院所接受,就可以作为证据,作为处理结案的一个重要根据。如果被告(被上诉人)只是在诉讼外承认,则还不能作为直接定案的根据,只有被告(被上诉人)向人民法院声明,又为人民法院所确认,才能作为定案的根据。

在更多的时候,被告(被上诉人)在答辩状中承认诉讼请求时,往往附有条件,而且可能只承认部分诉讼请求。如在房屋买卖纠纷中,被告只承认买卖关系,但又提出所买卖的房屋有重大毛病,当时未发现,要求减少价款,这就是附条件的承认。既承认原告的诉讼请求,又附有某些条件,这种情况在实践中是较为普遍的情况。

第二,反驳诉讼请求。即被告(被上诉人)在答辩状中有权提出充分的理由和证据,反驳原告(上诉人)的诉讼请求。

这种反驳一般是从实体上反驳,即以法律规定为理由,反驳原告(上诉人)关于实体权利的请求。也可以从程序上反驳,即以诉讼程序在立法上的规定为理由,反驳原告(上诉人)的请求,证明其没有具备起诉所发生和进行的条件。反驳诉讼请求是答辩状中被经常运用的手段,往往是与诉状或上诉状的内容针锋相对的。

答辩状和起诉状一样,都是一面之词,都是围绕使对方败诉、自己胜诉而组织材料,当然应实事求是。

被告(被上诉人)写答辩状时,应注意以下几个问题:如果起诉状起诉的理由是完全合理的,那么,被告(被上诉人)应自动放弃答辩,寻求与原告(上诉人)和解;如果起诉所指控的事实是真实的,但只写了纠纷的一部分,那么答辩人应补充原告(上诉人)没有提出的那部分事实,然后,着重分析原告(上诉人)不写或歪曲事实的用意,提出自己的见解,反驳原告(上诉人)的诉讼请求;如果原告(上诉人)提出的事实和理由中,也有虚假的成分,答辩人可以对其真实的地方概括地表述,而在原告(上诉人)弄虚作假的问题上大做文章,用真实的事实和证据,反驳原告(上诉人)的诉讼请求。在写答辩状时,应对起诉和上诉这两种情况有所侧重。上诉人所写的上诉状,是针对一审的判决。因此,答辩状应落脚于支持原判决上。此外,还应注意有没有可以提起反诉的问题。如能提起反诉,则能达到抵消、排斥、吞并对方诉讼请求的目的,效果会更好。

有反驳起诉状错误观点的同时,要注意正面说理,讲明答辩者的意见,特别是对双方争执的焦点一定要表明自己的观点,以便使法院了解自己的主张。

(2) 答辩的请求。所谓答辩的请求是答辩人在说明答辩理由的基础上,向人民法院提出的诉讼请求。答辩请求要切实可行、合理合法、具体明确、事项完整、言简意赅。

在写作这部分时,应当注意两点:第一,答辩应当具有针对性,有的放矢,不要把与本案无关的事实牵连进来,更不可答非所问;第二,答辩应当合情、合理、合法,不能强词夺理、无理诡辩。

3. 尾部

写明送达机关、签署、附项。送达机关,写:"此致:××人民法院"。在正文的右下方,由答辩人签名盖章,注明年月日。在附项中,应注明有关的人证、物证、书证等,如果没有新的证据,则附项部分不写。

(二)制作答辩状应注意的问题

论述答辩理由运用反驳方法应当尊重客观事实、抓住关键、文字尖锐犀利。书写答辩状最基本的要求就是尊重客观事实,如实地、全面地答复诉状或上诉状中所提出的诉讼请求。因为作为被告(被上诉人),是处于答辩地位的。但处于答辩地位的人,不一定都是无理的。"打官司"往往是此对彼错或彼对此错,或双方当事人各有一部分是对的和一部分是错的,一案中也可能是对与错相互交叉。双方当事人应就案件中的争执焦点,抓住影响胜诉和败诉的关键性问题阐明理由,有理有据,而不应在答辩中回避要害,答非所问,不得要领。答辩状在文辞上应尖锐犀利,有针对性地找到诉状中的"破绽",抓准问题,集中反驳,语意中肯,切中要害。阐明答辩意见要有针对性,言简意赅,不要笼统模糊,产生歧义。

此外,在具体制作中,要注意摆事实、讲道理,不能空发议论,强词夺理。答辩状要按法定期限提出,不要逾期,影响案件的正常审理。被告(被上诉人)提出答辩状的期限:对追索赡养费、抚养费、抚育费、抚恤金和劳动报酬的案件,应当在收到起诉状、上诉状副本后十日内;其他案件应在十五日以内。

四、刑事反诉状

1. 概念

刑事反诉状是指根据刑事诉讼法的规定,刑事自诉案件的被告人,在已经开始的诉讼程序中,以本诉的自诉人为被告人,向同一人民法院提出的与本诉有关的新的诉讼请求的书状。

我国《刑事诉讼法》第 213 条规定:"自诉案件的被告人在诉讼过程中,可以对自诉人提起反诉。反诉适用自诉的规定。"刑事反诉是刑事自诉案件的被告人提出的。反诉的被告人,只能是刑事自诉人,而不能是其他人。刑事自诉的内容必须与本诉的诉讼请求密切相关,并且可以与本诉并案审理。与民事反诉不同的是,刑事案件的反诉在后果上可以使本诉的自诉人也受到刑事处罚,但不能抵消反诉人应受的刑事处罚。

2. 内容和写法

(1)首部。标题写明"刑事反诉状"。再写当事人的基本情况。当事人,写"反诉人"(本诉被告人)和"被反诉人"(本诉自诉人),当事人基本情况写法同刑事自诉状。反诉人、被反诉人都是数人的,应分别写明其各自的基本情况。

(2)正文。正文部分包括反诉请求和反诉的事实、理由及证据。

刑事自诉案件的反诉请求,如无附带民事诉讼,一般只写明请求人民法院追究被反诉人的刑事责任即可,无须具体指明处罚的方式。如有附带民事诉讼,则要详细列出诉讼标的。例如一起伤害案件,被告如反诉本诉自诉人,要求对方赔偿损失,负担医疗费等,写:"一、请求依法追究×××故意伤害罪的刑事责任;二、判令×××赔偿因其伤害行为而造成的直接经济损失×元,并承担医药费×元。"

针对原诉提出相反的事实和理由。提出与原诉相对的被反诉人对反诉人实施某种犯罪的事实经过,对关系到案件性质等关键部分,要详细叙述,对案件的次要问题或与案件关系不大的有关问题可以略写,对无关的某些问题可以放弃。要写明受害的时间、地点和侵害行为的手段、情节、危害结果等事实,如果由于犯罪行为而遭受物质或经济损失,还要写明有关情况。理由部分要写明行为的性质和社会危害性,并引证有关法律条款,指控×××已触犯刑法构成何种犯罪,应依法追究刑事责任,或同时承担民事责任。此外,还应阐明反诉的内容是与本诉有关的犯罪行为,在充分论证的基础上,提出应对被告追究的刑事责任。

反诉人对反诉内容要举出确实、充分的证据。在举出证据的同时,要有分析地说明证据的价值。无论人证、物证、书证,都要交代清楚。物证,要写清它的来源;书证或其复印件,可作为附件递交;人证,除说明能证明什么问题以外,还应将证人姓名和住址明确写上,以便人民法院调查核实。

(3)尾部。写明致送的人民法院名称,如"此致:××人民法院"。反诉人签名或盖章,注明年月日。

(4)附项。写明本反诉状副本×份、证物×件、书证×件。

第三节 人民检察院起诉书与抗诉书

一、人民检察院起诉书

起诉书是人民检察院指控被告人的犯罪行为,决定将其交付审判,向人民法院提起公诉时所制作的文书。简单地说,起诉书就是人民检察院向人民法院起诉被告人时所制作的文书。

(一)检察院起诉书书写方法

检察院起诉书由以下七个部分组成:

1. 首部

(1)人民检察院的名称。除最高人民检察院以外,各地方人民检察院的名称前应当写明省(自治区、直辖市)的名称;对涉外案件提起公诉时,各级人民检察院的名称前均应注明"中华人民共和国"的字样。

(2)文号。由制作起诉书的人民检察院的简称、案件性质(即"刑诉")、起诉年度、案件顺序号组成。其中,年度必须使用4位数字表述。文号在该行的最右端,上下各空一行。

2. 被告人(被告单位)的基本情况

基本情况部分应当按照顺序写明以下几个项目：姓名、性别、出生年月日、身份证号码、民族、文化程度、职业或者工作单位及职务、住址、曾受到行政处罚、刑事处罚的情况和因本案采取强制措施的情况等。单位犯罪的，应当写明犯罪单位的名称和组织机构代码、所在地址、联系方式，法定代表人和诉讼代表人的姓名、职务、联系方式；有应当负刑事责任的直接负责的主管人员或其他直接责任人员的，应当按上述被告人基本情况的内容叙写。

制作这一部分时，应当注意如果被告人有与案情相关的别名、化名或者绰号的，应当在其姓名后面用括号注明。被告人的出生日期应当以公历为准，除未成年人外，如果确实查不清出生日期的，也可以注明年龄。被告人的住址应当写被告人的经常居住地，但当其与"户籍所在地"不一致时，须在其后用括号注明户籍所在地。被告人真实姓名、住址无法查清的，应当按其绰号或者自报的姓名、自报的年龄制作起诉书，并在起诉书中注明。被告人是外国人时，应当注明国籍、护照号码、国外居所。被告人曾受到行政处罚、刑事处罚的，应当在起诉书中写明，其中，行政处罚限于与定罪有关的情况。叙写行政处罚时，应当注明处罚的时间、种类、处罚单位；叙写刑事处罚时，应当注明处罚的时间、原因、种类、决定机关、释放时间。对采取强制措施情况的叙写，必须注明原因、种类、批准或者决定的机关和时间、执行的时间和机关；被采用过多种强制措施的，应当按照执行时间的先后分别叙明。

3. 案由和案件的审查过程

这部分是说明人民检察机关受理的是什么案件及案件是从何处来的，一般说，需要按一定的格式来写。

本案如系检察院自侦案件，可写："被告人×××涉嫌××罪一案，由本院侦查终结。本院于××××年××月××日已告知被告人有权……"本案如系公安机关移送的案件，可写："上列被告人×××一案，由××公安局侦查终结，于××××年××月××日移送本院起诉。本院受理后，于××××年××月××日告知了被告人……的权利，审查了全部案件材料。"

在该部分必须将"案由""案件来源"和"审查了案件材料"这三个项目交代、叙写清楚。

4. 案件事实

案件事实是起诉书的主要部分。起诉书和起诉意见书一样，都要写明被告人的罪名、罪状、罪证以及认罪态度；在记叙被告人的犯罪事实时，都要具备时间、地点、动机、目的、情节、手段、结果这七大要素。这是两种文书的共同之处。

但是，起诉书所写的事实必须是经过人民检察院根据法律严格审查和核实所认定的，而不是公安机关起诉意见书所写事实的复述、照搬，也不是它的缩写或改写。因此，起诉书的犯罪事实部分与起诉意见书相比较，有以下不同之处：

第一，在审核事实上，起诉书严于起诉意见书。起诉书产生于起诉意见书之后，是人民检察院代表国家作出的正式公诉文书。起诉书所认定的事实是人民检察院严格审查、核实之后作出的比较成熟的结论。因此,起诉书不仅是法院审判被告人的依据,而且也是被告人及其辩护人在法庭审理中进行辩护的依据。

第二,在记叙事实上,起诉书简于起诉意见书。起诉意见书在记叙犯罪事实时,一般涉及面较宽,只要无碍于记述主要罪行,就无可非议。因为它是提请审查是否起诉的意见,事实摆得详尽,便于审查决定。而起诉书则要求主要犯罪事实突出,要求明晰而简略地列出犯罪事实。

第三,在排列事实上,起诉书要有严密的逻辑性和很强的说明性。一般有四种排列法。其一,按犯罪时间前后的顺序交代犯罪事实,这样较易叙述清楚,也能说明其犯罪的连续性。其二,按突出主罪方法排列,适用于一人犯数罪的起诉。先述主罪,突出重点,再述次罪,主次分明。其三,按综合归纳方法排列,适用于被告人作案次数较多,而罪名、情节又大致相同的情况。其四,在记叙犯罪事实时,为便利行文一般可采取罪、证分述,这样使罪、证分明,一目了然,但在一定的条件下,罪、证合并记述也是允许的。

5. 证据

应当在起诉书中指明主要证据的名称、种类,但不必对证据与事实、证据与证据之间的关系进行具体的分析、论证。叙写证据时,一般应当采取"一事一证"的方法,即在每一起案件事实后,写明据以认定的主要证据。对于作案多起的一般刑事案件,如果案件事实是概括叙述的,证据的叙写也可以采取"一罪一证"的方式,即在该种犯罪后概括写明主要证据的种类,而不再指出认定每一起案件事实的证据。

6. 起诉的理由和法律依据

这部分是写人民检察院对被告人犯罪事实的分析认定,文字不多,但每句话都是结论性的,直接反映了对被告人所犯罪行追究法律责任的具体意见,因而十分重要。具体内容包括认定被告人的行为已构成什么性质的罪行;对社会危害性大小根据何项法律规定提起公诉;如有从重、从轻、加重或减轻的情节,还应根据被告人认罪态度及其他原因(如行为人未达到刑事责任年龄)说明从宽或从严处罚的理由;在公诉案件中,如果被告人的犯罪行为给被害人造成了物质损失,有附带民事诉讼情况的,也应在理由后部说明。

要写好起诉书的结论部分,应当有严密的逻辑思维。这一思维有三个过程:

(1) 分析认定,即通过对被告人犯罪事实的分析而确定其行为性质。这一认定的特征,必须是简括的、符合客观的,这样才能为论证提供客观正确的前提。

(2) 分析论证。这就是要运用逻辑推理,论证被告人有罪。我们经常见到起诉书结论部分有这样的语言:"被告人甲,行凶杀人,罪行严重,危害很大,应从严惩处。"仔细分析,不难看出这实际上是两个三段论式的推理。即被告人甲犯的是行凶杀人罪,行凶杀人罪是很严重的罪行,被告人甲所犯的是很严重的罪行;严重的罪行是对社会危害很大的,对社会危害很大的罪行应当从严惩处,被告人甲所犯的严重罪行应从严惩处。这两个三段论的推理过程,分析、论证被告人有罪,应从严惩处,论证得较为有力。

(3) 分析说明。经过论证推导出应受刑罚处罚的结论,接下来就是顺乎情理、合乎法理地依据结论援引法律。首先援引刑法的有关条款,作为认定犯罪的根据,再援引刑事诉讼法的有关条款作为提起公诉的依据,最后说明:"请依法(从重或从轻)判处。"这部分写完,正文即行结束。

7. 尾部

包括主送的人民检察院名称:"此致:××人民法院";公诉人的职务、姓名,如检察长、副检察长、检察员;制作文书的年月日,加盖院印。附项包括:被告人现在处所,具体包括在押被告人的羁押场所和监视居住、取保候审的处所;证据目录、证人名单和主要证据复印件,并注明数量;有关涉案款物情况;被害人(单位)附带民事诉讼的情况;其他需要附注的事项。

(二)制作起诉书应注意的问题

一是要细致。叙述犯罪事实要细致周到,具体交代清楚犯罪的时间、地点、人物、事件(包括手段与情节)、原因(包括动机与目的)、后果,并交代清楚被告人的责任。如系共同犯罪案件,还要分清共同责任与每个被告人应负的责任。

二是要准确。分析要实事求是、力求准确,既不能无限上纲,又不能轻描淡写。有一起故意伤害致人轻伤的案件中,起诉书认定被告人"行凶伤人,民愤极大,血债累累,令人发指",显然失之过重;另一起故意杀人案中,起诉书认定被告人"行凶杀人,手段残忍,情节恶劣,后果严重,民愤很大,认罪态度不好,业已构成犯罪",这里"业已构成犯罪"的结论又失之过轻。

三是要全面。对被告人要作全面分析,既要讲从重情节,又要讲从轻或减轻情节;既要彻底揭露犯罪,又要正视造成犯罪的客观原因;既要注意对被告人不利的方面,又要注意对被告人有利的方面。只有防止片面性,才能保证起诉书的客观、公正。

四是要注意观点与材料的一致,善于用材料说明观点、用观点统率材料。有份1991年制作的起诉书写道:"当前,全国人民在党的领导下,为四化做贡献。迫切要求有一个良好的社会秩序,而被告竟敢在1984年至1988年连续盗伐森林。"这里,"当前"的观点与"1984年至1988年"的材料就很不协调。

(三)格式

(1) 普通程序案件适用起诉书格式

××人民检察院
起诉书

×检×刑诉〔××××〕×号

被告人……(写明姓名、性别、出生年月日、身份证号码、民族、文化程度、职业或者工作单位及职务、住址、曾受到行政处罚或刑事处罚的情况和因本案采取强制措施的情况等)

本案由××(侦查机关)侦查终结,以被告人×××涉嫌××罪,于××××年××

月××日向本院移送审查起诉。本院受理后,于××××年××月××日已告知被告人有权委托辩护人,××××年××月××日已告知被害人及其法定代理人(或者近亲属)、附带民事诉讼的当事人及其法定代理人有权委托诉讼代理人,依法讯问了被告人,听取了被害人的诉讼代理人×××和被告人的辩护人×××的意见,审查了全部案件材料……(写明退回补充侦查,延长审查起诉期限等情况)

[对于侦查机关移送审查起诉的需变更管辖权的案件,表述为:"本案由××(侦查机关)侦查终结,以被告人×××涉嫌××罪,于××××年××月××日向××人民检察院移送审查起诉。××人民检察院于××××年××月××日转至本院审查起诉。本院受理后,于××××年××月××日已告知被告人有权……"

对于本院侦查终结并审查起诉的案件,表述为:"被告人×××涉嫌××罪一案,由本院侦查终结。本院于××××年××月××日已告知被告人有权……"

对于其他人民检察院侦查终结的需变更管辖权的案件,表述为:"本案由××人民检察院侦查终结,以被告人×××涉嫌××罪,于××××年××月××日向本院移送审查起诉。本院受理后,于××××年××月××日已告知被告人有权……"]

经依法审查查明……(写明经检察机关审查认定的犯罪事实,包括犯罪时间、地点、经过、手段、目的、动机、危害后果等与定罪有关的事实要素。应当根据具体案件情况,围绕刑法规定的该罪构成要件叙写)

(对于只有一个犯罪嫌疑人的案件,犯罪嫌疑人实施多次犯罪的犯罪事实应逐一列举;同时触犯数个罪名的犯罪嫌疑人的犯罪事实应该按照主次顺序分类列举。对于共同犯罪的案件,写明犯罪嫌疑人的共同犯罪事实及各自在共同犯罪中的地位和作用后,按照犯罪嫌疑人的主次顺序,分别叙明各个犯罪嫌疑人的单独犯罪事实)

认定上述事实的证据如下:

……(针对上述犯罪事实,分列相关证据)

本院认为……(概括论述被告人行为的性质、危害程度、情节轻重),其行为触犯了《中华人民共和国刑法》第×条(引用罪状、法定刑条款),犯罪事实清楚,证据确实充分,应当以××罪追究其刑事责任。根据《中华人民共和国刑事诉讼法》第一百七十六条的规定,提起公诉,请依法判处。

此致

××人民法院

检察员:×××

××××年××月××日

(院印)

附:

1. 被告人现在处所,具体包括在押被告人的羁押场所和监视居住、取保候审的处所。

2. 证据目录、证人名单和主要证据复印件,并注明数量。

3. 有关涉案款物情况。

4. 被害人(单位)附带民事诉讼的情况。

5. 其他需要附注的事项。

(2) 单位犯罪案件适用起诉书格式

××人民检察院
起诉书

×检×刑诉〔××××〕×号

被告单位……(写明单位名称、住所地、法定代表人姓名、职务等)

诉讼代表人……(写明性别、年龄、工作单位、职务)

被告人……(写明直接负责的主管人员、其他直接责任人员的姓名、性别、出生年月日、身份证号码、民族、文化程度、职业或者工作单位及职务、住址,曾受到行政处罚、刑事处罚的情况和因本案采取强制措施的情况等)

本案由××(侦查机关)侦查终结,以被告单位××涉嫌××罪,被告人×××涉嫌××罪,于××××年××月××日向本院移送审查起诉。本院受理后,于××××年××月××日已告知被告单位和被告人有权委托辩护人,××××年××月××日已告知被害人及其法定代理人(或者近亲属)(被害单位及其诉讼代表人)、附带民事诉讼的当事人及其法定代理人有权委托诉讼代理人,依法讯问了被告人,听取了被害人的诉讼代理人×××和被告单位的辩护人×××、被告人的辩护人×××的意见,审查了全部案件材料。……(写明退回补充侦查,延长审查起诉等情况)

[对于侦查机关移送审查起诉的需变更管辖权的案件,表述为:"本案由××(侦查机关)侦查终结,以被告单位××涉嫌××罪,被告人×××涉嫌××罪,于××××年××月××日向××人民检察院移送审查起诉。××人民检察院于××××年××月××日转至本院移送审查起诉。本院受理后,于××××年××月××日已告知被告人有权……"

对于本院侦查终结并审查起诉的案件,表述为:"被告单位××涉嫌××罪,被告人×××涉嫌××罪一案,由本院侦查终结。本院于××××年××月××日已告知被告人有权……"

对于其他人民检察院侦查终结的需变更管辖权的案件,表述为:"本案由××人民检察院侦查终结,以被告单位××涉嫌××罪,被告人×××涉嫌××罪,于××××年××月××日向本院移送审查起诉。本院受理后,于××××年××月××日已告知被告人有权……"]

经依法审查查明……(写明经检察机关审查认定的犯罪事实,包括犯罪时间、地点、经过、手段、目的、动机、危害后果等与定罪有关的事实要素。应当根据具体案件情况,围绕刑法规定的该罪构成要件叙写)

认定上述事实的证据如下:

……（针对上述犯罪事实，分列相关证据）

本院认为……（分别概括论述被告单位、被告人行为的性质、危害程度、情节轻重），其行为触犯了《中华人民共和国刑法》第×条（引用罪状、法定刑条款），犯罪事实清楚，证据确实充分，应当以××罪追究其刑事责任。根据《中华人民共和国刑事诉讼法》第一百七十六条的规定，提起公诉，请依法判处。

此致

××人民法院

              检察员：×××

              ××××年××月××日

                （院印）

附：

1. 被告人现在处所，具体包括在押被告人的羁押场所和监视居住、取保候审的处所。
2. 证据目录、证人名单和主要证据复印件，并注明数量。
3. 有关涉案款物情况。
4. 被害人（单位）附带民事诉讼的情况。
5. 其他需要附注的事项。

（3）简易程序案件适用起诉书格式

××人民检察院
起诉书

×检×刑诉〔××××〕×号

被告人……（写明姓名、性别、出生年月日、身份证号码、民族、文化程度、职业或者工作单位及职务、住址、曾受到行政处罚或刑事处罚的情况和因本案采取强制措施的情况等）

本案由××（侦查机关）侦查终结，以被告人×××涉嫌××罪，于××××年××月××日向本院移送审查起诉。本院受理后，于××××年××月××日已告知被告人有权委托辩护人，××××年××月××日已告知被害人及其法定代理人（或者近亲属）、附带民事诉讼的当事人及其法定代理人有权委托诉讼代理人，依法讯问了被告人，听取了被害人的诉讼代理人×××和被告人的辩护人×××的意见，审查了全部案件材料。……（写明退回补充侦查，延长审查起诉期限等情况）

〔对于侦查机关移送审查起诉的需变更管辖权的案件，表述为："本案由××（侦查机关）侦查终结，以被告人×××涉嫌××罪，于××××年××月××日向××人民检察院移送审查起诉。××人民检察院于××××年××月××日转至本院审查起诉。本院受理后，于××××年××月××日已告知被告人有权……"

对于本院侦查终结并审查起诉的案件，表述为："被告人×××涉嫌××罪一案，由本院侦查终结。本院于××××年××月××日已告知被告人有权……"

对于其他人民检察院侦查终结的需变更管辖权的案件,表述为:"本案由××人民检察院侦查终结,以被告人×××涉嫌××罪,于××××年××月××日向本院移送审查起诉。本院受理后,于××××年××月××日已告知被告人有权……"〕

经依法审查查明:……(写明经检查机关审查认定的犯罪事实,包括犯罪时间、地点、经过、手段、目的、动机、危害后果等与定罪有关的事实要素。应当根据具体案件情况,围绕刑法规定的该罪构成要件叙写)

认定上述事实的证据如下:

……(针对上述犯罪事实,分列相关证据)

本院认为……(概括论述被告人行为的性质、危害程度、情节轻重),其行为触犯了《中华人民共和国刑法》第×条(引用罪状、法定刑条款),犯罪事实清楚,证据确实充分,应以××罪追究其刑事责任。……(概括写明具体量刑情节)依照《中华人民共和国刑法》第×条,应当(或者可以)……根据《中华人民共和国刑事诉讼法》第一百七十六条的规定,提起公诉,请依法判处。

此致
××人民法院

检察员:×××
××××年××月××日
(院印)

附:
1. 被告人现在处所,具体包括在押被告人的羁押场所和监视居住、取保候审的处所。
2. 全部案卷和证据材料。
3. 有关涉案款物情况。
4. 被害人(单位)附带民事诉讼的情况。
5. 其他需要附注的事项。

(4) 附带民事诉讼案件适用起诉书格式

××人民检察院
刑事附带民事起诉书

×检×刑附民诉〔××××〕×号

被告人……(写明姓名、性别、年龄、民族、职业、工作单位及职务、住址、是否刑事案件被告人等)

(对于被告单位,写明单位名称、住所地、是否刑事案件被告单位、法定代表人姓名、职务等)

诉讼请求:

……（写明具体的诉讼请求）

事实、证据和理由：

……（写明检察机关审查认定的导致国家、集体财产损失的犯罪事实及有关证据）

本院认为……（概括叙述被告人应承担民事责任的理由），根据……（引用被告人应承担民事责任的法律条款）的规定，应当承担赔偿责任。因被告人×××的上述行为构成××罪，依法应当追究刑事责任，本院已于××××年××月××日以××号起诉书向你院提起公诉。现根据《中华人民共和国刑事诉讼法》第一百零一条的规定，提起附带民事诉讼，请依法裁判。

此致

××人民法院

检察员：×××
××××年××月××日
（院印）

附：

1. 刑事附带民事起诉书副本一式×份。
2. 主要证据复印件已移送。
3. 其他需附注的事项。

二、刑事抗诉书

刑事抗诉书，是指人民检察院对人民法院确有错误的刑事判决或裁定依法提出抗诉时，所制作的文书。

根据我国刑事诉讼法以及其他法律和最高人民检察院的有关规定，地方各级人民检察院认为本级人民法院第一审的判决、裁定确有错误时，在法定时限内，应当向上一级人民法院提出抗诉，通常称为上诉程序的抗诉。最高人民检察院对各级人民法院已经发生法律效力的判决和裁定，上级人民检察院对下级人民检察院已经发生效力的判决和裁定，如果发现确有错误，有权按照审判监督程序提出抗诉。

抗诉，必须制作抗诉书，送达人民法院。制作并送达抗诉书，是引起人民法院第二审或再审的法定程序之一。抗诉提出后，人民法院就要根据抗诉书，对全案进行审理，依法作出判决或裁定。因此，抗诉书是检察机关行使审判监督职权的重要工具，对于纠正人民法院确有错误的判决和裁定，保证法律正确实施，起着十分重要的作用。

由于抗诉程序（上诉程序或审判监督程序）不同，以及人民法院裁定的错误情况和案件特点的不同，抗诉书的具体内容和写法也不相同。

1. 二审程序中适用的抗诉书

（1）首部。写明标题及编号，分两行写明制作文书的人民检察院名称和文书名称，"××人民检察院抗诉书"。然后注明文书编号，"×检×刑抗〔××××〕×号"。

接着写原判决的有关情况,要写明第一、第二审判决(裁定)的法律文书的时间、认定罪名、被告人姓名及判决(裁定)结果。

(2)审查意见。这一部分的内容是检察机关对原判决(裁定)的审查意见,目的是明确指出原判决(裁定)的错误所在,告知二审法院,检察院抗诉的重点是什么。这部分要观点鲜明,简明扼要。

(3)抗诉理由和法律根据。抗诉理由应对人民法院的错误判决在事实和法学理论上进行有理有据的申诉和辩驳。具体可以从几个方面进行:

针对原判决认定事实不当提出抗诉的,应紧紧抓住原判决在认定事实上是全错还是部分错,全部错要全部否定,部分错要部分否定。同时,拿出全部否定或部分否定的事实以及证明这些事实的证据。

针对原判决适用法律的错误、量刑不当提出抗诉的,提出纠正或否定的事实依据和法律依据。如原判决定性不准,此时把真正的事实写清楚,实际的情况如何,应适用的法律又是如何。

原判决在法律程序上有问题,导致错案的,只需引证有关法律条文即可。

最后是结论性意见、法律根据、决定和要求事项。刑事抗诉中结论性意见应当简洁、明确。在要求事项部分,应写:"特提出抗诉,请依法判处"。

(4)结尾及附注,写明抗诉机关名称。注明年月日,加盖院印。

对于未被羁押的原审被告人,应将住所或居所明确写明。证据目录和证人名单如果与起诉书相同可不另附。

2. 审判监督程序中适用的抗诉书

审判监督程序适用的刑事抗诉书由首部、原审被告人基本情况、诉讼过程、生效判决或裁定概况、对生效判决或裁定的审查意见(含事实认定)、抗诉理由、抗诉决定、尾部、附注组成。

(1)首部。写明所在省(自治区、直辖市)的名称,不能只写地市院名;如果是涉外案件,要注明"中华人民共和国"的字样。

(2)原审被告人基本情况。被告人年龄、出生日期、住址、身份证号码、出生地、刑满释放或者假释的具体日期等。

(3)诉讼过程、生效判决或裁定概况。如果是一审生效判决或裁定,不仅要写明一审判决或裁定的主要内容,还要写明一审判决或裁定的生效时间;如果是二审终审的判决或裁定,应该分别写明一审和二审判决或裁定的主要内容。此外,还应该写明提起审判监督程序抗诉的原因。

(4)对生效判决或裁定的审查意见(含事实认定)。对于原判决、裁定中认定的事实或新发现的事实、证据,应该作比较详细的介绍。

然后写明检察机关对原判决(裁定)的审查意见,目的是明确指出原判决(裁定)的错误所在,告知再审法院,检察院抗诉的重点是什么。这部分要观点鲜明,简明扼要。

(5)抗诉理由。针对事实确有错误、适用法律不当或审判程序严重违法等不同情况，叙写抗诉理由。

如果法院认定的事实有误，则要针对原判决的错误之处，提出纠正意见，强调抗诉的针对性。对于有多节"犯罪事实"的抗诉案件，只叙述原判决（裁定）认定事实不当的部分，认定没有错误的，可以只肯定一句"对……事实的认定无异议"即可。突出检、法两家的争议重点，体现抗诉的针对性。对于共同犯罪案件，也可以类似地处理，即只对原判决（裁定）漏定或错定的被告人犯罪事实部分作重点叙述，对其他被告人的犯罪事实可简写或者不写。

关于"证据部分"，应该在论述事实时有针对性地列举证据，说明证据的内容要点及其与犯罪事实的联系。

刑事抗诉书中不能追诉起诉书中没有指控的犯罪事实。

如有自首、立功等情节，应在抗诉书中予以论述。

如果法院适用法律有误，主要针对犯罪行为的本质特征，论述应该如何认定行为性质，从而正确适用法律。要从引用罪状、量刑情节等方面分别论述。

如果法院审判程序严重违法，抗诉书就应该主要根据《刑事诉讼法》及有关司法解释，逐个论述原审法院违反法定诉讼程序的事实表现，再写明影响公正判决的现实或可能性，最后阐述法律规定的正确诉讼程序。

（6）结论性意见、法律根据、决定和要求事项。这一部分应当简洁、明确。在要求事项部分，应写："特提出抗诉，请依法判处"。

（7）尾部及附注。署检察院名称并盖院印。

3. 格式

（1）二审程序适用

××人民检察院
刑事抗诉书

×检×刑抗〔××××〕×号

××人民法院以××号刑事判决书（裁定书）对被告人×××（姓名）××（案由）一案判决（裁定）……（判决、裁定结果）本院依法审查后认为（如果是被害人及其法定代理人不服地方各级人民法院第一审的判决而请求人民检察院提出抗诉的，应当写明这一程序，然后再写"本院依法审查后认为"），该判决（裁定）确有错误（包括认定事实有误、适用法律不当、审判程序严重违法），理由如下：

……（根据不同情况，理由从认定事实错误、适用法律不当和审判程序违法等几方面阐述）

综上所述……（概括上述理由）为维护司法公正，准确惩治犯罪，依照《中华人民共和国刑事诉讼法》第二百二十八条的规定，特提出抗诉，请依法判处。

此致

××人民法院

××人民检察院

××××年××月××日

（院印）

附：

1. 被告人×××现羁押于……（或者现住……）
2. 新的证人名单或者证据目录。

（证明目录、证人名单与一审无异的，可注明"证据目录、证人名单与一审无异"，不必另行移送）

（2）审判监督程序适用

××人民检察院
刑事抗诉书

×检×刑抗〔××××〕×号

原审被告人……（依次写明姓名、性别、年龄、出生年月日、民族、机关、文化程度、职业或工作单位及职务、住址、被采取强制措施或服刑情况，数名被告人的依从重至轻顺序分别列出）

××人民法院以××号刑事判决书（裁定书）对被告人××××（姓名）××（案由）一案判决（裁定）……（写明生效的一审判决、裁定情况或者一审及二审判决、裁定情况）经依法审查，（如果是被告人及其法定代理人不服地方各级人民法院的生效判决、裁定而请求人民检察院提出抗诉的，或者有关人民检察院提请抗诉的，应当写明这一程序，然后再写"经依法审查"），本案的事实如下：

……（概括叙述经检察机关认定的事实、情节。应当根据具体案件事实、证据情况，围绕刑法规定的该犯罪构成要件，特别是犯罪争议的问题，简明扼要地叙写案件事实、情节。一般应当具备时间、地点、经过、手段、目的、动机、危害后果等与定罪量刑有关的事实、情节要素。一案有数罪、各罪有数次作案的，应依由重至轻或时间顺序叙写）

本院认为，该判决（裁定）确有错误（包括认定事实有误、适用法律不当、审判程序严重违法），理由如下：

……（根据情况，理由可以从认定事实错误、适用法律不当和审判程序严重违法等方面分别论述）

综上所述……（概括上述理由），为维护司法公正，准确惩治犯罪（或保障公民的合法权益），依照《中华人民共和国刑事诉讼法》第二百五十四条第三款的规定，特提出抗诉，请依法判处。

此致
××人民法院

××人民检察院
××××年××月××日
（院印）

附：

1. 被告人×××现羁押于……（或者现住……）

2. 新的证人名单或者证据目录。

（证明目录、证人名单与一审无异的，可注明"证据目录、证人名单与一审无异"，不必另行移送）

三、民事抗诉书

民事抗诉书，是人民检察院对人民法院已经发生法律效力的民事判决、裁定，符合法定情形之一的，按照审判监督程序向人民法院提出抗诉时使用的文书。

我国《民事诉讼法》第212条规定："人民检察院决定对人民法院的判决、裁定、调解书提出抗诉的，应当制作抗诉书。"

（一）民事抗诉书书写方法

民事抗诉书为叙述式文书，由首部、正文和尾部三部分组成。

1. 首部

除文书名称为"民事抗诉书"、文书编号的案件性质代字为"民抗"外，其他部分的表述与刑事抗诉书相同。

2. 正文

（1）案件来源。分四种情况来写，包括当事人向检察机关直接申诉的、下级检察院提请抗诉的、检察机关自行发现的及案外人向检察机关提出申诉的。简述审查过程，写："我院对该案进行了审查……（审查过程）现已审查终结"。

根据《人民检察院民事行政抗诉案件办案规则》的规定，人民检察院应当在立案之后调（借）阅人民法院审判案卷。检察机关一般情况应就原审案卷进行审查，审查时发现了什么问题，具体予以列明。对下级检察院提请抗诉的案件，应结合原审案卷及所附材料全面审查提请抗诉书的内容及法律依据。

（2）审查认定的事实。先写明检察机关审查认定的事实。案件事实是分析判断判决或裁定正确与否的基础，是阐明抗诉理由的根据。然后写明由谁提起诉讼。审判人员在审理该案时贪污受贿、徇私舞弊或者枉法裁判的以及人民法院违反程序的，也在此一并写明。

（3）诉讼过程。写明一审法院、二审法院判决、裁定的作出日期、文号、理由、主文及诉讼费负担情况。该案件经过了再审的，要将再审情况写明。如果法院判决、裁定与检察机关认定事实有不同之处，要在该部分写明法院认定的事实。

（4）审查意见和抗诉理由。结合案件具体情况，分析、论证生效判决、裁定存在的问题及错误。着重指出已生效民事判决或裁定符合《民事诉讼法》第209条及《人民检察院民事行政抗诉案件办案规则》的抗诉要求。

（5）抗诉决定及法律根据。先写明生效判决、裁定存在的问题。然后写："经本院检察委员会讨论，依照《中华人民共和国民事诉讼法》第209条第1款第×项的规定，向你院提出抗诉，请依法再审。"

3. 尾部

注明依法受理的人民法院名称、决定抗诉的年月日,并加盖人民检察院院印,最后写明随案移送的卷宗及有关材料情况等。

民事抗诉书正本加盖"正本"印章,副本加盖"副本"印章。正本送同级人民法院,同时按当事人人数送副本,副本存检察副卷,还要报同级人大和上级人民检察院备案。

(二)格式

××人民检察院
民事抗诉书

×检×民抗〔××××〕×号

……(该部分写诉讼过程,写明一审法院、二审法院判决、裁定的作出日期、文号、理由、主文及诉讼费负担。如经过了再审,还要将再审情况写明。如果法院判决、裁定与检察机关认定事实有不同之处,要在该部分简要写明)

本院认为……(结合案件具体情况,分析、论证生效判决、裁定存在的问题及错误)

综上所述,××人民法院(作出生效判决、裁定的法院)对本案的判决(或裁定)……(指出生效判决、裁定存在哪几个方面的问题)经本院第×届检察委员会第×次会议讨论决定(未经检察委员会讨论的,可不写),依照《中华人民共和国民事诉讼法》第二百零九条第一款第×项的规定(如包括多项的,均列出),向你院提出抗诉,请依法再审。

此致
××人民法院

××人民检察院
××××年××月××日
(院印)

附:……(写明随案移送的卷宗及有关材料情况)

四、行政抗诉书

行政抗诉书,是指人民检察院依照行政诉讼法关于法律监督的规定,对人民法院确有错误并已经发生法律效力的行政判决、裁定,按照审判监督程序向有关人民法院提出抗诉,要求重审予以纠正时所使用的文书。

(一)行政抗诉书书写方法

行政抗诉书为叙述式文书,可分为首部、正文和尾部三部分。

1. 首部

包括制作文书的人民检察院名称。文书名称即"行政抗诉书"。文书编号,按"×检×行抗〔××××〕×号"顺序来写。

2. 正文

（1）案件来源。即由谁向人民检察院提出申诉，分四种情况来写，包括当事人向检察机关直接申诉的、下级检察院提请抗诉的、检察机关自行发现的和案外人向检察机关提出申诉的。

然后简述审查过程。写："我院对该案进行了审查……（审查过程），现已审查终结。"写明检察机关何时受理申诉或发现同级人民法院判决、裁定有错误，具体作了哪些审查工作。根据《人民检察院民事行政抗诉案件办案规则》之规定，人民检察院应当在立案之后调（借）阅人民法院审判案卷。检察机关一般情况应就原审案卷进行审查，审查时发现了什么问题，具体列明。对下级检察院提请抗诉的案件，应结合原审案卷及所附材料全面审查提请抗诉书的内容及法律依据。

（2）本院审查认定的案件事实。写明检察机关审查认定的事实，并写明由谁提起诉讼。人民法院违反程序的以及原判决、裁定违反《行政诉讼法》第34条规定的举证责任的，也在此一并写明。根据《行政诉讼法》第34条的规定，被告对作出的具体行政行为负举证责任，应当提供作出该具体行政行为的证据和所依据的规范性文件。被告不提供或者无正当理由逾期提供证据，视为没有相应证据。但是，被诉行政行为涉及第三人合法权益，第三人提供证据的除外。

（3）诉讼过程。写明一审法院、二审法院判决、裁定的作出日期、文号、理由、主文及诉讼费负担情况。这一部分的叙述方法、要求，与民事抗诉书的写法基本相同。

（4）审查意见及抗诉理由。这是抗诉书的重点部分，从"本院认为"开始。要指出原判决、裁定的错误之处，根据事实及证据，依据法律、法规等分析论证抗诉理由。

（5）抗诉决定及法律根据。写明生效判决、裁定存在的问题。然后写："经本院检察委员会讨论决定（若未经检察委员会讨论的，可不写），依照《行政诉讼法》第93条的规定向你院提出抗诉。"

3. 尾部

注明依法受理的人民法院名称、决定抗诉的年月日，并加盖人民检察院院印，最后写明随案移送的卷宗及有关材料情况等。

行政抗诉书正本加盖"正本"印章，副本加盖"副本"印章。正本送同级人民法院，同时按当事人人数送副本，副本存检察副卷，还要报同级人大和上级人民检察院备案。

（二）格式

××人民检察院
行政抗诉书

×检×行抗〔××××〕×号

×××（申诉人）因与×××（对方当事人）××（案由）纠纷一案，不服××人民法院××（生效判决、裁定文号）行政判决（或裁定），向我院提出申诉。由下级人民检察院提请抗诉的案件写为：向××人民检察院提出申诉，××人民检察院提请我院抗诉。由检察机关自行发现的案件写为:我院对××人民法院对×××(原审原告)与×××(原审被告)××(案由)纠纷案的××(生效判决、裁定文号)行政判决(或裁定)进行了审查。由案外人申诉的案件写为:我院受理×××(申诉人)的申诉后,对××人民法院对×××(原审原告)与×××(原审被告)××(案由)纠纷案的××(生效判决、裁定文号)行政判决(或裁定)进行了审查。我院对该案进行了审查……(简述审查过程,如查阅了原审卷宗、进行了调查等)现已审查终结。

……(该部分写检察机关审查认定的事实,最后写明由谁提起诉讼)

……(该部分写诉讼过程,写明一审法院、二审法院判决、裁定的作出日期、文号、理由、主文及诉讼费用。如经过了再审,还要将再审情况写明。如果法院判决、裁定与检察机关认定事实有不同之处,要在该部分简要写明)

本院认为……(结合案件具体情况,分析、论证生效判决、裁定存在的问题及错误)

综上所述,××人民法院(作出生效判决、裁定的法院)对本案的判决(或裁定)……(指出生效判决、裁定存在哪几个方面的问题)经本院第×届检察委员会第×次会议讨论决定(未经检察委员会讨论的,可不写),依照《中华人民共和国行政诉讼法》第九十三条的规定,向你院提出抗诉,请依法再审。

此致
××人民法院

××人民检察院
××××年××月××日
(院印)

附:……(写明随案移送的卷宗及有关材料情况)

第四节　判　决　书

一、第一审刑事有罪判决书

第一审刑事判决书,包括第一审刑事有罪判决书和第一审刑事无罪判决书,本节只讲第一审刑事有罪判决书的有关内容。

人民法院对于所受理的刑事案件,依照《刑事诉讼法》规定的第一审程序审理终结,根据已查明的事实和证据,确认被告人的行为构成犯罪,依法作出的定罪量刑的文书,称为第一审刑事有罪判决书。第一审刑事有罪判决书,具体由五部分构成。

(一)第一审刑事判决书书写方法

1. 首部

(1)标题

包括法院全称和文书名称,写:"××人民法院刑事判决书",标题分两行写,第一行写法院全称,第二行写文书名称。标题的右下方是编号:(××××)×字第×号,文书名称之前不加审级,也不加"有罪"的字样。

(2) 公诉机关和诉讼参与人情况

对公诉案件,直接写:"公诉机关××人民检察院",因为公诉机关指的是代表国家向人民法院提请追究被告人刑事责任的检察机关。在"公诉机关"与"××人民检察院"之间,不用加标点符号,也不用空格。

对于自诉案件,先列自诉人。写明自诉人姓名、性别、年龄、出生地、民族、文化程度、职业或职务、单位和住址。自诉人有数人的,依次列写。

公诉案件在公诉机关之后,自诉案件在自诉人之后,写明被告人的身份情况。书写被告人项的基本情况时,应在样式要求的基础上,根据不同情况增减。

① 被告人有与案情有关的别名、化名或绰号的,应在其姓名后边加以注明。

② 被告人的职业,一般应写工人、农民、个体工商户等,有工作单位的,则应写明其工作单位和职务。

③ 被告人的出生年月日。应写明被告人准确的出生年月日,确实查不清年月日的,也可以写年龄;但对于未成年被告人,必须写明出生年月日。

④ 被告人曾受过刑事处罚、行政处罚、劳动教养或者在限制人身自由期间有逃跑等法定或酌定从重处罚情节的,应当写明其事由和时间。

⑤ 因本案所受强制措施情况。应写明被拘留逮捕等羁押期间,以便于折抵刑期。

⑥ 被告人项目书写的各种情况之间,一般可用逗号隔开。如果案件内容较多,可视引文需要,另行采用分号或句号。

⑦ 被告人的住址应写住所所在地。住所地和经常居住地不一致的,写经常居住地。

⑧ 同案被告人有二人以上的,按主从关系的顺序列项书写。

⑨ 被告人是外国人的,应当在写明被告人基本情况之后,另行续写法定代表人的姓名及与被告人的关系、工作单位和职务以及住址。

⑩ 被告人是未成年人的,应当在写明被告人基本情况之后,另行续写法定代理人的姓名与被告人的关系、工作单位和职务以及住址。

辩护人是律师的,只写明姓名、工作单位和职务,即"辩护人:××律师事务所律师"。辩护人是人民团体或者被告人所在单位推荐的,只写明姓名、工作单位和职务;辩护人是被告人的监护人、亲友的,还应写明与被告人的关系;辩护人是人民法院指定的,写为指定辩护人。同案被告有二人以上并各有辩护人的,分别在各被告人的下一行列项写明辩护人的情况。

(3) 案由部分

包括罪名、案件来源、审判组织、审判方式、何人出庭支持公诉等,具体写法为:"××人民检察院以×检刑诉〔××××〕×号起诉书指控被告人×××犯××罪,于××××年××月××日向本院提起公诉。本院依法组成合议庭公开(或者不公开)开庭审理了本案,××人民检察院指派检察员×××出庭支持公诉,被害人×××及其法定代理人×××、诉讼代理人×××,被告人×××及其法定代理人×××、辩护人×××,证人×××,鉴定人×××,翻译人员×××等到庭参加诉讼。现已审理终结。"

2. 事实

事实是判决的基础,是判决理由和判决结果的根据。制作判决书,首先要把事实叙述清楚。

(1) 事实部分分段写。首先概述人民检察院指控的被告人的犯罪事实和证据;其次是被告人的供述、辩解和辩护人的辩护意见;最后是经法庭查明的事实和据以认定事实的证据。

"兼听则明,偏信则暗"。在判决书上写明控辩双方的意见,是为了促进审判质量的提高,加强刑事判决的透明度,尊重当事人的诉讼权利,体现了人民法院的公正形象;同时突出了争讼焦点,便于法院在认定事实和列举证据以及阐述判决理由的时候,有的放矢,加强针对性。事实部分必须认真书写,在归纳双方意见时,要言简意赅,防止文字冗长,注意避免与后文的明显重复。

(2) 写明判决所确认的犯罪事实。叙述事实时,应当写明案件发生的时间、地点、被告人的动机、目的、手段、实施行为的过程、危害结果和被告人在案发后的表现等内容,并以是否具备犯罪构成要件为重点,兼顾影响定罪处理的各种情节。

叙述事实,要层次清楚,重点突出。一般按时间先后顺序叙述,一人犯数罪的,应按罪行主次的顺序叙述;一般共同犯罪案件,应当以主犯为主线进行叙述;集团犯罪案件,先综述集团的形成和共同的犯罪行为,再按首要分子、主犯、从犯、胁从犯或罪重、罪轻的顺序分别叙述各个被告人的犯罪事实。

(3) 写明认定事实的证据。认定事实的证据必须做到《法院刑事诉讼文书样式》的要求。① 依法公开审理的案件,除无须举证的事实外,证明案件事实的证据必须经法庭公开举证、质证,才能认证;未经法庭公开举证、质证的,不能认证。② 特别要注意通过对证据的具体分析、认证来证明判断所确认的犯罪事实。防止并杜绝用"以上事实,证据充分,被告人也供认不讳,足以认定"的抽象、笼统的说法或者用简单的罗列证据的方法,来代替对证据的具体分析、认证。法官认证和采信证据的过程应当在判决书中充分体现出来。③ 证据要尽可能写得明确、具体。证据的写法,应当因案而异。案情简单或者控辩双方没有异议的,可以集中表述;案情复杂或者控辩双方有异议的,应当进行分析、认证;一人犯数罪或者共同犯罪案件,还可以分项或者逐人逐罪叙述证据或者对证据进行分析、认证。对控辩双方没有争议的证据,在控辩主张中可不予叙述,而只在"经审理查明"的证据部分具体表述,以避免不必要的重复。

3. 理由

理由是判决书的灵魂,是将犯罪事实和判决结果有机联系在一起的纽带。其核心内容是针对案情特点,运用法律规定、政策精神和犯罪构成理论,阐述公诉机关的指控是否成立、被告人的行为是否构成犯罪、犯的什么罪、依法应当如何处理,从而为判决结果打下基础。

理由的论述一定要有针对性,有个性。要注意结合具体案情,充分摆事实、讲道理。说理力求透彻,逻辑严密,无懈可击,使理由具有较强的思想性的说服力。防止理由部分不说理或者说理不充分,只引用法律条文,不阐明适用法律的道理;切忌说空话、套话,理由千篇一律,只有共性而没有个性。尽量使用法律术语,并注意语言精练。

(1) 确定罪名,应当以《刑法》和《最高人民法院关于执行〈中华人民共和国刑法〉确定罪名的规定》为依据。一人犯数罪的,一般先定重罪,后定轻罪;共同犯罪案件,应在分清各被告人在共同犯罪中的地位、作用和刑事责任的前提下,依次确定首要分子、主犯、从犯或者胁从犯、教唆犯的罪名。

(2) 量刑情节对判刑轻重有较大的影响。被告人具有从轻、减轻、免除处罚或者从重处罚等一种或者数种情节的,应当分别或者综合予以认定。

(3) 对控辩双方适用法律方面的意见应当有分析地表明是否予以采纳,并阐明理由。

(4) 引述法条必须周密思考,慎重选择。判决的法律依据,根据《最高人民法院关于司法解释工作的若干规定》,应当包括司法解释在内。在引用法律条文时,应当注意:① 要准确、完整、具体。准确,就是要恰如其分地符合判决结果。完整,就是要把据以定性处理的法律规定和司法解释全部引用。具体,就是要引出法律依据条文外延最小的规定,即凡条下分款分项的,应写明第几条第几款第几项;有的条文只分项不分款的,则写明第几条第几项。② 要有一定的条理和顺序。一份裁判文书应当引用两条以上的法律条文的,应当先引用有关定罪与确定量刑幅度的条文,后引用从轻、减轻、免除处罚或者从重处罚的条文;判决结果既有主刑,又有附加刑内容的,应当先引用适用主刑的条文,后引用适用附加刑的条文;某种犯罪需要援引其他条款的法定刑处罚(即援引法定刑)的,应当先引用本条条文,再按本条的规定,引用相应的他罪条文;一人犯数罪的,应当逐罪引用有关的法律条文;共同犯罪的,既可集中引用有关的法律条文,也可逐人逐罪引用有关的法律条文。③ 引用的法律依据中,既有法律规定又有司法解释规定的,应当先引用法律规定,再引用相关的司法解释。同时适用修订前后刑法的,对修订前的刑法,称"1979 年《中华人民共和国刑法》",对修订后的刑法,称"《中华人民共和国刑法》"。

4. 判决结果

判决结果是依照有关法律的具体规定,对被告人作出的定性处理的结论,应当字斟句酌,认真推敲。书写判决结果时,应当注意以下几点:

(1) 判处的各种刑罚,应按法律规定写明全称。既不能随意简化,如将"判处死刑,缓期二年执行"简写为:"判处死缓";也不能画蛇添足,如将宣告缓刑写为:"判处有期徒刑×年,缓期×年执行"。

(2) 有期徒刑的刑罚应当写明刑种、刑期和主刑的折抵办法以及起止时间。

(3) 有附加刑的,应当在主刑之后,写明附加刑的种类。判处罚金的,要写明罚金的具体数额。判处没收财产的,应当写明是没收犯罪分子个人所有财产的一部还是全部。

(4) 追缴、退赔和发还被害人没收的财务,应当写明其名称、种类和数额。财物多、种类杂的,可以在判决结果中概括表述,再另列一清单,作为判决书的附件。

(5) 数罪并罚的,应当分别定罪量刑,然后按照刑法关于数罪并罚的原则,决定执行的刑罚。

(6)一案多人的,应当以罪责的主次或者判决处罚的轻重为顺序,逐人分项定罪判处。

(7)机关、团体、企业或事业单位构成犯罪被判处经济处罚的,首先应写明被告(单位)犯什么罪,其次写明判处罚金或者没收财产的种类和数额。其主管责任人员、直接责任人员因此构成犯罪的,再续项列写对他们的定罪判刑。

(8)作无罪判决的,根据已查明的案件事实和认定的证据材料,能够确认被告人无罪的,应当在判决结果中宣告"被告人×××无罪"。

5. 尾部

如果适用《刑法》第63条第2款的规定在法定刑以下判处刑罚的,应当在交代上诉权之后,另起一行写:"本判决依法报请最高人民法院核准后生效"。

(1)判决书的尾部应当由参加审判案件的合议庭组成人员或者独任审判员署名。合议庭成员有陪审员的,署名为"人民陪审员";合议庭成员有助理审判员的,署名为"代理审判员";助理审判员担任合议庭审判长的,与审判员担任合议庭审判长一样,署名为"审判长";院长(副院长)或者庭长(副庭长)参加合议庭的,应当担任审判长,均署名为"审判长"。

(2)判决书尾部的年月日,为作出判决的日期。当庭宣判的,应当写明当庭宣判的日期;定期或者委托宣判的,应当写明签发判决书的日期(裁定书亦同)。当庭宣告判决的,不服判决的上诉和抗诉的期限,仍应当从接到判决书的第二日起计算。

(3)判决书上原本不写"本件与原本核对无异"。此句文字应制成专用印戳,由书记员将正本与原本核对无异之后,加盖在正本末页的年月日的左下方、书记员署名的左上方。

(二)格式

1. 一审公诉案件适用普通程序

××人民法院
刑事判决书

(××××)×刑初字第×号

公诉机关××人民检察院。

被告人……(写明姓名、性别、出生年月日、民族、出生地、文化程度、职业或者工作单位和职务、住址和因本案所受强制措施情况等,现羁押处所)

辩护人……(写明姓名、工作单位和职务)

××人民检察院以×检×诉〔××××〕×号起诉书指控被告人×××犯××罪,于××××年××月××日向本院提起公诉。本院依法组成合议庭,公开(或者不公开)开庭审理了本案。××人民检察院指派检察员×××出庭支持公诉,被害人×××及其法定代理人×××、诉讼代理人×××,被告人×××及其法定代理人×××、辩护人×××,证人×××,鉴定人×××,翻译人员×××等到庭参加诉讼。现已审理终结。

××人民检察院指控……(概述人民检察院指控被告人犯罪的事实、证据和适用法律的意见)

被告人×××辩称……(概述被告人对指控的犯罪事实予以供述、辩解、自行辩护的意见的有关证据)辩护人×××提出的辩护意见是……(概述辩护人的辩护意见和有关证据)

经审理查明……(首先写明经庭审查明的事实;其次写明经举证、质证定案的证据及其来源;最后对控辩双方有异议的事实、证据进行分析、认证)

本院认为……(根据查证属实的事实、证据和有关法律规定,论证公诉机关指控的犯罪是否成立,被告人的行为是否构成犯罪,犯的什么罪,应否从轻、减轻、免除处罚或者从重处罚。对于控辩双方关于适用法律方面的意见,应当有分析地表示是否予以采纳,并阐明理由)依照……(写明判决的法律依据)的规定,判决如下:

……[写明判决结果。分三种情况:

第一,定罪判刑的,表述为:"一、被告人×××犯××罪,判处……(写明主刑,附加刑)(刑满从判决执行之日起计算。判决执行以前先行羁押的,羁押一日折抵刑期一日,即自××××年××月××日起至××××年××月××日止)二、被告人×××……(写明决定追缴、退赔或者发还被害人、没收财物的名称、种类和数额)"

第二,定罪免刑的,表述为:"被告人×××犯××罪,免予刑事处罚(如有追缴、退赔或者没收财物的,续写第二项)。"

第三,宣告无罪的,无论是适用《中华人民共和国刑事诉讼法》第二百条第(二)项还是第(三)项,均表述为:"被告人×××无罪。"]

如不服本判决,可在接到判决书的第二日起十日内,通过本院或者直接向××人民法院提出上诉。书面上诉的,应当提交上诉状正本一份,副本×份。

审判长:×××

审判员:×××

审判员:×××

××××年××月××日

(院印)

书记员:×××

2. 一审单位犯罪案件

××人民法院
刑事判决书

(××××)×刑初字第×号

公诉机关××人民检察院。

被告单位……(写明单位名称、住所地)

诉讼代表人……(写明姓名、工作单位和职务)

辩护人……(写明姓名、工作单位和职务)

被告人……(写明直接负责的主管人员、其他直接责任人员的姓名、性别、出生年月日、民族、出生地、文化程度、职业或者工作单位和职务、住址以及因本案所受强制措施情况等,现羁押处所)

辩护人……(写明姓名、工作单位和职务)

××人民检察院以×检×诉〔××××〕×号起诉书指控被告单位××犯××罪,被告人×××犯××罪,于××××年××月××日向本院提起公诉。本院依法组成合议庭,公开(或者不公开)开庭审理了本案。××人民检察院指派检察员×××出庭支持公诉,被害人×××及其法定代理人×××、诉讼代理人×××,被告单位的诉讼代表人×××及其辩护人×××,证人×××,被告人×××及其辩护人×××,证人×××,鉴定人×××,翻译人员×××等到庭参加诉讼。现已审理终结。

××人民检察院指控……(概述人民检察院指控被告单位和被告人犯罪的事实、证据和适用法律的意见)

被告单位××辩称……(概述被告单位对指控的犯罪事实予以供述、辩解、自行辩护的意见和有关证据)辩护人×××提出的辩护意见是……(概述辩护人的辩护意见和有关证据)

被告人×××辩称……(概述被告人对指控的犯罪事实予以供述、辩解、自行辩护的意见和有关证据)。辩护人×××提出的辩护意见是……(概述辩护人的辩护意见和主要证据)

经审理查明……(首先写明经法庭审理查明的有关被告单位犯罪的事实和被告人犯罪的事实;其次写明据以定案的证据及其来源;最后对控辩双方有异议的事实、证据进行分析、认证)

本院认为……(根据查证属实的事实、证据和法律规定,论证公诉机关指控的单位犯罪是否成立,被告单位及其直接负责的主管人员、其他直接责任人员的行为是否构成犯罪,犯的什么罪,应否实行"双罚制",应否从轻、减轻、免除处罚或者从重处罚。对于控辩双方关于适用法律方面的意见,应当有分析地表示是否予以采纳,并阐明理由)依照……(写明判决的法律依据)的规定,判决如下:

……[写明判决结果。分三种情况:

第一,定罪判刑的,表述为:"一、被告单位××犯××罪,判处罚金×元,……(写明缴纳期限)二、被告人×××犯××罪,判处……(写明主刑、附加刑)(刑期从判决执行之日起机关。判决执行以前先行羁押,羁押一日折抵刑期一日,即自××××年××月××日起至××××年××月××日止)(如有追缴、退赔或者发还被害人、没收财物的,应在以上各项之后续项写明)"

第二,定罪免刑的,表述为:"一、被告单位××犯××罪,免予刑事处罚;二、被告人×××犯××罪,免予刑事处罚。(如有追缴、退赔或者发还被害人、没收财物的,应在以上各项之后续项写明)"

第三,宣告无罪的,无论是适用《中华人民共和国刑事诉讼法》第二百条第(二)项还是第(三)项,均表述为:"一、被告单位××无罪;二、被告人×××无罪。"]

如不服本判决,可在接到判决书的第二日起十日内,通过本院或者直接向××人民法院提出上诉。书面上诉的,应当提交上诉状正本一份,副本×份。

审判长:×××

审判员:×××

审判员:×××

××××年××月××日

(院印)

书记员:×××

3. 一审公诉案件适用普通程序(附带民事诉讼)

××人民法院
刑事附带民事判决书

(××××)×刑初字第×号

公诉机关××人民检察院。

附带民事诉讼原告人……(写明姓名、性别、出生年月日、民族、出生地、文化程度、职业或者工作单位和职务、住址等)

被告人……(写明姓名、性别、出生年月日、民族、出生地、文化程度、职业或者工作单位和职务、住址、因本案所受强制措施情况等,现羁押处所)

辩护人……(写明姓名、工作单位和职务)

××人民检察院以×检×诉〔××××〕×号起诉书指控被告人×××犯××罪,于××××年××月××日向本院提起公诉。在诉讼过程中,附带民事诉讼原告人向本院提起附带民事诉讼。本院依法组成合议庭,公开(或者不公开)开庭进行了合并审理。××人民检察院指派检察员×××出庭支持公诉,附带民事诉讼原告人×××及其法定(诉讼)代理人×××,被告人×××及其法定代理人×××、辩护人×××,证人×××,鉴定人×××,翻译人员×××等到庭参加诉讼。现已审理终结。

××人民检察院指控……(概述人民检察院指控被告人犯罪的事实、证据和适用法律的意见)附带民事诉讼原告人诉称……(概述附带民事诉讼原告人的诉讼请求和有关证据)

被告人×××辩称……(概述被告人对人民检察院指控的犯罪事实和附带民事诉讼原告人的诉讼请求予以供述、辩解、自行辩护的意见和有关证据)辩护人×××提出的辩护意见是……(概述辩护人的辩护意见和有关证据)

经审理查明……(首先写明经法庭审理查明的事实,既要写明经法庭查明的全部犯罪事实,又要写明由于被告人的犯罪行为使被害人遭受经济损失的事实;其次写明据以定案的证据及其来源;最后对控辩双方有异议的事实、证据进行分析、认证)

本院认为……(根据查证属实的事实、证据和法律规定,论证公诉机关指控的犯罪是否成立,被告人的行为是否构成犯罪,犯的什么罪,应否追究刑事责任;论证被害人是否由于被告人的犯罪行为而遭受经济损失,被告人对被害人的经济损失应否负民事赔偿责任;论证是否存在引发从轻、减轻、免除处罚或者从重处罚的情节。对于控辩双方关于适用法律方面的意见,应当有分析地表示是否予以采纳,并阐明理由)依照……(写明判决的法律依据)的规定,判决如下:

……[写明判决结果。分三种情况:

第一,定罪判刑并应当赔偿经济损失的,表述为:"一、被告人×××犯××罪,……(写明主刑、附加刑)(刑期从判决执行之日起计算。判决执行以前先行羁押的,羁押一日折抵刑期一日,即自××××年××月××日起至××××年××月××日止)二、被告人×××赔偿附带民事诉讼原告人×××……(写明受偿人的姓名、赔偿的金额和支付的日期)"

第二,定罪免刑并应当赔偿经济损失的,表述为:"一、被告人×××犯××罪,免予刑事处罚;二、被告人×××赔偿附带民事诉讼原告人×××……(写明受偿人的姓名、赔偿的金额和支付的日期)"

第三,宣告无罪且不赔偿经济损失的,表述为:"一、被告人×××无罪;二、被告人×××不承担民事赔偿责任。"]

如不服本判决,可在接到判决书的第二日起十日内,通过本院或者直接向××人民法院提出上诉。书面上诉的,应当提交上诉状正本一份,副本×份。

审判长:×××
审判员:×××
审判员:×××
××××年××月××日
(院印)
书记员:×××

4. 死缓期间故意犯罪一审适用普通程序

××人民法院
刑事判决书

(××××)×刑初字第×号

公诉机关××人民检察院。

被告人……(写明姓名、性别、出生年月日、生于××地、民族、文化程度,因犯××罪在××监狱服刑)

辩护人……(写明姓名、工作单位和职务)

××人民检察院以×检×诉〔××××〕×号起诉书指控被告人×××在死刑缓期二年执行期间犯××罪,于××××年××月××日向本院提起公诉。本院依法组成合议庭,公开(或者不公开)开庭审理了本案。××人民检察院指派检察员×××出庭支持公诉,被害人×××及其法定代理人×××、诉讼代理人×××,被告人×××及其法定代理人×××、辩护人×××,证人×××,鉴定人×××,翻译人员×××等到庭参加诉讼。现已审理终结。

××人民检察院指控……（概述人民检察院指控被告人犯罪的事实、证据和适用法律的意见）

被告人×××辩称……（概述被告人对指控的犯罪事实予以供述、辩解、自行辩护的意见和有关证据）辩护人×××提出的辩护意见是……（概述辩护人的辩护意见和有关证据）

经审理查明……（首先写明法庭审理查明的事实；其次写明经举证、质证定案的证据及其来源；最后对控辩双方有异议的事实、证据进行分析、认证）

另查：被告人×××曾因犯××罪于××××年××月××日被××中级人民法院以（××××）×刑初字第×号刑事判决判处死刑，缓期二年执行，剥夺政治权利终身（或者判处死刑，剥夺政治权利终身）；××高级人民法院于××××年××月××日以（××××）×刑终字第×号刑事裁定（或者判决），维持原判（或者判处被告人×××死刑，缓期二年执行，剥夺政治权利终身。如果系最高人民法院改判为死刑，缓期二年执行，亦应一并写明）。

本院认为……（根据查证属实的事实、证据和有关法律规定，论证公诉机关指控的犯罪是否成立，被告人的行为是否构成犯罪，犯的什么罪，应否从轻、减轻、免除处罚或者从重处罚。对于控辩双方关于适用法律方面的意见，应当有分析地表示是否予以采纳，并阐明理由）依照……（写明判决的法律依据）判决如下：

……[写明判决结果。分两种情况：

第一，定罪判刑的，表述为："被告人×××犯××罪，判处……（写明主刑和附加刑）"

第二，宣告无罪的，无论是适用《中华人民共和国刑事诉讼法》第二百条第（二）项还是第（三）项，均表述为："被告人×××无罪。"]

如不服本判决，可在接到判决书的第二日起十日内，通过本院或者直接向××高级人民法院提出上诉。书面上诉的，应当提交上诉状正本一份，副本×份。

[对于定罪判刑的，还应当在全部交代上诉权之后，另起一段，写明：依据《中华人民共和国刑法》第五十条、《中华人民共和国刑事诉讼法》第二百六十一条第二款和《最高人民法院关于执行〈中华人民共和国刑事诉讼法〉若干问题的解释》第三百三十九条第二款的规定，本判决生效以后，经最高人民法院（或者依授权有死刑核准权的高级人民法院和解放军军事法院）核准，对被告人×××应当执行死刑]

审判长：×××
审判员：×××
审判员：×××
××××年××月××日
（院印）
书记员：×××

5. 一审公诉案件适用普通程序(未成年人刑事案件)

××人民法院
刑事判决书

(××××)×刑初字第×号

公诉机关××人民检察院。

被告人……(写明姓名、性别、出生年月日、民族、出生地、文化程度、职业或者工作单位、学校、住址、所受强制措施情况等,现羁押处所)

法定代理人……(写明姓名、与被告人的关系、工作单位和职务、住址)

指定辩护人(或者辩护人)……(写明姓名、工作单位和职务)

××人民检察院以×检×诉〔××××〕×号起诉书指控被告人×××犯××罪,于××××年××月××日向本院提起公诉。本院依法组成合议庭,因本案被告人系未成年人(或者因本案涉及未成年被告人),依法不公开开庭审理了本案。××人民检察院指派检察员×××出庭支持公诉,被害人×××及其法定代理人×××、诉讼代理人×××,被告人×××及其法定代理人×××、指定辩护人(或者辩护人)×××,证人×××,鉴定人×××,翻译人员×××等到庭参加诉讼。现已审理终结。

××人民检察院指控……(概述人民检察院指控被告人犯罪的事实、证据和适用法律的意见)

被告人×××辩称……(概述被告人对指控的犯罪事实予以供述、辩解、自行辩护和意见和有关证据)法定代理人×××提出的辩护意见是……(概述对公诉机关指控被告人犯罪的意见、提供的有关证据)

经审理查明……(首先写明经庭审查明的事实;其次写明经举证、质证定案的证据及其来源;最后对控辩双方有异议的事实、证据进行分析、认证)

根据《最高人民法院关于审理未成年人刑事案件的若干规定》的规定,在法庭审理过程中,本院了解到……(概述被告人的家庭情况、社会交往、成长经历、性格特点、平时表现等同被告人实施被指控犯罪密切相关的情况,以及实施被指控的犯罪前后的表现。如果可能判处被告人非监禁刑罚的,概述所具备的监护、帮教条件等情况)

本院认为……(根据查证属实的事实、证据和有关法律规定,论证公诉机关指控的犯罪是否成立,被告人的行为是否构成犯罪,犯的什么罪,应否从轻、减轻、免除处罚或者从重处罚。对于控、辩双方关于适用法律方面的意见,应当有分析地表示是否予以采纳,并阐明理由。结合庭审查明的未成年被告人的成长轨迹,剖析未成年被告人走上犯罪道路的主客观方面的原因)依照……(写明判决的法律依据)的规定,判决如下:

……[写明判决结果。分三种情况:

第一,定罪判刑的,表述为:"一、被告人×××犯××罪,判处……(写明主刑和附加刑)(刑满从判决执行之日起计算。判决执行以前先行羁押的,羁押一日折抵刑期一日,即自××××年××月××日起至××××年××月××日止)二、被告人×××……(写明决定追缴、退赔或者发还被害人、没收财物的名称、种类和数额)"

第二,定罪免刑的,表述为:"被告人×××犯××罪,免予刑事处罚(如有追缴、退赔或者没收财物的,续写第二项)。"

第三,宣告无罪的,无论是适用《中华人民共和国刑事诉讼法》第二百条第(二)项还是第(三)项,均表述为:"被告人×××无罪。"〕

如不服本判决,可在接到判决书的第二日起十日内,通过本院或者直接向××人民法院提出上诉。书面上诉的,应当提交上诉状正本一份,副本×份。

审判长:×××
审判员:×××
审判员:×××
××××年××月××日
(院印)
书记员:×××

6. 一审公诉案件适用普通程序(被告人认罪认罚)

××人民法院
刑事判决书

(××××)×刑初字第×号

公诉机关××人民检察院。

被告人……(写明直接责任人员的姓名、性别、出生年月日、民族、出生地、文化程度、职业或者工作单位和职务、住址以及因本案所受强制措施情况等,现羁押处所)

辩护人……(写明姓名、工作单位和职务)

××人民检察院以×检×诉〔××××〕×号起诉书指控被告人×××犯××罪,于××××年××月××日向本院提起公诉。本院依法组成合议庭,公开(或不公开)开庭审理了本案。(××人民检察院检察员×××)被告人×××(辩护人×××)等到庭参加了诉讼。现已审理终结。

经审理查明……(简要概括犯罪事实内容)

上述事实,被告人在开庭审理过程中亦无异议,且有物证××、书证××、证人×××的证言、被害人×××的陈述、××公安机关(或检察机关)的勘验、检查笔录和××鉴定结论等证据证实,足以认定。

本院认为,被告人×××……(具体行为)已构成××罪。……(写明对控辩双方争议采纳或者驳斥的理由,以及从轻、减轻或者免除处罚的理由)依照《中华人民共和国刑法》第×条(第×款)的规定,判决如下:

被告人×××犯××罪,判处……(写明判处的具体内容)(刑期从判决生效之日起计算。判决执行以前先行羁押的,羁押一日折抵刑期一日。即自××××年××月××日起至××××年××月××日止)

如不服本判决,可在接到判决书的第二日起十日内,通过本院或者直接向××人民法院提出上诉。书面上诉的,应当提交上诉状正本一份,副本×份。

审判长:×××
审判员:×××
审判员:×××
××××年××月××日
(院印)
书记员:×××

7. 一审公诉案件适用简易程序

××人民法院
刑事判决书

(××××)×刑初字第×号

公诉机关××人民检察院。

被告人……(写明姓名、性别、出生年月日、民族、出生地、文化程度、职业或者工作单位和职务、住址等)

辩护人……(写明姓名、工作单位和职务)

××人民检察院以×检×诉〔××××〕×号起诉书指控被告人×××犯××罪,于××××年××月××日向本院提起公诉。本院依法适用简易程序,实行独任审判,公开(或不公开)开庭审理了本案。(××人民检察院检察员×××)被告人×××(辩护人×××)等到庭参加了诉讼。现已审理终结。

公诉机关指控被告人……(简要概括起诉书指控的犯罪事实内容)

上述事实,被告人在开庭审理过程中亦无异议,并有物证××、书证××、证人×××的证言、被害人×××的陈述、××公安机关(或检察机关)的勘验、检查笔录和××鉴定结论等证据证实,足以认定。

本院认为,被告人×××……(具体行为)已构成××罪。(写明对控辩双方争议采纳或者驳斥的理由,以及从轻、减轻或者免除处罚的理由)依照《中华人民共和国刑法》第×条(第×款)的规定,判决如下:

被告人×××犯××罪,判处……(写明判处的具体内容)(刑期从判决生效之日起计算。判决执行以前先行羁押的,羁押一日折抵刑期一日。即自××××年××月××日起至××××年××月××日止)

如不服本判决,可在接到判决书的第二日起十日内,通过本院或者直接向××人民法院提出上诉。书面上诉的,应当提交上诉状正本一份,副本×份。

审判员:×××
××××年××月××日
(院印)
书记员:×××

8. 一审自诉案件

××人民法院
刑事判决书

（××××）×刑初字第×号

自诉人……（写明姓名、性别、出生年月日、民族、出生地、文化程度、职业或者工作单位和职务、住址等）

诉讼代理人……（写明姓名、工作单位和职务）

被告人……（写明姓名、性别、出生年月日、民族、出生地、文化程度、职业或者工作单位和职务、住址等）

辩护人……（写明姓名、工作单位和职务）

自诉人×××以被告人×××犯××罪,于××××年××月××日向本院提起控诉。本院受理后,依法实行独任审判(或者组成合议庭),公开(或不公开)开庭审理了本案。自诉人×××及其诉讼代理人×××、被告人×××及其辩护人×××等到庭参加诉讼。现已审理终结。

自诉人×××诉称……（概述自诉人指控被告人犯罪的事实、证据和诉讼请求）

被告人×××辩称……（概述被告人对自诉人的指控予以供述、辩解、自行辩护的意见和有关证据）辩护人×××提出的辩护意见是……（概述辩护人的辩护意见和有关证据）

经审理查明……（首先写明经法庭审理查明的事实；其次写明据以定案的证据及其来源；最后对控辩双方有异议的事实、证据进行分析、认证）

本院认为……（写明根据查证属实的事实、证据和法律规定,论证自诉人的指控是否成立,被告人的行为是否构成犯罪,犯的什么罪,应否从轻、减轻、免除处罚或者从重处罚。对于控辩双方关于适用法律方面的意见,应当有分析地表示是否予以采纳,并阐明理由）依照……（写明判决的法律依据）的规定,判决如下：

……[写明判决结果。分三种情况：

第一,定罪判刑的,表述为："被告人×××犯××罪,判处……（写明判处的刑罚）(刑满从判决执行之日起计算。判决执行以前先行羁押的,羁押一日折抵刑期一日,即自××××年××月××日起至××××年××月××日止)"

第二,定罪免刑的,表述为："被告人×××犯××罪,免予刑事处罚。"

第三,宣告无罪的,表述为："被告人×××无罪。"]

如不服本判决,可在接到判决书的第二日起十日内,通过本院或者直接向××人民法院提出上诉。书面上诉的,应当提交上诉状正本一份,副本×份。

审判长：×××
审判员：×××
审判员：×××
××××年××月××日
（院印）
书记员：×××

9. 一审自诉案件(刑事附带民事判决书)

××人民法院
刑事附带民事判决书

(××××)×刑初字第×号

自诉人暨附带民事诉讼原告人……(写明姓名、性别、出生年月日、民族、出生地、文化程度、职业或者工作单位和职务、住址等)

诉讼代理人……(写明姓名、工作单位和职务)

被告人……(写明姓名、性别、出生年月日、民族、出生地、文化程度、职业或者工作单位和职务、住址等)

辩护人……(写明姓名、工作单位和职务)

自诉人×××以被告人×××犯××罪,并由此造成经济损失为由,于××××年××月××日向本院提起控诉。本院受理后,依法实行独任审判(或者组成合议庭),公开(或者不公开)开庭审理了本案。自诉人×××及其诉讼代理人×××、被告人×××及其辩护人×××等到庭参加诉讼。现已审理终结。

自诉人×××诉称……(概述自诉人指控被告人犯罪和由此造成经济损失的事实、证据和诉讼请求)

被告人×××辩称……(概述被告人对自诉人的指控予以供述、辩解、自行辩护的意见和有关证据)辩护人×××提出的辩护意见是……(概述辩护人的辩护意见和有关证据)

经审理查明……(首先写明经法庭审理查明的被告人的犯罪事实包括由此造成被害人经济损失的事实;其次写明据以定案的证据及其来源;最后对控辩双方有异议的事实、证据进行分析、认证)

本院认为……(写明根据查证属实的事实、证据和法律规定,论证自诉人暨附带民事诉讼原告人的指控是否成立,被告人的行为是否构成犯罪,应如何处罚,被告人的行为是否给被害人造成经济损失和应否承担民事赔偿责任。对于控辩双方关于适用法律方面的意见,应当有分析地表示是否予以采纳,并阐明理由)依照……(写明判决的法律依据)的规定,判决如下:

……[写明判决结果。分四种情况:

第一,定罪判刑并应当赔偿经济损失的,表述为:"一、被告人×××犯××罪……(写明判处的刑罚)(刑期从判决执行之日起计算。判决执行以前先行羁押的,羁押一日折抵刑期一日,即自××××年××月××日起至××××年××月××日止)二、被告人×××赔偿自诉人×××……(写明赔偿的金额和支付日期)"

第二,定罪免刑并应当赔偿经济损失的,表述为:"一、被告人×××犯××罪,免予刑事处罚;二、被告人×××赔偿自诉人×××……(写明赔偿的金额和支付日期)"

第三,宣告无罪但应当赔偿经济损失的,表述为:"一、被告人×××无罪;二、被告人×××赔偿自诉人×××……(写明赔偿的金额和支付日期)"

第四,宣告无罪并且不赔偿经济损失的,表述为:"一、被告人×××无罪;二、被告人×××不承担民事赔偿责任。"]

如不服本判决,可在接到判决书的第二日起十日内,通过本院或者直接向××人民法院提出上诉。书面上诉的,应当提交上诉状正本一份,副本×份。

审判长:×××
审判员:×××
审判员:×××
××××年××月××日
(院印)
书记员:×××

10. 一审自诉、反诉并案审理

××人民法院
刑事判决书

(××××)×刑初字第×号

自诉人(反诉被告人)……(写明姓名、性别、出生年月日、民族、出生地、文化程度、职业或者工作单位和职务、住址等)

诉讼代理人(辩护人)……(写明姓名、工作单位和职务)

被告人(反诉自诉人)……(写明姓名、性别、出生年月日、民族、出生地、文化程度、职业或者工作单位和职务、住址等)

辩护人(诉讼代理人)……(写明姓名、工作单位和职务)

自诉人×××以被告人×××犯××罪,于××××年××月××日向本院提起控诉。被告人×××于××××年××月××日以自诉人×××犯××罪提起反诉。本院受理后,依法组成合议庭(或者实行独任审判),公开(或者不公开)开庭进行了合并审理。自诉人(反诉被告人)×××及其诉讼代理人(辩护人)×××、被告人(反诉自诉人)×××及其辩护人(诉讼代理人)×××等到庭参加诉讼。现已审理终结。

自诉人×××诉称……(概述自诉人指控被告人犯罪的事实、证据和诉讼请求)

被告人×××辩称……(概述被告人对自诉人的指控予以供述、辩解、自行辩护的意见和有关证据)辩护人×××提出的辩护意见是……(概述辩护人的辩护意见和有关证据)

反诉自诉人×××诉称……(概述反诉自诉人指控反诉被告人犯罪的事实、证据和诉讼请求)

反诉被告人×××辩称……(概述反诉被告人对反诉自诉人的指控予以供述、辩解、自行辩护的意见和有关证据)辩护人×××提出的辩护意见是……(概述辩护人的辩护意见和有关证据)

经审理查明……(首先写明经法庭审理查明的事实,包括由此造成被害人经济损失的事实;其次写明据以定案的证据及其来源;最后对控辩双方有异议的事实、证据进行分析、认证)

本院认为……（写明根据查证属实的事实、证据和法律规定，论证自诉人、反诉自诉人的指控是否成立，被告人或者反诉被告人或者双方的行为是否构成犯罪，犯的什么罪，应当如何处罚。对于控辩双方关于适用法律方面的意见，应当有分析地表示是否予以采纳，并阐明理由）依照……（写明判决的法律依据）的规定，判决如下：

……［写明判决结果。分四种情况：

第一，被告人构成犯罪，反诉被告人无罪的，表述为："一、被告人×××犯××罪……（写明判决结果）（刑期从判决执行之日起计算。判决执行以前先行羁押的，羁押一日折抵刑期一日，即自××××年××月××日起至××××年××月××日止）二、反诉被告人×××无罪。"

第二，被告人无罪，反诉被告人构成犯罪的，表述为："一、被告人×××无罪；二、反诉被告人×××犯××罪……（写明判决结果）（刑期从判决执行之日起计算。判决执行以前先行羁押的，羁押一日折抵刑期一日，即自××××年××月××日起至××××年××月××日止）"

第三，双方都构成犯罪的，表述为："一、被告人×××犯××罪……（写明判决结果）（刑期从判决执行之日起计算。判决执行以前先行羁押的，羁押一日折抵刑期一日，即自××××年××月××日起至××××年××月××日止）二、反诉被告人×××犯××罪……（写明判决结果）（刑期从判决执行之日起计算。判决执行以前先行羁押的，羁押一日折抵刑期一日，即自××××年××月××日起至××××年××月××日止）"

第四，双方都不构成犯罪的，表述为："一、被告人×××无罪；二、反诉被告人×××无罪。"］

如不服本判决，可在接到判决书的第二日起十日内，通过本院或者直接向××人民法院提出上诉。书面上诉的，应当提交上诉状正本一份，副本×份。

审判长：×××
审判员：×××
审判员：×××
××××年××月××日
（院印）
书记员：×××

二、第二审刑事判决书

第二审人民法院，依照《刑事诉讼法》规定的第二审程序，全面审理当事人或人民检察院对第一审尚未发生法律效力的刑事判决所提出的上诉或抗诉案件，重新审理后所作出的书面结论，称为第二审刑事判决书。

我国《刑事诉讼法》第233条规定："第二审人民法院应当就第一审判决认定的事实和适用法律进行全面审查，不受上诉或者抗诉范围的限制。共同犯罪的案件只有部分被告人上诉的，应当对全案进行审查，一并处理。"

格式、内容和写法与第一审刑事判决书基本相同。

(一) 第二审刑事判决书书写方法

1. 首部

(1) 标题。写:"××人民法院刑事判决书",右下方写:"(××××)×刑终字第×号"。案号用"刑终"字,说明在第二审人民法院适用第二审程序作出的是终审,即发生法律效力的判决。

(2) 抗诉机关和上诉人的称谓及身份事项。应视具体情况来写。

① 公诉案件的写法

被告人提出上诉而检察机关未抗诉的,写:"原公诉机关××人民检察院。上诉人(原审被告人)……"

检察机关提出抗诉而原审被告人未上诉的,写:"抗诉机关××人民检察院。原审被告人……"

被告人提出上诉而检察机关抗诉的,写:"抗诉机关××人民检察院。上诉人(原审被告人)……"

② 自诉案件的写法

自诉人提出上诉的,写:"上诉人(原审自诉人)……原审被告人……"

被告人提出上诉的,写:"上诉人(原审被告人)……原审自诉人……"

自诉人和被告人都提出上诉的,写:"上诉人(原审自诉人)……上诉人(原审被告人)……"

③ 共同犯罪案件的数个被告人中,有的上诉,有的不上诉,写:"上诉人(原审被告人)……原审被告人……"

(3) 辩护人、委托代理人的基本情况。

(4) 案由部分。包括罪名、案件来源(上诉或抗诉)、原判情况、上诉或抗诉原因,以及审判组织和审判方式等。

按照《人民法院诉讼文书样式、制作与范例》的要求,新的诉讼文书格式对原格式的修改主要为以下三点:① 将"××人民法院审理被告人……(写明姓名和案由)一案"一句,修改为"××人民法院审理××人民检察院指控原审被告人×××犯××罪一案",突出了控辩式审理的特点。② 检察人员出庭"支持公诉",修改为"履行职务",突出了二审有别于一审的特点。③ 将未开庭的情形如何表述的内容予以删去,这样,使样式更加符合《刑事诉讼法》第234条第1款第1项关于"第二审人民法院对于上诉案件,应当组成合议庭,开庭审理"和最高人民法院于1999年3月8日发布的《关于严格执行公开审判制度的若干规定》的基本要求;对于实践中依照《刑事诉讼法》第234条第2款可以"不开庭审理"的文字表述,则在样式"说明"中加以具体阐述。

案由部分的写法,因案情不同有所差异,只要把案由部分应包括的内容简要地表述清楚即可。

2. 事实

按照《人民法院诉讼文书样式、制作与范例》的要求,第二审刑事判决书的事实部分要分四个自然段写明以下事实:第一,概述原判决认定的事实、证据、理由和判决的结果;第二,写明上诉(或者抗诉)的主要理由和辩护的主要意见;第三,概述人民检察院在二审中提出的新的意见;第四,写明二审审理查明的事实和证据。

根据不同的情况,对事实的叙述主要有三种写法:

(1)上诉或者抗诉对原审认定事实无异议,第二审经过审理也认为原审认定事实无误的,可以用综合归纳方法对第二审重新认定的事实进行概述。

(2)上诉或者抗诉认为原审认定事实有部分不符合的,二审应当就没有争议的事实略述,对有争议的事实详述,并针对上诉或者抗诉提出肯定或否定这些事实的根据和理由。

(3)上诉或者抗诉对原审认定事实全部否认的,应当针对上诉或者抗诉的主要理由,用二审查证属实的证据材料,逐一写明案件事实,提出肯定或否定原判决事实的根据和理由。

3. 理由

二审判决应对原判决是否正确、上诉或者抗诉是否合理进行分析、论证:认为上诉或者抗诉有理的应支持,列明理由如何;认为原判决正确的应维持,不正确的应纠正,并指出错误或者不当之处,实事求是地作出令人信服的结论。

(1)对于原判决认定事实没有错误,但适用法律确有错误或者量刑不当,上诉或者抗诉有理的,应当依法写明原判决的不当之处及改判的理由。

(2)对于原判决认定事实不清或者证据不足,上诉或者抗诉有理的,应写明原判决哪些事实不清(是部分还是全部)、证据不足,以及改判的根据和理由。

(3)对于原判决认定事实和适用法律均不当的,则应充分说明否定原判决的根据和理由。改判的案件,除应阐明改判的根据和理由外,还要写明改判所依据的法律条文,即分别用《刑事诉讼法》和《刑法》的有关条文,作为改判的法律依据;在顺序上,要先引用程序法,再引用实体法。

总之,针对性强,有的放矢,是第二审刑事判决书的特点,即应重点针对一审判决在认定事实或者适用法律上的错误,以及上诉、抗诉的意见和理由,进行充分论证。同时,应注意避免文字上不必要的重复。

4. 判决结果

根据二审查明的事实、认定的根据以及适用的法律,对原判决认定事实没有错误,但适用法律有误或量刑不当的,应当改判。原判决事实不清楚或者证据不足的,可以在查清事实的基础上改判;也可以裁定撤销原判,发回原审法院重新审判。原判决认定事实、性质和适用法律均不当,原审被告人无罪的,应当撤销原判,宣告上诉人无罪。

5. 尾部

写:"本判决为终审判决。"审判长、审判员署名。写明判决决定的日期。书记员加盖核对印章并署名。

(二)格式

××人民法院
刑事判决书

(××××)×刑终字第×号

原公诉机关:××人民检察院。

上诉人(原审被告人)……(写明姓名、性别、出生年月日、民族、出生地、文化程度、职业或工作单位和职务、住址和因本案所受强制措施情况等,现羁押处所)

辩护人……(写明姓名、工作单位和职务)

××人民法院审理××人民检察院指控原审被告人×××犯××罪,于××××年××月××日作出(××××)×刑初字第×号刑事判决。原审被告人×××不服,提出上诉。本院依法组成合议庭,公开(或者不公开)开庭审理了本案。××人民检察院指派检察员×××出庭履行职务。上诉人(原审被告人)×××及其辩护人×××等到庭参加诉讼。现已审理终结。

……(首先概述原判决认定的事实、证据、理由和判处结果;其次概述上诉、辩护的意见;最后概述人民检察院在二审中提出的新意见)

经审理查明……(首先写明经二审审理查明的事实;其次写明二审据以定案的证据;最后针对上诉理由中与原判决认定的事实、证据有异议的问题进行分析、认证)

本院认为……(根据二审查明的事实、证据和有关法律规定,论证原审法院判决认定的事实、证据和适用法律是否正确。对于上诉人、辩护人或者出庭履行职务的检察人员等在适用法律、定性处理方面的意见,应当有分析地表示是否予以采纳,并阐明理由)

依照……(写明判决的法律依据)的规定,判决如下:

……[写明判决结果。分两种情况:

第一,全部改判的,表述为:"一、撤销××人民法院(××××)×刑初字第×号刑事判决;二、上诉人(原审被告人)×××……(写明改判的具体内容)(刑期从判决执行之日起计算。判决执行以前先行羁押的,羁押一日折抵刑期一日,即自××××年××月××日起至××××年××月××日止)"

第二,部分改判的,表述为:"一、维持××人民法院(××××)×刑初字第××号刑事判决第×项,即……(写明维持的具体内容)二、撤销××人民法院(××××)×刑初字第××号刑事判决的第×项,即……(写明撤销的具体内容)三、上诉人(原审被告人)×××……(写明部分改判的具体内容)(刑期从判决执行之日起计算。判决执行以前先行羁押的,羁押一日折抵刑期一日,即自××××年××月××日起至××××年××月××日止)"]

本判决为终审判决。

审判长:×××

审判员:×××

审判员:×××

××××年××月××日

(院印)

书记员:×××

三、第一审民事判决书

人民法院对于所受理的民事案件,按照《民事诉讼法》规定的第一审程序,就实体问题作出的书面处理决定,称为第一审民事判决书。

一审民事判决书是民事判决书的一种。它是一审人民法院行使审判权,通过审判方式,依法为解决具体的民事权利、义务的争议所作出的书面决定。它的根本目的在于处理各类民事、经济纠纷,调整国家、集体、个人之间的种种民事关系,从而保护当事人的合法权益。一审民事判决书所依据的有关实体法是《民法典》《著作权法》《海商法》等。

按照我国《民事诉讼法》第152条的规定,民事判决书应当写明:(1)案由、诉讼请求、争议的事实和理由;(2)判决认定的事实和理由、适用的法律和理由;(3)判决结果和诉讼费用的负担;(4)上诉期间和上诉法院。最后,判决书由审判人员、书记员署名,加盖人民法院印章。

(一)第一审民事判决书书写方法

1. 标题

标题为××人民法院民事判决书,在右下方为编号(××××)×民初字第×号。标题和刑事判决书一样分成两行,第一行写法院全称,第二行写民事判决书,在民事判决书之前不标明审级,如第一审民事判决书。

2. 正文部分

正文包括首部、事实、理由、判决依据、判决结果、尾部。具体如下:

(1)首部

首部应依次写明诉讼参加人及其基本情况、案件由来、审判组织和开庭审理经过等,以体现审判程序的合法性。

① 诉讼参加人的身份事项。这部分要依次写明全案的诉讼参加人及其在本案中的诉讼地位。被告提出反诉的案件,可在本诉称谓后用括号注明其反诉称谓,以表明各当事人在反诉中的诉讼地位,如"原告(反诉被告)"。

在一审民事判决书中,当事人的基本情况应按原告、被告、第三人的顺序列写。

当事人是自然人的,写明其姓名、性别、出生年月日、民族、职业或工作单位和职务、住址。住址应写明其住所地,住所地与经常居住地不一致的,写经常居住地。

当事人是法人的,写明法人名称和所在地址,并另起一行写明法定代表人的姓名和职务。当事人是不具备法人条件的组织或起字号的个人合伙的,写明其名称或字号和所在地址,并另起一行写明代表人的姓名、性别和职务。当事人是个体工商户的,写明业主的姓名、性别、出生年月日、民族、住址;起有字号的,在其姓名之后用括号注明"系……(字号)业主"。

② 诉讼代理人身份事项。有法定代理人或指定代理人的,应列项写明其姓名、性别、职业或工作单位和职务、住址,并在姓名后括注其与当事人的关系。

有委托代理人的,应列项写明其姓名、性别、职业或工作单位和职务、住址。如果委托代理人系当事人的近亲属,还应在姓名后括注其与当事人的关系。如果委托代理人系律师,只写明其姓名、工作单位和职务。

③ 案由部分。包括案件来源、审判组织和审判方式、参加者等。可按下列方法表述:

原告×××(姓名)诉被告×××(姓名)××(案由)一案,本院受理后,依法组成合议庭(或依法由审判员×××独任审判),公开(或不公开)开庭进行了审理。……(写明本案当事人及其诉讼代理人等)到庭参加诉讼。本案现已审理终结。

(2) 事实

事实包括两大部分。

① 当事人的诉讼请求、争议的事实和理由。具体包括原告要求解决什么争议、如何解决、事实和理由;被告的意见和看法、事实和理由、各自的证据。行文上采用"原告称"和"被告辩称"。民事判决书中写明争议事实情况和理由,既尊重了双方当事人的合法诉讼权利,又起到了概述双方意见、明确焦点的作用,便于法院有针对性地写明法院认定的事实和证据。

② 人民法院认定的事实和证据。主要包括:第一,当事人之间的法律关系、纠纷发生的时间和地点、法律关系的内容;第二,产生纠纷的原因、经过、情节和结果。叙述的方法一般应按事件发展的时间顺序,客观、全面、真实地把案情写清楚,同时抓住重点,详述主要情节和因果关系。

证据的写法有两种:一是在叙述纠纷的过程中一并分析列举。二是在叙述事实之后单独分段列举证据。叙述事实和证据时,要保守国家机密,保护当事人名誉。

(3) 理由

这部分是判决的依据,包括两个方面的内容。

① 判决的理由。根据法院认定的事实和证据,阐明法院的观点,对当事人双方的意见,正确的予以支持,错误的不予支持。说理要有针对性,针对当事人争执的诉讼请求,摆事实,讲道理,分清是非责任。说理要充分、严谨,做到以理服人。

② 判决所依据的法律。即判决所依据的实体法条文,在引用时要准确、全面、具体。

(4) 判决依据

判决依据是人民法院作出判决所依据的法律条文。

人民法院在审判案件中,凡是有法可依的,如《民法典》《商标法》《专利法》《著作权法》《海商法》和其他民事、经济法规,都必须准确地引用有关的法律条文。

同时适用法律要注意以下三个问题:

① 对有关法律条文要有正确的理解,防止错引和漏引。

② 要按条、款、项、目的顺序来引用,即条下为款,款下为项,项下为目。如果某一条文下面没有分款,而是直接分列几项的,就不要加"第一款",只写"第×条第×项"即可。

③ 凡条文分条、款、项或条、项的,引用时应具体写明第几条第几款第几项(或者第几条第几项),而不要笼统地写第几条。例如,《婚姻法》第32条共有4款;第1款是处理离婚案件的程序规定,第2款至第4款是处理离婚案件离与不离的法律依据。因此,不论判决准予离婚还是不准离婚,都应具体引用第32条第2款、第3款或者第4款。现

在,不少离婚案件的判决书都笼统地引用《婚姻法》第32条,这是不正确的。

(5) 判决结果

这部分内容是人民法院依据查明的事实、证据以及有关法律规定,对案件所作的处理决定。判决结果要求做到明确、具体、完整。

(6) 尾部

尾部应写明诉讼费用的负担,当事人的上诉权利、上诉期间和上诉法院名称等告知事项。

3. 落款

落款应当包括署名和日期等。

(1) 署名

诉讼文书应当由参加审判案件的合议庭组成人员或者独任审判员署名。

合议庭的审判长,不论审判职务,均署名为"审判长";合议庭成员有审判员的,署名为"审判员";有助理审判员的,署名为"代理审判员";有陪审员的,署名为"人民陪审员"。独任审理的,署名为"审判员"或者"代理审判员"。书记员,署名为"书记员"。

(2) 日期

裁判文书落款日期为作出裁判的日期,即裁判文书的签发日期。当庭宣判的,应当写明宣判的日期。

(3) 核对戳

本部分加盖"本件与原本核对无异"字样的印戳。

(二) 格式

××人民法院
民事判决书

(××××)×民初字第×号

原告……(写明姓名或名称等基本情况)

法定代表人(或代表人)……(写明姓名和职务)

法定代理人(或指定代理人)……(写明姓名或名称等基本情况)

委托代理人……(写明姓名等基本情况)

被告……(写明姓名或名称等基本情况)

法定代表人(或代表人)……(写明姓名和职务)

法定代理人(或指定代理人)……(写明姓名等基本情况)

第三人……(写明姓名或名称等基本情况)

法定代表人(或代表人)……(写明姓名和职务)

法定代理人(或指定代理人)……(写明姓名等基本情况)

委托代理人……(写明姓名等基本情况)

……(写明当事人的姓名或名称和案由)一案,本院受理后,依法组成合议庭(或依法由审判员×××独任审判),公开(或不公开)开庭进行了审理。……(写明本案当事人及其诉讼代理人等)到庭参加诉讼。本案现已审理终结。

原告×××诉称……(概述原告提出的具体诉讼请求和所根据的事实与理由)

被告×××辩称……(概述被告答辩的主要内容)

第三人×××述称……(概述第三人的主要意见)

经审理查明……(写明法院认定的事实和证据)

本院认为……(写明判决的理由)依照……(写明判决所依据的法律条款项)的规定,判决如下:

……(写明判决结果)

……(写明诉讼费用的负担)

如不服本判决,可在判决书送达之日起十五日内,向本院递交上诉状,并按对方当事人的人数提交副本,上诉于××人民法院。

审判长:×××
审判员:×××
审判员:×××
××××年××月××日
(院印)
书记员:×××

四、第二审民事判决书

第二审人民法院对当事人不服第一审人民法院的判决而提起上诉的案件,依照《民事诉讼法》规定的第二审程序,审理终结后就实体问题所作的书面处理决定,是二审民事判决书,也是终审民事判决书。

我国《民事诉讼法》第164条第1款规定:"当事人不服地方人民法院第一审判决的,有权在判决书送达之日起十五日内向上一级人民法院提起上诉。"上诉是当事人的诉讼权利。第二审人民法院通过对案件的审理,依法对原判决进行监督,保护当事人的合法权益,保障法律的正确贯彻执行。

(一)第二审民事判决书书写方法

1. 标题

标题及编号与一审民事判决书写法相同。只是编号中带有上诉审程序的代号,即(××××)×民终字第×号。

2. 正文

(1)首部

第一,当事人的基本情况。上诉案件当事人的称谓,应写"上诉人""被上诉人",并用括号注明其在原审中的诉讼地位。原审有第三人的,除提出上诉的人应写"上诉人"

外,其他人仍写"第三人"。双方当事人、第三人都提起上诉的,可并列为"上诉人"。

必要共同诉讼中一人或者部分人提出上诉的,按下列情况处理:

① 该上诉是对对方当事人之间权利义务分担有意见,不涉及其他共同诉讼人利益的,对方当事人为被上诉人,未上诉的同一方当事人依原审诉讼地位列明;

② 该上诉仅对共同诉讼人之间权利义务分担有意见,不涉及对方当事人利益的,未上诉的同一方当事人为被上诉人,对方当事人依原审诉讼地位列明;

③ 该上诉对双方当事人之间以及共同诉讼人之间权利义务承担均有意见的,未提出上诉的其他当事人均为被上诉人。

无民事行为能力人或限制民事行为能力人的法定代理人或指定代理人,代为当事人提起上诉的,仍应将无民事行为能力人或限制民事行为能力人列为"上诉人"。上诉案件当事人有诉讼代理人的,应分别在该当事人项下另起一行列项书写。

第二,案由、审判组织和审判方式。

开庭审理的,可写:"上诉人×××(姓名)因××(案由)一案,不服××人民法院(××××)×民初字第×号民事判决,向本院提起上诉。本院依法组成合议庭,公开(或不公开)开庭审理了本案。……(写明当事人及其诉讼代理人等)到庭参加诉讼。本案现已审理终结。"

未开庭审理的,可写:"上诉人×××(姓名)因××(案由)一案,不服××人民法院(××××)×民初字第×号民事判决,向本院提起上诉。本院依法组成合议庭审理了本案。现已审理终结。"

(2) 事实

判决书的事实,是二审作出实体处理,即维持原判或者改判的依据。因此,书写时,要体现出上诉审的特点,主要是针对上诉人提出的问题进行重点叙述,并运用相应的证据材料进行分析。要交代清楚有关民事法律关系的诸要素,注意详略得当。一般可分为四种情况:

① 原判决认定的事实清楚,上诉人也无异议的,可以简叙;

② 原判决认定的主要事实或者部分事实有错误的,对改判认定的事实要详述,并运用证据指出原判决认定事实的不当之处;

③ 原判决认定的事实有遗漏的,应补充叙述;

④ 原判决认定的事实没有错误,但上诉人提出异议的,应把有异议的部分叙述清楚,并有针对性地列举相关的证据证明。

(3) 理由

判决书的理由,要有针对性和说服力,防止照抄原判决理由,或者公式化的几句套话。要围绕原判决是否正确、上诉是否有理进行评论。原判决正确,上诉无理的,要指出上诉理由的不当之处;原判决不当,上诉有理的,要阐明原判决错在哪里,上诉理由符合哪项法律规定,改判的理由是什么;原判决部分正确,或者上诉部分有理的,则要具体阐明原判决和上诉意见分别对在哪里,错在哪里,应当怎样正确判决等。

理由部分的内容较多的,可以分层次、分标题进行论证。适用法律条款项要准确、完整、具体。驳回上诉、维持原判的,只需引用《民事诉讼法》第170条第1款第1项;全部改判或者部分改判的,除首先引用《民事诉讼法》的有关条款项外,还应引用改判所依据的实体法的有关条款项。

(4) 判决结果

具体写法有四种:

① 维持原判的,写:"驳回上诉,维持原判"

② 全部改判的,写:"一、撤销××人民法院(××××)×民初字第××号民事判决;二、……(写明改判的内容,内容多的,可分项书写)"

③ 部分改判的,写:"一、维持××人民法院(××××)×民初字第×××号民事判决的第×项,即……(写明维持的具体内容)二、撤销××人民法院(××××)×民初字第××号民事判决的第×项,即……(写明撤销的具体内容)三、……(写明部分改判的内容,内容多的可分项书写)"

④ 维持原判,有加判内容的,写:"一、维持××人民法院(××××)×民初字第××号民事判决;二、……(写明加判的内容)"

3. 尾部

写明诉讼费用的负担情况;写明"本判决为终审判决";合议庭组成人员和书记员署名,注明年月日。

(二) 格式

××人民法院
民事判决书

(××××)×民终字第×号

上诉人(原审×告)……(写明姓名或名称等基本情况)

被上诉人(原审×告)……(写明姓名或名称等基本情况)

第三人……(写明姓名或名称等基本情况)

(当事人及其他诉讼参加人列项和基本情况的写法,除双方当事人的称谓外,与一审民事判决书样式相同)

上诉人×××因××(案由)一案,不服××人民法院(××××)×民初字第×号民事判决,向本院提起上诉。本院依法组成合议庭,公开(或不公开)开庭审理了本案。……(写明当事人及其诉讼代理人等)到庭参加诉讼。本案现已审理终结。(未开庭的,写:"本院依法组成合议庭审理了本案,现已审理终结。")

……(概括写明原审认定的事实和判决结果,简述上诉人提起上诉的请求和主要理由,被上诉人的主要答辩,以及第三人的意见)

经审理查明……(写明二审认定的事实和证据)

本院认为……(根据二审查明的事实,针对上诉请求和理由,就原判决认定事实和适用法律是否正确,上诉理由能否成立,上诉请求是否应予支持,以及被上诉人的答辩

是否有理等,进行有分析的评论,阐明维持原判或者改判的理由)依照……(写明判决所依据的法律条款项)的规定,判决如下:

……[写明判决结果。分四种情况:

第一,维持原判的,写:"驳回上诉,维持原判。"

第二,全部改判的,写:"一、撤销××人民法院(××××)×民初字第××号民事判决;二、……(写明改判的内容,内容多的可分项书写)"

第三,部分改判的,写:"一、维持××人民法院(××××)×民初字第××号民事判决的第×项,即……(写明维持的具体内容)二、撤销××人民法院(××××)×民初字第××号民事判决的第×项,即……(写明撤销的具体内容)三、……(写明部分改判的内容,内容多的可分项书写)"

第四,维持原判,又有加判内容的,写:"一、维持××人民法院(××××)×民初字第××号民事判决;二、……(写明加判的内容)"]

……(写明诉讼费用的负担情况)

本判决为终审判决。

审判长:×××
审判员:×××
审判员:×××
××××年××月××日
(院印)
书记员:×××

五、第一审行政判决书

第一审行政判决书,是第一审法院按照行政诉讼法规定的程序,对于审理终结的第一审行政诉讼案件,依照法律和行政法规、地方性法规,以及参照有关行政规章,就案件的实体问题作出处理的书面决定。

人民法院通过对行政案件的审理,依法对国家行政机关的具体行政行为是否公正、合法作出正确的判决,可以及时解决民与官的纠纷,有力地监督制约行政机关的行政工作,这对于调整、稳定行政法律关系,保障行政机关依法行政,切实维护当事人的合法权益具有重要作用。

(一)第一审行政判决书书写方法

一审行政判决书由首部、事实、理由、判决结果和尾部五部分组成。

1. 首部

(1)标题和编号。标题写明人民法院名称和文书种类,分两行写。在标题右下方写明案件编号。如:"(××××)×行初字第×号"。

(2)案件当事人及诉讼代理人的基本情况。原告是公民的,写明姓名、性别、出生年月日、民族、职业或者工作单位和职务、住址。原告是法人或其他组织的,写明法人或其他组织的名称和所在地址;另起一行写明该单位法定代表人或代表人姓名、职务等。如果原告是没有诉讼行为能力的公民,除应写明原告本人的基本情况外,还应另起一行写明其法定代理人或指定代理人的姓名、性别、职业或工作单位和职务、住址,及其与被代理人的关系。有委托代理人的,应另起一行写明委托代理人的基本情况。

行政诉讼中的被告应写明被诉的行政机关名称、所在地址;另起一行写明该机关的法定代表人的姓名和职务;再另起一行写明其委托代理人的姓名、性别、职业或工作单位和职务,委托代理人是律师的,只写明姓名和××律师事务所律师。

有两个以上的共同原告或被告的,则应在判决书中依次写明。判决书中第三人基本情况的写法与原告基本情况的写法相同。

(3)案由部分。包括案件由来、审判组织、审判方式和开庭审理过程。具体写法为:"原告×××不服××(行政机关名称)××××年××月××日〔××××〕×字第×号××处罚决定(或复议决定,或其他具体行政行为),向本院提起诉讼。本院于××××年××月××日受理后,依法组成合议庭,公开(或不公开)开庭审理了本案。……(写明到庭的当事人、代理人等)到庭参加诉讼。本案现已审理终结。"

有的当事人经两次合法传唤拒不到庭的,则应写明:"×告×××经本院两次传唤,无正当理由拒不到庭。"

2. 事实

包括行政当事人争议的事实和人民法院认定的事实两个方面。

(1)本案当事人争议的事实。应概括写明行政机关所作的具体行政行为,简述原告诉称的事实和被告辩称的事实。有第三人参加诉讼的,则应简述第三人的意见。

(2)人民法院认定的事实。应写明人民法院经审理查明的事实。在行政诉讼案件中,被告对作出的具体行政行为负有举证责任,应当提供作出该具体行为的证据和所依据的规范性文件。对本案当事人向法庭提供的若干证据,合议庭经依法审查,应当将本案的定案证据从当事人提交的证据中凸显出来,表述清楚,据以证明已经发生的客观存在的案件事实的关键部分。

3. 理由

包括判决的理由和判决所依据的法律、法规条款。

(1)判决的理由。要根据查明的事实和有关法律、法规的规定及法学原理,针对行政诉讼的特点,就行政机关所作的具体行政行为是否合法、原告的诉讼请求是否有理进行分析论证,阐明法院的观点。说理要有针对性,要合乎逻辑。

(2)判决所依据的法律、法规条款。我国《行政诉讼法》第63条规定:"人民法院审理行政案件,以法律和行政法规、地方性法规为依据。地方性法规适用于本行政区域内发生的行政案件。人民法院审理民族自治地方的行政案件,并以该民族自治地方的自治条例和单行条例为依据。人民法院审理行政案件,参照规章。"

4. 判决结果

即判决的主文。是人民法院对案件当事人之间的行政争议作出的处理结论。

(1) 维持具体行政行为的,表述为:"维持××(行政主体名称)××××年××月××日〔××××〕×字第×号处罚决定(复议决定或者其他具体行政行为)。"

(2) 撤销具体行政行为的,表述为:"一、撤销××(行政主体名称)××××年××月××日〔××××〕×字第×号处罚决定(复议决定或者其他具体行政行为);二、……(写明判决被告重新作出具体行政行为的内容。如不需要重新作出具体行政行为的,此项不写)"

(3) 部分撤销具体行政行为的,表述为:"一、维持××(行政主体名称)××××年××月××日〔××××〕×字第×号处罚决定(复议决定或者其他具体行政行为)的第×项,即……(写明维持的具体内容)二、撤销××(行政主体名称)××××年××月××日〔××××〕×字第×号处罚决定(复议决定或者其他具体行政行为)的第×项,即……(写明撤销的具体内容)三、……(撤销部分,写明判决被告重新作出具体行政行为的内容。如不需要重新作出具体行政行为的,此项不写)"

(4) 判决在一定期限内履行法定职责的,表述为:"责成××(行政主体名称)……(写明履行法定职责的内容和期限)"

(5) 判决变更显失公正的行政处罚的,表述为:"变更××(行政主体名称)××××年××月××日〔××××〕×字第×号处罚决定(或复议决定),改为……(写明变更后的处罚内容)"

(6) 单独判决行政赔偿的,表述为:"被告××赔偿原告×××……(写明赔偿的金额、交付的时间,或者返还原物、恢复原状等)"

5. 尾部

依次写明诉讼费用的负担,交代上诉权、上诉期限和上诉法院,合议庭成员署名、判决日期和书记员署名等。

根据我国《行政诉讼法》第68条的规定,行政案件的审理,实行的是合议制,不存在独任审判。

(二) 格式

1. 一审作为类行政案件

××人民法院
行政判决书

(××××)×行初字第×号

原告……(写明姓名或名称等基本情况)

法定代表人……(写明姓名、性别和职务)

委托代理人(或指定代理人、法定代理人)……(写明姓名等基本情况)

被告……(写明行政主体名称和所在地址)

法定代表人……(写明姓名、性别和职务)

委托代理人……(写明姓名等基本情况)

第三人……(写明姓名或名称等基本情况)

法定代表人……(写明姓名、性别和职务)

委托代理人(或指定代理人、法定代理人)……(写明姓名等基本情况)

原告×××不服××(行政主体名称)……(具体行政行为),于××××年××月××日向本院提起行政诉讼。本院于××××年××月××日受理后,于××××年××月××日向被告送达了起诉状副本及应诉通知书。本院依法组成合议庭,于××××年××月××日公开(或不公开)开庭审理了本案。……(写明到庭参加庭审活动的当事人、诉讼代理人、证人、鉴定人、勘验人和翻译人员等)到庭参加诉讼。……(写明发生的其他重要程序活动,如被批准延长本案审理期限等情况)本案现已审理终结。

被告××(写明作出具体行政行为的行政程序)于××××年××月××日对原告×××作出〔××××〕×字第×号处罚决定(或其他名称)……(详细写明被诉具体行政行为认定的事实、适用的法律规范和处理的内容)被告于××××年××月××日向本院提供了作出被诉具体行政行为的证据、依据(若有经法院批准延期提供证据的情况,应当予以说明):1.……(证据的名称及内容等)证明……(写明证据的证明目的。可以按被告举证顺序,归类概括证明目的)2.……(可以根据案情,从法定职权、执法程序、认定事实、适用法律等方面,分类列举有关证据和依据;或者综合列举证据,略写无争议部分)

原告×××诉称……(概括写明原告的诉讼请求及理由、原告提供的证据)

被告××辩称……(概括写明被告答辩的主要理由和要求)

第三人×××述称……(概括写明第三人的主要意见、第三人提供的证据)

本院依法(或依原告、第三人的申请)调取了以下证据……

经庭审质证(或交换证据),本院对以下证据作如下确认……

经审理查明……(经审理查明的案件事实内容)

本院认为……(运用行政实体及程序法律规范,对具体行政行为的合法性进行分析论证,对各方当事人的诉讼理由逐一分析,论证是否成立,表明是否予以支持或采纳,并说明理由)依照……(写明判决依据的行政诉讼法以及相关司法解释的条款项目)之规定,判决如下:……〔写明判决结果。分以下九种情况:

第一,维持被诉具体行政行为的,写:"维持××(行政主体名称)××××年××月××日作出的〔××××〕×字第×号……(具体行政行为名称)"

第二,撤销被诉具体行政行为的,写:"一、撤销××(行政主体名称)××××年××月××日作出的〔××××〕×字第×号……(具体行政行为名称)二、责令××(行政主体名称)在×日内重新作出具体行政行为(不需要重作的,此项不写;不宜限定期限的,期限不写)。"

第三,部分撤销被诉具体行政行为的,写:"一、维持××(行政主体名称)××××年××月××日作出的〔××××〕×字第×号……(具体行政行为名称)的第×项,即……(写明维持的具体内容)二、撤销××(行政主体名称)××××年××月××日〔×

×××]×字第×号……(具体行政行为名称)的第×项,即……(写明撤销的具体内容)

三、责令××(行政主体名称)在×日内重新作出具体行政行为(不需要重作的,此项不写;不宜限定期限的,期限不写)。"

第四,判决变更行政处罚的,写:"变更××(行政主体名称)××××年××月××日作出的〔××××〕×字第×号行政处罚决定(或行政复议决定、属行政处罚等性质的其他具体行政行为),改为……(写明变更内容)"

第五,驳回原告诉讼请求的,写:"驳回原告×××要求撤销(或变更、确认违法等)(行政主体名称)××××年××月××日作出的〔××××〕×字第×号……(具体行政行为名称)的诉讼请求。"

第六,确认被诉具体行政行为合法或有效的,写:"确认××(行政主体名称)××××年××月××日作出的〔××××〕×字第×号……(具体行政行为名称)合法(或有效)。"

第七,确认被诉具体行政行为违法(或无效)的,写:"一、确认××(行政主体名称)××××年××月××日作出的〔××××〕×字第×号……(具体行政行为名称)违法(或无效)。二、责令××(行政主体名称)在×日内……(写明采取的补救措施。不需要采取补救措施的,此项不写)"

第八,驳回原告赔偿请求的,写:"驳回原告×××关于……(赔偿请求事项)的赔偿请求。"

第九,判决被告予以赔偿的,写:"××(行政主体名称)于本判决生效之日起×日内赔偿原告……(写明赔偿的金额)"〕

……(写明诉讼费用的负担)

如不服本判决,可在判决书送达之日起十五日内提起上诉,向本院递交上诉状,并按对方当事人的人数递交上诉状副本,上诉于××人民法院。

审判长:×××
审判员:×××
审判员:×××
××××年××月××日
(院印)
书记员:×××

附录:……(根据案件需要,可以通过附录形式载明判决书中的有关内容)

2. 一审不作为类行政案件

××人民法院
行政判决书

(××××)×行初字第×号

原告……(写明姓名或名称等基本情况)

法定代表人……(写明姓名、性别和职务)

委托代理人(或指定代理人、法定代理人)……(写明姓名等基本情况)

被告……(写明行政主体名称和所在地址)

法定代表人……(写明姓名、性别和职务)

委托代理人……(写明姓名等基本情况)

第三人……(写明姓名或名称等基本情况)

法定代表人……(写明姓名、性别和职务)

委托代理人(或指定代理人、法定代理人)……(写明姓名等基本情况)

原告×××因要求××(行政主体名称)履行法定职责(或者其他行政义务),于××××年××月××日向本院提起行政诉讼。本院于××××年××月××日受理后,于××××年××月××日向被告送达了起诉状副本及应诉通知书。本院依法组成合议庭,于××××年××月××日公开(或不公开)开庭审理了本案。……(写明到庭的当事人、诉讼代理人、证人、鉴定人、勘验人和翻译人员等)到庭参加诉讼。……(写明发生的其他重要程序活动,如被批准延长本案审理期限等情况)

原告×××于××××年××月××日向被告××提出……申请。被告在原告起诉之前未作出处理决定。

原告×××诉称……(概括写明原告的诉讼请求及理由、原告提供的证据)

被告××辩称……(概括写明被告答辩的主要理由和要求)

第三人×××述称……(概括写明第三人的主要意见、第三人提供的证据)

本院依法(或依原告、第三人的申请)调取了以下证据……

经庭审质证(或交换证据),本院对以下证据作如下确认……

经审理查明……(经审理查明的案件事实内容)

本院认为:(1. 写明应当适用的法律规范,并根据案情对法律、司法解释、行政法规、地方性法规及合法有效的规章等作必要诠释。2. 可根据案情分析被告是否具有法定职权,是否存在拖延履行、不予答复等情况。3. 分析原告申请的理由是否成立,确认原告的诉讼请求是否符合法定条件,阐明是否予以支持的理由。4. 分析确认原告合法权益是否受到侵害,与行政机关不作为有无因果关系)依照……(写明判决依据的行政诉讼法以及相关司法解释的条、款、项、目)之规定,判决如下:

……[(写明判决结果),分五种情况:

第一,驳回原告诉讼请求的,写:"驳回原告×××关于……(具体行政行为)的诉讼请求。"

第二,判决被告履行法定职责的,写:"责令被告××(行政主体名称)……(写明被告应当在一定期限内履行法定职责,因特殊情况难于确定期限的,可不写履行期限)"

第三,判决确认被告不履行法定职责行为违法的,写:"确认被告××(行政主体名称)……(不履行法定职责的行为)违法。"

第四,驳回原告赔偿请求的,写:"驳回原告×××关于……(赔偿请求事项)的赔偿请求。"

第五,判决被告予以赔偿的,写:"被告××(行政机关名称)于本判决生效之日起×日内赔偿原告×××……(写明赔偿的金额)"]

……(写明诉讼费用的负担情况)

如不服本判决,可在判决书送达之日起十五日内提起上诉,向本院递交上诉状,并按对方当事人的人数递交上诉状副本,上诉于××人民法院。

审判长:×××
审判员:×××
审判员:×××
××××年××月××日
(院印)
书记员:×××

附录:……(根据案件需要,可以通过附录形式载明判决书中的有关内容)

3. 一审行政赔偿案件

××人民法院
行政赔偿判决书

(××××)×行初字第×号

原告……(写明姓名或名称等基本情况)

法定代表人……(写明姓名、性别和职务)

委托代理人(或指定代理人、法定代理人)……(写明姓名等基本情况)

被告……(写明行政主体名称和所在地址)

法定代表人……(写明姓名、性别和职务)

委托代理人……(写明姓名等基本情况)

第三人……(写明姓名或名称等基本情况)

法定代表人……(写明姓名、性别和职务)

委托代理人(或指定代理人、法定代理人)……(写明姓名等基本情况)

原告×××不服××(行政主体名称)作出的行政赔偿处理决定,于××××年××月××日向本院提起行政赔偿诉讼。[被告不作行政赔偿的案件写:原告×××于××××年××月××日向××(行政主体名称)提出行政赔偿申请,被告未给予答复(含未给予实质性答复),原告于××××年××月××日向本院提起行政赔偿诉讼]本院于××××年××月××日受理后,于××××年××月××日向被告送达了起诉状副本及应诉通知书。因×××与本案被诉具体行政行为有法律上的利害关系,本院依法通知其为第三人参加诉讼。(公民、法人或者其他组织申请作为第三人参加诉讼的写:"因×××与本案被诉行政行为或者事实行政行为有法律上的利害关系,经申请,本院依法准许其为第三人参加诉讼。")本院依法组成合议庭,于××××年××月××日公开(或不公开)开庭审理了本案(不公开开庭的,写明原因)。……(写明到庭参加庭审活动的当事人、诉讼代理人、证人、鉴定人、勘验人和翻译人员等)到庭参加诉讼。……(写明发生的其他重要程序活动,如被批准延长本案审理期限等情况)。本案现已审理终结。

原告×××诉称……(概括写明原告提出的主要事实、理由及赔偿诉讼请求)

被告××辩称……(概括写明被告答辩的主要理由和要求)(如被告未提交答辩状的,写:"被告未提交答辩状,但在庭审中辩称……")

第三人×××述称……(概括写明第三人的主要意见,第三人提供的证据)

原告就赔偿请求提供了以下证据……(概括证据名称、内容及证明目的)经质证,被告认为……(写明被告异议的理由,如无异议,应予说明)原告则认为……(辩驳理由)

被告就答辩内容提供了以下证据……(证据的名称、内容及证明目的)经质证,原告认为……被告则认为……(辩驳理由)

本院依法(或依原告、第三人的申请)调取了以下证据……

经庭审质证,本院对证据作如下确认……

本院根据以上有效证据及当事人的质证意见认定以下事实……(写明有效证据所证明的事实)

本院认为……(1. 对未经确定的事实行政行为,应根据被告的举证确定该行为是否存在;对已经确认违法的具体行政行为和事实行政行为,无须分析论证;2. 论证原告的合法权益是否被侵害、被侵害的程度和后果及其与被诉行政行为的因果关系,是否应予赔偿;3. 论证各方当事人的诉讼理由是否成立,表明是否予以支持或采纳,并说明理由)。依照……(写明判决依据的行政诉讼法、国家赔偿法以及相关司法解释的条款项目)之规定,判决如下……[写明判决结果。分两种情况:

第一,驳回原告赔偿请求的,写:"驳回原告×××关于……(赔偿请求事项)的赔偿请求。"

第二,判决被告予以赔偿的,写:"被告××(行政主体名称)于本判决生效之日起×日内赔偿原告×××……(写明赔偿的金额)"]

如不服本判决,可在判决书送达之日起十五日内提起上诉,向本院递交上诉状,并按对方当事人的人数递交上诉状副本,上诉于××人民法院。

审判长:×××
审判员:×××
审判员:×××
××××年××月××日
(院印)
书记员:×××

附录:……(根据案件需要,可以通过附录形式载明判决书中的有关内容)

六、第二审行政判决书

第二审行政判决书,是指第二审人民法院依照我国行政诉讼法规定的第二审程序,对不服第一审判决提起上诉的行政案件审理终结后,就实体问题依法作出的维持原判或者改判的书面决定。

我国《行政诉讼法》第 85 条规定,"当事人不服人民法院第一审判决的,有权在判决书送达之日起十五日内向上一级人民法院提起上诉。"第二审人民法院对上诉案件的审理,必须全面审查第一审人民法院认定的事实是否清楚,适用法律、法规是否正确,有无违反法定程序,不受上诉范围的限制。第二审人民法院依照第二审程序审理行政案件所作的判决,是终审的判决。

(一)第二审行政判决书书写方法

第二审行政判决书由首部、事实、理由、判决结果和尾部五部分构成。

1. 首部

(1)标题和文书编号。标题、文书编号的写法同第二审民事判决书,只是将"民"字改为"行"字。

(2)当事人及其他诉讼参加人的身份事项。除当事人的称谓外,列项和基本情况与第一审行政判决书相同。

(3)案由、审判组织、审判方式。根据《行政诉讼法》第 86 条的规定,人民法院对上诉案件认为事实清楚的,也可以进行书面审理。因此,第二审程序的审理方式有开庭审理和书面审理两种。具体写为:"上诉人×××因××(案由)一案,不服××人民法院(××××)×行初字第×号行政判决,向本院提起上诉。本院依法组成合议庭,公开(或不公开)开庭审理了本案。……(写明到庭的当事人、诉讼代理人等)到庭参加诉讼。本案现已审理终结。(未开庭的,写'本院依法组成合议庭,对本案进行了审理,现已审理终结。')"

2. 事实

第二审行政判决书的事实部分,由两个方面的内容构成:

(1)上诉争议的内容。概括写明原审认定的事实和判决的结果、上诉人的上诉请求及其主要理由、被上诉人的主要答辩。

(2)二审查明认定的事实和证据。要根据不同类型的案件来写。原判决事实清楚,上诉人亦无异议的,只需简要地确认原判决认定的事实即可;原判决认定的事实清楚,但上诉人提出异议的,应对有异议的问题进行重点叙述,表明是否确认;原判决认定的事实不清、证据不足,经二审查清事实后改判的,应具体叙述查明的事实和有关证据,予以澄清。

3. 理由

第二审行政判决书的理由部分,应针对上诉请求和理由,就原判决认定的事实是否清楚、适用法律法规是否正确、有无违反法定程序、上诉理由是否成立、上诉请求是否被采纳、被上诉人的答辩是否有理等进行分析论证,阐明维持原判或者撤销原判予以改判的理由。然后写二审判决所依据的法律条款。应分别引用《行政诉讼法》第 89 条第 1、2、3 项的规定。其中,全部改判或者部分改判的,除先引用行政诉讼法的有关条款外,还应同时引用改判所依据的实体法的有关条款。

4. 判决结果

《行政诉讼法》第 89 条规定,人民法院审理上诉案件,按照下列情形,分别处理:(1)原判决认定事实清楚,适用法律、法规正确的,判决驳回上诉,维持原判决;(2)原判决认定事实错误或者适用法律、法规错误的,依法改判、撤销或者变更;(3)原判决认定基本事实不清、证据不足的,发回原审人民法院重审,或者查清事实后改判;(4)原判决遗漏当事人或者违法缺席判决等严重违反法定程序的,裁定撤销原判决,发回原审人民法院重审。最高人民法院在《关于贯彻执行〈中华人民共和国行政诉讼法〉若干问题的意见(试行)》中规定,第二审人民法院审理上诉案件时,需要改判时,应当撤诉、部分撤销一审判决,并依法判决维持、撤销或者变更被诉的具体行政行为。

第二审行政判决书应根据上述规定,作出相应的二审判决结果。具体分以下四种情况写明判决结果。

第一,维持原判的,写:"驳回上诉,维持原判。"

第二,对原判决部分维持、部分撤销的,写:"一、维持××人民法院(××××)×行初字第×号行政判决第×项,即……(写明维持的具体内容)二、撤销××人民法院(××××)×行初字第×号行政判决第×项,即……(写明撤销的具体内容)三、……(写明对撤销部分作出改判的内容。无须作出改判的,此项不写)"

第三,撤销原判决,维持行政机关的具体行政行为的,写:"一、撤销××人民法院(××××)×行初字第×号行政判决;二、维持××(行政主体名称)××××年××月××日〔××××〕×字第×号行政处罚决定(行政复议决定或者其他具体行政行为)。"

第四,撤销原判决,同时撤销或者变更行政机关的具体行政行为的,写:"一、撤销××人民法院(××××)×行初字第×号行政判决;二、撤销(或者变更)××(行政主体名称)××××年××月××日〔××××〕×字第×号处罚决定(行政复议决定或者其他具体行政行为);三、……(写明二审法院改判结果的内容。无须作出改判的,此项不写)"

5. 尾部

在判决结果之后写明诉讼费用的负担。对全部改判或部分改判而变更原审诉讼费用负担的,写明原审诉讼费用由谁负担或者双方如何分担;对依照《诉讼费用交纳办法》第 9 条规定,需要交纳案件受理费的,同时写明一、二审及再审诉讼费用由谁负担或者双方如何分担。对驳回再审申请,但依照《诉讼费用交纳办法》第 9 条规定需要交纳案件受理费的,写明再审诉讼费用的负担。

最后写:"本判决为终审判决。"

合议庭组成人员署名,书记员署名,注明年月日并加盖院印。

(二)格式

××人民法院
行政判决书

(××××)×行终字第×号

上诉人(原审××)……(写明姓名或名称等基本情况)

被上诉人(原审××)……(写明姓名或名称等基本情况)

(当事人及其他诉讼参加人的列项和基本情况的写法,除当事人的称谓外,与一审行政判决书样式相同)

上诉人×××因××(案由)一案,不服××人民法院(××××)×行初字第×号行政判决,向本院提起上诉。本院依法组成合议庭,公开(或不公开)开庭审理了本案。……(写明到庭的当事人、诉讼代理人等)到庭参加诉讼。本案现已审理终结。(未开庭的,写:"本院依法组成合议庭,对本案进行了审理,现已审理终结。")

……(概括写明原审认定的事实和判决结果,简述上诉人的上诉请求及其主要理由和被上诉人的主要答辩的内容)

经审理查明……(写明二审认定的事实和证据)

本院认为……(针对上诉请求和理由,就原判决认定的事实是否清楚、适用法律法规是否正确、有无违反法定程序、上诉理由是否成立、上诉请求是否应予支持,以及被上诉人的答辩是否有理等进行分析论证,阐明维持原判或者撤销原判予以改判的理由)依照……(写明判决所依据的法律条款项)的规定,判决如下:

……[写明判决结果。分四种情况:

第一,维持原判决的,写:"驳回上诉,维持原判。"

第二,对原判决部分维持、部分撤销的,写:"一、维持××人民法院(××××)×行初字第×号行政判决第×项,即……(写明维持的具体内容)二、撤销××人民法院(××××)×行初字第×号行政判决第×项,即……(写明撤销的具体内容)三、……(写明对撤销部分作出的改判内容。如无须作出改判的,此项不写)"

第三,撤销原判决,维持具体行政行为的,写:"一、撤销××人民法院(××××)×行初字第×号行政判决;二、维持××(行政主体名称)××××年××月××日〔××××〕×字第×号行政处罚决定(行政复议决定或其他具体行政行为)。"

第四,撤销原判决,同时撤销或变更具体行政行为的,写:"一、撤销××人民法院(××××)×行初字第×号行政判决;二、撤销(或变更)×××(行政主体名称)××××年××月××日〔××××〕×字第×号行政处罚决定(行政复议决定或其他具体行政行为);三、……(写明二审法院改判结果的内容。如无须作出改判的,此项不写)"]

......(写明诉讼费用的负担)

本判决为终审判决。

          审判长:×××
          审判员:×××
          审判员:×××
          ××××年××月××日
           (院印)
          书记员:×××

第六章 刑事诉讼模拟审判

第一节 刑事诉讼庭审流程与实训要求

一、刑事诉讼庭审流程

(一)庭审准备

为保证法庭审判的顺利进行,开庭审理前,人民法院应完成下列工作并记录在案:

(1)确定审判长及合议庭组成人员。

(2)开庭十日前将起诉书副本送达被告人、辩护人。

(3)通知当事人、法定代理人、辩护人、诉讼代理人在开庭五日前提供证人、鉴定人名单,以及拟当庭出示的证据;申请证人、鉴定人、有专门知识的人出庭的,应当列明有关人员的姓名、性别、年龄、职业、住址、联系方式。

(4)开庭三日前将开庭的时间、地点通知人民检察院。

(5)开庭三日前将传唤当事人的传票和通知辩护人、诉讼代理人、法定代理人、证人、鉴定人等出庭的通知书送达;通知有关人员出庭,也可以采取电话、短信、传真、电子邮件等能够确认对方收悉的方式。

(6)公开审理的案件,在开庭三日前公布案由、被告人姓名、开庭时间和地点。

(7)案件具有下列情形之一的,审判人员可以召开庭前会议:

① 当事人及其辩护人、诉讼代理人申请排除非法证据的;

② 证据材料较多、案情重大复杂的;

③ 社会影响重大的;

④ 需要召开庭前会议的其他情形。

召开庭前会议,根据案件情况,可以通知被告人参加。

召开庭前会议,审判人员可以就下列问题向控辩双方了解情况,听取意见:

① 是否对案件管辖有异议;

② 是否申请有关人员回避;

③ 是否申请调取侦查、审查起诉期间公安机关、人民检察院收集但未随案移送的证明被告人无罪或者罪轻的证据材料;

④ 是否提供新的证据;

⑤ 是否对出庭证人、鉴定人、有专门知识的人的名单有异议;

⑥ 是否申请排除非法证据;

⑦ 是否申请不公开审理;
⑧ 与审判相关的其他问题。

审判人员可以询问控辩双方对证据材料有无异议,对有异议的证据,应当在庭审时重点调查;无异议的,庭审时举证、质证可以简化。被害人或者其法定代理人、近亲属提起附带民事诉讼的,可以调解。庭前会议情况应制作笔录。

(8) 开庭审理前,合议庭可以拟出法庭审理提纲,提纲一般包括下列内容:
① 合议庭成员在庭审中的分工;
② 起诉书指控的犯罪事实的重点和认定案件性质的要点;
③ 讯问被告人时需了解的案情要点;
④ 出庭的证人、鉴定人、有专门知识的人、侦查人员的名单;
⑤ 控辩双方申请当庭出示的证据的目录;
⑥ 庭审中可能出现的问题及应对措施。

(9) 其他必要的准备工作。

(10) 正式开庭审理当日:
① 速录员检查法庭设施是否齐备,摆放是否规范。
② 书记员查明当事人及其他诉讼参与人是否到庭。注意认真查看开庭传票,出庭通知书和身份证明后通知其入庭。如有证人出庭,需告知证人的权利义务,让其在如实作证的保证书上签字后,安排其在庭外等候传唤。

(二) 开庭

1. 诉讼参与人入庭

书记员:"请大家安静。请公诉人、辩护人、代理人入庭。"

公诉人、辩护人、代理人入庭就坐。

2. 书记员宣布法庭纪律

书记员:"现在宣布法庭纪律:依照《中华人民共和国人民法院法庭规则》第九条、第十七条、第十九条之规定,当事人及旁听人员必须遵守下列纪律。当事人和其他诉讼参与人必须听从审判长或者独任法官的统一指挥,遵守法庭秩序,发言、陈述和辩论须经审判长或者独任审判员许可。未经法庭许可,不得记录、录音、摄像和摄影。不得随意走动和进入审判区。不得鼓掌、喧哗、哄闹和实施其他妨害审判的行为。不得随意发言、提问。不得随意吸烟和随地吐痰。关闭移动电话和传呼机。如对法庭审判活动有意见,可在庭后以书面形式提出。如违反法庭纪律,人民法院可以予以训诫、责令退出法庭、罚款和拘留。对严重扰乱法庭纪律的,依法追究刑事责任。"

3. 法官入庭,书记员报告庭审前准备情况

书记员:"全体起立。请审判长、审判员(人民陪审员)入庭。"

审判长、审判员入座。

审判长:"谢谢书记员,全体坐下。"

书记员:"报告审判长:被告人已提押到候审室,公诉人、当事人、辩护人及有关诉讼参与人已全部到庭。庭前准备工作就绪,报告完毕。可以开庭。"

4. 核对确认被告人身份

审判长:"现在开庭,传被告人×××到庭。"

审判长:"首先核对被告人身份,由被告人向法庭报告你的姓名、性别、年龄、出生年月日、民族、籍贯、文化程度、工作单位、职务及家庭住址(或报告单位名称、住所地、法定代表人姓名)。"

被告人:……(按要求如实报告)

审判长:"被告人×××,你被采取强制措施(刑事拘留、逮捕、取保候审)的时间?收到起诉书副本的时间?收到附带民事起诉书的时间?"

被告人:……(按要求如实报告)

如有多名被告人,须依次核对。

5. 宣布开庭,介绍审判人员和其他诉讼参与人

审判长:"××市××区人民法院刑事审判庭今天开庭,依法对××市××区人民检察院提起公诉的×××(被告人)××(案由)一案进行公开审理,并于开庭前依法进行了公告。"

如案件涉及个人隐私或国家机密不公开审理的,应予宣布。

审判长:"因涉及国家机密(个人隐私或商业秘密),根据《中华人民共和国刑事诉讼法》第一百八十八条第一款的规定,本案不公开审理。"

如案件涉及未成年人犯罪不公开审理的,应予宣布。

审判长:"因涉及未成年人犯罪,根据《中华人民共和国刑事诉讼法》第二百八十五条的规定,本案不公开审理。"

审判长:"本合议庭由审判员×××担任审判长,与审判员×××、审判员×××共同组成。书记员×××担任法庭记录。经本院依法通知,××市××区人民检察院×××检察员、×××代理检察员出庭支持公诉。被害人×××(或法定代理人×××、附带民事诉讼的原告人×××及其代理人×××)到庭参加诉讼。受被告人及其亲属的委托,××律师事务所律师×××出庭为被告人×××进行辩护。"

如被告人未委托辩护人依法须指定辩护人的,应予宣布。

审判长:"接受本院指定,××市法律援助中心律师×××出庭为被告人进行辩护。"

6. 告知诉讼权利义务,征询申请回避意见

审判长:"根据《中华人民共和国刑事诉讼法》第二十九条、第三十三条、第三十四条、第三十五条、第三十六条、第四十五条、第四十六条、第一百九十一条、第一百九十二条、第一百九十四条、第一百九十七条、第一百九十八条的规定,当事人在诉讼中享有以下权利:

(1) 被告人除委托辩护人进行辩护外,有自行辩护的权利;

(2) 被害人、被告人有提出证据、申请新的证人到庭、调取新的证据、重新鉴定和勘验的权利;

(3) 在法庭质证阶段经审判长许可,被害人、被告人可以向证人、鉴定人发问;

(4) 经审判长许可,可以对证人和案件情况发表意见,并且可以相互辩论;被告人在法庭辩论结束后,有作最后陈述的权利;

(5) 如认为审判人员、检察人员和书记员与本案有利害关系,可能影响本案的公正处理,可以申请上列人员回避。"

审判长询问被害人、被告人等是否申请回避。

审判长:"被害人×××(或代理人×××、附带民事诉讼原告人×××)是否申请回避?"

被害人:"不申请/申请(并说明理由)。"

审判长:"被告人×××是否申请回避?"

被告:"不申请/申请(并说明理由)。"

(三) 法庭调查

1. 宣布法庭调查

审判长:"现在开始法庭调查。在法庭调查过程中,控辩双方当事人的讯问和发问,应当遵循以下原则:

(1) 讯问和发问的内容应当与案件事实相关;

(2) 禁止提出具有提示性或者诱导性倾向的问题;

(3) 不得威胁当事人;

(4) 不得损害当事人的人格尊严。"

2. 当事人陈述

审判长(或审判长指定的主审法官主持法庭调查):"下面,由公诉人宣读起诉书。"

公诉人宣读起诉书。

审判长:"被告人×××,宣读内容是否与收到的一致?"

被告人:"一致/不一致(并说明理由)。"

被害人(或法定代理人)就起诉书指控的犯罪事实进行陈述。

（如有附带民事诉讼，可宣读附带民事诉讼状，也可在刑事部分审理后对民事部分进行审理时宣读）

在审判长的主持下，公诉人、被害人（或法定代理人）、辩护人就案件事实、情节，依次对被告人讯问和发问。必要时，合议庭成员可以对被告人发问。

如有多名被告人，审判人员令其他被告人退庭候审。

询问被告人甲："起诉书中指控事实是否存在？指控罪名是否成立？是否自愿认罪？"

被告人甲：……（对起诉书指控的犯罪事实进行陈述）

被告人甲退庭候审，传被告人乙到庭进行同样程序，逐个进行完毕后传所有被告人到庭。

在法庭调查过程中，辩护律师应该认真听取对被告人的讯问、发问，做好发问准备。公诉人向被告人提出威逼性、诱导性或与本案无关问题的，辩护律师有权提出反对意见。法庭驳回反对意见的，应尊重法庭决定。

3. 当事人当庭举证、质证

我国刑事诉讼中的质证，是指在法庭调查过程中，控辩双方在审判长的主持下围绕所举证据的本身属性进行审查、质疑、说明、解释、咨询、辩驳等，审查证据的真实性、关联性和合法性，以确立证据的证明效力或否定证据部分或全部的证明效力，从而对法官判案形成影响的一种诉讼活动。赋予被告人在法庭上向对方证人质证的权利，是国际普遍承认的一项保护公民合法权利的司法原则。联合国《公民权利与政治权利国际公约》规定：任何人"在法庭上有权在同等条件下询问对他不利和有利的证人"，即被告人有权在法庭上对证明其实施犯罪行为的人提出质疑和询问，对对方提出的证据质证。控辩双方从各自立场和视角，依法行使质证权，对对方提供的证据提出质疑，为法庭正确判断证据的效力提供参考。

审判长："由公诉人针对起诉书指控的犯罪事实向法庭提供相关证据。"（征询被告人和辩护人的意见）

公诉人：……（就起诉书指控的犯罪事实向法庭提供证据）

审判长："被害人（或法定代理人）是否有证据向法庭提供？"（如有证据提供，应征询公诉人、被告人及其辩护人的意见）

被害人：……（质证意见）

审判长："被告人及其辩护人是否有证据向法庭提供？"（如有证据提供，应征询公诉人、被害人或代理人的意见）

被告人：……（质证意见）

辩护人：……（质证意见）

质证、认证应依照庭审证据规则进行。在质证过程中，审判人员可以询问当事人或向其他诉讼参与人发问。

公诉人、当事人或者辩护人、诉讼代理人对证人证言有异议，且该证人证言对案件定罪量刑有重大影响,人民法院认为证人有必要出庭作证的,证人应当出庭作证。例如人民警察就其执行职务时目击的犯罪情况,应作为证人出庭作证。

经人民法院通知,证人没有正当理由不出庭作证的,人民法院可以强制其到庭,但是被告人的配偶、父母、子女除外。

证人没有正当理由拒绝出庭或者出庭后拒绝作证的,予以训诫,情节严重的,经院长批准,处以十日以下的拘留。被处罚人对拘留决定不服的,可以向上一级人民法院申请复议。复议期间不停止执行。

证人作证,审判人员应当告知证人要如实地提供证言和有意作伪证或者隐匿罪证要负的法律责任。公诉人、当事人和辩护人、诉讼代理人经审判长许可,可以对证人、鉴定人发问。审判长认为发问的内容与案件无关的时候,应当制止。

对于控诉方出示的证据目录以外的证据,辩护律师有权建议法庭不予采信或要求延期审理。通知鉴定人出庭接受质证,也可以申请人民法院补充鉴定或者重新鉴定。经人民法院通知,鉴定人拒不出庭作证的,鉴定意见不得作为定案的根据。

法庭审理过程中,合议庭对证据有疑问的,可以宣布休庭,对证据进行调查核实。

审判长:"经合议庭研究认为,本案事实已经调查清楚。现在,法庭事实调查结束,下面进行法庭辩论。"

(四)法庭辩论

法庭辩论开始,审判长:"通过法庭事实调查和当庭举证和质证,本案的争议焦点是……各方可以围绕争议焦点就全案事实、证据、法律适用等问题进行辩论。"

辩论应依照以下顺序进行:
(1)公诉人发表意见;
(2)被害人(或法定代理人)发表意见;
(3)被告人自行辩护;
(4)辩护人发表意见;
(5)相互辩论。

法庭辩论结束,审判长:"经合议庭研究,控辩双方的意见以及相互辩论的焦点均已明确,法庭已经记录在案。如有新的辩论意见,可自休庭后提交法庭。现在,法庭辩论结束。"

(五)当事人最后陈述

审判长:"被告人,你可以向法庭作最后陈述。"
被告人:……(最后陈述)

(六)附带民事调解

审判长:"依据《中华人民共和国民事诉讼法》第九条、第九十三条的规定,人民法院在审理民事案件时,应当遵循自愿和合法的原则进行调解。附带民事诉讼原告是否愿意在本院主持下与被告调解?"

附带民事诉讼原告:"愿意/不愿意。"

注意把握:

(1) 如当事人愿意调解,应征询调解方案;

(2) 如当事人愿意调解,但不能立即提出调解方案,可在休庭后继续调解或择日调解;

(3) 如一方当事人不同意调解,可按程序继续审理。

(七) 评议与宣判

1. 休庭与评议

审判长:"现在休庭。本合议庭将在已查明的事实、证据的基础上,充分考虑各方的意见和有关法律规定进行评议。评议后进行宣判。"

合议庭进行评议的时候,如果意见分歧,应当按多数人的意见作出决定,但是少数人的意见应当写入笔录。评议笔录由合议庭的组成人员签名。

2. 入庭与宣判

审判长:"现在继续开庭。经合议庭评议(并提交审判委员会讨论决定),已经作出判决。现在进行宣判。"

全体起立。

审判长或主审法官宣读判决主文。

审判长:"请坐下。"

审判长:"被告人×××,刚才对你进行了口头宣判,判决书将在五日内给你送达。如不服判决,可在接到判决书的第二日起十日内,通过本院或者直接向××市中级人民法院提出上诉。"

如需定期宣判,审判长:"今天开庭到此结束。本合议庭休庭后将在已查明的事实、证据的基础上,充分考虑各方的意见和有关法律规定进行评议。宣判日期另定。"

当庭宣告判决的,应当在五日内将判决书送达当事人和提起公诉的人民检察院;定期宣告判决的,应当在宣告后立即将判决书送达当事人和提起公诉的人民检察院。判决书应当同时送达辩护人、诉讼代理人。

(八) 宣布休庭/闭庭

审判长:"现在休庭/闭庭。被告人(当事人)庭下阅读笔录,其他人员退庭。"

(九) 审阅笔录

法庭审判的全部活动,应当由书记员写成笔录,经审判长审阅后,由审判长和书记员签名。法庭笔录中的证人证言部分,应当当庭宣读或者交给证人阅读。证人在确认没有错误后,应当签名或者盖章。法庭笔录应当交给当事人阅读或者向他宣读。当事人认为记载有遗漏或者差错的,可以请求补充或者改正。当事人确认没有错误后,应当签名或者盖章。

二、刑事诉讼模拟案件的训练要求

第一,角色分配。对于刑事诉讼类案件,教师可先行准备好案例,根据案件情况并结合学生人数情况,将学生分成审判组、控方组、辩方组和其他诉讼参与人组等,确定扮演审判长、审判员(人民陪审员)、书记员、公诉人、被告人、辩护人、证人、鉴定人、法警等人选。在这个过程中,教师应加强组织和指导,必要时可以邀请有审判实践经验的法官进行指导,增强真实性。

(1)审判长与审判员(人民陪审员):熟悉庭审流程与规范,平衡控、辩双方在庭审中的地位与作用,积极引导举证与质证,及时归纳和总结案件争议焦点,有效掌控法庭辩论的方向与节奏;

(2)公诉人:结合案件证据材料,根据《刑法》和《刑事诉讼法》的相关规定,拟定本案的刑事起诉书,根据我国法律的规定及本案的证据材料拟定公诉词;

(3)辩护人:根据法律的规定以及本案的证据材料的具体情况,拟定辩护律师调查、收集证据的计划,拟定本案的辩护词;

(4)被告人、被害人:熟悉案情,掌握证据情况,全面翔实地完成自述。

第二,在阅读、分析全部案件材料的基础上,由学生自行查找与本案相关的法律规范和法学理论知识以及人民法院对类似案例已有的判决书。在研读相关的法律规范、法学原理和判例的基础上,明确本案中的案件性质,确定应当适用的实体法律规范。

第三,要求控辩双方进行充分的准备,对实体法和程序法内容都有透彻的了解,并查阅、收集相关的法律法规,分析与案件相关的证据材料,按照刑事诉讼法的要求,准备相关的诉讼文件。训练学生针对案情和证据材料分析案情、寻找案件主要争议焦点、查询法律规范、分析法律规范、适用法律规范的能力。

第四,最终通过模拟法庭抗辩与审判,教师观察学生的语言、流程规范性与庭审组织能力等,予以指导与点评。

第二节 刑事诉讼一审案例

✦ 刑事诉讼一审案例 1:夏×危险驾驶案

一、示范案例

(一)基本案情

2013年12月14日20时30分左右,被告人夏×驾驶大众牌小客车(车牌号:×K6958×)由南向北行至海清路7.5公里处时,与被害人董×1驾驶的拖拉机(车牌号:×NJ010200×)发生追尾事故,致使被告人夏×、拖拉机驾驶人董×1、拖拉机乘坐人董

×2受伤,双方车辆不同程度损坏。经北京市公安局交警大队对被告人夏×进行抽血式酒精检验,其血液中酒精含量为182.2mg/100ml,为醉酒驾驶车辆。经××市××新区公安局××分局物证鉴定所对被害人伤情进行法医鉴定,被害人董×2双踝关节的损伤程度为轻微伤,被害人董×1头部损伤程度为轻微伤。该起交通事故经北京市公安局清河分局交警大队认定,被告人夏×负此次事故的全部责任。2014年1月27日,被告人夏×与被害人董×1、董×2达成和解协议,被告人夏×一次性赔偿人民币7万元。

(二)主要证据材料

证据1:

询 问 笔 录

时间:2014年1月7日18时09分至2014年1月7日19时30分
地点:北京市公安局清河分局交警大队事故调处室
询问/讯问人(签名):×××、×××
工作单位:北京市公安局清河分局交警大队
记录人(签名):×××
工作单位:北京市公安局清河分局交警大队
被询问/讯问人(签名):董×1
性别:男 年龄:36 出生日期:1978年××月××日
身份证件种类及号码:居民身份证……
□是☑否 人大代表
现住址:……
联系方式:……
户籍所在地:……
(口头传唤/被扭送/自动投案的被询问人讯问人___月___日___时___分到达,___月___日___时___分离开,本人签名)

问:我们是北京市公安局清河分局交警大队的警员(出示证件),现依法向你询问关于2013年12月14日晚交通事故一案的有关问题,请你如实回答。对本案无关的问题,你有拒绝回答的权利。你听清楚了没有?
答:听清楚了。
问:你是何身份?
答:我是受害人,我叫董×1。
问:关于2013年12月14日晚交通事故一案你是否清楚记得?
答:记得。
问:回忆一下交通事故的基本情况。
答:2013年12月14日晚8点左右,我开拖拉机带着我父亲董×2回家,在公路上由南向北行驶过程中,车突然跑偏,然后就侧翻了,我和我父亲从车里出来后,我给120

和110打了电话,也给家里人打了电话,后家里来人将我们送到宁河县医院。

问:你所驾驶的拖拉机牌号是什么?

答:×NJ0102004。

证据2:

询 问 笔 录

时间:2014年1月7日18时09分至2014年1月7日19时30分

地点:北京市公安局清河分局交警大队事故调处室

询问/讯问人(签名):×××、×××

工作单位:北京市公安局清河分局交警大队

记录人(签名)×××

工作单位:北京市公安局清河分局交警大队

被询问/讯问人(签名):董×2

性别:男 年龄:52 出生日期:1962年××月××日

身份证件种类及号码:居民身份证……

□是 ☑否 人大代表

现住址:……

联系方式:……

户籍所在地:……

(口头传唤/被扭送/自动投案的被询问人/讯问人___月___日___时___分到达,___月___日___时___分离开,本人签名)

问:我们是北京市公安局清河分局交警大队的警员(出示证件),现依法向你询问关于2013年12月14日晚交通事故一案的有关问题,请你如实回答。对本案无关的问题,你有拒绝回答的权利。你听清楚了没有?

答:听清楚了。

问:你是何身份?

答:我是董×1的父亲,我叫董×2。

问:关于2013年12月14日晚交通事故一案你是否清楚记得?

答:记得。

问:回忆一下交通事故的基本情况。

答:2013年12月14日晚8点左右,我儿子董×1开着拖拉机回家,车上就我们两个人。在公路上由南向北行驶过程中,我听见一声响,车一下就翻了,等我从车里出来,看到是一辆小轿车撞的我们。我们就赶紧打了报警电话,跟家里人也联系上了,我们家里人赶来把我们送到宁河县医院。

问:你所乘坐的拖拉机牌号是什么?

答:×NJ0102004。

问:是谁报的警?
答:是我儿子打的报警电话。

证据3:

**北京市公安局清河分局交警大队
道路交通事故认定书**

京公交认字〔2013〕第56×号

交通事故时间:2013年12月14日20时30分许　天气:晴

交通事故地点:至海清路7.5公里处

当事人基本情况:

夏×,男,45岁,身份证号:……北京市丰台区人,驾驶车牌号×K6958×大众牌小客车。车主:夏×,住址:……

董×1,男,36岁,身份证号:……北京市丰台区人,驾驶车牌号×NJ010200×拖拉机。

董×2,男,52岁,身份证号:……北京市丰台区人,乘坐车牌号×NJ010200×拖拉机。

交通事故基本事实:

夏×醉酒驾驶大众牌小客车由南向北行至海清路7.5公里处时,与被害人董×1驾驶的拖拉机发生追尾事故,致使被告人夏×、拖拉机驾驶人董×1、拖拉机乘坐人董×2受伤,双方车辆不同程度损坏。

交通事故形成原因及当事人责任或者意外原因:

夏×驾驶车辆上道路行驶时,其血液中酒精含量为182.2mg/100ml,为醉酒驾驶车辆,导致其没有及时避免事故发生,是造成该事故的唯一原因,具有过错。夏×的行为违反《中华人民共和国道路交通安全法》第九十一条的规定:"醉酒驾驶机动车的,由公安机关交通管理部门约束至酒醒,吊销机动车驾驶证,依法追究刑事责任;五年内不得重新取得机动车驾驶证。"夏×负该事故全部责任。

董×1驾驶拖拉机,属于正常行驶,无任何违规行为;董×2乘坐董×1驾驶的拖拉机,亦无任何违规行为,不具有过错,因此对该事故不负责任。

交通警察(签字):×××
2013年12月24日
(交警大队印章)

接到此认定书后,对交通事故认定有异议的,可在三日内向支队事故处申请复核;对交通事故损害赔偿的争议,当事人可以请求公安机关交通管理部门调解,也可以直接向人民法院提起民事诉讼。交通事故损害赔偿权利人、义务人一致请求公安机关交通管理部门调解损害赔偿的,应在收到交通事故认定书之日起十日内向公安机关交通管理部门提出书面协调申请。

证据4：

现场勘验笔录

勘查号：F1715012346454412××××

现场勘验单位：北京市公安局清河分局交通大队
指派/报告单位：北京市公安局清河分局交通大队
时间：2013 年 12 月 14 日 21 时 30 分
勘验事由：交通事故
现场勘验开始时间：2013 年 12 月 14 日 21 时 30 分
现场勘验结束时间：2013 年 12 月 14 日 22 时 30 分
现场地点：北京市海清路由南向北 7.5 公里处
现场保护情况：
现场保护人：姓名×××　单位：北京市公安局清河分局交通大队
保护措施：□设立警戒带，划定禁行区域/☑专人看护现场，防止他人进入/□被害人自行保护/□其他措施：
现场情况：□原始现场/☑变动现场
变动原因：☑事主进入/□报案人进入/□其他：
天气：□阴/☑晴/□雨/□雪/□雾，温度：6.0℃，湿度：64.0%，风向：北风
现场勘验利用的光线：☑自然光/□灯光/□特种光
现场勘验指挥人：
姓名：×××　单位：北京市公安局清河分局交通大队　职务：队长
现场勘验情况：

一、现场道路状况

现场位于北京市海清路由南向北 7.5 公里处，现场为主干道，四方来车络绎不绝，道路两侧是树荫与绿岛，该路为机、非隔离，中心物体隔离道路，中心隔离水泥墩宽 200cm，高 050cm，上植松树墙，宽 150cm，高 110cm，松树墙中有铁护栏，护栏高 120cm，双向行驶六条车道，其中小型车道宽 340cm，混合车道宽 360cm，大型车道宽 360cm，路面平坦，视线良好。

二、路面痕迹

夏×驾驶大众牌小客车(车牌号：×K6958×)肇事后，头东偏北，尾西偏南，尾部跨在中心隔离带上，该车右前轮、右后轮距由南向北行驶方向的小型道与混合车道分道线分别为 170cm、440cm，右后轮距离由南向北方向标志牌 1020cm，在由北向南行驶的大型车道内，头东偏北、尾西偏南、停有董×1 驾驶的拖拉机(车牌号：×NJ010200×)，拖拉机的前轮、右后轮分别距由北向南行驶方向的大型车道与混合车道分道线 110cm、300cm。在拖拉机北侧，距拖拉机前轮 540cm 处路面上，遗留有血迹，面积为 40cm×10cm，中心距分道线 340cm。在血迹北侧 560cm 处的大型车道内，遗留有拖拉机的左后

轮,轴心距分道线340cm。在拖拉机的北侧混合车道内,距拖拉机左后轮轴心150cm处的路面上,遗留有拖拉机左后轮的挫印条,长500cm,起点距分道线180cm,终点距分道线130cm。在距挫印起点北侧320cm处的混合车道内,路面上遗留有小客车的制动痕,制动印痕呈北偏东向南弧形至道路中心的隔离带边沿,左前轮制动印痕长1860cm,右前轮制动印痕长2410cm,右前轮制动痕起点距分道线200cm,制动印痕终点处的中心隔离带边沿有520cm的撞击痕。撞击痕终点处的小型车道内,遗留有拖拉机的前轮,该轮距中心隔离带180cm。撞击痕终点距隔离带上中心铁护栏断口南侧端510cm。

三、车辆痕迹

夏×驾驶大众牌小客车(车牌号:×K6958×)肇事后,前风挡玻璃破碎,右侧大灯、转向灯、前保险杠被撞变形,由车头右侧大灯内侧边缘至右后门前端撕裂变形,左前轮及右前轮轮胎外裂,轮鼓变形,后保险杠左侧破裂。

董×1驾驶的拖拉机(车牌号:×NJ010200×)事故后,前轮及左后轮被撞脱落,车厢后侧槽板变形,距左侧端点20cm处向内凹陷,右侧槽箱板变形,距后侧端点52cm处向内凹陷。左后大灯脱落,右后车灯线路陈旧痕断开。

四、车辆交通检测

夏×驾驶大众牌小客车(车牌号:×K6958×)于2013年1月14日经北京市车辆管理所人工检测:该车转向系统已无法检验,制动系统工作有效。同一时间对董×1驾驶的拖拉机(车牌号:×NJ010200×)进行人工检测:该拖拉机转向系统、制动系统无法检测。

现场勘验制图 <u>2</u> 张;照相 <u>12</u> 张;录像 <u>0</u> 分钟;录音 <u>0</u> 分钟。
现场勘验记录人员:
笔录人: <u>×××</u>
制图人: <u>×××</u>
照相人: <u>×××</u>
录像人: <u>×××</u>
录音人: <u>×××</u>
现场勘验人员:
本人签名: <u>×××</u>　单位: <u>北京市公安局清河分局交警大队</u>　职务: <u>副大队长</u>
本人签名: <u>×××</u>　单位: <u>北京市公安局清河分局交警大队</u>　职务: <u>警员</u>
本人签名: <u>×××</u>　单位: <u>北京市公安局清河分局交警大队</u>　职务: <u>警员</u>
现场勘验见证人:
本人签名: <u>×××</u>　性别: <u>女</u>　年龄: <u>26</u>　住址: <u>××街</u>
本人签名: <u>×××</u>　性别: <u>男</u>　年龄: <u>19</u>　住址: <u>××街</u>

2013年12月14日

证据 5:

北京市公安交通司法鉴定中心司法鉴定意见书

京公交司鉴字〔2013〕第55××号

一、基本情况

委托人:北京市公安局

委托函号:京公交司鉴聘字〔2013〕0605××号

受理日期:2013年12月20日

委托鉴定事项:血液中乙醇含量鉴定

鉴定材料:

C4-2017-5:编号"CW4346062"、标称"夏×"的血液样本一支(绿盖采血管内约4ml,无凝血)。

鉴定要求:

送检编号"CW4346062"、标称"夏×"血液样本中的乙醇含量。

鉴定日期:2013年12月21日

鉴定地点:北京市公安交通司法鉴定中心

二、检案摘要

据委托人介绍:2013年12月14日20时30分,夏×饮酒后驾驶大众牌小客车(车牌号:×K6958××)由南向北行至海清路7.5公里处时,与董×1驾驶的拖拉机(车牌号:×NJ010200×)发生追尾事故。经北京市公安局清河分局交通大队领导批准,民警将驾驶人夏×带至北京市第五医院抽取血液样本两份,密封冷藏备检。2013年12月20日,我中心接受北京市公安局的委托,对夏×血液样本中的乙醇含量进行鉴定。

三、检验过程

1. 检验用仪器设备:Agilent 7890 GC气相色谱仪,Agilent G1888顶空自动进样器。

2. 色谱条件:色谱柱:Agilent 1909N-213($30m \times 320\mu m \times 0.5\mu m$);柱温:60℃;检测器:火焰离子化检测器(FID);检测器温度:250℃;烘箱温度:65℃;样品平衡时间:10min;样品环温度105℃;传输线温度:110℃。

3. 检验规程及检验过程

3.1 检验规程:参照GA/T 842-2009《血液酒精含量的检测方法》、GA/T 1073-2013《生物样品血液、尿液中乙醇、甲醇、正丙醇、乙醛、丙酮、异丙醇和正丁醇的顶空、气相色谱检验方法》,采用顶空自动进样、叔丁醇内标法测定含量。

3.2 检验过程:精密吸取待测血液0.1ml与浓度为$4.58mg \cdot 100ml^{-1}$的0.5ml叔丁醇内标液于20ml样品瓶内,密封,混合均匀,置G1888A顶空自动进样器测定。记录和打印检材血液的色谱图,计算血中乙醇含量。

样品平行测定两次。

四、分析说明

本检测采用校正曲线,由色谱工作站软件自动计算测定结果。校正曲线方程为:$Y=4.91\times^{-2}X-9.22\times10^{-3}$,$r=0.99996$;线性范围:$0.0\sim400.0\ mg\cdot100ml^{-1}$。采用上述方法测定和计算,结果如下:

第一次测定值为:$183.71\ mg\cdot100ml^{-1}$

第二次测定值为:$180.69\ mg\cdot100ml^{-1}$

平均值为:$182.2\ mg\cdot100ml^{-1}$

五、鉴定意见

送检编号"CW4346062"、标称"夏×"的血液样本中乙醇含量为 $182.2\ mg\cdot100ml^{-1}$。

鉴定人:工程师:×××

执业证号:××××××××

高级工程师:×××

执业证号:××××××××

二〇一三年十二月二十一日

附件:

1. 检材图片(略)
2. 检验图谱(略)

证据 6:

××市××新区公安局××分局物证鉴定所 司法鉴定意见书

××公汉技鉴字〔2014〕第 001 号

一、基本情况

委托人:董×2

委托鉴定事项:董×2 的伤残等级、误工期限、护理期限及营养期限。

受理日期:2014 年 1 月 1 日

鉴定材料:司法鉴定委托表 1 份、道路交通事故认定书 1 页、××市第二附属医院出院记录 1 页、影像片 4 张

鉴定日期:2014 年 1 月 1 日—2014 年 1 月 10 日

鉴定地点:××市××新区公安局××分局物证鉴定所

被鉴定人:董×2,男,52 岁,身份证号:……

二、检案摘要

(一)案情摘要

据送检的鉴定资料记载:2013 年 12 月 14 日,被鉴定人董×2 因交通事故受伤,伤后在××市第二附属医院治疗。

(二)病历摘要

××市第二附属医院出院记录(住院号:15103××02)摘要:

入院诊断:双踝关节挫伤;入院日期:2013年12月15日

出院诊断:双踝关节挫伤;出院日期:2014年1月15日

入院情况:患者因"双脚无法走路"入院。双踝关节挫伤。现患者恢复情况可,予以出院休养。

三、检验过程

(一)文证审查

据对送检的鉴定材料进行文证审查,本案委托主体合法,委托鉴定事项属于本中心司法鉴定业务范围,符合《司法鉴定程序通则》等法律、法规的相关规定;文证材料所记载的内容与其他辅助检查材料能相印证,且与本中心对被鉴定人进行的体格检查情况基本相符。经审查后认为,该送检的鉴定材料可作为鉴定的参照。

(二)检验方法

参照《法医临床检验规范》(SF/Z JD0103003-2011)对被鉴定人董×2进行法医学检验。

四、分析说明

根据送检的鉴定资料记载,被鉴定人董×2于2013年12月14日因交通事故受伤,临床诊断为双踝关节挫伤。

根据送检材料、体格检查所见,被鉴定人董×2双踝关节挫伤,经治疗后目前一般情况可。按照《道路交通事故受伤人员伤残评定》(GB18667-2002)4.10.5b.的规定,被鉴定人董×2双踝关节挫伤构成道路交通事故轻微伤。

被鉴定人董×2损伤后,因治疗和康复的需要而无法参加工作,需要休息,存在误工;短期内生活不能完全自理,需要他人帮助,并且需加强营养作为辅助治疗措施,以利于损伤恢复和身体康复。根据原发性损伤状况、治疗及恢复情况等,参照《人身损害误工期、护理期、营养期评定规范》(GA/T1193-2014)等相关规定,被鉴定人董×2的误工期限共计以120日为宜;护理期限共计以60日为宜;营养期限共计以60日为宜。

五、鉴定意见

1. 被鉴定人董×2双踝关节挫伤构成道路交通事故轻微伤。

2. 被鉴定人董×2的误工期限共计以120日为宜;护理期限共计以60日为宜;营养期限共计以60日为宜。

鉴定人:副主任法医师:×××

执业证号:×××××

主任法医师:×××

执业证号:×××××

二〇一四年一月十日

附件:选附被鉴定人董×2照片1张、影像片及其细目照共5张(共1页)(略)

证据 7：

××市××新区公安局××分局物证鉴定所
司法鉴定意见书

××公汉技鉴字〔2014〕第 002 号

一、基本情况

委托人：董×1

委托鉴定事项：董×1 的伤残等级、误工期限、护理期限及营养期限。

受理日期：2014 年 1 月 1 日

鉴定材料：司法鉴定委托表 1 份、道路交通事故认定书 1 页、××市第二附属医院出院记录 1 页、影像片 4 张

鉴定日期：2014 年 1 月 1 日—2014 年 1 月 10 日

鉴定地点：××市××新区公安局××分局物证鉴定所

被鉴定人：董×1，男，36 岁，身份证号：……

二、检案摘要

（一）案情摘要

据送检的鉴定资料记载：2013 年 12 月 14 日，被鉴定人董×1 因交通事故受伤，伤后在××市第二附属医院治疗。

（二）病历摘要

××市第二附属医院出院记录（住院号：15103××03）摘要：

入院诊断：车祸致头部外伤后头痛约 2 小时……患者发生车祸，当时具体情况不详，伤后患者一过性黑蒙，随后感觉头痛不适，并伴有恶心欲吐……头颅CT检查提示脑挫裂伤……初步诊断：重型颅脑外伤。

入院日期：2013 年 12 月 15 日

出院日期：2014 年 1 月 15 日

现患者恢复情况可，予以出院休养。

三、检验过程

（一）文证审查

据对送检的鉴定材料进行文证审查，本案委托主体合法，委托鉴定事项属于本中心司法鉴定业务范围，符合《司法鉴定程序通则》等法律、法规的相关规定；文证材料所记载的内容与其他辅助检查材料能相印证，且与本中心对被鉴定人进行的体格检查情况基本相符。经审查后认为，该送检的鉴定材料可作为鉴定的参照。

（二）检验方法

参照《法医临床检验规范》（SF/Z JD0103003-2011）对被鉴定人董×1 进行法医学检验。

（三）会诊意见

2014年1月4日,对被鉴定人董×1进行体格检查,并聘请司法精神科专家会诊如下:

神清,由家属陪同入室,自主体位,问答切题,检查合作。头颅无畸形,面纹对称,伸舌居中,示齿鼓腮(一)。四肢肌力Ⅴ级,肌张力正常。

精神状态表现意识清楚,情感反应适切,对问题理解,对答切题,无感知觉障碍及思维障碍。对伤前工作、生活情况回忆清楚。目前常头疼,记忆力差,易忘事,易心烦,易为小事发火。结合原发性损伤认定其系颅脑损伤所致日常活动能力部分受限。

（四）阅片所见

2014-01-02 CT片(片号:115077337)示:右侧额叶脑挫裂伤伴血肿。

四、分析说明

根据送检的鉴定资料记载,被鉴定人董×1于2013年12月14日因交通事故受伤,临床诊断为重型颅脑外伤。

根据送检材料、体格检查及阅片所见,并结合司法精神科专家会诊意见,被鉴定人董×1颅脑损伤经治疗后,日常活动能力部分受限。据现有鉴定资料,上述损伤及后果与本次交通事故存在因果关系。按照《道路交通事故受伤人员伤残评定》(GB18667-2002)4.9.1a.的规定,被鉴定人董×1颅脑损伤,日常活动能力部分受限构成道路交通事故轻微伤。

被鉴定人董×1损伤后,因治疗和康复的需要而无法参加工作,需要休息,存在误工;短期内生活不能完全自理,需要他人帮助,并且需加强营养作为辅助治疗措施,以利于损伤恢复和身体康复。根据原发性损伤状况、治疗及恢复情况等,参照《人身损害误工期、护理期、营养期评定规范》(GA/T1193-2014)等相关规定,被鉴定人董×1的误工期限共计以60日为宜;护理期限共计以30日为宜;营养期限共计以30日为宜。

五、鉴定意见

1. 被鉴定人董×1重型颅脑外伤构成道路交通事故轻微伤。

2. 被鉴定人董×1的误工期限共计以60日为宜;护理期限共计以30日为宜;营养期限共计以30日为宜。

鉴定人:×××
执业证号:×××××
鉴定人:×××
执业证号:×××××
鉴定人:×××
执业证号:×××××
二〇一四年一月十日

附件:选附被鉴定人董×1照片1张、影像片及其细目照共5张(共1页)(略)

证据 8：

××市价格认证中心
关于涉案交通工具损坏的价格鉴定结论书

××价鉴〔2014〕09 号

××市××新区公安局：

根据你单位的委托，遵循独立、客观、公正的原则，按照规定的标准、程序和方法，依法对涉案交通工具案发时价值损失进行了鉴定。现将价格鉴定情况综述如下：

一、价格鉴定标的：2013 年 12 月 14 日涉案交通工具，即拖拉机和悬挂犁。

二、价格鉴定目的：为公安机关办理案件提供鉴定标的损坏的价格依据。

三、价格鉴定基准日：以案发时间为基准日。

四、价格定义：价格鉴定结论所指价格是，鉴定标的在鉴定基准日，采用公开市场价值标准确定的市场价格。

五、价格鉴定依据

（一）法律、法规

1.《中华人民共和国价格法》；

2. 国家计划委员会、最高人民法院、最高人民检察院、公安部印发的《扣押、追缴、没收物品估价管理办法》；

3. 其他有关价格鉴定的法律、法规、政策。

（二）委托方提供的资料

1. 价格鉴定委托书；

2. 有关材料复印件。

（三）鉴定方收集的资料

1. 价格鉴证操作规范及常用参数；

2. 市场价格调查情况。

六、价格鉴定方法：现行市价法

七、价格鉴定过程

我中心于 2014 年 1 月 3 日接到你单位委托，要求对涉案交通工具案发时价值损失进行鉴定，价格鉴定以委托方认定的情况及提供的材料作为依据。据材料显示，涉案物品为档数 6/2，发动机型号 hz192，结构重量：300kg 的小型拖拉机一台和 10kg 的铧式犁悬挂犁一台。按照价格鉴证操作规范的规定，通过市场价格调查，运用市场法对其案发时价值进行了鉴定。

八、价格鉴定结论

涉案物品的鉴定价值为 9120 元，大写为人民币玖仟壹佰贰拾元。

九、价格鉴定限定条件

（一）委托方提供的资料客观真实。

(二)价格鉴定标的权属无异议。

十、声明

(一)价格鉴定结论受结论书中已说明的条件限制。

(二)委托方提供资料的真实性由委托方负责。

(三)价格鉴定结论仅对本次委托有效不作他用。未经我中心同意,不得向委托方和有关当事人之外的任何单位和个人提供,结论书的全部或部分内容不得发表于任何公开媒体上。

(四)鉴定机构和鉴定人员与价格鉴定标的没有利害关系,也与有关当事人没有利害关系。

(五)如对价格鉴定结论有异议,可于结论书送达之日起15日内向原价格鉴证机构提出补充鉴证、重新鉴证,也可以向其上一级价格鉴证机构提出重新鉴证或复核裁定。

十一、价格鉴定作业日期:2014年1月3日至5日。

十二、价格鉴定机构

机构名称:××市价格认证中心

机构资质证书:价格鉴证机构资质证×52号

法定代表人签字:×××

十三、价格鉴定人员

姓名:×××

执业资格证书及证号:×××149156

姓名:×××

执业资格证书及证号:×××516266

××市价格认证中心

二〇一四年三月五日

证据 9:

和解协议书

甲方:董×2、董×1

乙方:夏×

2013年12月14日20时30分,夏×醉酒驾驶大众牌小客车(车牌号:×K6958×)由南向北行至海清路7.5公里处时,与董×1驾驶的拖拉机(车牌号:×NJ010200×)发生追尾事故,致使夏×、董×1、董×2受伤,双方车辆不同程度损坏。

本着公平公正的原则,经甲乙双方协商一致,自愿达成如下条款:

1. 乙方愿意一次性赔偿甲方经济损失费人民币7万元(该费用包括但不限于甲方人员花费的医疗费、误工费及财物损失等),此款可由乙方人员亲友代为赔偿。

2. 乙方应在本协议签订之日起日内付清上述赔偿款项。乙方在付清上述赔偿款项后,甲乙双方因本案所产生的债权、债务关系全部终止,甲方同意不再追究本案乙方的民事责任。

3. 甲方人员对乙方人员给其造成的伤害和经济损失表示谅解，不再追究乙方人员的刑事责任，并要求司法机关对乙方人员从宽处理或者不追究刑事责任。

4. 本协议经甲乙双方人员签字后即对签字人员产生法律效力。

5. 本协议一式十份，甲乙双方人员各执一份，一份交司法机关。

甲方:董×2、董×1
乙方:夏×

证据 10：

讯 问 笔 录

时间：<u>2014 年 1 月 7 日 18 时 09 分至 2014 年 1 月 7 日 19 时 30 分</u>
地点：<u>北京市公安局清河分局交警大队</u>
询问/讯问人（签名）：<u>×××、×××</u>
工作单位：<u>北京市公安局清河分局交警大队</u>
记录人（签名）：<u>×××</u>
工作单位：<u>北京市公安局清河分局交警大队</u>
被询问/讯问人（签名）：<u>夏×</u>
性别：<u>男</u>　年龄：<u>45</u>　出生日期：<u>1968 年 ×× 月 ×× 日</u>
身份证件种类及号码：<u>居民身份证……</u>
□是 ☑否　人大代表
现住址：<u>……</u>
联系方式：<u>……</u>
户籍所在地：<u>……</u>
（口头传唤/被扭送/自动投案的被询问人/讯问人＿＿月＿＿日＿＿时＿＿分到达，＿＿月＿＿日＿＿时＿＿分离开,本人签名）

问：我们是北京市公安局清河分局交警大队的警员（出示证件），现依法向你讯问关于 2013 年 12 月 14 日晚交通事故一案的有关问题，请你如实回答。对本案无关的问题，你有拒绝回答的权利。你听清楚了没有？

答：听清楚了。

问：你是何身份？

答：我叫夏×。

问：案发时你在哪里？做了什么？

答：我开着我的车啊。

问：关于 2013 年 12 月 14 日晚交通事故一案你是否清楚记得？

答：我开车把他们撞了，记得一点。

问：回忆一下交通事故的基本情况。

答:我当时驾驶大众牌小客车(车牌号:×K6958×)由南向北,与董×1的拖拉机发生追尾事故,我看他们都受伤了,车子也都坏了。

问:你的车牌号?

答:×K6958×。

问:你在哪里撞的还记得吗?

答:我记得好像是开出海清路挺远的。

问:时间呢?

答:好像8点以后吧。

问:喝酒了吧?

答:嗯,喝了一点。

问:什么时候喝的?

答:就当天晚上6点多,吃晚饭的时候喝的。

问:喝的什么酒?

答:红星二锅头,56度的。

问:喝了多少?

答:差不多半瓶,大概四两吧。

问:什么时候喝完的?

答:不到7点就喝完了,我躺了一阵子,觉着缓过来了就开车出门了。我确实是酒驾了。

二、示范案例裁判文书与点评

(一)示范案例判决书

北京市第一中级人民法院
刑事判决书

(2014)一中刑初字第12××号

公诉人北京市清河人民检察院。

被告人夏×,男,1968年××月××日出生。因涉嫌犯危险驾驶罪于2014年1月14日被取保候审至今。

北京市清河人民检察院以京检清刑诉〔2014〕×号起诉书指控被告人夏×犯危险驾驶罪,于2014年3月24日向本院提起公诉。本院依法组成合议庭,公开开庭审理了本案。北京市清河人民检察院指派检察员×××出庭支持公诉,被告人夏×到庭参加诉讼。现已审理终结。

北京市清河人民检察院起诉书指控:2013年12月14日20时30分,被告人夏×醉酒驾驶大众牌小客车(车牌号:×K6958×)由南向北行至海清路7.5公里处时,与董×1驾驶的拖拉机(车牌号:×NJ010200×)发生追尾事故,致使大众车驾驶人夏×、拖拉机驾驶人董×1、拖拉机乘坐人董×2受伤,双方车辆不同程度损坏。经北京市公安交通司法鉴定中心对夏×进行抽血式酒精检验,其血液中酒精含量为182.2mg/100ml。北京市公安局清河分局交通大队认定,夏×负此次事故的全部责任。经××市××新区公安局××分局物证鉴定所法医鉴定,被害人董×2双踝关节的损伤程度为轻微伤,被害人董×1头部损伤程度为轻微伤。2014年1月27日,夏×与被害人董×1、董×2达成和解协议,夏×一次性赔偿被害人人民币7万元。

北京市清河人民检察院向本院移送了指控被告人夏×涉嫌犯罪的被害人陈述、现场勘查笔录及照片、刑事科学技术鉴定结论、相关书证、被告人夏×供述等证据,认为被告人夏×在道路上醉酒驾驶机动车,其行为触犯了《中华人民共和国刑法》第一百三十三条之一的规定,犯罪事实清楚,证据确实充分,应当以危险驾驶罪追究其刑事责任。

被告人夏×对公诉机关的指控供认不讳,未提出辩解。

经审理查明:2013年12月14日20时30分,被告人夏×驾驶大众牌小客车(车牌号:×K6958×)由南向北行至海清路7.5公里处时,与被害人董×1驾驶的拖拉机(车牌号:×NJ010200×)发生追尾事故,致使被告人夏×、拖拉机驾驶人董×1、拖拉机乘坐人董×2受伤,双方车辆不同程度损坏。经北京市公安交通司法鉴定中心对被告人夏×进行抽血式酒精检验,其血液中酒精含量为182.2mg/100ml,为醉酒驾驶车辆。经××市××新区公安局××分局物证鉴定所对被害人伤情进行法医鉴定,被害人董×2双踝关节的损伤程度为轻微伤,被害人董×1头部损伤程度为轻微伤。该交通事故经北京市公安局清河分局交通大队认定,被告人夏×负此次事故的全部责任。2014年1月27日,被告人夏×与被害人董×1、董×2达成和解协议,被告人夏×一次性赔偿人民币7万元。

上述事实,有下列经庭审举证质证的证据证实:

1. 被害人董×1证言证实:2013年12月14日晚8点左右,我开拖拉机带着我父亲董×2回家。在公路上由南向北行驶过程中,车突然跑偏,然后就侧翻了。我和我父亲从车里出来后,我给120和110打了电话,也给家里人打了电话。后家里来人将我们送到宁河县医院。

2. 被害人董×2证言证实:2013年12月14日晚8点左右,我儿子董×1开着拖拉机回家,车上就我们两人。在公路上由南向北行驶过程中,我听见一声响,车一下就翻了,等我从车里出来,看到是一辆小轿车撞我们。是我儿子打的报警电话,我们是被家里人送到宁河县医院的。

3. 北京市公安局清河分局交通大队道路交通事故认定书证实:2013年12月14日20时30分,被告人夏×醉酒驾驶大众牌小客车(车牌号:×K6958×)由南向北行至海清路7.5公里处时,与被害人董×1驾驶的拖拉机(车牌号:×NJ010200×)发生追尾事故,致使被告人夏×、拖拉机驾驶人董×1、拖拉机乘坐人董×2受伤,双方车辆不同程度损坏。经认定,夏×负事故的全部责任,拖拉机驾驶人董×1及乘车人董×2无责任。

4. 北京市公安局清河分局交通大队制作的现场勘查笔录、交通事故现场图、交通事故照片证实:2013年12月14日20时30分,被告人夏×醉酒驾驶大众牌小客车(车牌号：×K6958×)由南向北行至海清路 7.5 公里处时,与被害人董×1 驾驶的拖拉机(车牌号：×NJ010200×)发生追尾事故的现场情况。

5. 北京市公安交通司法鉴定中心出具的京公交司鉴字〔2013〕第 55××号酒精检验报告证实：事发后,经对被告人夏×血液进行检验,血液中检出酒精,其含量为 182.2mg/100ml。

6. 北京市公安局清河分局交通大队对董×1 进行酒精含量吹气测试报告证实：董×1 体内酒精含量为零。

7. ××市××新区公安局××分局物证鉴定所出具的××公汉技鉴字〔2014〕第 001 号、第 002 号法医学人体损伤程度鉴定意见书证实：董×2 双踝关节损伤程度为轻微伤；董×1 头部损伤程度为轻微伤。

8. ××市××县价格认证中心出具的××价估字〔2014〕第 09 号价格鉴定结论书证实：经采用现行市价法(修理更换零件)进行价格鉴定,拖拉机和悬挂犁损坏的评估价格为人民币 9120 元。

9. 被害人董×2、董×1 与被告人夏×和解协议书证实：2014 年 1 月 27 日,被告人夏×与被害人董×1、董×2 达成和解协议,夏×一次性赔偿被害人人民币 7 万元。

10. 被告人夏×供述的犯罪时间、地点、手段与上述证据相符。

本院认为,被告人夏×醉酒后在道路上驾驶机动车辆,并发生交通事故,其行为危害了公共安全,已构成危险驾驶罪,依法应予惩处。北京市清河人民检察院指控被告人夏×犯危险驾驶罪的事实清楚,证据确实充分,指控罪名成立。鉴于被告人夏×此次犯罪系初犯,且犯罪后认罪悔罪,如实交代自己的罪行,积极赔偿被害人经济损失,并取得被害人谅解,认罪态度较好,本院根据被告人夏×的犯罪的事实、犯罪的性质、情节和对社会的危害程度及悔罪表现,认为被告人夏×确实没有再犯罪的危险,故决定对其适用缓刑。综上所述,依据《中华人民共和国刑法》第一百三十三条之一、第七十二条、第七十三条、第六十七条第三款、第六十一条之规定,判决如下：

被告人夏×犯危险驾驶罪,判处拘役四个月,缓刑六个月,并处罚金人民币二千元。(缓刑考验期限,从判决确定之日起计算。罚金于本判决生效后三十日内缴纳)。

如不服本判决,可在接到本判决书的第二日起十日内,通过本院或直接向北京市高级人民法院提出上诉。书面上诉的,提交上诉状正本一份,副本二份。

审判长　×××
审判员　×××
审判员　×××
二〇一四年五月二十日
书记员　×××

(二) 示范案例点评

2011 年 2 月 25 日通过的《刑法修正案(八)》中新增了危险驾驶罪,2015 年 8 月 29 日通过的《刑法修正案(九)》中又对危险驾驶罪的具体犯罪行为进行了增加,本案涉及的醉驾即为此罪名的常见犯罪行为之一。通过阅读上述材料了解基本案情后,完成案情分析,掌握询问笔录的标准流程,掌握交通事故的勘查、鉴定流程及内容,掌握醉驾行为的认定标准。其中,需对案情进行以下分析:(1)分析本案证据的关联性;(2)分析拖拉机驾驶人董×1对拖拉机乘坐人董×2应承担什么责任;(3)结合北京地区交通事故赔偿标准,分析法院判决夏×应承担的赔偿是否合理;(4)分析夏×的量刑依据与认定。还可延伸思考,分析:(1)如本案中被告人夏×未醉驾,应承担什么责任;(2)如夏×虽醉驾但未肇事,应如何予以判决;(3)如夏×醉驾肇事后逃逸,或有逃避检测的行为,应如何判定。

之后,结合基本案情与上述材料,根据本章第一节中的刑事诉讼案件庭审流程,分角色演练庭审流程,在演练的过程中,要以已有材料为基准,并达到同样的庭审结果。

刑事诉讼一审案例2:丁××以危险方法危害公共安全案

一、示范案例

(一)基本案情

2013年11月1日16时许,被告人丁××在连云港市××东方小区3号楼16层楼顶抛下两块装修剩余红砖,砸中被害人范××头部,致范××颅脑开放性损伤、大量失血,送医当晚抢救无效死亡。接报警后,公安机关通过对案发现场的侦查初步判定伤害物来源,并结合电梯监控快速锁定犯罪嫌疑人为暂住在该楼的装修工人丁××。经询问,丁××主动交代了犯罪事实,并配合完成对犯罪现场及实施行为的辨认。公诉机关以故意伤害罪依法追究被告人丁××刑事责任,提起公诉。考虑到被告人丁××将砖头从高楼楼顶掷向城市交通要道及公共场所,就其犯罪现场的特定性和犯罪行为的危险性而言,法院判定应以危险方法危害公共安全罪论处。

(二)主要证据材料

证据1:

接警记录单

报警日期:2013年11月1日
报警时间:16:25
报警人:牛×
接警部门:江苏省连云港市公安局连云分局
接警时间:2013年11月1日16时27分
接警人:×××
事故发生时间:2013年11月1日16时15分
事故(事件)情况描述记录:据报警人牛×叙述,2013年11月1日16时15分左右,看到停在7天连锁酒店中山西路店对面、××东方小区东边临街门面房前路边的一辆轿车被砖头砸中,车边站着的一个男子也被从高空落下的一大块红色砖头砸到头部,该男子即刻倒地,流了很多血,砖头碎成好几块。牛××看到男子出血量很大,就打了110报警。

应急办公室处理意见:连云分局墟沟派出所当日值班警察×××和×××即刻出警去事故现场保护现场、维持秩序,连云分局刑侦大队×××、×××去现场勘查。

应急指挥中心领导意见:同意

备注:牛××同时向事发现场旁边的××东方小区物业说明了他的目击情况,小区联系了××医院,××医院派出救护车将受害人接往医院观察。

证据2:

江苏省连云港市公安局立案决定书(存根)

〔2013〕连公刑立字××××号

案件名称:丁××涉嫌故意伤害罪
案件编号:2013×××××××
犯罪嫌疑人:丁××,男,33岁
住址:暂住江苏省连云港市连云区××东方小区3号楼701室
单位及职业:江苏省连云港市连云区××东方小区××装修队临时务工人员
批准人:×××
批准时间:2013年11月2日
办案人:×××、×××
办案单位:江苏省连云港市公安局连云分局
根据《中华人民共和国刑事诉讼法》第二百三十四条之规定,决定对丁××立案侦查。
填发人:江苏省连云港市公安局
填发时间:2013年11月2日

证据3:

现场勘验笔录

连云公刑勘〔2013〕110××号

制作单位:江苏省连云港市公安局连云分局
2013年11月1日16时27分,连云分局接到牛××报案,辖区内长宁路××东方小区东边门面房临街有人被高空物件砸伤,需要出警。
现场勘验检查于2013年11月1日16时35分开始,至2013年11月1日18时15分结束。
现场地点:连云港市连云区长宁路与中山西路交叉路口以北50米路西

天气阴,温度 14°;相对湿度 40;风向无

勘查检验前现场的条件:变动现场 ☑/原始现场 □

现场勘验检查利用的光线:自然光 ☑ 灯光 ☑

现场勘验检查人:连云分局刑警大队×××、×××

现场勘验情况:现场位于长宁路与中山西路交叉路口以北 50 米路西,西邻××东方小区 3 号(共 16 层)临街门面房,东临 7 天酒店(共 5 层)。中心现场,被害人为一男子,头部被击中,脸朝下倒地。被害人头部大量出血,倒地后在地面形成长条状血迹,血迹潮湿,血迹面积完整,未见破坏。现场拍摄了被害人的现场照片,被害人的位置未曾移动。被害人周围有红砖碎块若干。现场拍摄了旁边停靠的一辆蓝色轿车(车牌号××××)的照片,车顶有新鲜砸痕及红砖碎块。砖头落地位置在道路上,现场提取了大小不一的红砖碎块共 12 块。

根据现场砖头落地情况及粉碎程度,勘查近旁楼宇。勘查 7 天酒店,共 5 层,未见异常。勘查 3 号楼,共 16 层,每层 2 户共 32 户;该住宅刚交付使用不久,除几家正在装修,大部分住宅尚未入住;通往楼顶平台的门当时未上锁,在楼顶平台东南角发现完整的建筑用红砖 8 块(规格 240mm×115mm×53mm)。

证据 4:

江苏省连云港市东方医院入院记录

病历记载内容:

姓名:范××

性别:男

就诊时间:2013 年 11 月 1 日 16 时 40 分

主要诊断:患者头部遭受钝物重击,颅脑开放性损伤,大量失血

处置:1. 伤口处理;2. 抢救

诊疗结果:抢救无效,死亡

死亡时间:2013 年 11 月 1 日 20 时 05 分

死亡原因:钝物作用头部致开放性颅脑损伤致死

证据 5:

江苏省连云港市公安局物证鉴定所
法医学尸体检验鉴定书

〔2013〕(连)公(法)鉴(法病)字 0××号

委托单位:江苏省连云港市公安局连云分局刑警大队

送检人:×××、×××

委托时间:2013 年 11 月 2 日

检验对象:范××,男,52 岁
委托要求:鉴定死者范××的死亡原因
检验时间:2013 年 11 月 2 日
检验地点:江苏省连云港市东方医院

一、简要案情:2013 年 11 月 1 日 16 时 27 分,连云分局接到市民报案称:辖区内长宁路××东方小区东边门面房临街有人被高空物件砸伤,被害人系范××,送医后抢救无效当天 20 时 05 分死亡。

二、尸体检验
1. 检验方法(略)
2. 尸体检验(略)
(1) 衣着检查(略)
(2) 尸表检验(略)
(3) 解剖检验(略)
(4) 提取检材及处理(略)
3. 其他相关检验结果和材料(略)

三、分析说明(略)

四、结论
根据对死者范××的尸检及器官的法医病理学检查结果,结合病历资料,可判定系生前被钝物从上方落下击打到头部,造成重型不可逆的开放型颅脑损伤导致死亡。

鉴定人:×××(签名)
×××(签名)
×××(签名)
二〇一三年十一月二日

证据 6:

电梯监控录像

抽取的××东方小区的电梯监控录像显示:案发当日,即 2013 年 11 月 1 日,××东方小区 3 号楼的电梯监控记录,7 时 40 分,犯罪嫌疑人丁××乘坐电梯下楼并外出。11 时 30 分,犯罪嫌疑人丁××进入 3 号楼电梯,乘电梯到达 7 楼。15 时 56 分,犯罪嫌疑人丁××进入 3 号楼电梯,乘电梯到达 16 楼。案发时间以及案发时间后,未见犯罪嫌疑人丁××乘电梯从 16 楼下楼。其后,当日,犯罪嫌疑人出现在 3 号楼电梯中的时间分别是 16 时 35 分,其乘坐电梯由 7 楼到 1 楼外出,在 21 时 20 分乘坐 3 号楼电梯到 7 楼。

证据 7:

询 问 笔 录

时间:2013 年 <u>11</u> 月 <u>03</u> 日 <u>08</u> 时 <u>45</u> 分至 2013 年 <u>11</u> 月 <u>03</u> 日 <u>10</u> 时 <u>25</u> 分

地点:连云港市公安局连云分局××派出所
询问/讯问人(签名):×××、×××
工作单位:连云港市公安局连云分局刑侦大队
记录人(签名):×××
工作单位:连云港市公安局连云分局××派出所
被询问/讯问人(签名):丁××
性别:男 年龄:33 出生日期:1980年××月××日
身份证件种类及号码:居民身份证……
□是 ☑否 人大代表
现住址:……
联系方式:……
户籍所在地:……
(口头传唤/被扭送/自动投案的被询问人/讯问人___月___日___时___分到达,___月___日___时___分离开,本人签名)

问:我们是连云港市公安局连云分局刑侦大队警官×××、×××(出示警官证),现依法向你询问关于2013年11月1日连云区××东方小区一起高空落物伤人案,请你如实回答。对本案无关的问题,你有拒绝回答的权利。你听清楚了没有?

答:听清楚了。

问:说一下你的姓名、性别、年龄、籍贯。

答:我叫丁××,男,灌南县新集镇××村人,今年33岁。

问:你是什么时候来连云港的?

答:我是今年春节后来的,我一直是做装修的,所以跟着老乡一起到连云港来找点活干。

问:你现在从事什么工作?

答:我现在跟着××装修队在××东方小区做装修,我是刷漆的。

问:你是什么时候到××东方小区做装修的?

答:我是今年9月20日过来的。

问:你现在住在哪里?

答:我们现在在装修3号楼701,所以我就住这户。

问:2013年11月1日你在哪里?在3号楼吗?

答:在的,我那天在3号楼701。

问:说一下你当天的行动?

答:11月1号那天是星期五,因为房子这一段装修差不多了,周末也不能干活,所以装修队停工,其他人都回家过周末了,我留下来刷墙。

问:你一直在刷墙吗?

答:中间也歇一歇,晚上出去吃了点东西。

问:你出去吃东西是坐电梯下楼的吗?

答：是。

问：大概几点钟？

答：大概下午四五点钟吧。

问：你是从几层坐电梯下去的？

答：就从七层。

问：你看看这段电梯监控录像里的人是你吗？

答：是。

问：这是否是你傍晚从3号楼七层坐电梯下去的录像？

答：是。

问：你再看看另一段电梯的监控录像是你吗？

答：是。

问：你是否记得这是你什么时候坐电梯的？

答：这应该是我下午上3号楼楼顶收白天晾的衣服的时候。

问：你是一直去楼顶晾衣服吗？

答：是，房间里在装修很脏，而且滴水也怕弄脏地面。

问：你是什么时间上的楼顶？

答：大概是下午四点钟，因为今天晚上可能有小雨，我想趁天还没黑去把衣服收回来。

问：你是怎么上的楼顶？

答：我坐电梯上去到十六层，然后走台阶上楼顶的。

问：你上楼顶收完衣服就下来了吗？

答：是。

问：你去哪里了？

答：我回701了。

问：你是坐电梯下去的？

答：不是，我走楼梯下去的。

问：你之后从七层下到一层是坐电梯的，那你从十六层到七层为什么没坐电梯？

答：我等了半天电梯没上来，我就走楼梯下去了。

问：你等了很久吗？

答：两三分钟吧。

问：你很着急下去？

答：不是，其实我是很害怕，不敢待在那儿。

问：你为什么害怕？

答：我上了楼顶收完衣服，站在楼顶上，我觉得胸口很闷，主要是心情一直不好。我当时也不知道怎么回事，看见楼顶边角上有一摞砖头，就走过去，随手拎起来捡起两块砖往楼下丢。我扔的时候真的没有多想什么，但是我扔出去之后，想起来了，这个楼还是很靠街边，底下会有人和车经过，砸到什么都不得了。我扔出去就后悔了，很害怕，脑子里一下子就懵了,我感觉做错事了,都不敢往下看,怕被人看到。我赶紧往电梯走,电梯一直没上来,我不敢待在顶楼,怕有人上来看到我,抓住我,就走楼梯回到了701。在屋里待了一会儿还是害怕,我就下楼出去吃饭,一直在外边晃到很晚才回来。

问:你记得当时是往哪个方向丢的砖头吗?
答:我记得是往楼东边丢的,就是砖头摆的那个地方的楼下。
问:你记得你是用哪只手丢的吗?
答:右手。
问:你记得你丢了几块砖头?
答:就两块,就顺手拿起一块来往外一扔,又扔了一块。
问:你形容一下你丢的砖头是什么颜色,多大块,完整吗?
答:就是平常盖房子用的红砖,大约二十多厘米长,十多厘米宽,四五厘米厚,是整块的。
问:你知道从这么高的楼往下扔这么大块砖头会有什么后果吗?
答:知道,我想起来这边临街的,会砸到人,砸到车。
问:你知道楼下有人和车被砖头砸到了吗?
答:我不知道,我根本不敢往下看,晚上回来也不敢打听,根本不敢去那边看。我真的不是故意的,我就是一时脑子昏了,我跟谁都无冤无仇的,我后悔死了。
问:你知道被砸到的人已经死亡了吗?
答:我真的不知道,我不是故意的,我没想过要害谁,我就是一时想不开,想发泄一下。
问:你因为什么想不开要发泄?
答:我家条件不好,我们兄弟姐妹五个,我是老二,其他几个都是脑瘫,所以我小学没毕业就回家干农活了。16岁跟着老乡出来打工,一直干漆工,一家子全靠我养活。因为家里穷,我28岁才结的婚,我媳妇天生眼睛就不好,差不多就完全看不见了。我们生了个闺女,五岁了,去年发现不会讲话了,也是脑瘫。没出俩月,我也被查出来脑袋里长了个囊肿,简直愁死人了,日子太苦了。
问:你的病治了吗?
答:哪有钱治啊,反正忍忍也就过去了,也不觉着疼,可是我真的觉得要被压得喘不过气了。我家生活真的很难,我家里还有老父亲,一家子那么多张嘴等着我养活,每天也不知道要怎么办好。
问:你往楼下丢砖头有人看到吗?
答:没有吧,当时旁边没有人,我也没敢探头往下看,就跑开了。
问:你往楼下丢砖头的事跟别人说过吗?
答:没有,我很后怕,我憋在心里没说。
问:你还有无其他补充?
答:没有。
问:今天你讲的是不是事实,是否你真实意思的表达?
答:是的,我说的都是实情,是我自己的真实意思。

证据8：

辨 认 笔 录

时间：2013年11月15日10时45分至15日11时30分

地点：江苏省连云港市连云区××东方小区3号楼

辨认目的(现场)：通过辨认，让辨认人辨认其在2013年11月1日的犯罪现场及其实施的具体行为。

辨认过程及结果：辨认人丁××，系2013年11月1日发生在连云港市连云区长宁路与中山西路交叉路口以北50米路西、长宁路××东方小区东边门面房街道上，高空坠物击倒路人范××致死案件的犯罪嫌疑人，其在询问时叙述了案发当日的基本经历和情况。根据辨认人丁××所述，案发当日，他在××东方小区3号楼701室粉刷墙壁，其后，在当日下午4时许乘坐3号楼电梯去往顶楼16层，上楼顶收取晾晒衣物。到达楼顶收取晾晒衣物时，因心烦意乱，见楼顶东南角堆有一摞红砖块，随即上前，右手拿起两块红砖，向临街楼下扔出。其后，因怕事情败露，未乘坐电梯，走消防梯下楼，回到其暂住处3号楼701。

本次辨认之前，侦查员事先根据辨认人之前的陈述，提取了××东方小区3号楼当日的电梯监控，分别记录了监控录像中犯罪嫌疑人出现的时间。侦查员调查了3号楼701墙面的粉刷情况，调查了楼顶东南角的砖块摆放位置，调查了砖块所有人对砖块的描述情况和砖块的数量。

本次辨认过程，辨认人在侦查员、见证人、记录人的带领下，来到××东方小区，侦查员和见证人向辨认人宣布了辨认要求。让辨认人带路并指认3号楼的具体位置；带路并指认3号楼的电梯位置；带路并指认3号楼701室，指认其所述的案发当日在701粉刷的墙面的具体位置；带路并指认案发当日的作案地点——3号楼楼顶，指认楼顶其发现的砖块的堆放方位和具体位置。侦查员和见证人向辨认人说明，让其在3号楼楼顶复述演绎案发当日作案的基本过程。

辨认人丁××根据辨认要求进行了指认，正确指认出××东方小区3号楼位置、3号楼的电梯位置、3号楼701室及案发当日粉刷的墙面、3号楼楼顶、楼顶其发现的砖块的堆放方位和具体位置，并复述演绎案发当日作案的基本过程。

至此，辨认结束。

侦查员：×××、×××

辨认人：丁××

见证人：×××

记录人：×××

证据9：

证 人 证 言

证言1 证人牛×证言

我叫牛×,男,汉族,××××年××月××日生,××房地产中介人员,现居住××区××街××号。身份证号：……联系方式：……现就2013年11月1日傍晚4点多在××东方小区东侧长宁路路口目击高空落物致人死亡案件经过证明如下：

2013年11月1日下午4点多,我送两位看房客户去××西路坐车,然后步行回我们门店。大概4点15分,我刚拐进长宁路,经过7天连锁酒店××西路店的时候,先是听到一声巨响,我循声抬头看到停在路对面××东方小区后门前路边的一辆蓝色轿车顶部被上空掉下的砖头砸中,上空还掉下一块不规则形状的红色砖头,我没有看到是从多高掉下来的,我看到时砖头已直接砸到了一个站在轿车边的男人头顶,砸得很重,男人一下子就倒在地上,头上流了好多血,当时就爬不起来了,砖头也碎成好几块散落在周围。当时路上人挺多,但大家都不敢动伤者,我就赶紧打电话报警,也通知物业叫救护车,大概过了不到十分钟,警察和东方医院的人就都到了。

以上就是我所了解的全部事实,保证所陈述的为真实情况。若属伪证,愿承担相应法律责任。

证人：牛×（签名+手印）

2013年11月16日

证言2 证人沈×证言

我叫沈×,男,汉族,××××年××月××日生,××餐馆老板,现居住××区××街××号。身份证号：……联系方式：……现就2013年11月1日傍晚4点多在××东方小区东侧长宁路路口高空落物致人死亡案件目击情况证明如下：

2013年11月1日下午4点多,我在我自己位于长宁路×号的餐馆做晚市的准备。大概4点20左右,听到外面很吵,就出门看,看到××东方小区后门那里,一个男人趴在路边,头上有好多血,地上流了很多血,还有碎砖头,很吓人,旁边停着一辆小汽车也被砸了。围观的人都不敢走太近,我也没怎么看,比较害怕,后来警察和救护车都到了,就慢慢散开了。

以上就是我所了解的全部事实,保证所陈述的为真实情况。若属伪证,愿承担相应法律责任。

证人：沈×（签名+手印）

2013年11月16日

证言3 证人王×1证言

我叫王×1,男,汉族,××××年××月××日生,××公司职员,现居住××区××街××号。身份证号：……联系方式：……现就2013年11月01日傍晚4点多在××东方小区东侧长宁路路口高空落物致人死亡案件相关情况证明如下：

我和妻子鲍×购买了××东方小区3号楼1601的房子,因装修改造需要用到红砖,我购买了一立方。装修后有一点没用完的,我就先堆到了楼顶备用,因为我们就住在16层顶楼,方便取用。到2013年11月1日大概还剩八九块砖,码放堆在楼顶东南角。

以上就是我所了解的全部事实,保证所陈述的为真实情况。若属伪证,愿承担相应法律责任。

证人:王×1(签名+手印)
2013年11月10日

证言4　证人王×2证言

我叫王×2,男,汉族,××××年××月××日生,××东方小区××物业公司保安,现居住××区××街××号。身份证号:……联系方式:……现就××东方小区3号楼管理的相关情况证明如下:

我证明,因××东方小区3号楼目前基本没有入住,所以3号楼楼顶的安全门平时不上锁,楼内人员可任意出入楼顶平台。2013年11月01日当天中午我巡楼时,3号楼楼顶的安全门未上锁。

以上就是我所了解的全部事实,保证所陈述的为真实情况。若属伪证,愿承担相应法律责任。

证人:王×2(签名+手印)
2013年11月20日

证言5　证人杨×证言

我叫杨×,男,汉族,××××年××月××日生,灌南县新集镇××村人,现暂住××区××街××号。身份证号:……联系方式:……现就2013年11月01日傍晚4点多在××东方小区东侧长宁路路口高空落物致人死亡案件相关情况证明如下:

我是嫌疑人丁××的老乡,跟他一起被××装修队雇用,给××东方小区住户做装修。丁××是油漆工,案发时在给××东方小区3号楼701刷墙,也暂住在3号楼701。11月1日早上我离开时他开始刷第一遍底漆,到11月4日早上回来时他已经刷完全部三遍面漆。丁××家里很穷,他挣钱养家很辛苦,一直是老老实实、勤勤恳恳的。

以上就是我所了解的全部事实,保证所陈述的为真实情况。若属伪证,愿承担相应法律责任。

证人:杨×(签名+手印)
2013年12月20日

证言6　证人丁×证言

我叫丁×,男,汉族,××××年××月××日生,灌南县新集镇××村人,现暂住××村。身份证号:……联系方式:……现就2013年11月1日傍晚4点多在××东方小区东侧长宁路路口高空落物致人死亡案件犯罪嫌疑人相关情况证明如下:

我是丁××的父亲。丁××家里生活很困难,他老婆眼睛天生弱视、几乎看不见了,唯一的女儿去年还查出小脑萎缩、不能说话,一直都在花钱治。丁××的四个兄弟姐妹都是脑瘫,家里就靠他一个人打工养家糊口,他老实本分,从不惹是生非。

以上就是我所了解的全部事实,保证所陈述的为真实情况。若属伪证,愿承担相应法律责任。

证人:丁××(签名+手印)
2013 年 12 月 20 日

证据 10:

调 解 协 议

甲方:丁×(犯罪嫌疑人丁××家属)

乙方:刘×(被害人范××家属)

因丁××高空掷物砸死范××一事,现双方经协商一致,达成以下协议,共同遵守:

一、甲方就丁××高空掷物砸死范××,向乙方表示诚挚的道歉;

二、甲方于 2014 年 5 月 15 日前赔偿刘×各项损失叁万元,此赔偿为一次性解决问题,以后乙方不得以任何理由就此事向甲方或犯罪嫌疑人丁××提出赔偿;

三、乙方在收取甲方款项时,须向甲方出具收据,并出具谅解书,请求司法机关从轻处理丁××;

四、本协议自双方签字即生效,不得反悔。

本协议一式三份,双方各执一份,派出所留存一份。

甲方:丁× 乙方:刘×
2014 年 2 月 15 日

证据 11:

收　条

今收到丁×(丁××父亲)就丁××2013 年 11 月 1 日傍晚从××东方小区 3 号楼楼顶扔砖头砸死我丈夫范××事件的经济赔偿人民币叁万元整。

收款人:刘×(范××妻子)
日期:2014.5.12

证据 12:

谅　解　书

因丁××高空掷物砸死范××一事,丁××家属已向范××家属表示诚挚的道歉,并赔偿范××妻子刘×各项损失叁万元,已得到刘×的谅解,恳请司法机关从轻处理丁××。

此致

江苏省连云港市中级人民法院

书写人:刘×
2014 年 5 月 15 日

二、示范案例裁判文书与点评

（一）示范案例判决书

江苏省连云港市中级人民法院
刑事判决书

(2014)连刑初字第0001×号

公诉人江苏省连云港市人民检察院。

被告人丁××，劳务人员。因涉嫌犯以危险方法危害公共安全罪于2013年11月3日被刑事拘留，因涉嫌犯故意伤害罪于2013年11月15日被逮捕。现羁押于江苏省连云港市看守所。

指派辩护人×××，江苏××律师事务所律师。

江苏省连云港市人民检察院于2014年5月21日以连检诉刑诉〔2014〕35号起诉书指控被告人丁××犯故意伤害罪，向本院提起公诉。本院于当日立案，并依法组成合议庭，分别于2014年6月18日公开开庭审理了本案。期间，因检察人员发现本案需要补充侦查，提出延期审理建议，本院于2014年8月12日决定延期审理一个月，并于2014年9月5日再次开庭审理了本案。江苏省连云港市人民检察院指派检察员×××出庭支持公诉，被告人丁××及指派辩护人×××到庭参加诉讼。现已审理终结。

江苏省连云港市人民检察院指控，2013年11月1日16时许，被告人丁××在连云港市××东方小区3号楼楼顶抛下两块红砖，击中被害人范××头部并致其死亡。

公诉机关就起诉指控的上述事实向法庭出示了物证、书证、鉴定意见、视听资料、现场勘验检查笔录、证人证言及被告人供述等证据。公诉机关认为，被告人丁××故意伤害他人身体，致一人死亡，其行为触犯了《中华人民共和国刑法》第二百六十四条之规定，应当以故意伤害罪依法追究其刑事责任，提请本院依法惩处。

被告人丁××对指控的犯罪事实无异议，但当庭辩称其并非故意扔砖头，无伤害被害人的故意。

辩护人提出辩护意见认为：被告人丁××系过失致人死亡，且有自首情节，其家庭生活困难，犯罪诱因具有特殊性，应对其从轻处罚。

经审理查明，被告人丁××自2013年9月20日起，即在江苏省连云港市连云区××东方小区从事室内涂料工作，案发前其在该小区3号楼701室内暂住。该3号楼（共16层）位于小区东南角，地上一层为临街门面房，东侧门面房前是长宁路，南侧门面房前是中山西路，均为市区公共道路，周边居民区密集，来往行人及车辆较多。

2013年11月1日16时许，被告人丁××乘坐电梯到3号楼楼顶平台收取自己晾晒的衣服，因感到平时家中生活压力大而产生不良情绪，见楼顶有一摞建筑用红砖，遂用右手拿起两块红砖朝东侧方向扔下，随即从安全楼梯逃离现场并返回暂住处。丁××扔下的红砖击中正在长宁路路边行走的被害人范××（男，殁年52岁）头部，致范重伤倒地,后经抢救无效死亡。经法医鉴定,被害人系被钝性物体作用头部致开放性颅脑损伤死亡。

丁××在公安机关对其进行询问时,主动交代了上述犯罪事实。

另查明,被告人丁××的妻子系盲人,女儿因小脑萎缩致残,为医治女儿疾病,其家庭生活较为困难。

在本院审理期间,被告人丁××委托其亲属与被害人的近亲属就民事赔偿达成调解协议,并已按协议履行完毕。

上述事实,有经庭审举证、质证,本院予以确认的下列证据证实:

1. 江苏省连云港市公安局连云分局出具的受案登记表、接警记录单、立案决定书、发破案经过、询问通知书、传唤通知书等,证实本案侦破情况。

2. 江苏省连云港市公安局连云分局连云公刑勘〔2013〕110××号现场勘验检查笔录及照片,证实案发现场情况及3号楼楼顶情况,在3号楼楼顶平台发现红砖8块,并在案发现场提取红砖碎块若干。现场提取的红砖碎块已当庭向被告人出示。

3. 江苏省连云港市东方医院入院记录及死亡记录,证实被害人范××于2013年11月1日16时40分入院抢救,当日20时05分死亡。

4. 江苏省连云港市公安局物证鉴定所〔2013〕(连)公(法)鉴(法病)字0××号法医学尸体检验鉴定意见,证实被害人范××系被钝性物体作用头部致开放性颅脑损伤死亡。

5. 监控录像、录像截图及说明,证实被告人丁××于案发当日乘坐3号楼电梯情况。

6. 被告人丁××供述和辩解、辨认笔录及照片,主要内容证实:他于2013年9月20日到连云区务工,案发前在××东方小区3号楼701室粉刷墙面,平时就住在该室内。2013年11月1日16时许,他乘坐电梯到楼顶收衣服,看到楼顶的地上有几块红砖,砖头没有使用过,是上下叠放的。想到家里负担重,生活不如意,他一时糊涂,用右手拿起摞在一起的两块红砖,随手向东扔下楼了。扔完他就后悔了,下面是路,扔的地方又是门面房,肯定有人或车,他有点害怕,就步行下楼。红砖约二十厘米长,十多厘米宽,四五厘米厚,是平常的建筑用红砖。他在归案后指认了作案现场。

7. 证人牛×证言证明,2013年11月1日16时15分左右,他在长宁路××东方小区后门,看到一个男子被从高空落下的一大块不规则形状的红色砖头砸到头上,该男子倒地,并流了很多血,砖头碎成好几块。

8. 证人沈×证言证明,2013年11月1日16时20分左右,他看到××东方小区东边门面房路边有个男的躺在地上,地上有血和碎砖头。

9. 证人王×1、鲍×证言证明,为装修××东方小区3号楼1601室其购买了红砖,剩下的八九块红砖放在楼顶。

10. 证人杨×证言证明,案发前被告人丁××在××东方小区3号楼701室房间内粉刷墙面。

11. 证人王×2证言证明,××东方小区3号楼楼顶的安全门平时不上锁。

12. 证人丁×、周×证言证明,被告人丁××家庭条件困难,其妻子是盲人,女儿因病致残。

13. 户籍证明,证实被告人丁××与被害人范××的自然情况。

针对被告人丁××及辩护人提出的辩解及辩护意见,根据本案的事实和证据,本院评判意见如下:

关于被告人丁××提出其并非故意扔砖头,无伤害被害人故意的辩解和辩护人提出被告人丁××应构成过失致人死亡罪的辩护意见,经查及评议认为,被告人丁××明知现场楼下为公共场所和交通要道,为发泄情绪,不计后果地将两块砖头从16层高楼楼顶扔下,造成被害人死亡的严重危害后果。其主观上对危害结果的发生持放任态度,并非疏忽大意或者过于自信的过失犯罪。该辩解和辩护意见不能成立,本院不予采纳。

关于辩护人提出的被告人丁××的家庭困难,犯罪诱因具有特殊性的辩护意见,经查及评议认为,被告人丁××家庭条件虽较为困难,但其采用犯罪的手段发泄情绪,并致无辜被害人死亡,主观动机恶劣,后果极其严重,依法应予严惩。该辩护意见不能成立,本院不予采纳。

本院认为,被告人丁××故意实施具有高度危险性的危害公共安全的行为,并致一人死亡,其行为已构成以危险方法危害公共安全罪,应依法予以严惩。江苏省连云港市人民检察院关于被告人丁××故意犯罪的指控,事实清楚,证据确实、充分。

关于公诉机关指控故意伤害的罪名,本院作如下评判。首先,从犯罪所侵犯的客体分析,被告人丁××将砖头从高楼楼顶掷向城市交通要道及公共场所,就其犯罪现场的特定性和犯罪行为的危险性而言,具有与放火、决水、爆炸、投放危险物质等犯罪行为相当的高度危险性,足以认定丁××的行为危害了不特定多数人的生命、健康以及公私财产的安全,侵害了刑法所保护的社会公共安全法益。其次,从犯罪的主观方面分析,被告人丁××明知其实施的危险方法会危害公共安全,即危害不特定的多数人的生命、健康或者公私财产安全的严重后果,虽无证据证明其积极追求或希望该危害结果的发生,但其并未采取任何补救措施,反而放任危害后果的发生,主观方面应认定为故意。最后,从犯罪行为的客观方面分析,被告人丁××的行为并非针对特定的人或财物所实施的侵害行为,其行为虽造成了本案被害人的伤亡结果,但其行为的危险性后果既包括但不限于此结果,客观上存在着造成更为严重损害后果的可能性。综上,被告人丁××的行为符合以危险方法危害公共安全罪的犯罪构成要件,而非故意伤害罪。故江苏省连云港市人民检察院对被告人丁××犯罪行为指控的罪名不当,依法应予纠正。

被告人丁××在公安机关一般性排查询问中主动交代犯罪事实,应视为自首,可依法从轻处罚,辩护人关于丁××构成自首的辩护意见成立,本院予以采纳。被告人丁××积极赔偿被害人家属经济损失,且有悔罪表现,本院酌情对其从轻处罚。依照《中华人民共和国刑法》第一百一十四条、第一百一十五条第一款、第六十七条第一款之规定,判决如下:

被告人丁××犯以危险方法危害公共安全罪,判处有期徒刑十二年。(刑期从判决执行之日起计算,判决执行以前先行羁押的,羁押一日折抵刑期一日,即从2013年11

月3日起至2025年11月2日止)

如不服本判决,可在接到判决书第二日起十日内,通过本院或者直接向江苏省高级人民法院提出上诉。书面上诉的,应提交上诉状正本一份,副本二份。

审判长　×××
审判员　×××
代理审判员　×××
二〇一四年九月五日
书记员　×××

(二) 示范案例点评

近年,随着我国城市化建设的发展,高楼密集林立,高空坠物伤人或致死案件时有发生,但对犯罪嫌疑人的认定往往存在较大困难。具体到本案,情节不复杂,但动机判定和举证方面存在一定难点。而且,因被告为农民工,家境困难,同情者多认为情有可原,社会反响较大,讨论多围绕"高空抛物砸死人,算故意还是过失"展开。真实庭审过程中,被告人的辩护律师认为应定过失致人死亡罪追究刑事责任,而非故意伤害罪,且被告人的犯罪诱因也存在一定的特殊性,并有自首情节;公诉方则认为构成故意伤害致人死亡;法院最终判决为以危险方法危害公共安全罪。

通过阅读上述材料了解基本案情后,完成案情分析。(1) 分析证据的合法性、关联性和客观性,是否存在无法直接证明的问题,如何解决;(2) 着重分析法院何以判处丁××以危险方法危害公共安全罪而非过失致人死亡罪的理由;(3) 分析丁××所在装修队负责人应承担什么责任;(4) 分析××东方小区3号物业存在什么过失。此外,还可延伸思考,对于一些无法判定犯罪嫌疑人的高空坠物伤人或致死的真实案例应如何追责。

之后,结合基本案情与上述材料,根据本章第一节中的刑事诉讼案件庭审流程,分角色演练庭审流程,在演练的过程中,要以已有材料为基准,并达到同样的庭审结果。

第三节　刑事诉讼二审案例

✦ 刑事诉讼二审案例 1:吴×华非法拘禁案

一、示范案例

(一) 基本案情

2012年7月2日晚,被告人吴×华与被害人汤×、钟×等在江苏省溧阳市溧城镇××村×××号周×家中参与赌博,因汤×、钟×带去的赌博人员赢了七八万元,被告人吴×华等三人怀疑汤×、钟×等人在赌博过程中作弊,遂于当晚10时许强行将汤×、钟×带上汽车押至溧阳市戴埠镇××村附近的山地进行殴打,逼迫被害人汤×交出人民币二万元。后又将两人带至别桥镇××村,逼迫两人各写下一张五万元的借条。7月3日凌晨1时许,被害人汤×、钟×被带至溧阳市中医院治疗,后二人打电话报警,被害人汤×被鉴定为轻伤,溧阳市公安局刑侦大队立案侦查。2013年7月24日,被告人吴×华主动投案。因被告人吴×华伙同他人非法拘禁公民、剥夺公民人身自由、殴打致一人轻伤,人证、物证充分,本人认罪伏法,一审法庭判定其行为构成非法拘禁罪,并在量刑时充分考虑了被告人吴×华系累犯的从重处罚情形及自首的从轻处罚情形。后被告人吴×华提起上诉要求从轻处罚,考虑到其家属在二审期间通过赔偿被害人经济损失已获得被害人谅解,有一定的认罪悔改表现,二审法庭判定可予以从轻处罚,减刑一个月。

(二)主要证据材料

证据1：

接警记录单

报警日期:2012年7月5日

报警时间:上午10时35分

报警人:汤×、钟×

接警部门:江苏省溧阳市110指挥中心

接警时间:2012年7月5日上午10时35分

接警人:×××

事件发生时间:2012年7月2日晚10时至12时

事件情况描述记录:据报警人汤×、钟×叙述,2012年7月2日晚,两人和一些熟人在溧阳市溧城镇××村赌钱。因带去的人赢钱比较多,被对家怀疑耍诈,两人被吴×华、陈×华、时×平等人开车拉走,一路威胁,还扔到野地里殴打,被迫交出两万元钱,还被迫写了两张合计十万元的借条。在被限制人身自由大约三小时后,因见两人伤重,对方才把两人送去医院。目前两人仍在溧阳市中医院治伤,担心继续受到人身威胁,于是拨打110报警。

指挥中心处理意见:转当地派出所处理。

证据2：

江苏省溧阳市公安局立案决定书(存根)

〔2012〕溧公刑立字××号

案件名称:吴×华、陈×华、时×平涉嫌非法拘禁罪

案件编号:2012×××××××

犯罪嫌疑人:吴×华(男,45岁),陈×华(男,53岁),时×平(男,55岁)

住址:江苏省溧阳市溧城镇××村××号

单位及职业:无业

批准人:×××

批准时间:2012年7月31日

办案人:×××、×××

办案单位:江苏省溧阳市公安局刑侦大队

根据《中华人民共和国刑事诉讼法》第二百三十八条之规定,决定对吴×华、陈×华、时×平立案侦查。

填发人:江苏省溧阳市公安局

填发时间:2012年7月31日

证据3:

询 问 笔 录

时间:2012年7月18日10时05分至2012年7月18日11时00分

地点:溧阳市××派出所

询问/讯问人(签名):×××、×××

工作单位:溧阳市××派出所

记录人(签名):×××

工作单位:溧阳市××派出所

被询问/讯问人(签名):汤×

性别:男 年龄:35 出生日期:1977年××月××日

身份证件种类及号码:居民身份证……

□是 ☑否 人大代表

现住址:……

联系方式:……

户籍所在地:……

(口头传唤/被扭送/自动投案的被询问人/讯问人____月____日____时____分到达,____月____日____时____分离开,本人签名)

问:我们是溧阳市××派出所民警(出示警官证),现依法向你询问关于你报称2012年7月2日晚被限制人身自由和遭到殴打一案的有关问题,请你如实回答。对本案无关的问题,你有拒绝回答的权利。你听清楚了没有?

答:听清楚了。

问:你是何身份?

答:我是受害人,我叫汤×,溧阳人。

问:关于2012年7月2日晚发生了什么你是否清楚记得?

答:清楚。

问:把跟本案有关的基本情况回忆一下。

答:2012年7月2日晚上,时×平约我和钟×带两个朋友一起去赌钱,是陈×华组织的,他还带了吴×华、周×、王×贞他们,大家以前都见过,我们就一起去了××村周×家。我们这边手风顺,一直赢钱,大概赢了七万多,晚上九点多那两个人有事先走了。我和钟×又玩了一会儿就想说天晚了不玩了该回家了,他们就不高兴了,说我们出老千,不放我俩走,把我们推上车拉走,一直威胁我们,要我们把赢了的钱吐出来。他们把我们带到荒郊野地里,对我们拳打脚踢,很凶狠,我们一直求饶,我身上只有两万块就全退给了他们。后来他们又把我们带到另一个村子,逼我和钟×各写了一张五万块的借条,写了才放我们,让我们尽快筹钱。他们看我伤得重,就开车把我们两个送到中医院放下了。大概就是这样。

问:你是否记得当时谁开的车?

答:一直是时×平开的车,陈×华坐在副驾驶,吴×华跟我们一起坐在后座看着我们。

问:你是否记得当时谁殴打了你?

答:打人的是吴×华,另两个人就一直威胁我们。

问:你是否记得你们被带到哪里去过?

答:他们先开了很久车,把我们扔到野地里,我不认得,后来是把我们拉到了后周村。

问:你们到医院时几点钟?

答:已经过了半夜,是一点多了,我们挂的急诊。

问:为什么到医院后没立即报警?

答:当时我被打得浑身是伤,嘴也破了,打掉两颗牙,肋骨疼,又害怕,没顾上。我在医院躺了两天才缓过来,医院确诊是两条肋骨骨折,跟家里人商议后,就打了110报警。

问:是谁报的警?

答:是我和钟×一起报的警。我能出院了就来做笔录了。

证据4:

询 问 笔 录

时间:2012年7月18日10时05分至2012年7月18日11时00分

地点:溧阳市××派出所

询问/讯问人(签名):×××、×××

工作单位:溧阳市××派出所

记录人(签名):×××

工作单位:溧阳市××派出所

被询问/讯问人(签名):钟×

性别:男　年龄:32　出生日期:1980年××月××日

身份证件种类及号码:居民身份证……

□是 ☑否 人大代表

现住址:……

联系方式:……

户籍所在地:……

(口头传唤/被扭送/自动投案的被询问人/讯问人＿＿月＿＿日＿＿时＿＿分到达,＿＿月＿＿日＿＿时＿＿分离开,本人签名)

问:我们是溧阳市××派出所民警(出示警官证),现依法向你询问关于你报称2012年7月2日晚被限制人身自由和遭到殴打一案的有关问题,请你如实回答。对本案无关的问题,你有拒绝回答的权利。你听清楚了没有?

答:听清楚了。

问:你是何身份?

答:我是报案人,我叫钟×,是溧阳本地人。

问:关于2012年7月2日晚发生了什么你是否清楚记得?

答:清楚。

问:把跟本案有关的基本情况回忆一下。

答:2012年7月2日晚上,我和汤×他们几个一起去××村周×家赌钱。因为汤×和我们另外两个人一直赢钱,对家后来变脸了,说他们出老千,让我们还钱,因为人是我们带去玩的。他们不放我和汤×回家,把我们拉上一辆车,先开车往××村去,开了很久,到野地里,让我们下车。他们一共三个男人,两个看起来五十几岁的一直在威胁我们,另一个年轻一点大概四十几岁的对我们又打又骂,威胁我们不还钱就把我们打死丢在这里。汤×把他赢的二万块全给了他们,我没有赢钱所以身上也没有钱,他们就逼我写欠条,我没办法只好同意。他们又开车把我们一直带到××村,我和钟×都写了一张五万块的借条才被放走。那时已经过了半夜了,大概一点多,他们才把我们扔到中医院,我们挂了急诊。我真的没有钱,害怕被继续威胁,所以后来就跟汤×商量,一起报了警。大概情况就是这样。

问:你是否认得对方三个人?

答:之前不认识,我能认出来他们的样子,但叫不出名字,写欠条时才知道他们叫吴×华、陈×华、时×平。

问:你是否准确记得当时谁殴打了你?

答:记得,是三个人里稍微年轻一点的那个,记得叫吴×华。

问:后来对方又找过你们吗?

答:还没有。

证据5:

讯 问 笔 录

时间:2013年7月24日9时00分至2013年7月24日10时30分

地点:溧阳市××派出所

询问/讯问人(签名):×××、×××

工作单位:溧阳市××派出所

记录人(签名):×××
工作单位:溧阳市××派出所
犯罪嫌疑人案由:涉嫌非法拘禁、殴打汤×、钟×
被询问/讯问人(签名):吴×华
性别:男 年龄:46 出生日期:1967年××月××日
身份证件种类及号码:居民身份证……
□是 ☑否 人大代表
现住址:……
联系方式:……
户籍所在地:……
(口头传唤/被扭送/自动投案的被询问人/讯问人____月____日____时____分到达,____月____日____时____分离开,本人签名)

问:我们是溧阳市××派出所民警(出示警官证),现依法向你询问关于你投案报称2012年7月2日晚涉嫌非法拘禁、殴打汤×、钟×一案的有关问题,请你如实回答。根据《中华人民共和国刑事诉讼法》的规定,你在被讯问期间有相应的权利和义务,你看一下《讯问期间权利义务告知单》,如果你无法阅读,我们可以向你宣读,你是否清楚了?

答:清楚了。

问:你来派出所的目的是什么?

答:我是来投案自首的。

问:你的姓名、曾用名、年龄、出生年月日、籍贯、民族、文化程度?

答:我叫吴×华,没有曾用名,46岁,1967年××月××日出生,籍贯就是江苏溧阳,汉族,初中文化。

问:你现在住在哪里?

答:现住……

问:工作单位?

答:我一直没有固定工作,平时就是在镇上帮人打零工,看看店什么的。

问:你家还有什么人?

答:有老婆庄×,还有儿子吴×,在城里打工。

问:你有无前科?

答:有。我1993年因为盗窃罪被关了三年,2001年因犯寻衅滋事罪被关了二年六个月,2005年因犯寻衅滋事罪、抢劫罪被判七年、剥夺政治权利一年,后来减刑提前两年刑满释放。

问:你是否为人大代表或者政协委员?

答:不是。

问:你的身体是否有疾病?

答:没有。

问:具体供述你的行为。

答:2012年7月2日晚,时×平喊我和周×、王×贞一起去周×家赌博,陈×华还带了汤×、钟×和另外两个人来。结果我们输了七八万,都给汤×和钟×带去的人赢了。我觉得他们肯定耍花样,故意搞我们,就跟他们理论,要他们把作弊赢的钱还给我们。他们不肯还,我和时×平、陈×华就开车把带头的汤×和钟×带到其他地方,继续跟他们谈,谈不好我们就动手了,他们就服软了。汤×现场退了二万块,但是其他钱不肯退,他答应再找赢钱的人去要,我们就叫他们一人写一个五万块的借条给我们。拿到借条我们就放他们走了,还把他们带到中医院看伤。

问:你是否记得当时谁开的车?

答:是时×平开的车,陈×华坐副驾驶,我坐后座看着他们。

问:你们把他们带到哪里去过?

答:我们先开车一路把他们带到××村那边,后来拉到后周村。

问:你们是怎么动手的?

答:我当时气不过,就打了他们,我就是拳打脚踢,没有用别的东西。

问:别人打人了吗?

答:没有,他们两个就是跟他们吵。

问:你们开始争执是几点钟?

答:大概九点多,他们赢了钱想走,我们拦住不让走。

问:你们最后到医院时几点钟?

答:大概是第二天凌晨一点多了。

问:在这期间你们是否一直不放汤×、钟×走?

答:是,他们之前没答应还钱,所以我们不能放他们走。

问:你对自己实施上述犯罪行为有什么认识和辩解?

答:我知道自己做得不对,主要是气不过他们作弊坑我们的钱。

问:你之后有否继续逼对方还钱?

答:没有,我后来很害怕,就东躲西藏一直没有回来,也没跟他们联系过。

问:你有无归还对方钱?

答:没有。

问:有没有通过赔钱、赔礼道歉等方式取得对方谅解?

答:没有,但我会好好跟他们商议。

问:你有无要检举揭发的?

答:没有。

问:你还有无其他补充?

答:没有。

问:今天你讲的是不是事实,是否你真实意思的表达?

答:是的,我说的是实情,是我自己的真实意思。

证据 6：

溧阳市中医院病历记录
门 诊 病 历

门诊号：510××

科室：急诊

姓名：汤×

性别：男

年龄：35

婚姻：已婚

地址：……

联系人及电话：……

就诊时间：2012-07-03 1:35:44

主诉：患者自诉因外伤致面部创口及身体持续疼痛，疑似肋骨骨折。

现病史：患者及随行人员自述自前晚九点多至就诊半小时前，患者被他人限制人身自由且拳打脚踢，面部、背部多处外伤，两枚门牙脱落，多枚牙齿松动，右侧肋骨疼痛疑似骨折，无昏迷、恶心、呕吐、咯血。

既往史：既往体健，否认"肝炎、结核、伤寒"等传染病史。无手术、外伤史，无输血史，无药物过敏史。

体格检查：T：36.5℃ P：90 次/分 R：22 次/分 BP：130/90mmHg。发育正常、营养中等、扶入病房、急性疼痛面容、自动体位、神清、查体合作。全身皮肤苍白、皮温正常、巩膜无黄染。双侧瞳孔等大、对光发射尚存在。面部、双上肢、双下肢、背部有多处软组织挫伤，唇部贯穿性挫裂伤，两枚上门牙脱落为新伤。胸廓对称、右侧肋骨有错位、双肺叩清、未闻及干湿性罗音，心界不大、心率 90 次/分、律齐、各瓣膜区未闻及病理性杂音。腹平坦，肝脾未扪及、双肾区无叩击痛。移动性浊音（±）、肠鸣音 5 次/分。脊柱无畸形，双膝反射存在。肛门、外生殖器未查。

后经门诊 CT 检查确认右侧第 10、11 肋骨骨折。

入院诊断：

1. 右侧第 10、11 肋骨骨折；
2. 面部、双上肢、双下肢、背部多处软组织挫伤；
3. 唇部贯穿性挫裂伤，两枚门牙脱落；
4. 腹腔内损伤待排。

处置：

收普外科住院治疗。

医生签名：×××

证据7：

溧阳市中医院病历记录
出 院 记 录

姓名：汤× 病室：普外3 床位：25 住院号：201223××

入院时间：2012年7月3日

出院时间：2012年7月17日

住院天数：15天

入院诊断：1. 右侧第10、11肋骨骨折；2. 面部、双上肢、双下肢、背部多处软组织挫伤；3. 唇部贯穿性挫裂伤，两枚门牙脱落；4. 腹腔内损伤待排。

入院情况：患者汤×，35岁，溧阳人，因外伤致面部创口及身体持续疼痛急诊入院。入院体查：T：36.5℃ P：90次/分 R：22次/分 BP：130/90mmHg。发育正常、营养中等、扶入病房、急性疼痛面容、自动体位、神清、查体合作。全身皮肤苍白、皮温正常、巩膜无黄染。双侧瞳孔等大，对光发射尚存在。面部、双上肢、双下肢、背部有多处软组织挫伤，唇部贯穿性挫裂伤，两枚上门牙脱落为新伤。胸廓对称、右侧肋骨有错位、双肺叩清、未闻及干湿性罗音，心界不大，心率90次/分、律齐、各瓣膜区未闻及病理性杂音。腹平坦，肝脾未扪及，双肾区无叩击痛。移动性浊音(±)、肠鸣音5次/分。脊柱无畸形，双膝反射存在。肛门、外生殖器未查。后经门诊CT检查确认右侧第10、11肋骨骨折为新伤。

诊疗经过：患者入院后积极完善相关检查，排除腹腔损伤。给予上口唇清创缝合，并经止血、抗破、抗炎、康复治疗等处理后，好转要求出院。

出院情况：出院时患者情况稳定，体表、体内痛感缓解，四测正常，大小便畅通，精神正常。

出院诊断：1. 右侧第10、11肋骨骨折；2. 面部、双上肢、双下肢、背部多处软组织挫伤；3. 唇部贯穿性挫裂伤，两枚门牙脱落。

出院医嘱：1. 继续静养康复治疗；2. 定期复查，不适随诊。

住院医师：×××
2012年7月17日

证据8：

溧阳市公安局物证鉴定室
法医学人体损伤程度鉴定书

溧公(法)鉴伤字〔2012〕1××号

一、绪论

1. 委托单位：溧阳市××派出所

2. 送检人:×××、×××

3. 受理日期:2012 年 7 月 20 日

4. 案情摘要:汤×2012 年 7 月 2 日晚九点多至午夜一点间在溧阳镇附近遭另一人间歇性殴打致伤。

5. 检验对象:汤×,男,1977 年××月××日生,35 岁,现住址××××××××××

6. 送检材料:—

7. 鉴定要求:损伤程度评定

8. 检验日期:2012 年 7 月 20 日

9. 检验地点:溧阳市公安局伤情鉴定室

二、检验

1. 检验所见:步行入室,神志清楚,应答切题,查体合作,唇部贯穿性挫裂伤缝合痕,两枚门牙脱落。

2. 资料摘录:2012 年 7 月 2 日溧阳市中医院 CT 检查报告:右侧第 10、11 肋骨骨折。

三、分析说明

根据检验所见,结合案情,被鉴定人汤×两枚门牙脱落及右侧第 10、11 肋骨骨折,根据《人体轻伤鉴定标准(试行)》第十二条、第三十三条之规定,汤×的损伤属于轻伤范畴。

四、鉴定意见

汤×的损伤程度属于轻伤。

鉴定人:主检法医师　×××(签名)

法医师　×××(签名)

二〇一二年七月二十五日

证据 9:

借　　条

今借吴×华五万块人民币,限一月之内归还。

借款人:汤×

出借人:吴×华

见证人:时×平、陈×华

2012 年 7 月 2 日

证据10：

借 条

今借吴×华五万块人民币,限一月之内归还。

借款人:钟×

出借人:吴×华

见证人:时×平、陈×华

2012 年 7 月 2 日

证据11：

辨 认 笔 录

时间:2012 年 7 月 31 日 10 时 45 分至 31 日 11 时 00 分

地点:溧阳市公安局刑侦大队接待室

辨认对象:不同男性正面免冠照片 10 张

辨认目的:让辨认人钟×辨别、确认本组照片是否有本案犯罪嫌疑人吴×华。

辨认人钟×是 2012 年 7 月 2 日发生在溧阳市非法拘禁案件的被害人之一,他在询问中陈述,他之前不认识案犯,但能够指认哪些人参与了对他及另一被害人汤×的人身限制,是谁殴打了他及另一被害人汤×。为此,侦查员事先准备好不同的男性正面免冠照片 10 张(其中有本案 1 名犯罪嫌疑人吴×华照片 1 张),分别编为 01—10 号,无规则地排列在一张硬纸上。对辨认人说明要求后,在溧阳市××镇镇政府董××的见证下,将照片提供给钟×辨认。

钟×将全部照片认真仔细地审视了一遍,然后指出:3 号照片(犯罪嫌疑人吴×华)就是 2012 年 7 月 2 日晚参与限制他及另一被害人汤×人身自由三小时以上,并逼迫他及另一被害人汤×写下五万元借条的三人之一,且是当晚唯一殴打他及另一被害人汤×的人。

至此,辨认结束。

侦查员:×××、×××

辨认人:钟×

见证人:董××

记录员:×××

证据12：

赔 偿 协 议

甲方:庄×(吴×华妻子)

乙方:钟×

2012年7月2日,吴×华因赌博输钱事由将钟×殴打致伤,现双方本着平等协商、互谅互让的原则,经协商达成协议如下:

一、就该殴打事件,甲方诚挚地向乙方道歉,并向乙方一次性赔偿各项经济损失人民币肆仟元。

二、上述费用支付给乙方后,乙方不得以任何形式、任何理由就此事再向甲方要求其他任何费用。

三、乙方对甲方的上述处理表示满意,并对吴×华的殴打行为给予谅解。

四、本协议为双方平等、自愿协商之结果,是双方真实意思表示,且公平、合理。

五、本协议经双方当事人签字或捺指印后生效。

六、本协议壹式叁份,甲乙双方各执壹份,交公安机关壹份。

甲方:庄×(签字+手印)
乙方:钟×(签字+手印)
日期:2014.10.12

证据13:

收　条

今收到庄×(吴×华妻子)就吴×华殴打本人致伤事件的一次性经济赔偿人民币肆仟元整。

收款人:钟×
日期:2014.10.12

证据14:

刑事谅解书

本人钟×,职业:自由职业。2012年7月2日,本人与吴×华等人赌博,吴×华等人输钱不服殴打本人,并对本人非法拘禁,威胁本人写下五万块的借条。后本人向溧阳市公安局报案。2013年7月24日,犯罪嫌疑人吴×华因涉嫌非法拘禁罪被逮捕,现羁押在溧阳市看守所。

事后,犯罪嫌疑人吴×华的家人非常重视,于2014年10月12日替吴×华向本人赔偿人民币4000元,并诚恳向本人道歉和表示悔意。本人认为吴×华也是一时输钱心急才实施了暴力举动,案发后吴×华如实供述了自己的罪行,在被采取强制措施后其悔过表现较好,而且他也已经得到了应有的教训,本人愿意原谅他。

因此,本人对犯罪嫌疑人吴×华的行为予以谅解,请求法院在量刑时从轻处罚,给予吴×华改过自新的机会。

此致
江苏省常州市中级人民法院

谅解人:钟×
日期:2014.10.14

二、示范案例裁判文书与点评

（一）示范案例判决书

江苏省常州市中级人民法院
刑事判决书

(2014)常刑终字第1××号

原公诉人江苏省溧阳市人民检察院。

上诉人(原审被告人)吴×华。曾因犯盗窃罪,于1993年7月被江阴市人民法院判处有期徒刑三年;因犯寻衅滋事罪,于2001年1月被江阴市人民法院判处有期徒刑二年六个月;因犯寻衅滋事罪、抢劫罪,于2005年9月26日被江阴市人民法院判处有期徒刑七年,剥夺政治权利一年,并处罚金人民币五千元,后经减刑,于2010年7月22日刑满释放。现因涉嫌犯非法拘禁罪,于2013年7月24日被取保候审,2014年6月11日被刑事拘留,7月14日被逮捕。现羁押于溧阳市看守所。

辩护人×××,江苏××律师事务所律师。

辩护人×××,江苏××律师事务所律师。

江苏省溧阳市人民法院审理江苏省溧阳市人民检察院起诉指控原审被告人吴×华非法拘禁一案,于2014年9月18日作出(2014)溧刑初字第335号刑事判决,以非法拘禁罪判处被告人吴×华有期徒刑一年二个月。原审被告人不服,提出上诉。本院受理后,依法组成合议庭,于2014年10月31日公开开庭进行了审理。江苏省常州市人民检察院指派代理检察员×××出庭履行职务,上诉人吴×华及其辩护人×××到庭参加诉讼,本案现已审理终结。

原审法院认定,2012年7月2日晚,陈×华(已判刑)组织被告人吴×华及周×、王×贞会同时×平(已判刑)组织的由钟×、汤×带去的赌博人员在溧阳市溧城镇××村×××号周×家中赌博。汤×、钟×带去的赌博人员赢了七八万元。被告人吴×华及陈×华、时×平等人怀疑汤×、钟×等人在赌博过程中作弊,遂于当晚10时许将汤×、钟×强行带上汽车押至溧阳市戴埠镇××村附近的山地进行殴打,逼迫退钱,被害人汤×被迫交出人民币二万元。随后,被告人吴×华及陈×华、时×平等人又将汤×、钟×带到溧阳市别桥镇××村,逼迫两人各写下一张五万元的借条。7月3日凌晨1时许,被害人汤×、钟×被带至溧阳市中医院治疗,后两名被害人打电话报警。经鉴定,被害人汤×的损伤构成轻伤。2013年7月24日,被告人吴×华主动投案,并如实供述了上述事实。

上述事实,由公诉机关举证,并经当庭质证、认证的被害人汤×、钟×的陈述,陈×华、时×平的供述,辨认笔录及照片,借条,门诊病历、出院记录、法医学人体损伤程度检验意见书,案发经过,抓获经过,刑事判决书,释放证明等证据证实,被告人吴×华亦当庭供认不讳,足以认定。

原审法院认为,被告人吴×华伙同他人,非法拘禁公民,剥夺公民人身自由,并有殴打等情节,且致一人轻伤,其行为已构成非法拘禁罪,系共同犯罪。公诉机关指控被告人吴×华犯非法拘禁罪,事实清楚,证据确实充分,罪名成立,应予支持。被告人吴×华曾因故意犯罪被判处有期徒刑,在刑罚执行完毕后五年内再故意犯应当判处有期徒刑以上刑罚之罪,系累犯,应当从重处罚。被告人吴×华主动投案,并如实供述犯罪事实,是自首,可以从轻处罚。公诉机关的量刑建议适当,予以采纳。据此,依照《中华人民共和国刑法》第二百三十八条第一款,第二十五条第一款,第六十五条第一款,第六十七条第一款之规定,判决如下:

被告人吴×华犯非法拘禁罪,判处有期徒刑一年二个月。

上诉人吴×华的上诉理由及其辩护人的辩护意见是:1. 同案犯量刑相对较轻;2. 二审期间,吴×华家属代为赔偿被害人钟×的经济损失,获得谅解,请求从轻处罚。

出庭履行职务的检察人员认为,原审认定事实清楚、证据确实充分、审判程序合法、定性准确、量刑恰当,鉴于上诉人二审期间有积极赔偿的行为,建议从轻处罚。

经二审审理查明的事实和证据与原审查明的事实和证据一致,本院予以确认。二审庭审过程中,上诉人的辩护人向本院提交赔偿协议、收条、谅解书等证据,证实二审审理期间上诉人家属庄×向被害人钟×赔偿经济损失人民币4000元,被害人钟×对上诉人予以谅解,请求法院从轻处罚,出庭履行职务的检察人员对该部分证据无异议,且该事实有到庭证人庄×、钟×的证言证实,本院对此予以确认。

本院认为,上诉人吴×华伙同他人,非法拘禁公民,剥夺公民人身自由,并有殴打等情节,且致一人轻伤,其行为已构成非法拘禁罪,系共同犯罪。上诉人吴×华曾因故意犯罪被判处有期徒刑,在刑罚执行完毕后五年内再故意犯应当判处有期徒刑以上刑罚之罪,系累犯,依法应当从重处罚。上诉人吴×华主动投案,并如实供述犯罪事实,是自首,依法可以从轻处罚。关于上诉人的上诉理由及其辩护人的辩护意见、出庭检察人员的检察意见,经查,其一是,在共同犯罪中,量刑时需根据各被告人的犯罪事实、量刑情节、社会危害性及人身危险性等分别综合评判,本案原审判决结合上诉人吴×华在犯罪过程中的行为、其累犯和自首情节等对其以非法拘禁罪判处有期徒刑一年二个月,并无不当;其二是,鉴于上诉人及其家属赔偿被害人经济损失,并获得被害人谅解,有一定的悔罪表现,可予以从轻处罚。故对出庭检察人员的检察意见予以采纳。据此,依照《中华人民共和国刑事诉讼法》第二百二十五条第一款第(三)项、《中华人民共和国刑法》第二百三十八条第一款、第二十五条第一款、第六十五条第一款、第六十七条第一款之规定,判决如下:

一、维持江苏省溧阳市人民法院(2014)溧刑初字第335号刑事判决中对上诉人吴×华的定罪部分;

二、撤销江苏省溧阳市人民法院(2014)溧刑初字第335号刑事判决中对上诉人吴×华的量刑部分;

三、上诉人吴×华犯非法拘禁罪,判处有期徒刑一年一个月。(刑期从判决执行之日起计算。判决执行以前先行羁押的,羁押一日折抵刑期一日,即自2014年6月11日起至2015年7月10日止)

本判决为终审判决。

审判长　×××
代理审判员　×××
代理审判员　×××
二〇一四年十一月七日
书记员　×××

（二）示范案例点评

本案基本事实清楚，被告人吴×华系累犯，伙同他人聚众赌博，有胁迫、殴打、限制他人自由等情节，且致一人轻伤。结合本案具体案情，应首先了解故意伤害罪与非法拘禁罪的认定与量刑标准，并学习《人体损伤程度鉴定标准》，对照住院记录、法医鉴定等文书确认。

之后，通过阅读上述材料了解基本案情后，完成案情分析。（1）分析被告人吴×华是否符合主动投案自首条件；（2）吴×华将伤者送医情节是否符合从轻量刑情节；（3）分析被告人吴×华行为是否构成非法拘禁罪，具体依据哪些情节和标准判定；（4）分析被告人吴×华行为是否构成敲诈勒索罪；（5）分析一审法院量刑是否合理，二审法院减刑判决是否合理，依据是什么。

之后，结合基本案情与上述材料，根据本章第一节中的刑事诉讼案件庭审流程，分角色演练庭审流程。在演练的过程中，要以已有材料为基准，并达到同样的庭审结果。

✦ 刑事诉讼二审案例2：高×故意杀人案

一、示范案例

（一）基本案情

被告人高×，案发时38岁，个体司机，暂住江苏省高邮市×镇×村（户籍所在地江苏省射阳县×镇×村×组×号）。高×妻子陈×与被害人李×（男，殁年41岁）曾发生婚外情。2014年7月中旬，被告人高×发现妻子陈×与被害人李×仍有来往，遂于2014年7月20日中午，在酒后购买了三把菜刀，扬言要杀死李×。当日15时许，被告人高×携带四把菜刀到高邮市三垛镇××村环×鱼塘处，与被害人李×发生争执、打斗，追砍致被害人李×多处受伤失血后经抢救无效死亡。

因涉嫌故意杀人罪，高×于2014年7月被刑事拘留并批捕，该案由高邮市公安局侦查终结，于2014年9月12日向高邮市人民检察院移送审查起诉，并于2014年10月11日转至扬州市人民检察院审查起诉。扬州市中级人民法院判决被告人高×犯故意杀人罪，判处无期徒刑，剥夺政治权利终身。被告人高×不服，提出上诉。江苏省高级人民法院依法组成合议庭，经过阅卷，讯问上诉人，听取辩护人意见，认为案件事实清楚，决定不开庭审理，维持原判并出具刑事裁定书。

（二）主要证据材料

证据 1：

物 证

螺纹钢一根
菜刀三把，不锈钢材质，均已开刃
菜刀一把，不锈钢材质，黑色刀柄，刀柄有缺损
手提袋一只，蓝色

证据 2：

高×、陈×户籍资料及照片

说明：证明被告人高×的身份、陈×的身份，以及被告人高×与陈×存在合法的婚姻关系。

证据 3：

高邮市公安局行政处罚决定书

邮公（交）决字〔2007〕第 02×× 号

违法行为人高×，男，汉族，1976 年××月××日生，身份证号：……居住地：高邮市××村，无业。

现查明 2007 年 3 月 26 日 10 时 36 分，高×驾驶一辆两厢小轿车自高邮市××村沿××路到××村行驶，自北向南行经××路口红绿灯处时，被执勤民警当场查获无有效机动车驾驶证驾驶机动车的违法事实。

以上事实有违法行为人高×的陈述和申辩、检查笔录、现场照片、机动车驾驶证查询结果等证据证实。

根据《中华人民共和国道路交通安全法》第八十五条第（二）项之规定，现决定对违法人高×处罚款二百元并处行政拘留一日。

执行方式和期限由高邮市××县公安局民警送××县拘留所执行拘留，拘留期限：2007 年 3 月 26 日至 2007 年 3 月 26 日。

江苏省高邮市公安局
2007 年 3 月 26 日

证据 4:

江苏省高邮市公安局接处警综合单

接警记录单

报警日期:2014 年 7 月 20 日

报警时间:15 时 32 分

报警人:环×

接警部门:江苏省高邮市××县公安局

接警时间:2014 年 7 月 20 日 15:32

接警人:×××

事故发生时间:2014 年 7 月 20 日 15 时 20 分

事故(事件)情况描述记录:据报警人环×叙述,2014 年 7 月 20 日 15 时 20 分左右,看到一男子跑进高邮市××镇××村自家鱼塘河床,后面还有一男子持金属器械追打,后二人追打进自家在鱼塘南埂上东首平房卧室,环×劝阻无效,追赶人伤人后逃离,环×看到被追赶男子出血量很大,遂打 110 报警。

处理意见:公安局当日值班警察×××和×××即刻出警去事故现场保护现场、维持秩序,刑侦大队×××、×××去现场勘查。

备注:环×已打 120 召救护车将受害人接往医院观察。

证据 5:

江苏省高邮市公安局立案决定书(存根)

〔2014〕高公刑立字××××号

案件名称:高×涉嫌故意伤害罪

案件编号:2014×××××××

犯罪嫌疑人:高×,男,38 岁

住址:高邮市××县××村

单位及职业:个体司机

批准人:×××

批准时间:2014 年 7 月 21 日

办案人:×××、×××

办案单位:江苏省高邮市公安局

根据《中华人民共和国刑事诉讼法》第二百三十二条之规定,决定对高×立案侦查。

填发人:江苏省高邮市公安局

填发时间:2014 年 7 月 21 日

证据 6：

勘验检查笔录

制作单位：江苏省高邮市公安局

现场勘验检查于 2014 年 7 月 20 日 18 时 01 分开始，至 2014 年 7 月 20 日 20 时 15 分结束；于 2014 年 7 月 21 日 16 时 00 分开始，至 2014 年 7 月 21 日 17 时 35 分结束

现场地点：江苏省高邮市三垛镇××村五组环×干涧鱼塘的河床上以及鱼塘南埂上房子

天气晴，温度 30°；相对湿度 70；风向无

勘查检验前现场的条件：变动现场☑　/原始现场☐

现场勘验检查利用的光线：自然光☑　灯光☑

现场勘验检查人：高邮市公安局刑警大队×××、×××

现场勘验情况：江苏省高邮市公安局制作的现场勘验检查笔录、提取痕迹物证登记表、绘制的现场图、拍摄的照片，证明案发地点——江苏省高邮市三垛镇××村五组环×干涧鱼塘的河床上以及鱼塘南埂上房子中的自然状况。其中，干涧鱼塘河床上推土机南侧约 8m 处有一南一北两处印压痕迹和血泊，南侧的印压痕迹东西处各有一只拖鞋；距推土机再远一点的西南侧有一只右脚皮鞋、鱼塘南埂上有一只左脚皮鞋，均泥迹斑斑。该鱼塘南埂上东首四间平房中客厅西门框上有滴落血迹；卧室门上有破损痕迹，木门上有流柱状血迹；卧室内床上、地面等处有血泊或滴落状血迹等。2014 年 7 月 21 日 16 时许，经被告人高×指认，在环×干涧鱼塘南侧的河岸边提取到长 134cm 螺纹钢做的工具一根；从河中打捞出刀身刀柄均为不锈钢材质的菜刀三把、黑色刀柄有缺损的菜刀一把及蓝色手提袋一只等痕迹物证。上述相关痕迹物证均棉棒转移或实物提取。

标准：符合痕迹物证提取标准。

图：（略）

证据 7：

人身检查笔录及照片

制作单位：江苏省高邮市公安局

检查笔录（简述）：

江苏省高邮市公安局制作的人身检查笔录及照片，证明被告人高×身体有 7 处创缘不齐的创口，其中左侧额颞部、右胸锁关节右侧各有一处渗液创口；右侧下颌部肿胀；胸部有一斜行的皮下出血；右背部可见广泛性条状皮肤发红；左手背第一掌骨处有一斜行条状划伤等。同时提取高×的血样等痕迹物证备检。

标准：人身检查笔录和照片拍摄均符合流程标准。

证据 8：

刑事物证鉴定书

鉴定单位：江苏省扬州市公安局物证鉴定所
鉴定书编号：扬公物鉴（法物）字〔2014〕15××号
鉴定书内容说明：

江苏省扬州市公安局物证鉴定所制作的扬公物鉴（法物）字〔2014〕15××号DNA个体识别鉴定书，证明环×鱼塘内河床上的推土机南侧的两处红色可疑斑迹、拖鞋上、高×所穿的皮鞋上、鱼塘边上房子的木门上、门西侧、门框墙面上、卧室内床上等处的血迹或血泊、被害人李×的衣服上均检出人血或人的DNA，其基因与李×血样的基因一致等。

证据 9：

刑事物证鉴定书

鉴定单位：江苏省扬州市公安局物证鉴定所
鉴定书编号：扬公物鉴（化）字〔2014〕4××号
鉴定书内容说明：

江苏省扬州市公安局物证鉴定所制作的扬公物鉴（化）字〔2014〕4××号理化检验报告，证明从被害人李×的血液中未检出甲胺磷等农药、毒鼠强等杀鼠剂、巴比妥等催眠镇静类药物等成分。

证据 10：

高邮市公安局物证鉴定室
法医学尸体检验鉴定书

邮公物鉴（病理）〔2014〕9×号

委托单位：江苏省高邮市公安局刑警大队
送检人：×××、×××
委托时间：2014年7月22日
检验对象：李×，男，41岁
委托要求：鉴定死者李×的死亡原因
检验时间：2014年7月23日
检验地点：江苏省高邮市公安局物证鉴定室
一、简要案情
2014年7月20日15时20分，高邮市公安局××分局接群众报警称当日15时20

分左右,死者李×被一男子持金属器械追打并砍致重伤,流血不止,送医后确认死亡。

二、尸体检验

1. 检验方法(略)

2. 尸体检验(略)

(1) 衣着检查(略)

(2) 尸表检验(略)

(3) 解剖检验(略)

(4) 提取检材及处理(略)

3. 其他相关检验结果和材料(略)

三、分析说明(简述)

被害人李×头颅无畸形;颈项、腹部、背部、臀部均无异常;左颞部一横行创口;右额部有一瓣状创口,方向由左上方至右下方,瓣叶上有一小块颅骨;右胸部有一斜行创口,方向由左下向右上,该创合拢后呈弧形;左上臂内侧有一瓣状创口,方向由下向上,正中神经、肱动脉破裂,肱二头肌、肱三头肌断裂;左手大鱼际有一斜行创口;左小腿内侧有一瓣状创口,方向由下向上等。分析认为应系他人持易挥动、较重且刃缘较长的锐器砍击所致。死亡时间距末次进餐3个小时左右。

四、结论

李×系被他人持易挥动、较重且刃缘较长的锐器,砍破左肱动脉致急性大失血死亡。

法医学鉴定人:×××(签名)

×××(签名)

×××(签名)

二〇一四年七月二十四日

证据 11:

住 宿 记 录

江苏省高邮市公安局调取的住宿记录,证明被害人李×于2012年1月1日以来在该市××宾馆、××宾馆等处36次住宿情况。

证据 12:

通 话 记 录

江苏省高邮市公安局调取被告人高×手机视频截图、通话记录,被害人李×手机的通话清单,辩护人提交的证人陈×的通话清单,证明案发当日,被告人高×、被害人李×、证人朱×1、卢×1、费×、朱×2等人通话情况等。其中证人陈×的数个月的通话清单中,有被害人李×多次呼叫等。

证据 13：

视听资料及庭前会议记录

说明：听取证人卢×1录制的被告人高×与其最后一次手机通话录音，录音中，被告人高×曾扬言要杀被害人李×，并说再有下次，砍死为止等。

证据 14：

李×户籍证明

说明：证明被害人李×的身份、钱×的身份，以及被害人李×与钱×存在合法的婚姻关系。

证据 15：

赔 偿 协 议

甲方：陈×（高×妻子）
乙方：钱×（李×妻子）
2014年7月20日，高×因陈×与李×的感情纠葛将李×砍伤致死，根据刑事附带民事调解书，经协商达成协议如下：

一、就该事件，甲方诚挚地向乙方道歉，并向乙方一次性赔偿各项经济损失人民币贰拾万元。
二、上述费用支付给乙方后，乙方不得以任何形式、任何理由就此事再向甲方要求其他任何费用。
三、乙方对甲方的上述处理表示满意，并对高×的行为给予谅解。
四、本协议为双方平等、自愿协商之结果，是双方真实意思表示，且公平、合理。
五、本协议经双方当事人签字或捺指印后生效。
六、本协议壹式叁份，甲乙双方各执壹份，交公安机关壹份。

甲方：陈×（签字＋手印）
乙方：钱×（签字＋手印）
日期：2015.12.10

证据 16：

收 条

今收到陈×（高×妻子）就高×伤害李×致死事件的一次性经济赔偿人民币贰拾万元整。

收款人：钱×
日期：2015.12.10

证据 17：

刑事谅解书

　　本人，钱×，为李×之妻。2014 年 7 月 20 日，犯罪嫌疑人高×因纠纷将李×砍死。高×2014 年 7 月 21 日因涉嫌犯故意杀人罪已被刑事拘留，同月 31 日被逮捕，现羁押于江苏省高邮市看守所。

　　事后，犯罪嫌疑人高×的家人非常重视，积极按调解书执行民事赔偿，于 2014 年 12 月 10 日替高×向本人赔偿人民币贰拾万元，并诚恳向本人道歉和表示悔意。本人认为高×也是一时冲动才实施了暴力举动，案发后高×如实供述了自己的罪行，在被采取强制措施后其悔过表现较好，而且他也已经得到了应有的教训，本人愿意原谅他。

　　因此，本人对犯罪嫌疑人高×的行为予以谅解，请求法院在量刑时从轻处罚，给予高×改过自新的机会。

　　此致
江苏省扬州市中级人民法院

谅解人：钱×
日期：2014.12.15

证据 18：

被告人高×于 2014 年 8 月 3 日的供述及辩解

　　我叫高×，我老婆是陈×。我和李×是从一些日常业务中认识的，认识五六年了，关系不错，是好朋友。去年(2013 年)夏天的时候，我发现我老婆陈×和李×有男女关系。我很生气，警告陈×，让她和李×断绝关系。陈×向我保证了不再与李×有瓜葛。我也托人警告李×，不要再和陈×联系。没想到，他们并没有断绝关系。今年(2014 年)前一阵，那天(2014 年 7 月 15 日)早上，我发现陈×和李×还有关系，他们约好的，陈×去李×的住处。我很火大，我教训了陈×，但心里面始终不舒服。那阵我每天喝酒，平时也喝，那几天喝得更多。心里面不能想，一想起来就觉得烦。恨李×，他欺人太甚了。那天(2014 年 7 月 20 日)，我越想越气，吃午饭的时候喝酒了，喝了大概有七八两。那天，黄×1 在我家吃的饭，我喝完酒，就出去了。我拿了个袋子，顺手装了家里的菜刀，我当时在气头上，想着怎么也要去找李×。我在路上又买了三把菜刀，不锈钢的，放在袋子里，想着要是有帮手就一起去，吓不死他。我回去跟陈×说，带好娃娃，她哭了，我就出来了。

　　我去找了蒋×，想看看李×在不在他那里，结果不在。我跟蒋×说了这个事，我跟蒋×说了，姓李的再跟陈×有下次，我就要砍他，见一次砍一次。蒋×说大家都知道他们的事，劝也劝过了，没用。我心里更不舒服了。我给李×打了电话，他都没有接。我想了想，还是要去找他。我先请杨×开车送我到了一沟大桥那边，到了那儿，我拿着东西就坐着朱×1的车去找李×。我打了些电话找他,我要让他知道,我要砍他。我去了李×的干妈费×那里,费×是他房东,说他不在。后来我打了朱×2的电话,问他李×在哪里,他说在三垛镇附近的鱼塘那边。我就去了。我找到李×,他当时拿着一根螺纹钢,他问我想干啥?我就告诉他,他还要和陈×纠缠不清就砍死他。我顺手去袋子里想把菜刀拿出来,好歹吓吓他。我还没拿出来,他就拿螺纹钢把我打倒了,他还骑在我身上打我。他打我打得很凶,我就顺手去摸袋子拿刀。我当时被他按倒打,只有左手这边腾得出来,我摸到刀就往他身上砍,他打我嘛,我就砍了,乱砍的,本来就想教训他了,他还打我,只得砍他。他被我砍伤了,就跑开了,我就去追,我想教训他,让他保证再也不联系陈×。我当时跑去追他,他往鱼塘附近的房子去,我有只鞋都掉了,还是追了过去,我拿了刀,还拿了他的螺纹钢。我在房子附近遇到了人,他说不要杀人也不要再打了,有话好好说,我告诉他李×搞我老婆。我拿钢钎撬开门,李×躺在那儿,捂着脸,我敲了他的腿,没有再砍他。我问他还要不要和陈×联系,他说"我不了,我不了,以后不联系了,保证不再联系了"。我就走了。我把钢筋和刀都扔进了河里,在附近的水里洗了洗,再在小卖部里买了拖鞋,就回了。

我也没想真的杀了他,说砍他是吓唬他,希望他从此再也不敢联系陈×。谁遇到这样的事都很气不过,好多人都知道他俩的事,警告过了也不听。我拿着刀过去,还没怎样,他先用钢筋打我的。他打我,我就只能砍他了。

签字:高×

询问及记录人:×××、×××

证据19:

证 人 证 言

证言1　证人陈×(高×妻子)2014年8月5日的证言

我叫陈×,是高×的妻子。几年前高×认识了李×,他们后来关系很好,朋友那种,后来李×就对我有意思。我和李×发生关系是2012年的冬天,一般都是他约我见面,他安排,我去找他。后来,2013年夏天吧,高×可能察觉了,还查到我和李×的通话清单,他很生气,念在夫妻,让我保证不再和李×有联系,我觉得错了,就下了保证。然后我和李×说了,但是李×不准我和他分手,他说反正我和他都有关系了,如果分手,他就要到处说我和他的事情。他还是会约我出去。前些天,李×约我去他住处,那天本来应该没什么,但是刚好高×本来出门的又回来,他找我,就知道了。他还教训了我。他平时都喝酒的,这阵子就喝得更凶。如果在家,喝了酒也会教训我,说好多人都知道这事儿,他很丢脸,说我不守妇道,要不是看在娃娃的份上,早就不要我了。我们的事,黄×1知道的,她还专门跟李×说过,让李×不要再联系我了。出事那天,高×中午在家里吃饭,喝了很多酒,黄×1也在,高×不怎么说话,吃完饭跟我说,带好娃娃,他要走了,就出门了,好像拎了个袋子出去。

证人:陈× (签字)

询问及记录人：×××、×××

证言2　证人黄×1(被告人认识的人)2014年8月5日的证言

我叫黄×1，××××年××月××日出生，××人，家住××市×× 处，我是陈×的嫂子，也认识李×。他们以前关系很好，是之前经常有业务联系时认识的。陈×和李×有婚外情这个事情好多人都知道了，之前高×知道的时候，让他们断了，我觉得这个事情不太好，还跟李×说过，但是他也没理我。那天，就是2014年7月20日，我中午在高×家吃的饭，他心情很不好，喝了不少酒，可能有七八两，不怎么说话，吃完跟陈×说了几句，就出去了。

证人：黄×1（签字）

询问及记录人：×××、×××

证言3　证人蒋×(被告人和受害人认识的人)2014年8月5日的证言

我叫蒋×，××××年××月××日出生，××人，家住××市×× 处。那天中午，12点过吧，高×气冲冲地来我家，感觉很生气，问李×在不在，我说不在，他说他找到李×要弄死他。我们都知道李×和高×媳妇有一腿，我怕高×太冲动了，出事，就随口说李×回家去了，我想着他俩不能见面，改天再劝劝算了。我看到高×车篓里有刀，就在一个蓝色的袋子里，我觉得他应该很冲动，真的找到了李×，可能要出事。他走了之后我就打电话给我妈，我妈是李×的房东，也是他干妈，我的意思是不要让他俩碰见，让李×注意着点，有着防备，我妈电话里说好。

证人：蒋×（签字）

询问及记录人：×××、×××

证言4　证人费×(被告人和受害人认识的人)2014年8月5日的证言

我叫费×，××××年××月××日出生，××人，家住××市×× 处。李×我是认识的，我是他干妈，还是他的房东，他在高邮的住处是我家的房子。2014年7月20日中午以后，我儿子给我打电话，说高×到他那儿找李×了，带着刀去的，说李×搞他老婆，他要弄死他，我儿子让我跟李×说一下，能躲先躲着。后来，差不多是三点左右，高×来我家找李×，感觉他火很大，我说李×回家去了，不在。他没找着，就走了。他走了之后，我就跟李×打了电话，李×说："不怕，干妈，晓得了，没事。"

证人：费×（签字）

询问及记录人：×××、×××

证言5　证人杨×(被告人认识的人)2014年8月6日的证言

我叫杨×，××××年××月××日出生，××人，家住××市×× 处。2014年7月20日，中午以后，差不多是两点左右，高×请我开车送他一截，他喝了不少酒，拿着一个袋子，里面装着菜刀，我就开车送他到了高邮市一沟大桥附近，他拿着东西下车后，就坐了一辆黑色的桑塔纳轿车走了。后来，晚上差不多十点的时候，高×开着那辆黑色桑塔纳轿车回来了，最后又开着平板车走掉。

证人：杨×（签字）

询问及记录人：×××、×××

证言 6　证人朱×1(被告人认识的人)2014 年 8 月 6 日的证言

　　我叫朱×1,××××年××月××日出生,××人,家住××市××处。那天下午差不多三点多的时候,高×请我开车送他下去,他喝了酒,先去了横泾姚庄,后来他又让我带他去武宁那边,一路上他看着情绪很不好,打了些电话,找人,后来在一个虾塘附近,他就下车了,拿着一个袋子下的车。对了,那天开的车是桑塔纳,黑色的。

　　证人:朱×1(签字)

　　询问及记录人:×××、×××

证言 7　证人环×(目击被告人与受害人的人)2014 年 8 月 7 日的证言

　　我叫环×,××××年××月××日出生,××人,家住××市××处。砍人那天,是下午的时候,具体是几点不是特别清楚了,反正也是三点那个时候吧,差不多就是那个时候。我手上的事情整完了就要出去,听见有人喊救命,一个男的跑过来,身上血淋淋的,衣服都染红了,脸上,眼睛这附近还掉着一块肉。看着很吓人的。我说快点去医院,他没理我,急匆匆跑进房里关了门。然后我就看见有人一只手拿着刀,方的刀,另一只手拿着根铁钎过来了,我看到了,怕出事,觉得吓人,就说不要再打了,出了人命就不好了,快点送人去医院,他不听我的,也没跟我说话。他拿那根铁的把房间门弄开就进屋了,进去了一下,里面的人在说话了,但是我听不大清楚,不知道都说了些什么。后来听见有人说"我不了,我不了"。多余的就没有了。感觉里面没有再打起来。我觉得这个事情要赶快报警,就拿了我岳父的手机打了110,这个时候,那个拿刀的走出来,就走了。我后来还喊自己工人差不多就去看一下那个被砍的人,等120来的时候,他还活着的。

　　证人:环×(签字)

　　询问及记录人:×××、×××

证言 8　证人黄×2(目击被告人与受害人的人)2014 年 8 月 7 日的证言

　　我叫黄×2,××××年××月××日出生,××人,家住××市××处。我是环×的老丈人。砍人那天我就在我女婿的鱼塘附近,看到那个拿刀的人,他右手拿一把方方的刀、左手拿一根铁棒子。穿了黑白点子花的短袖衣服,裤子是灰色的,脸上和衣服上都有很多血。他气呼呼地说被砍的那个人欺负人,搞他老婆,他要解决这个事情,这个事情是他自己的,说其他人不要管,不要报警。砍人的那个人走的时候把铁棒子扔河里了。

　　证人:黄×2(签字)

　　询问及记录人:×××、×××

证言 9　证人张×(目击被告人与受害人的人)2014 年 8 月 7 日的证言

　　我叫张×,××××年××月××日出生,××人,家住××市××处。我是环×的鱼塘雇的工人。鱼塘发生命案那天,大概15时30分,我看到作案凶手拿着凶器从环×家平房离开。之后环×让我进卧室看看情况,我壮着胆子进去,看到一男子斜躺在环×床上,头上肉都挂下来了,左手掌、右小腿都有一道口子,流了很多血。后来环×又让我帮着进去帮他找手机,我就又进卧室看了看,那时摸那个人胸口还有心跳。

　　证人:张×(签字)

询问及记录人:×××、×××

证言 10　证人吕×(目击被告人的人)2014 年 8 月 7 日的证言

我叫吕×,××××年××月××日出生,××人,家住××市×× 处。我家虾塘就在环×的鱼塘旁边。案发那天大约 15 时 30 分,我看见犯罪嫌疑人在我虾塘里洗手后离开,身上有血。

证人:吕×(签字)

询问及记录人:×××、×××

证言 11　证人赵×(目击被告人的人)2014 年 8 月 7 日的证言

我叫赵×,××××年××月××日出生,××人,家住××市×× 处。案发当天约 15 时,我在××村五组河岸看见一名上身没穿衣服、头左边淌血、裤子潮湿的男子,形迹十分可疑。

证人:赵×(签字)

询问及记录人:×××、×××

证言 12　证人卢×2(目击被告人的人)2014 年 8 月 7 日的证言

我叫卢×2,××××年××月××日出生,××人,家住××市×× 处。2014 年 7 月 20 日下午,我在自己店里看着店,有个男的,没穿鞋子,身上还是潮湿的,来我店里买了拖鞋和其他东西,看上去没啥表情,付钱的时候,给我的 100 元都是潮的。

证人:卢×2(签字)

询问及记录人:×××、×××

证言 13　证人葛×(见证被害人无生命体征的人)2014 年 8 月 7 日的证言

我叫葛×,××××年××月××日出生,××人,家住××市×× 处。我是×× 医院 120 处的。2014 年 7 月 20 日,我们接到电话,说武宁下边有人被砍了,已报警,让我们赶快去。我们到的时候,警察已经到了,我们进到屋子里检查伤者的时候,发现伤者已经没有生命体征了。我们把伤者带到医院,再次检查的时候,心电图显示伤者已经死亡了。

证人:葛×(签字)

询问及记录人:×××、×××

二、示范案例裁判文书与点评

(一)示范案例判决书

江苏省扬州市中级人民法院
刑事判决书

(2014)扬刑初字第 0001×号

公诉人江苏省扬州市人民检察院。

被告人高×,绰号"高三",个体司机。曾因无证驾驶于 2007 年 3 月 26 日被江苏省高邮市公安局行政拘留一日。因涉嫌犯故意杀人罪于2014年7月21日被刑事拘留，同月31日被逮捕。现羁押于江苏省高邮市看守所。

辩护人×××，江苏××律师事务所律师。

辩护人×××，江苏××律师事务所律师。

江苏省扬州市人民检察院以扬检诉刑诉〔2014〕28号起诉书指控被告人高×犯故意杀人罪，于2014年11月21日向本院提起公诉。诉讼过程中，被害人近亲属提起附带民事诉讼。本院受理后，依法组成合议庭，主持附带民事诉讼原、被告双方当事人达成调解协议并履行完毕，刑事附带民事诉讼部分审理终结。后于2015年1月15日、2月15日对本案刑事诉讼部分公开开庭进行了审理。江苏省扬州市人民检察院指派代理检察员×××出庭支持公诉。被害人近亲属委托的诉讼代理人×××（高邮市××法律服务所法律工作者），被告人高×及其辩护人×××、×××到庭参加诉讼。刑事诉讼部分亦审理终结。

公诉机关指控：2012年年底，被告人高×妻子陈×与被害人李×（男，殁年41岁）发生婚外情并保持不正当两性关系，被告人高×得知后，要求陈×保证与李×断绝来往。2014年7月中旬，被告人高×发现陈×与李×仍有来往，遂怀恨在心。2014年7月20日中午，被告人高×酒后购买了三把菜刀，并扬言要杀死李×。当日15时许，被告人高×携带四把菜刀到高邮市三垛镇××村环×鱼塘处，与被害人李×发生争执，继而打斗，其间被告人高×持菜刀连砍被害人李×头部、前胸等，并砍破李×左肱动脉。李×逃至环×鱼塘棚卧室并将门反锁，被告人高×紧追不舍，不顾环×劝阻，将该卧室门撬开并用螺纹钢击打李×腿部后逃离现场。后李×经抢救无效死亡。经鉴定，李×系被他人持易挥动、较重且刃缘较长的锐器，砍破左肱动脉致急性大失血死亡。被告人高×归案后如实供述主要犯罪事实。该事实有物证、书证、证人证言、被告人供述和辩解、相关鉴定意见、勘验检查笔录等证据证明。

公诉机关认为：被告人高×故意非法剥夺他人生命，致人死亡，应当以故意杀人罪追究其刑事责任。归案后高×如实供述自己的罪行，系坦白，可以从轻处罚。建议判处被告人高×死刑。

诉讼代理人提出同意公诉机关对事实、证据、定罪、量刑的意见。

被告人高×辩解及其辩护人提出的辩护意见是：被告人高×的行为构成故意伤害罪。被害人有责任，被告人案发后如实供述、赔偿并取得被害人近亲属谅解，依法可得到从轻处罚。建议以故意伤害罪判处被告人高×十年左右有期徒刑。辩护人提交了户籍资料、结婚证、通话清单、调解协议书、江苏省扬州市中级人民法院的刑事附带民事调解书、送达证、被害人近亲属出具的收条等。

经审理查明：2012年年底以来，被告人高×妻子陈×与被害人李×（男，殁年41岁）发生婚外情并保持着不正当男女关系。2013年夏季，被告人高×得知后，要求陈×断绝与李×来往，并采用委托他人传话等方式警告李×。2014年7月中旬，被告人高×发现陈×与李×仍有来往，心生愤恨。同月20日中午，被告人高×酒后购买不锈钢材质菜刀三把、携带家中的黑色刀柄有缺损的菜刀一把，用手提袋装着去寻找李×，扬言要杀死李×。当日15时许,被告人高×在江苏省高邮市三垛镇××村环×干涧的鱼塘中找到被害人李×,与持螺纹钢的被害人李×发生争执、打斗。其间,被告人高×被被害人李×打倒在地并骑压在身下,被告人高×即摸出一把菜刀乱砍被害人李×身体,致被害人李×头部、前胸等身体多处受伤、左肱动脉断裂。被害人李×躲避至该鱼塘附近的房屋卧室中反锁屋门,被告人高×未听从他人劝阻,又持螺纹钢捣开卧室门并击打被害人李×腿部。当被害人李×保证不再与陈×来往后,被告人高×逃离现场,并扔掉作案凶器等。被害人李×经抢救无效于当日死亡。经法医鉴定,被害人李×系被他人持易挥动、较重且刃缘较长的锐器,砍破左肱动脉致急性大失血死亡。被告人高×被抓获归案后如实供述犯罪事实,侦查人员从被告人高×指认的河岸边提取到螺纹钢一根、从河中打捞出菜刀四把及手提袋。

本案审理过程中,被告人高×及其近亲属与被害人李×的近亲属达成赔偿协议并履行完毕,被害人李×近亲属表示谅解并请求对被告人高×从轻处罚。

上述事实有下列证据予以证明:

(一)物证、书证

1. 物证螺纹钢一根、不锈钢材质菜刀三把、黑色刀柄有缺损的菜刀一把等,证明被告人高×作案所用凶器等。

2. 户籍资料及照片、邮公(交)决字〔2007〕第02××号行政处罚决定书,证明被告人高×、被害人李×的身份。其中包括被告人高×曾因无证驾驶于2007年3月26日被江苏省高邮市公安局行政拘留一日,被告人高×与陈×存在合法的婚姻关系等。

3. 江苏省高邮市公安局接处警综合单,受案登记表,现场勘验检查提取痕迹、物证登记表,相关侦查人员出具的侦破经过、情况说明,相关医院的心电图记录,随案移送清单,证明本案案发、抢救被害人过程、抓获被告人及被告人如实供述等侦查经过,相关痕迹、物证的来源等。

4. 江苏省高邮市公安局调取的住宿记录,证明被害人李×于2012年1月1日以来在该市××宾馆、××宾馆等处36次住宿情况。

5. 江苏省高邮市公安局调取被告人高×手机视频截图、通话记录,被害人李×手机的通话清单,辩护人提交的证人陈×的通话清单,证明案发当日,被告人高×、被害人李×、证人朱×1、卢×1、费×、朱×2等人通话情况等。其中证人陈×的数个月的通话清单中,有被害人李×多次呼叫等。

6. 辩护人提交的户籍资料、结婚证、协议书、江苏省扬州市中级人民法院的刑事附带民事调解书、送达证、被害人近亲属出具的收条,证明被告人高×与陈×是夫妻;本案民事赔偿已履行完毕,被害人近亲属谅解并请求司法机关对被告人高×从轻处罚。

(二)证人证言

7. 证人陈×的证言,证明其与李×自2012年冬天开始就有了婚外情,一般在李×的车上或在李×开的宾馆中发生性关系。2013年夏天,陈×丈夫高×可能发觉,并受到高×警告,保证不再与李×来往,也曾向李×提出分手,但遭到李×拒绝并威胁。陈×

没办法,继续与李×保持着不正当的男女关系。案发前几天的一天早上,陈×赴李×之约到李×的宿舍被高×发觉,再次受到高×责备。案发当天,高×喝了七八两酒,说要走了,要求其带好孩子。黄×1曾电话要求李×不要骚扰陈×。

8. 证人黄×1的证言,证明2014年7月15日,高×和陈×吵架,原因是当日早上,陈×赴李×之约,去李×在高邮镇上的宿舍时,被高×发现。之后,黄×1曾电话要求李×不要再骚扰陈×。同月20日,黄×1在高×家中吃午饭,看到高×不是很高兴,喝了七八两酒,也没有说什么话。

9. 证人蒋×的证言,证明案发当日12时许,高×曾来其家中找李×,显得很生气,说要弄死李×。蒋×知道高×是为陈×与李×有不正当男女关系的事情。蒋×与朋友们都知道李×与陈×有不正当的男女关系,便谎称李×已经回家,目的是另找时间劝和双方。蒋×看到高×车篓里有刀,是用蓝色的袋子装着的,当即电话联系母亲费×通知李×防备高×。

10. 证人王×的证言及其辨认笔录证明2014年7月20日12时许,高×来其经营的杂货店中买走刀身刀柄均为不锈钢材质、已开刃的菜刀三把。

11. 证人杨×的证言,证明2014年7月20日14时左右,曾驾驶汽车送酒后的高×到本市一沟大桥附近,后高×拿着装菜刀的布质包,转乘一辆黑色的桑塔纳轿车离开。当日约22时,高×驾驶那辆黑色桑塔纳轿车返回,后驾驶自己的平板车离开。

12. 证人朱×1的证言,证明案发当天15时左右至16时,应高×要求,驾驶黑色的桑塔纳轿车送酒后的高×先到横泾姚庄,后又到武宁的一个虾塘附近。下车时,高×拎着一只布袋。

13. 证人胡×的证言,证明2014年7月20日约13时43分,接到高×欲找李×算账、扬言杀李×的电话。胡×知道高×是为陈×与李×有不正当男女关系的事情。这件事情其与盐城籍的老乡们都知道。当即电话劝说高×,但高×听不进,还责备其不该隐瞒这件事情。胡×通话中感觉高×喝了不少酒。

14. 证人卢×1的证言,证明其与李×是老乡,也是把兄弟,更是合伙人。"高三"与李×相识于五六年前。"高三"专项运送推土机、挖土机。2014年7月20日14时左右,其接到"高三"找李×、带刀砍李×,并说"我准备砍他了,见一次砍一次,砍死为算"的电话后,就立即电话通知李×躲避,但李×说不怕。卢×1感觉事情有点严重,故录音了最后一次与"高三"通话的内容。卢×1知道"高三"刀砍李×的原因是陈×与李×保持了两年多不正当的男女关系。2013年夏天,"高三"采用教训陈×等方式警告过李×,在场的李×都没敢说话;卢×1也曾受"高三"之托,要求李×不要乱来;"高三"也曾向卢×1索要李×妻子的电话号码,其未告知。约在本案发生的前几天,高×曾说此事五天内见分晓。

15. 证人费×的证言,证明其是李×在高邮多年的房东,也是李×的"干妈"。2014年7月20日15时许,"高三"气势汹汹地来其家中找李×,手里还拎着一只蓝色的袋子。费×曾听李×说过"高三"怀疑李×和陈×有不正当男女关系的事情,故谎称李×回老家了。"高三"离开后,费×立即电话通知了李×,李×回说没事。

16. 证人朱×2的证言,证明案发当天14时许,曾接到高×找李×的电话,其告知李×的方位后,高×即挂断了电话,朱×2当时感觉到很奇怪。

17. 证人环×的证言及其辨认笔录证明2014年7月20日约15时,刚要离开鱼塘边上的房子,李×冲来喊救命。李×眼睛处有一块肉挂着,没流多少血,但膀子处往外涌血,衣服都染红了。李×冲进卧室后猛地关上了门,未理睬环×让其去医院的要求。之后,环×看到高×由鱼塘处走来,右手拿着一把刀,左手拿着一根铁钎。环×劝高×不能再打,要赶紧去医院,否则会出人命。但高×未说话,用螺纹钢捣开卧室的门,进去约两分钟。环×听到两人对话,没听清楚高×说了什么,但听到李×说"我不了,我不了"。其间,李×没有发出惨叫等其他异常的声音。此时,其用岳父黄×2的手机报警时,高×离开。在等候120期间,环×鱼塘上的工人曾进卧室看过李×,说李×还活着。

18. 证人黄×2的证言,证明2014年7月20日约15时30分,在女婿环×的鱼塘处,看到一名右手拿一把方方的刀、左手拿一根铁棒子的男子。该男子35岁左右、身高170厘米以上、穿黑白点子花短袖和灰色长裤,脸上、衣服上有很多血。该男子说死者欺人太甚,与该男子的老婆有不正当的男女关系,自己的事情自己解决,不要拨打110。该男子砍人后把铁棒扔进河里。

19. 证人张×的证言,证明2014年7月20日约15时30分,在其工作的环×鱼塘处,看到凶手离开。张×曾应环×找手机的要求两次进入卧室,看到一名男子斜躺在环×床上。该男子一只脚挂在床边,头上肉都挂下来了,左手掌、右小腿均有一道口子。张×曾摸了受伤男子胸口,有心跳。

20. 证人吕×的证言,证明2014年7月20日约15时30分,看见有人在其虾塘中洗手后离开。

21. 证人赵×的证言,证明2014年7月20日约15时,看见一名上身没穿衣服、头左边淌血、裤子潮湿的男子。

22. 证人卢×2的证言及辨认笔录证明2014年7月20日约16时,高×来其经营的小商店中买了一双拖鞋等物品。高×用来购物的100元钞票是潮湿的。

23. 证人葛×的证言,证明其随救护车后于警察赶到现场,检查中发现伤者已没有生命体征。后将伤者带到医院,心电图显示伤者已死亡。

(三)被告人供述与辩解

24. 被告人高×供述及其辨认笔录证明其与李×既是业务关系,又是好朋友。2013年夏,其发现妻子与李×有大量通话记录,也得知妻子与李×有不正当男女关系,即教训了妻子,也通过他人警告过李×。其妻保证与李×断绝来往。案发前的一天早上,高×发现妻子与李×仍有来往,又教训了妻子。为此,高×心情郁闷,每天喝很多酒。2014年7月20日中午,高×在高邮暂住地喝了六七两白酒,曾找蒋×等人去劝李×,并说再有下次,就用刀砍。蒋×说已劝,但没用。蒋×等人应该看到其所带菜刀。高×也曾拨打李×电话,想通过辱骂发发怨气,但李×没接,即下定决心多买几把刀去吓吓李×。高×之后到高邮武安镇上的一家杂货店买了三把刀身刀柄均为不锈钢的菜刀,连同放在车篓里从家里拿的一把菜刀,计四把,用蓝色的袋子装着,回暂住地要求妻子带好孩子,后请杨×、朱×1分别驾驶汽车送其至高邮市农村去寻找李×。途中,高×拨打多人电话,扬言要杀死李×。后在三垛镇附近的一鱼塘中找到李×。李×拿着一根螺纹钢责问高×想干啥。高×回说再这样,就拿刀砍,同时欲拿出袋子中的菜刀。李×见状,即用螺纹钢将其打倒,骑压在高×身上对其殴打,高×即摸出一把菜刀乱砍李×身体。高×砍李×时的体位是先侧身后右手撑着地面、左手持刀乱砍的。高×已记不清是用了四菜刀中的哪一把,也记不清砍了李×多少刀,更未考虑到会有什么后果,但李×身上的伤肯定是高×刀砍所致。李×起身跑往鱼塘附近的房子中,高×光脚一手拿刀、一手拿李×的螺纹钢去追,目的是要李×保证不再与其妻来往。高×在房子附近碰到鱼塘主人,鱼塘主人说不要杀人,有话好好说。高×回说李×欺人太甚,与其妻子有不正当男女关系。高×用螺纹钢捣开门,敲了坐在床边捂着脸的李×腿部两下,但没有持刀再砍。当李×认错,并保证不再与其妻来往后,其即离开。途中,高×扔掉了螺纹钢和菜刀,洗掉了身上的泥土和血迹,在一小商店中买了拖鞋等物品逃离。高×被抓获后曾带领侦查人员指认现场并提取到螺纹钢一根,从河中打捞出四把菜刀及手提袋。

(四)鉴定意见

25. 江苏省扬州市公安局物证鉴定所制作的扬公物鉴(法物)字〔2014〕15××号DNA个体识别鉴定书,证明环×鱼塘内河床上的推土机南侧的两处红色可疑斑迹、拖鞋上、高×所穿的皮鞋上、鱼塘边上房子的木门上、门西侧、门框墙面上、卧室内床上等处的血迹或血泊、被害人李×的衣服上均检出人血或人的DNA,基因与李×血样的基因一致等。

26. 江苏省扬州市公安局物证鉴定所制作的扬公物鉴(化)字〔2014〕4××号理化检验报告,证明从被害人李×的血液中未检出甲胺磷等农药、毒鼠强等杀鼠剂、巴比妥等催眠镇静类药物等成分。

27. 江苏省高邮市公安局物证鉴定室制作的邮公物鉴(病理)〔2014〕9×号法医学尸体检验鉴定书及照片,证明被害人李×头颅无畸形;颈项、腹部、背部、臀部均无异常;左颞部一横行创口;右额部有一瓣状创口,方向由左上方至右下方,瓣叶上有一小块颅骨;右胸部有一斜行创口,方向由左下向右上,该创合拢后呈弧形;左上臂内侧有一瓣状创口,方向由下向上,正中神经、肱动脉破裂、肱二头肌、肱三头肌断裂;左手大鱼际有一斜行创口;左小腿内侧有一瓣状创口,方向由下向上等。分析认为应系他人持易挥动、较重且刃缘较长的锐器砍击所致。死亡时间距末次进餐3个小时左右。检验意见:李×系被他人持易挥动、较重且刃缘较长的锐器,砍破左肱动脉致急性大失血死亡。

(五)勘验检查笔录

28. 江苏省高邮市公安局制作的现场勘验检查笔录、提取痕迹物证登记表、绘制的现场图、拍摄的照片,证明案发地点——江苏省高邮市三垛镇××村五组环×干涸鱼塘的河床上以及鱼塘南埂上房子中的自然状况。其中干涸鱼塘河床上推土机南侧约8m处有一南一北两处印压痕迹和血泊,南侧的印压痕迹东西处各有一只拖鞋;距推土机再远一点的西南侧有一只右脚皮鞋、鱼塘南埂上有一只左脚皮鞋,均泥迹斑斑。该鱼塘南埂上东首四间平房中客厅西门框上有滴落血迹;卧室门上有破损痕迹,木门上有流柱状血迹;卧室内床上、地面等处有血泊或滴落状血迹等。2014年7月21日16时许,经被告人高×指认,在环×干涸鱼塘南侧的河岸边提取到长134cm螺纹钢做的工具一根;从河中打捞出刀身刀柄均为不锈钢材质的菜刀三把、黑色刀柄有缺损的菜刀一把及蓝色手提袋一只等痕迹物证。上述相关痕迹物证均棉棒转移或实物提取。

29. 江苏省高邮市公安局制作的人身检查笔录及照片,证明被告人高×身体有7处创缘不齐的创口,其中左侧额颞部、右胸锁关节右侧各有一处渗液创口;右侧下颌部肿胀;胸部有一斜行的皮下出血;右背部可见广泛性条状皮肤发红;左手背第一掌骨处有一斜行条状划伤等。同时提取高×的血样等痕迹物证备检。

(六)视听资料及庭前会议记录,证明被告人高×与证人卢×1最后一次通话中,曾扬言要杀李×,并说"再有下次,砍死为止"等。

上述证据均经庭审举证质证,证据来源合法,证明内容客观真实,与本案相关联,其证明效力,本院予以确认。

本院认为:被告人高×非法剥夺他人生命,致人死亡,其行为已构成故意杀人罪。高×归案后如实供述自己的罪行,依法可以从轻处罚。本案系婚外情引发,被害人对于案件发生负有一定责任,被告人高×及其近亲属赔偿被害人近亲属部分经济损失并取得谅解,结合本案情况,可酌情对被告人高×从轻处罚。公诉机关指控被告人高×犯故意杀人罪的事实清楚,证据确实充分,定性正确,予以支持。诉讼代理人提出的事实、证据、定罪部分的意见成立,予以采纳。

关于被告人高×辩解及其辩护人提出本案应定性为故意伤害的辩护意见,经查,被告人高×明知持刀砍人可能会造成被害人伤、亡的严重后果,仍实施了持刀砍人并不计后果的行为;后明知被害人被砍伤,未实施任何救助行为即逃离现场,放任犯罪结果的发生,其行为符合故意杀人罪的犯罪构成,应当以故意杀人罪追究其刑事责任。该辩解及辩护意见不能成立,不予采纳。但被告人高×辩解及其辩护人提出"被害人有责任,被告人案发后如实供述,赔偿并取得被害人近亲属谅解,依法可得到从轻处罚的意见"有事实和法律依据,予以采纳。

综上,依照《中华人民共和国刑法》第二百三十二条、第五十七条第一款、第六十七条第三款、第六十二条、第六十四条之规定,判决如下:

一、被告人高×犯故意杀人罪,判处无期徒刑,剥夺政治权利终身。

二、作案凶器菜刀三把(刀身刀柄均为不锈钢材质)予以没收。

如不服本判决,可在接到本判决书的第二日起十日内,通过本院或者直接向江苏省高级人民法院提出上诉。书面上诉的,应提交上诉状正本一份,副本二份。

审判长　×××
审判员　×××
代理审判员　×××
二○一五年二月十五日
书记员　×××
书记员　×××

江苏省高级人民法院
刑事裁定书

(2015)苏刑一终字第0007×号

原公诉人江苏省扬州市人民检察院。

上诉人(原审被告人)高×,绰号"高三",个体司机。2007年3月26日曾因无证驾驶被行政拘留一日。2014年7月21日因涉嫌犯故意杀人罪被刑事拘留,同月31日被逮捕。现羁押于江苏省高邮市看守所。

辩护人×××、×××,江苏××律师事务所律师。

江苏省扬州市中级人民法院审理江苏省扬州市人民检察院指控原审被告人高×犯故意杀人罪一案,于2015年2月15日作出(2014)扬刑初字第0001×号刑事判决。原审被告人高×不服,提出上诉。本院依法组成合议庭,经过阅卷,讯问上诉人,听取辩护人意见,认为本案事实清楚,决定不开庭审理。现已审理终结。

原判决认定,2014年7月20日中午,被告人高×酒后携带其购买的不锈钢菜刀三把及家中的黑色刀柄有缺损的菜刀一把,寻找与其妻子陈×有不正当男女关系的李×(被害人,男,殁年41岁),并向他人扬言要杀死李×。当日15时许,高×与持螺纹钢的李×在高邮市三垛镇××村环×所有的干涸鱼塘中发生争执、打斗,高×持菜刀乱砍李×,致李×身体多处受伤。李×躲避至该鱼塘附近的房屋卧室后,高×持螺纹钢捣开卧室门并击打李×腿部,李×保证不再与陈×来往后,高×逃离现场。李×于当日死亡。经法医鉴定,被害人李×系被他人持易挥动、较重且刃缘较长的锐器,砍破左肱动脉致急性大失血死亡。原审审理过程中,李×近亲属与高×及其近亲属达成赔偿协议并表示谅解。

原判决认定上述事实的证据有证人陈×、黄×1、卢×1等人的证言,现场勘验检查工作记录、现场图及照片,人身检查笔录及照片,物证螺纹钢一根、不锈钢材质菜刀三把、黑色刀柄有缺损的菜刀一把,DNA个体识别鉴定书、法医学尸体检验鉴定书及照片,住宿记录、手机视屏截图、通话记录、户籍资料等书证,接处警综合单、受案登记表、情况说明以及被告人高×的供述等。

原审人民法院认为,被告人高×故意非法剥夺他人生命,其行为已构成故意杀人罪。高×归案后如实供述自己的罪行,系坦白,依法可以从轻处罚。本案系婚外情引发,被害人对于案件发生负有一定责任;高×及其近亲属赔偿被害人近亲属部分经济损失并取得谅解,可酌情对高×从轻处罚。依照《中华人民共和国刑法》第二百三十二条、第五十七条第一款、第六十七条第三款、第六十二条、第六十四条之规定,认定被告人高×犯故意杀人罪,判处无期徒刑,剥夺政治权利终身。作案凶器菜刀三把(刀身刀柄均为不锈钢材质)予以没收。

上诉人高×及其辩护人提出:高×无杀害李×和放任死亡结果发生的故意,应认定高×构成故意伤害罪,原判决定性错误;本案被害人李×对案件的发生和造成的死亡结果负有重大过错责任;高×积极赔偿,已取得被害人亲属谅解,原判决量刑过重,建议二审法院依法改判。

经审理查明,自2012年年底开始,上诉人高×的妻子陈×与李×一直存有不正当男女关系。2013年夏,高×得知此事后,要求陈×断绝与李×来往。2014年7月中旬,高×发现陈×与李×仍有来往,心生愤恨。同月20日中午,高×购买不锈钢材质菜刀三把,并携带家中黑色刀柄有缺损的菜刀一把,装入手提袋中前去寻找李×,并向他人扬言要杀死李×。当日15时许,高×在高邮市三垛镇××村环×所有的干涸鱼塘中找到李×,与持螺纹钢的李×发生争执、打斗,当高×被李×打倒并骑压在身下时,即摸出一把菜刀乱砍李×身体,致李×头部、前胸等身体多处受伤、左肱动脉断裂。李×躲避至该鱼塘附近的房屋卧室中反锁屋门,高×不听他人劝阻,持螺纹钢捣开卧室门并击打李×腿部,在李×保证不再与陈×来往后,高×逃离现场。李×于当日死亡。经法医鉴定,被害人李×系被他人持易挥动、较重且刃缘较长的锐器,砍破左肱动脉致急性大失血死亡。

原审审理期间,经调解,被害人李×近亲属与上诉人高×及其近亲属达成赔偿协议并表示谅解,请求法院对高×从轻处罚。

认定上述事实的证据有:

(一)江苏省高邮市公安局接处警综合单、受案登记表、侦破经过说明、情况说明,证明2014年7月20日16时05分,高邮市公安局110指挥中心接群众环×报警,称李×被一名男子杀死,公安机关经侦查确认作案人系高×,遂将高×抓获归案。

(二)现场勘验检查笔录、提取痕迹物证登记表、现场图及照片,证明侦查人员对高邮市三垛镇××村五组环×干涸鱼塘的河床、鱼塘南埝上房子进行了现场勘查,发现鱼塘河床上推土机南侧约8m处有一南一北两处印压痕迹和血泊,南侧的印压痕迹东西处各有一只拖鞋;距推土机再远一点的西南侧有一只右脚皮鞋、鱼塘南埝上有一只左脚皮鞋;鱼塘南埝上东首四间平房中客厅西门框上有滴落血迹,卧室门上有破损痕迹,木门上有流柱状血迹,卧室内床上、地面等处有血泊或滴落状血迹等。根据高×指认,在该鱼塘南侧的河岸边提取到长134cm螺纹钢做的工具一根,从河中打捞出刀身刀柄均为不锈钢材质的菜刀三把、黑色刀柄有缺损的菜刀一把及蓝色手提袋一只等物证。上述相关痕迹物证公安机关均依法提取。

(三)人身检查笔录及照片,证明高×归案后,侦查人员经检查发现其身体共有7处创缘不齐的创口。

(四)鉴定意见

1. 江苏省扬州市公安局物证鉴定所制作的扬公物鉴(法物)字〔2014〕15××号DNA个体识别鉴定书,证明环×鱼塘内河床上的推土机南侧的两处红色可疑斑迹、拖鞋上、高×所穿的皮鞋上、鱼塘边上房子的木门上、门西侧、门框墙面上、卧室内床上等处的血迹或血泊、被害人李×的衣服上均检出人血或人的DNA,基因与李×血样的基因一致等。

2. 江苏省高邮市公安局物证鉴定室制作的邮公物鉴(病理)〔2014〕9××号法医学尸体检验鉴定书及照片,证明经鉴定,被害人李×左颞部、右额部、右胸部、左上臂内侧、左手大鱼际等处均有创口。认定被害人李×系被他人持易挥动、较重且刃缘较长的锐器，砍破左肱动脉致急性大失血死亡。

(五) 物证、书证

1. 物证螺纹钢一根、不锈钢材质菜刀三把、黑色刀柄有缺损的菜刀一把、皮鞋等，证明高×作案所用凶器及所穿鞋子。

2. 住宿记录，证明李×于2012年1月1日以来在高邮市××宾馆、××宾馆等处36次住宿登记的情况。

3. 手机视屏截图、通话记录、通话清单，证明上诉人高×、被害人李×、证人朱×1、卢×1、费×、朱×2等人手机通话情况及被害人李×长期与陈×手机通话的情况。

4. 户籍资料、结婚证、协议书、扬州市中级人民法院刑事附带民事调解书及收条，证明高×与陈×是夫妻。本案双方达成民事赔偿调解协议并已履行完毕，被害人近亲属已谅解并请求对高×从轻处罚。

5. 户籍资料及照片、邮公(交)决字〔2007〕第02××号行政处罚决定书，证明上诉人高×、被害人李×的身份情况以及高×的劣迹情况。

(六) 电子证据

证人卢×1用手机录制的与高×的最后一次通话记录，证明高×扬言要杀李×，并说再有下次，砍死为止等。

(七) 证人证言

1. 证人陈×的证言，证明其与李×于2012年冬天发生婚外情，一般在李×的车上或在李×开的宾馆房间中发生性关系。2013年夏天，陈×丈夫高×可能发觉此事，高×予以警告后，陈×保证不再与李×来往，但继续与李×保持不正当男女关系。案发前几天的一天早上，陈×到李×宿舍约会，被高×发觉，受到高×责备。案发当日，高×喝了七八两白酒，说要走了，要求其带好孩子。

2. 证人黄×1(系陈×嫂子)的证言，证明2014年7月15日，高×和陈×吵架，原因是当日早上陈×去李×在高邮镇上的宿舍时，被高×发现。同月20日，黄×1到高×家中吃午饭，看到高×不是很高兴，喝了七八两酒。

3. 证人王×的证言及其辨认笔录，证明2014年7月20日12时许，高×到其经营的杂货店中，买走刀身刀柄均为不锈钢材质、已开刃的菜刀三把。

4. 证人蒋×的证言，证明案发当日12时许，高×到其家中找李×，显得很生气，说要弄死李×，蒋×知道高×是为陈×与李×有不正当男女关系一事，这事其与朋友们都知道。蒋×谎称李×已经回家，目的是另找时间劝和双方。蒋×看到高×车篓里有刀，是用蓝色的袋子装着的，当即电话联系母亲费×，让她通知李×防备高×。

5. 证人胡×的证言，证明案发当日约13时43分，接到高×电话，说了欲找李×算账、扬言杀李×之类的话，知道这是因为陈×与李×有不正当男女关系，其与盐城籍的老乡们都知道此事。胡×即电话劝说高×，但高×听不进去，还责备其不该隐瞒这件事情，在通话中感觉高×喝了不少酒。

6. 证人卢×1的证言，证明其与李×是老乡、把兄弟及生意合伙人。2014年7月

20日14时左右,卢×1接到高×要找李×、带刀砍李×的电话,并说"我准备砍他了,见一次砍一次,砍死为算",便立即电话通知李×躲避,但李×说不怕。因感觉此事有点严重,就对与高×最后一次通话进行了录音。卢×1知道高×要刀砍李×是因为陈×与李×已保持两年多不正当男女关系。2013年夏天,高×采用教训陈×等方式警告过李×,当时李×没敢说话。高×也曾要求卢×1转托李×不要乱来,且向其索要李×妻子的电话号码,卢×1未告知。约在本案发生的前几天,高×曾说此事五天内见分晓。

7. 证人杨×的证言,证明案发当日14时左右,其驾车送酒后的高×到扬州市一沟大桥附近,后高×拿着装菜刀的布质包、转乘一辆黑色桑塔纳轿车离开。当日约22时,高×驾驶一辆黑色桑塔纳轿车返回,后驾驶他的平板车离开。

8. 证人朱×1的证言,证明案发当日约15时至16时,其驾驶黑色桑塔纳轿车送酒后的高×先到横泾姚庄,后又到武宁的一个虾塘附近。下车时,高×拎着一只布袋。

9. 证人费×的证言,证明其是李×的"干妈",也是多年的房东。案发当日15时许,高×气势汹汹地到费×家找李×,手里还拎着一只蓝色的袋子。费×曾听李×说过,高×怀疑李×和陈×有不正当男女关系的事情,故谎称李×回老家了。高×离开后,费×立即电话通知了李×,李×回说没事。

10. 证人朱×2的证言,证明案发当日14时许,接到高×找李×的电话,告知李×方位后,高×即挂断电话,朱×2当时感觉到很奇怪。

11. 证人环×的证言及其辨认笔录,证明案发当日约15时,刚要离开鱼塘边的房子,李×冲来喊救命,当时李×眼睛处有一块肉挂着,没流多少血,但膀子处往外涌血,衣服都染红了。李×冲进卧室后猛地关上门,未理睬环×去医院的要求。随后,高×由鱼塘处走来,右手拿着一把刀,左手拿着一根螺纹钢,环×劝高×不能再打,要赶紧送李×去医院,否则会出人命,但高×未说话,用螺纹钢捣开卧室的门进去。环×听到二人对话,没听清楚高×说什么,但听到李×说"我不了,我不了"。其间,李×没有发出惨叫等其他异常的声音。环×在用岳父黄×2的手机报警时,高×离开。等120来期间,鱼塘的工人看过李×,说还活着。

12. 证人黄×2的证言,证明案发当日约15时30分,在其女婿环×的鱼塘处,一名35岁左右、身高170厘米以上、穿黑白点花短袖和灰色长裤,脸上、衣服上有很多血,右手拿一把方方的刀,左手拿一根铁棒的男子说死者欺人太甚,与他老婆有不正当男女关系,自己的事情自己解决,不要拨打110,后将铁棒扔进河里。

13. 证人张×的证言,证明案发当日约15时30分,在环×鱼塘处,看到作案凶手离开。张×应环×要求两次进入卧室找手机,看到一名男子斜躺在环×床上,头上肉都挂下来了,左手掌、右小腿均有一道口子,张×摸了该男子胸口,有心跳。

14. 证人吕×的证言,证明案发当日约15时30分,看见有人在其虾塘中洗手后离开。

15. 证人赵×的证言,证明案发当日约15时,看见一名上身没穿衣服、头左边淌血、裤子潮湿的男子。

16. 证人卢×2的证言及辨认笔录,证明案发当日约16时,高×到其经营的小商店,买了一双拖鞋等物品,用来购物的 100 元钞票是潮湿的。

17. 证人葛×的证言及心电图记录,证明其作为医生随救护车赶到现场,检查中发现伤者已没有生命体征。后将伤者带到医院,心电图显示伤者已死亡。

(八)上诉人高×供述及辨认笔录,证明其与李×存有业务关系,也是好朋友。2013年夏,其发现妻子陈×与李×有大量通话记录,得知妻子与李×有不正当男女关系,既教训过妻子,也通过他人警告过李×,妻子保证与李×断绝来往。案发前一天早上,高×发现妻子与李×仍有来往,又教训了妻子。为此,高×心情郁闷。案发当日中午,高×在高邮暂住地喝了约六七两白酒。后高×找蒋×等人去劝李×,并说再有下次,就用刀砍。蒋×说已劝,但没用,蒋×等人应该看到其带菜刀。高×拨打李×电话,想通过辱骂发发怒气,但李×没接,即下定决心多买几把刀去吓吓李×。之后,高×到高邮武安镇上一家杂货店买了三把菜刀,刀身和刀柄均为不锈钢,连同车篓里家中的一把菜刀,共计四把刀用蓝色袋子装着,回暂住地叮嘱妻子带好孩子,就请杨×、朱×1分别驾驶汽车送其至高邮市农村去寻找李×。途中,高×拨打多人电话,扬言要杀死李×。后在三垛镇附近的一鱼塘中找到李×,李×拿着一根螺纹钢责问高×想干什么,高×回说再这样就拿刀砍,同时欲拿出袋子中的菜刀。李×见状即用螺纹钢将高×打倒,骑压在高×身上进行殴打,高×即摸出一把菜刀乱砍李×身体,当时高×的体位是先侧身后右手撑着地面、左手持刀乱砍的,记不清用的是四把菜刀中的哪一把,也记不清砍多少刀,更未考虑后果,但李×身上的伤肯定是高×刀砍所致。李×跑往鱼塘附近的房子里,高×光脚一手持刀、一手持李×的螺纹钢去追。高×在房子附近碰到鱼塘主人,他让高×不要杀人,有话好好说,高×回说李×欺人太甚,与其妻子有不正当男女关系。高×用螺纹钢捣开门,敲了坐在床边的李×腿部两下,当李×认错并保证不再与其妻子来往后,高×即离开。后高×扔掉螺纹钢和菜刀,洗掉身上血迹,在一小商店中买了拖鞋,当日穿的皮鞋丢在鱼塘那边了。

上述证据均经原审庭审质证,证据来源合法,内容客观、真实,与本案相关联,且证据之间相互印证,具有证明效力,本院予以确认。本案事实清楚,证据确实、充分,足以认定。

本院认为,上诉人高×非法剥夺他人生命,其行为已构成故意杀人罪。高×归案后如实供述自己的罪行,系坦白,依法可从轻处罚;被害人李×与陈×存有婚外情,对本案的发生具有一定的责任;高×及其近亲属赔偿被害人近亲属部分经济损失并取得谅解,可对高×酌情从轻处罚。

关于高×及其辩护人提出应认定高×构成故意伤害罪、李×负有重大过错责任、高×已取得被害人亲属谅解、原审判决量刑过重、建议改判的上诉理由和辩护意见,经查:高×案发时向他人扬言要杀害李×,并持四把菜刀和李×见面后,在双方斗殴过程中持菜刀砍击李×身体多刀,放任死亡结果的发生,其行为符合故意杀人罪的法定构成要件,原审判决认定其构成故意杀人罪正确;李×和高×妻子有婚外情,对本案的发生负有一定责任,但高×在案发当日持菜刀前往李×处,以菜刀砍击李×身体的犯罪手段解决双方纠葛,并造成李×死亡的后果,对本案的发生亦有责任,且对李×的死亡结果负有直接责任,故不应认定李×具有重大过错责任;原审法院综合考虑本案的犯罪情节、性质、后果、被害人李×对案件发生的责任以及被害人亲属表示谅解、高×认罪态度等法定、酌定从轻情节,对高×的量刑正确,该上诉理由和辩护意见无事实及法律依据,本院不予采纳。

综上,原审判决依法对上诉人高×定罪准确,量刑适当,审判程序合法,应予维持。依照《中华人民共和国刑事诉讼法》第二百二十五条第一款第(一)项之规定,裁定如下:

驳回上诉,维持原判。

本裁定为终审裁定。

审判长　×××
审判员　×××
代理审判员　×××
二〇一五年四月十六日
书记员　×××

(二)示范案例点评

本案为故意杀人案二审,由高院依法组成合议庭,最终裁定驳回上诉,维持原判。

通过阅读上述材料了解基本案情后,完成案情分析。(1)分析法院一审判决高×为故意杀人罪而非故意伤害罪的依据;(2)分析本案中证据的客观性、关联性和合法性;(3)分析高×杀人诱因是否成立,是否对量刑造成影响;(4)分析一审法院判处高×无期徒刑是否属于量刑过重,二审法院维持原判是否合理。

之后,结合基本案情与上述材料,根据本章第一节中的刑事诉讼案件庭审流程,分角色演练合议庭庭审流程。在演练的过程中,要以已有材料为基准,并达到同样的庭审结果。

第七章

民事诉讼模拟审判

第一节 民事诉讼庭审流程与实训要求

一、民事诉讼庭审流程

(一)庭审准备

庭审准备是人民法院在正式对案件进行实体审理之前,为保证案件审理的顺利进行而进行的各项准备工作。

根据《民事诉讼法》的规定,庭审准备的内容包括:

(1)在法定期限内,分别向当事人送达受理案件通知书、应诉通知书和起诉状、答辩状副本。

(2)通知必须共同进行诉讼的当事人参加诉讼。人民法院应当在开庭三日前将传票送达当事人,将出庭通知书送达其他诉讼参与人。传票和通知书应当写明案由、开庭的时间和地点,以确保当事人和其他诉讼参与人为参加庭审做好准备。

(3)告知当事人有关的诉讼权利和义务、合议庭组成人员。

(4)审查有关的诉讼材料,了解双方当事人争议的焦点和应当适用的有关法律以及有关专业知识。

(5)调查收集应当由人民法院调查收集的证据。

(6)需要由人民法院勘验或者委托鉴定的,进行勘验或者委托有关部门鉴定。

(7)案情比较复杂、证据材料较多的案件,可以组织当事人交换证据。

(8)对公开审理的案件,人民法院应当在开庭三日前公告当事人的姓名、案由和开庭的时间、地点。公告可以在法院的公告栏张贴,巡回审理的可以在案发地或其他相关的地点张贴,目的是加强新闻媒体和社会公众对人民法院审判活动的了解和监督,确保案件审理的公正和效益。

(9)其他必要的准备工作。

(10)正式开庭审理当日:

① 书记员检查庭审设施是否完备,标志牌是否齐全、摆放到位;

② 书记员查明原告、被告、第三人、诉讼代理人、证人、鉴定人、翻译人员等是否到庭。

(二)开庭

1. 书记员宣布法庭纪律

书记员:"现在宣布法庭纪律:依照《中华人民共和国人民法院法庭规则》第九

条、第十七条、第十九条之规定,当事人及旁听人员必须遵守下列纪律。下列人员不得旁听:证人、鉴定人以及准备出庭提出意见的有专门知识的人;未获得人民法院批准的未成年人;拒绝接受安全检查的人;醉酒的人、精神病人或其他精神状态异常的人;其他有可能危害法庭安全或妨害法庭秩序的人。全体人员在庭审活动中应当服从审判长或独任审判员的指挥,尊重司法礼仪,遵守法庭纪律,不得实施下列行为:鼓掌、喧哗;吸烟、进食;拨打或接听电话;对庭审活动进行录音、录像、拍照或使用移动通信工具等传播庭审活动;其他危害法庭安全或妨害法庭秩序的行为。检察人员、诉讼参与人发言或提问,应当经审判长或独任审判员许可。旁听人员不得进入审判活动区,不得随意站立、走动,不得发言和提问。媒体记者经许可实施对庭审活动进行录音、录像、拍照或使用移动通信工具等传播庭审活动的行为,应当在指定的时间及区域进行,不得影响或干扰庭审活动。对违反法庭纪律的人员,审判长或独任审判员可以予以警告、训诫、责令其退出法庭。"

2. 法官入庭并报告庭审前准备情况

书记员:"全体起立,请审判长、审判员入庭。"

审判长、审判员入座。

书记员:"报告审判长,当事人均已到庭,请开庭。"

审判长:"谢谢书记员,全体坐下。"

3. 核对确认诉讼参加人身份

审判长核对当事人,核对的顺序是原告、被告、第三人,核对的内容包括姓名、性别、年龄、民族、籍贯、工作单位、职业和住所。当事人是法人或其他组织的,核对其法定代表人和主要行政负责人的姓名、职务。

审判长:"现在开庭,首先核对当事人身份。"

审判长:"由原告向法庭报告你的姓名、年龄、民族、出生年月日、工作单位、职务及家庭住址;或报告单位名称、住所地、法定代表人姓名。"

原告:……(按要求如实报告)

审判长:"由原告委托代理人(分别)向法庭报告你们的姓名,说明你们的工作单位、职务及代理权限。"

原告代理人:……(按要求如实报告)

审判长:"由被告向法庭报告你的姓名、年龄、民族、出生年月日、工作单位、职务及家庭住址;或报告单位名称、住所地、法定代表人姓名。"

被告:……(按要求如实报告)

审判长:"由被告委托代理人(分别)向法庭报告你们的姓名,说明你们的工作单位、职务及代理权限。"

被告代理人:……(按要求如实报告)

4. 宣布开庭,介绍审判人员

审判长:"经过审查,上述当事人及诉讼代理人的身份及委托权限与庭审前提交的材料一致,对方当事人未提出异议,出庭资格有效,准许参加诉讼。现在开庭。"(敲法槌)

审判长:"依照《中华人民共和国民事诉讼法》第三十九条的规定,××人民法院今天依法公开开庭审理原告×××诉被告……(案由)一案。下面宣布合议庭组成人员,本案由审判员×××、×××,人民陪审员×××组成合议庭,审判员×××担任审判长,书记员×××担任法庭记录。"

5. 征询申请回避意见,告知诉讼权利义务

审判长:"依照《中华人民共和国民事诉讼法》第四十四条、第四十五条的规定,当事人有申请回避的权利。审判人员有以下三种情况,可能影响案件公正审理的,当事人有权口头或书面申请他们回避:(1) 是本案当事人或者是当事人、诉讼代理人的近亲属;(2) 与本案有利害关系;(3) 与本案当事人有其他关系,可能影响对案件的公正审理的。提出回避申请的应当在开庭前提出;在开庭过程中得知需要回避事项的应当在法庭辩论终结前提出,并且向法庭说明正当理由。"

审判长:"原告,对于本合议庭组成人员及书记员是否提出回避请求?"

原告:"不申请/申请……(并说明理由)"

审判长:"被告是否申请回避?"

被告:"不申请/申请……(并说明理由)"

(如当事人提出回避申请的)审判长:"由于本案当事人×××对合议庭成员×××或书记员(鉴定人、勘验人、翻译人员)×××提出回避申请,现在休庭,待作出是否回避的决定后继续开庭。"

作出决定后继续开庭,由审判长宣布决定。

(当事人对审判人员以外的其他人员提出回避的)审判长:"×××请本案书记员(鉴定人、勘验人、翻译人员)××××回避,经审查,不符合《中华人民共和国民事诉讼法》第四十四条的规定,对×××提出的回避申请不予准许。"或"×××申请×××回避,经审查,符合《中华人民共和国民事诉讼法》第四十四条的规定,对其回避申请予以准许,本案更换书记员(或鉴定人、勘验人、翻译人员),另行择期开庭。"

(当事人对审判人员提出回避申请的)审判长:"×××申请本案合议庭成员×××回避,经本院院长/本院审判委员会(院长担任审判长的,是否回避由审判委员会决定)审查,不符合《中华人民共和国民事诉讼法》第四十四条的规定,对×××提出的回避申请不予准许。"或"×××申请本案合议庭成员×××回避,经本院院长/本院审判委员会审查,符合《中华人民共和国民事诉讼法》第四十四条的规定,对×××提出的回避申请予以准许。"

当事人对驳回回避申请的决定不服,申请复议的,不影响案件的开庭。对复议申请应当在三内作出复议决定,并通知复议申请人。

  审判长:"本案开庭前本院的立案流程机构已经向当事人送达了开庭须知,须知中已经载明了法庭审理过程中当事人享有的诉讼权利和必须履行的诉讼义务。对此,原告方是否已经明确?"
  原告:"明确。"
  审判长:"被告方?"
  被告:"明确。"

(三) 法庭调查

法庭调查的主要任务是由审判人员在法庭上全面调查案件事实,审查和核实各种证据,为正确认定案件事实和适用法律奠定基础。依照《民事诉讼法》和《最高人民法院关于民事诉讼证据的若干规定》,法庭调查主要包括两个内容:一是当事人陈述;二是出示证据和质证。

1. 宣布法庭调查

  审判长:"下面进行法庭调查,当事人对自己提出的主张有责任提供证据,反驳对方的主张应当说明理由。先由原告陈述诉讼请求、事实及理由。"

2. 当事人陈述

首先由原告口头陈述其诉讼请求及其所依据的事实、理由,然后由被告陈述案件事实及其所持的不同意见。被告提出反诉的,应陈述反诉的诉讼请求及其所依据的事实、理由。有诉讼第三人的,先由有独立请求权的第三人陈述诉讼请求及其所依据的事实、理由,再由无独立请求权的第三人针对原、被告的陈述提出承认或者否认的答辩意见。当事人有诉讼代理人的,可由诉讼代理人陈述或答辩,也可在当事人陈述或答辩完后,再由诉讼代理人补充。审判人员有权就案件事实进行询问,归纳本案争议焦点或者法庭调查重点,并征求当事人的意见。

  原告:……
  审判长:"下面由被告针对原告的起诉进行答辩。"
  被告:……
  如当事人提出增加、变更诉讼请求,审判长应询问被告:"原告提出……(陈述增加或变更诉讼请求),对其原来的诉讼请求作了增加/变更,根据《中华人民共和国民事诉讼法》的规定,原告增加/变更的诉讼请求你方可以要求当庭审理,也可以要求在十五天答辩期满后开庭审理。被告是否同意当庭审理?"
  如被告不同意当庭审理,审判长应宣布:"由于原告×××增加/变更诉讼请求,被告×××要求在答辩期内答辩,本案将延期审理(或当庭宣布下一次开庭日期)。现在休庭。"

3. 当事人当庭举证、质证

当事人陈述结束后,必须将案件的有关证据在法庭上展示,并由当事人进行质证。但是,当事人在证据交换过程中认可并记录在卷的证据,经审判人员在庭审中说明后,可以作为认定案件事实的依据,不必在法庭上质证。

质证是我国民事诉讼证据制度的重要内容,也是民事诉讼开庭审理阶段的重要环节,是指在法庭审理活动中,双方当事人在审判人员的组织下,围绕证据的真实性、关联性、合法性,针对证据证明力有无以及证明力大小,进行质疑、说明与辩驳的活动。《民事诉讼法》第 68 条规定:"证据应当在法庭上出示,并由当事人互相质证。"案件有两个以上独立的诉讼请求的,当事人可以逐个出示证据进行质证。涉及国家秘密、商业秘密和个人隐私或者法律规定的其他应当保密的证据不得在开庭时公开质证。根据《最高人民法院关于民事诉讼证据的若干规定》第 62 条的规定,当事人质证的顺序是:原告出示证据,被告、第三人与原告进行质证;被告出示证据,原告、第三人与被告进行质证;第三人出示证据,原告、被告与第三人进行质证。

根据民事诉讼法的规定,各类证据按以下顺序出示,由当事人进行质证:

(1) 证人证言。证人经当事人申请,经人民法院许可的,应当出庭作证。作证前,审判人员应当对证人的身份进行确认,并告知证人的权利义务,要求其客观真实地提供证言。出庭作证的证人应当客观陈述其亲身感知的事实并接受当事人的质询。证人为聋哑人的,可以通过其他表达方式作证。确有困难不能出庭的证人经人民法院许可,可以提交书面证言或者视听资料或者通过双向视听传输技术手段作证。证人作证时,不得使用猜测、推断或者评论性的语言。审判人员和当事人可以对证人进行询问。为了保证证人所提供的证言的真实性和客观性,证人不得旁听法庭审理;询问证人时,其他证人不得在场。人民法院认为有必要的,可以让证人进行对质。

(2) 书证、物证和视听资料。在法庭出示的书证、物证和视听资料,包括当事人提供的证据,也包括人民法院调查收集的证据。人民法院依照当事人申请调查收集的证据,作为提出申请的一方当事人提供的证据。出示书证、物证时应当由法警进行,出示视听资料时必须当庭播放演示,必要时由录制人员到庭说明录制过程和情况。对书证、物证、视听资料进行质证时,当事人有权要求出示证据的原件或者原物,但是出示原件或者原物确有困难并经人民法院准许出示复制件或者复制品的,或者原件、原物已不存在,但有证据证明复制件、复制品与原件或原物一致的,可以出示复制件、复制品,但要说明原物的存放地点(如有)。

(3) 鉴定意见。鉴定人出庭时,由鉴定人或审判人员当庭宣读鉴定意见,并接受当事人质询。鉴定人确因特殊原因无法出庭的,由审判人员宣读鉴定意见,经人民法院准许,鉴定人可以书面答复当事人的质询。经法庭许可,当事人可以向出庭的鉴定人发问。当事人对鉴定意见不服的可以申请重新鉴定,是否准许,由法庭决定。

(4) 勘验笔录。勘验笔录由勘验人或审判人员当庭宣读。经法庭许可,当事人可以向勘验人发问。当事人可以申请重新勘验,是否准许,由法庭决定。

出示和宣读证据时,要向法庭陈述证据的名称、来源和基本内容,说明提供该份或该组证据的目的是要证明什么问题。

经过庭审质证的证据,能够当即认定的,应当当即认定;当即不能认定的,可以休庭合议后再予以认定。

当事人在一审举证期限届满后新发现的证据和当事人确因客观原因无法在举证期限内提供,经人民法院准许,在延长的期限内仍无法提供的证据,可由当事人在法庭上作为新证据提出。当事人提出的新证据或经准许重新鉴定、勘验所得的结论,必须再次开庭质证。法庭决定再次开庭的,审判长对本次开庭情况应当进行小结,指出庭审已经确认的证据,并指明下次开庭调查的重点。第二次开庭审理时,只就未经调查的事项进行调查和审理,对已经调查、质证并已认定的证据不再重复审理。

审判长:"接下来进行法庭证据调查。由于在庭审前本院的立案庭已经将双方的证据清单和证据材料复印件送达了对方当事人,因此在举证、质证的过程中,双方当事人应当按照庭前所提交的证据清单中载明的证据的顺序以及证据所要证明的对象进行举证,如有补充的证据,应当声明。质证应当围绕证据的真实性、合法性、关联性、有无证据资格以及证明效力大小发表意见。首先由本案的原告举证。"

原告:……

审判长:"被告对原告的证据发表质证意见。"

被告:……

审判长:"现在由被告举证。"

被告:……

审判长:"原告对被告的证据发表质证意见。"

原告:……

审判长:"原、被告在事实方面有无补充?原告有无问题需要向被告发问?被告有无问题需要向原告发问?"

原告:……

被告:……

4. 宣布法庭调查结束

法庭调查结束前,审判长应当就法庭调查认定的事实和当事人争议的问题进行归纳总结,并询问当事人的意见。

审判长:"经过刚才的法庭调查,原、被告双方已经陈述了案件事实和诉讼请求。……(归纳总结)双方当事人是否还有新的证据向法庭提供?"

原告:……

被告:……

审判长:"法庭调查结束。"

(四)法庭辩论

法庭辩论是当事人及其诉讼代理人在合议庭的主持下,根据法庭调查阶段查明的事实和证据,阐明自己的观点和意见,相互进行言辞辩驳的诉讼活动。法庭辩论是辩论原则最生动和最集中的体现。当事人及其诉讼代理人针对法庭调查阶段审核的事实和证据，围绕案件争执焦点，互相进行口头辩论，争取合议庭作出有利于自己的裁判。同时，通过辩论，审判人员能够掌握案件的关键所在，有助于查清案件事实，分清是非责任。

根据《民事诉讼法》第141条的规定，法庭辩论按照下列顺序进行：

1. 原告及其诉讼代理人发言

原告和诉讼代理人都出庭的情况下，一般先由原告发言，然后由诉讼代理人补充。发言主要是论证自己的观点和主张，驳斥被告在法庭调查中提出的事实和理由，而不是重复自己在法庭调查阶段所作的陈述内容。

2. 被告及其诉讼代理人答辩

被告及其诉讼代理人的答辩不是对自己在法庭调查阶段所作陈述和答辩的简单重复，而是针对原告及其诉讼代理人的发言发表意见和辩解，以证明原告的诉讼请求是不合法的，不应得到法庭支持。

3. 第三人及其诉讼代理人发言或者答辩

有独立请求权的第三人认为原告和被告都侵犯了自己的合法权益，因而，他的发言或答辩是对原告和被告所主张的事实、理由和请求进行辩驳，从而证明自己的合法权益应受到保护。无独立请求权的第三人，是参加到本诉讼中与之有法律关系的一方当事人中来，他与该方当事人的关系既是对立的又是统一的。在针对对方当事人的时候，他们之间是统一的，无独立请求权的第三人辅助该方当事人对对方当事人主张的事实和请求进行回答和辩驳；当涉及参加之诉中权利的享有或责任的承担时，他们之间的关系是对立的，此时，无独立请求权的第三人可能针对与之有法律关系的当事人提出的事实、理由和请求进行回答和辩驳。

4. 互相辩论

审判人员应当引导当事人围绕争议焦点进行辩论。当事人及其诉讼代理人的发言与本案无关或者重复未被法庭认定的事实的，审判人员应当予以制止。必要时，审判长可以根据案情限定当事人及其诉讼代理人每次发表意见的时间。一轮辩论结束后当事人要求继续辩论的，可以进行下一轮辩论，但不得重复第一轮辩论的内容。法庭辩论时，审判人员不得对案件性质、是非责任发表意见，不得与当事人辩论。在法庭辩论过程中，如果当事人及其诉讼代理人提出新的事实和证据，合议庭可以决定停止辩论，恢复法庭调查，查清后再继续辩论。新的事实和证据当庭难以查清，且对案件的裁判有重大影响的，可以延期审理。法庭辩论终结后，由审判长按照原告、被告、第三人的先后顺序征询各方最后意见。

审判长："下面进入法庭辩论阶段。根据刚才双方在庭上的陈述和举证、质证，本庭总结本案的争议焦点如下……对此，原告有无异议或补充？"

原告：……

审判长："被告有无异议或补充？"

被告：……

审判长:"法庭辩论请围绕上述争议焦点发表辩论意见。各方当事人在辩论中应遵守以下原则:第一,不得进行人身攻击;第二,在辩论的时候不重复发表意见,包括不重复事实、不重复证据以及质证意见。下面进行法庭辩论,首先由原告方发表辩论意见。"

原告:……

审判长:"原告代理人发表代理意见。"

原告代理人:……

审判长:"下面由被告方发表辩论意见。"

被告:……

审判长:"被告代理人发表代理意见。"

被告代理人:……

审判长:"原告及代理人有无新的代理意见或补充?"

原告:……

审判长:"被告及代理人有无新的代理意见或补充?"

被告:……

(五)当事人最后陈述

审判长:"刚才双方围绕争议焦点进行了法庭辩论,就案件事实、证据认定、法律适用等发表了充分的辩论意见,法庭也认真听取了双方的这些意见。现法庭辩论结束。接下来由双方当事人进行最后陈述,在最后陈述阶段双方当事人可以简单明确地表明对本案的处理意见和各自是否坚持诉讼主张的意愿。先由原告作最后陈述。"

原告:……

审判长:"现在由被告进行最后陈述。"

被告:……

(六)评议与宣判

法庭辩论结束后,案件事实清楚的,审判长应当询问当事人是否愿意调解。当事人愿意调解的,可以当庭或者休庭后进行。经过调解,双方当事人达成协议的,应当在调解协议上签字盖章。人民法院应当根据双方当事人达成的调解协议制作调解书送达当事人。双方当事人达成协议后当即履行完毕,不要求发给调解书的,应当记入笔录,在双方当事人、合议庭成员、书记员签名或盖章后,即具有法律效力。如果调解不成的,合议庭应当休庭,进入评议室进行评议,合议庭应当及时判决。

1. 休庭与评议

审判长:"依据我国民事诉讼法的规定,本庭将对本案进行调解,调解必须获得双方同意。原告,你是否同意调解?"

原告:……

审判长:"被告,是否同意调解?"

被告：……

审判长："由于原、被告都不同意调解，本庭不再组织调解。（敲法槌）现在休庭十分钟，合议庭将对本案进行评议。"

书记员："全体起立，请合议庭退庭。"

评议时合议庭应根据法庭调查和法庭辩论的情况，确定案件的性质，认定案件的事实，分清是非责任，正确地适用法律，对案件作出最后的处理。合议庭评议案件由审判长主持，秘密进行。合议庭有不同意见的，实行少数服从多数的原则，但少数意见要如实记入笔录。评议笔录由书记员制作，经合议庭成员和书记员签名或盖章，归档备查，不得对外公开。评议结束后，应制作判决书，并由合议庭成员签名。

2. 入庭与宣判

宣告判决的内容包括：认定的事实、适用的法律、判决的结果和理由、诉讼费用的负担、当事人的上诉权利、上诉期限和上诉法院。

宣告判决有两种方式：一种是当庭宣判。即在合议庭评议后，由审判长宣布继续开庭并宣读裁判。宣判后，十日内向有关人员发送判决书。另一种是定期宣判。即不能当庭宣判的，另定日期宣判。定期宣判后，应立即发给判决书。

无论是公开审理还是不公开审理的案件，宣告判决一律公开。

书记员："请全体起立，请合议庭人员到庭。"

合议庭成员进入法庭。

审判长（坐定后）："请坐下。"

审判长（敲法槌）："现在继续开庭，经过开庭审理，合议庭经过认真评议，并作出判决，现在进行宣判。……"

审判长："综上，依照……的规定、判决如下。"

书记员："全体起立。"

审判长："……（判决内容）如不服本判决，可在判决书送达之日起十五日内，向本院递交上诉状正本一份、副本两份，上诉于××市中级人民法院。"

（七）宣布闭庭

审判长（敲法槌）："闭庭。"

审判长："庭审结束，双方当事人、代理人请在五日内到书记员处阅读庭审笔录，核对、补正无误的请签名。"

书记员："全体起立，请审判人员退庭。"

（八）审阅笔录

根据《民事诉讼法》第147条第1、2款："书记员应当将法庭审理的全部活动记入笔录，由审判人员和书记员签名。法庭笔录应当当庭宣读，也可以告知当事人和其他诉讼参与人当庭或者在五日内阅读。当事人和其他诉讼参与人认为对自己的陈述记录有遗漏或者差错的，有权申请补正。如果不予补正，应当将申请记录在案。"

二、民事诉讼模拟案件的训练要求

第一,对于民事诉讼类案件,教师可先行准备好案例,根据案件情况并结合学生人数情况,将学生分成原告组、被告组、第三人组和审判组等,分别担任原告、被告、第三人、合议庭、书记员、证人、鉴定人、专家辅助人等角色,并根据自己承担的角色完成庭审准备。

第二,要求学生在阅读完整案件材料的基础上,自行查找与案件相关的法律规范和法学理论知识以及人民法院对类似案例的先例裁判,厘清案例中的法律关系,分析案由,确定应当适用的实体法律规范,从而训练学生针对案情和证据材料查询法律规范、分析法律规范、分析法律关系、运用法学理论和适用法律规范的能力。

第三,要求学生对原、被告收集的证据作出详细分析,分析每个证据本身的证据能力和证明力、证明对象,分析单个证据与其他证据之间的关系,分析全部证据综合后是否能形成证据链,得出明确清晰的案件事实;如认为证据不足,也应作相应分析。

第四,要求学生根据定位诉讼角色准备起诉、应诉、庭审,撰写起诉状、答辩状、代理词等,分析自己的诉讼策略和对方的诉讼策略,训练学生的诉讼策略能力。

第五,最终通过模拟法庭抗辩与审判,关注学生的语言、流程规范性与庭审组织能力等,予以指导与点评。

第二节 民事诉讼一审程序

✦ 民事诉讼一审案例1:张×与周×离婚纠纷案

一、示范案例

(一)基本案情

张×与周×自由恋爱并于2007年年末登记结婚,2009年生育一子周××。2014年6月,张×以双方感情破裂为由起诉至法院,请求判令与周×离婚并将婚生子周××的抚养权判归己有,由周×支付儿子独立生活前的抚养费。周×以夫妻双方还有感情存在且儿子需要一个完整的家为由不同意离婚。北京市大兴区人民法院启动简易程序,不公开开庭进行了调解与审理,考虑到张×与周×有一定的感情基础,双方矛盾并未从根本上危及婚姻基础,故未予判决离婚。

(二)主要证据材料

证据1:

起 诉 状

原告:张×,女,汉族,1982年××月××日生,身份证号:……住北京市大兴区××路××号××房,工作单位:……电话:……

被告：周××，男，汉族，1981年××月××日生，身份证号：……住北京市大兴区××路××号××房，工作单位：……电话：……

诉讼请求：

一、判决原告与被告离婚；

二、婚生子周××由原告抚养，每月支付抚养费2500元，自判决之月起至2027年8月孩子成年时止；

三、财产依法分割（见清单）；

四、被告承担本案诉讼费用。

事实和理由：

我于2006年年底在同学聚会时经朋友介绍认识被告周×，于2007年12月6日在北京市大兴区民政局领取结婚证，2009年8月28日生育一子周××。

由于婚前双方认识仅一年，感情基础相对薄弱，相互了解不深，婚后生活中我才发现双方学识、生活环境和生活习惯不同，很难和谐相处。被告有非常严重的大男子主义、性格暴躁、不事家务，对我经常恶言恶语；且被告毫无家庭责任感，婚后一年多，因被告工作调动，我们开始京津两地分居，被告长年不归家，连我孕产期间也很少照顾。结婚这么多年以来，我没有体会到夫妻之间应有的互相照顾，也没有体会到夫妻之间的关爱和家庭的幸福，无论是养育儿子还是照料老人，都是我一个人承担。

我与被告虽未正式分居，但早已没有正常的夫妻生活，在两地分居期间，被告极少过问我的情况，偶尔归家对我也是漠不关心，彼此积怨，没有沟通，致夫妻感情日益淡薄。更有甚者，被告在外还拈花惹草，与他人有不正当男女关系，没有尽到夫妻之间应有的忠实义务，严重伤害了夫妻感情。

由于无法忍受这种没有感情、没有温暖的夫妻生活，我曾于2012年春节期间正式提出协议离婚，双方虽然均认为没有和好可能，但被告却不同意离婚。而经之后两年的实际生活证明，夫妻双方分居多年，性格不合，更因被告不履行夫妻之间互相忠实、互相尊重的义务，致使夫妻感情完全破裂、毫无和好可能。没有感情和关怀的婚姻是不道德的婚姻，因原、被告双方没有感情基础，且实际已两地分居多年，再继续共同生活下去已没有意义，因而理当结束这段婚姻。

儿子周××从小到大一直与我生活，而被告从未关心和照顾儿子的生活，为有利于儿子的健康成长，应保持现状，继续由我抚养。被告现月收入上万元，自判决之月起至2027年8月周××成年时止，负责每月将周××抚养费2500元支付给我。我们的共有财产依法分割。

本人根据《婚姻法》和《民事诉讼法》相关规定向贵院提起诉讼，请依法判决。

此致

北京市大兴区人民法院

具状人：张×

2014年6月15日

（财产分割清单略）

证据2:张××、周×结婚证

证据3:张××、周×、周×× 户口本

证据4:张××、周×身份证

证据5:周×× 出生证

证据6:

调解笔录

(2014)大法民一初字第×号

时间:2014年8月8日9时
地点:大兴法院
审判员:×××
书记员:×××
案由:离婚纠纷
原告:张×,女,1982年××月××日生,身份证住址:北京市大兴区××路××号××房,同现住址。身份证号码:……
被告:周×,男,1981年××月××日生,身份证住址:北京市大兴区××路××号××房,现常住天津市河东区××路××号××房。身份证号码:……
审:现就张×提出的要求解除与周×婚姻关系的离婚诉状进行调解。
审:你们是否自由恋爱结婚?
原:是,我与周×是在2006年年底在同学聚会时经朋友介绍认识的,就算是相亲吧。
被:是。
审:你们是何时结婚的?
原:2007年12月6日在北京市大兴区民政局领的结婚证。
被:是。
审:你们现在在哪里居住?
原:我现住北京市大兴区××路××号××房。
被:北京市大兴区××路××号××房是我父母家,我们婚后跟我父母一起住,也方便照顾老人孩子。因为工作的原因,我现在常住天津市河东区××路××号××房,每月能回来三四次,基本上每周都能回来一天。
审:你们婚后感情如何?
原:感情一般。就像我诉状里说的那样,我们认识一年就结婚了,双方了解太少,感情基础薄弱,婚后我渐渐发现他性格暴躁、懒惰、不顾家,所以婚姻生活不但没有增进感情,反而令我们感情恶化。

被:我认为我们自由恋爱结婚,是有感情基础的,虽然结婚时间长了,而且我后来长期在外地工作回家少,我不在家,她跟我父母长住,搞得关系紧张,我也没有处理好,但我们夫妻双方还有感情存在,确实没到要离婚的地步。

审:为何提出离婚?

原:我们双方性格不合,我跟他家里人也相处不来,无法共同生活在一起。而且他在天津那边也有相好的,被我发现不止一回了,所以才老不回来,这样的婚姻没有必要继续。

被:她说的都是没影儿的事,因为我们相处异地,她总是疑神疑鬼的,觉得我的女同事都跟我有一腿,搞得我们关系很紧张。其实我还是很在乎这个家的,等天津的工程结束了,我们常在一起了就好了。

审:有没有婚生子女?谁抚养?

原告:有,我们2009年8月28日生一儿子周××,今年5岁了,一直由我抚养。被告虽然给了家用,但很少回来看我们。

被告:我就是因为工作忙,心里还是有他们娘儿俩的,特别是儿子渐渐长大懂事了,我希望能给孩子一个完整的家庭。

审:有无夫妻共同财产和债权债务?

原告:我们名下都没有房子和车,没有债务,其他依法分割就可以。

被告:是。

审:双方是否有和好的可能?

原告:无可能,双方感情已破裂。

被告:我觉得有,我愿意努力做好。

审:原告是否坚持离婚?

原告:是的。

审:被告是否同意离婚?

被告:我再考虑考虑,希望原告也能再考虑考虑。

审:诉讼费50元谁付?

原:他付。

被:是。

审:有无补充意见?

原告:我希望尽快判决。

被告:我希望还是再给我一个机会。

审:阅笔录,无误签名确认。

二、示范案例裁判文书与点评

（一）示范案例判决书

北京市大兴区人民法院
民事判决书

（2014）大民初字第86××号

原告张×，女，1982年××月××日出生。

委托代理人×××，北京市××律师事务所律师。

被告周×，男，1981年××月××日出生。

原告张×与被告周×离婚纠纷一案，本院立案受理后，依法由代理审判员×××适用简易程序不公开开庭进行了审理。原告张×及其委托代理人×××、被告周×到庭参加诉讼。本案现已审理终结。

原告张×诉称：我与被告周×于2006年年底在同学聚会时经朋友介绍认识，于2007年12月6日在北京市大兴区民政局登记结婚，2009年8月28日生育一子周××。双方婚前感情基础薄弱，婚后生活中我发现被告性格暴躁、懒惰、不顾家庭，有多次出轨行为，并且对孩子不尽抚养义务、对家庭无责任感。曾经双方父母调解，我多次原谅被告，但被告不知悔改。现我认为，双方感情确已破裂，已无和好可能，故起诉至法院，请求判令：1. 我与被告周×离婚；2. 婚生子周××由我抚养，被告每月支付抚养费2500元，至孩子独立生活时止；3. 被告承担本案诉讼费用。

被告周×辩称：虽然调解时我曾表示考虑同意原告的离婚诉讼请求，但当时是因为双方刚吵完架，我有情绪在里面，所以才说的考虑同意离婚。经过慎重考虑后，我不同意离婚。首先，我认为夫妻双方还有感情存在，造成目前矛盾的一个重要原因是原告与我父母的关系紧张，并非原告所述的感情确已破裂。此外，我们还有一个孩子，尚未成年，他需要一个完整的家。综上，希望法院驳回原告的离婚诉讼请求。

经审理查明：原告张×与被告周×于2007年12月6日登记结婚，于2009年8月28日生育一子周××。在共同生活期间，双方因家庭琐事发生矛盾，未能妥善化解，导致夫妻关系紧张。本案在审理过程中，被告周×表示，为了双方建立起来的家庭及考虑到目前双方的婚生子周××尚未成年，不同意原告的离婚诉讼请求。原告张×则坚持离婚。

上述事实有双方当事人陈述、结婚证、出生医学证明等证据在案佐证。

本院认为：婚姻应以感情为基础。原告张×与被告周×经过自由恋爱后登记结婚，有一定的感情基础。在婚后共同生活中双方虽因家庭琐事产生矛盾，但并未从根本上危及双方的婚姻基础。虽然原告张×坚持要求离婚，但考虑到双方夫妻感情尚未破裂，只要双方互敬互谅，相互沟通，相互忍让，珍惜已建立的夫妻感情，正确对待和处理家庭矛盾，可以共同努力营造和谐的家庭生活，并且庭审中被告周×也表示不愿意二人离婚。故本院再给双方一次沟通和交流的机会，希望双方在此期间能够认真地考虑目前的婚姻状况,对双方之间是否还有和好的可能性作出理性的判断。因此,对于原告张×的离婚请求,本院不予支持。综上所述,依据《中华人民共和国婚姻法》第三十二条第二款之规定,判决如下:

驳回原告张×的全部诉讼请求。

案件受理费七十五元,由原告张×负担(已交纳)。

如不服本判决,可在判决书送达后十五日内,向本院递交上诉状,并按对方当事人的人数提出副本,交纳上诉案件受理费,上诉于北京市第二中级人民法院。如在上诉期满后七日内未交纳上诉案件受理费的,按自动撤回上诉处理。

代理审判员　×××
二〇一四年八月八日
书记员　×××

(二) 示范案例点评

离婚诉讼是民事诉讼中的常见类型。本案情节不复杂,没有大起大落,也没有疑难证据,但正所谓"清官难断家务事",凡涉及感情问题、家庭问题的,只要不存在大是大非,往往是双方各执一词。在这种情况下,审判人员如何拨开现象看本质,避免主观因素影响,依据现有证据,把握整体导向,就需要相当的经验积累。

通过阅读上述材料了解基本案情后,完成案情分析。(1)试拟一份财产分割协议;(2)讨论现有证据与法定离婚事由;(3)具体分析法院未予判决离婚的原因。从法律角度分析可认定为夫妻感情确已破裂的具体情形,如何达到分居的条件等,并可延伸思考:添加什么情节,法院会判决离婚?如法院予以判决离婚,会如何确定将周××的抚养权判给父母哪一方?

之后,结合基本案情与上述材料,根据本章第一节中的民事诉讼案件庭审流程,分角色演练庭审流程。在演练的过程中,要以现有材料为基准,并达到同样的庭审结果。

✦ 民事诉讼一审案例2:刘××房抵快贷金融借款合同纠纷案

一、示范案例

(一) 基本案情

2013年9月,××银行北京×××支行为刘××发放助业房抵快贷450万元,约定分119期(月)等额还本付息偿还,本贷款由其配偶崔××以其名下住房提供最高抵押额为450万元的抵押担保。提款之后两年,刘××开始连续逾期不还贷款,××银行北京×××支行反复催收未果,2016年年中,对刘××、崔××提起诉讼,同时申请查封了被告人资产。后刘××否认本人签约行为,诉讼中通过对合同签字真伪进行司法鉴定排除。经北京市朝阳区人民法院公开审理,认为该笔贷款合同合法有效、刘××的行为构成违约,法院判决刘××偿还未清偿本息并承担××银行北京×××支行的律师费用及本案诉讼费用等,××银行北京×××支行对崔××抵押的房产变现价款在最高额抵押限额内享有优先受偿权。判决书已送达生效,法院将对抵押房产进行评估、拍卖。

(二)主要证据材料

证据1：

助业"房抵快贷"申请暨面谈记录表

申请日期:2013年8月12日　　　　　　　　　　　　　客户经理员工号:××××××

请用钢笔或签字笔正楷填写,灰色栏为借款人必填项。填写其他项有助于翔实您的信息,增加贷款审批通过的可能性。

申请贷款基本信息					
贷款金额	450万元	贷款期限	10年	还款方式	等额本息
贷款用途	企业经营	还款来源			
借款申请人及家庭情况基本信息					
姓名	刘××	性别	□男 √女	出生日期	19××年××月××日
证件类型	√身份证　□其他( )	证件号码	11022619×××××0546		
国籍	√中国　□其他( )	学历	大专	健康状况	√良好　□其他
家庭住址	朝阳区东四环中路××号			邮政编码	
居住状况	商业贷款购房　□公积金贷款购房　□组合贷款购房 √商品房(无按揭)　□已购公房　□自有无产权房 □租用　□集体宿舍　□亲戚/父母家　□其他( )			婚姻状况	□未婚　√已婚 □离异　□丧偶
联系电话	××××××××××	电子邮件		是否农户	□是　√否
用款企业基本信息					
用款企业全称	北京××文化传媒有限公司			联系电话	××××××××
成立日期	2011.05.06		注册资金	300万元	
经营地址	朝区东四环中路××号	邮政编码	100124	借款人行业从业年限	3年
行业分类 (按国标)	□农、林、牧、渔业　□采矿业　□制造业　□电力、热力、燃气及水生产和供应业　□建筑业 □批发和零售业　□交通运输、仓储和邮政业　□住宿和餐饮业　□信息传输、软件和信息技术服务业　□居民服务、维修和其他服务业　□教育　□卫生和社会工作　√文化、体育和娱乐业　□会议及展览服务　□其他( )				
收入	家庭年收入总计				
	其中:	近一年 薪资收入	近一年房屋 租金收入	近一年其他 稳定收入	近一年经营账户 收入总和(自雇)
	借款人	240万			
	配偶/共同借款人	252万			

（续表）

贷款担保基本信息(如多个抵押物、担保人、质押物或其他担保方式,请附页)				
抵押物类型	√住宅 □别墅 □商住两用房 □商铺 □写字楼 □其他：	抵押物名称	朝阳区北四环东路××号××家园××号	
所有权人 姓名/全称	崔××	与借款人关系	□本人 √配偶 □第三方	
抵押物面积	167.93平方米	房龄	12年	土地剩余 使用年限	月
抵押物情况		交易日期		是否出租	□是 √否
抵押物地址	朝阳区北四环东路××号××家园××号			

借款申请人及配偶的声明及承诺人在此声明并授权如下：

一、本人声明在《个人助业贷款申请暨面谈记录表》上填写的内容，以及提交的文件材料均属真实、有效、合法，如有隐瞒或虚构，本人将承担一切法律和经济后果。

二、本人授权中国××银行及其分支机构向国家设立的金融信用信息基础数据库查询、打印、保存和使用本人信用报告，用于审核本笔贷款申请及贷款发放后的风险管理；并将包括本人身份信息、贷款信息等个人信息按照国家有关规定向金融信用信息基础数据库报送。本人已了解××银行个人贷款的有关规定，以及本人与贵行所签贷款合同、抵押合同、质押合同和保证合同的全部约定，并完全接受其条款。

授权期限：本授权有效期自签署之日至本笔贷款全部本息结清之日止，贷款申请撤销的，授权随之失效。

责任约定：被授权人如超出上述授权范围，本人可依法追究其相关责任。无论本授权涉及业务是否获得批准，被授权人均有权保留本授权书及授权人个人信用报告等相关资料。

三、无论贷款行是否批准本申请，贷款行均有权保留本申请及相关资料。

四、本人作为借款申请人的配偶，对其向贵行申请个人贷款并以　住房抵押　为担保一事完全知晓。

五、本人作为借款申请人的配偶，承诺完全同意借款申请人上述借款及提供担保的行为，本人承诺与借款申请人共同承担该笔借款的偿还义务，如借款申请人不能履行贷款合同，贵行可依法处置本人及借款申请人名下的抵/质押物。

经认真阅读以及询问，本人已完全知悉、理解并同意上述所有涉及事项。

借款申请人(亲笔签名)：刘×× 　　　　　　　　　　配偶(如有)(亲笔签名)：崔××
日期：2013年8月12日　　　　　　　　　　　　　　日期：2013年8月12日

抵押人及共有人声明及承诺

我(们)同意将所拥有的朝阳区北四环东路××号××家园××号住房(抵押物)，抵押给贵行作为借款人刘××向贵行借取贷款所产生的全部债务的担保。如借款人未能履行贷款合同，或抵押人有任何违反相关抵押协议的事情，贵行可依照法律规定或合同约定处置抵押物。

经认真阅读以及询问，本人知悉并同意上述所有涉及事项。

抵押人(亲笔签名)：崔×× 　　　　　　　　　　　共有人(如有)(亲笔签名)：
日期：2013年8月12日　　　　　　　　　　　　　　日期：　年　月　日

以下内容由银行人员填写	
(主/协办) 客户经理 面谈面签确认	本人当面见证并确认(1)借款申请人(含配偶)、抵押人(含共有人)等分别在申请书、授权书、承诺书等文件上的签字均为有权签字人本人签署；(2)借款申请人提供的所有资料复印件与原件当面核对相符。 面谈面签时间：2013.8.12　　　　　　　　　　　　　面谈面签地点：北京 面谈面签经办人签字：张×(签字)　郑××(签字)

证据 2：

个人贷款授信额度合同（节选）

封面：

×× 银行

合同编号：××××1317000012　　刘××

授信种类：助业房抵快贷

正文（仅列出与本案争议相关条款）：

第八条　借款人提用的授信额度项下的每笔贷款所适用的利率以该笔贷款的贷款借据中所确定的利率为准。

第九条　贷款人有权按照贷款合同的约定对本合同项下每笔贷款的逾期贷款收取罚息。贷款人有权依照中国人民银行的规定对逾期利息计收复利。

第十条　为担保借款人按期偿还其在本合同项下的贷款本息和其他应付款项，各方同意采用本合同附表第 5 项约定的担保方式。

第十一条　对于本合同项下的每一笔贷款，借款人授权贷款人在相关还款日根据该贷款的贷款合同约定的还款方式直接从借款人在贷款人处开立的还款账户中扣收到期应付的贷款本息。借款人应保证还款账户内有足够余额偿还到期应付本息。若借款人需要变更还款账户账号或对还款账户进行任何变更，借款人须到贷款人处书面申请办理相关手续。

第十二条　借款人可提前偿还部分或全部贷款，但应按照贷款合同的规定提前向贷款人提出书面申请，并取得贷款人的同意。对提前偿还的贷款本金，不再计收剩余贷款期内的利息，在此前归还的本息也不作调整。

经贷款人同意提前清偿全部贷款的，将根据贷款合同约定的贷款利率和贷款余额按照实际占用天数计收利息，同时贷款人有权根据贷款合同的约定要求借款人支付违约金。

第二章　权利和义务

第十四条　借款人的权利和义务：

（一）借款人享有依照本合同约定获得贷款的权利。

（二）在借款人的职业、收入、住址、通信地址、联系电话等个人情况发生变化时，借款人应立即书面通知贷款人该等变化。

（三）借款人有义务配合贷款人对贷款使用情况以及抵押物的检查，对于贷款人提出的合理意见，借款人有义务依照执行。当抵押物和/或质押物非因贷款人的过错毁损或灭失，或导致价值减少，足以影响本合同项下贷款本息清偿的，及时将有关情况告知贷款人并提供新的抵押物和/或质押物，或恢复抵押物和/或质押物价值。

（四）在贷款人要求借款人提供信息资料和/或协助时，借款人有义务提供相应信息资料和/或协助。

（五）借款人作为委托人的，借款人应按照"谁委托，谁付费"的原则承担因签订、执行本合同所需的费用支出，包括公证、登记、保险等费用。

（六）贷款人以其认为适宜的方式处分抵押物和/或质押物时，借款人应予以无条件配合。

（七）借款人有义务遵守法律法规和本合同规定的其他责任和义务。

第三章 违约责任

第十五条 下述任一事件均构成本合同项下违约事件：

（一）借款人未按时足额还款；

（二）借款人违反本合同及贷款合同中约定的贷款用途、支付对象（范围）、支付金额、支付条件、支付方式等；

（三）借款人、担保人为本合同之目的而向贷款人提供的任何文件、资料或凭证或其在本合同中所作的任何声明和承诺被证明是不正确的、不真实的或具有误导性的；

（四）借款人、担保人在任何方面未能实现或遵守其在本合同或贷款合同中所作的任何陈述、保证或承诺或违反了其在本合同或贷款合同项下的任何其他责任或义务；

（五）借款人在本合同有效期限内死亡、失踪或丧失民事行为能力，又无合法继承人或受遗赠人继续履行本合同项下的义务，或其合法继承人、受遗赠人拒绝履行本合同的；

（六）就抵押人而言，发生了针对抵押物的查封、扣押、拆迁、重大诉讼、仲裁或其他任何可能导致抵押物价值减少的事件；就出质人而言，发生了针对质押物的查封、扣押、重大诉讼、仲裁或其他任何可能导致质押物价值减少的事件；就保证人而言，发生了违反本合同第六章规定的任何事件；

（七）出现了对或可能对借款人履行其在本合同项下义务产生严重不利影响的任何其他情况。

第十六条 一旦发生上述任何违约事件，贷款人即有权采取以下任何一项或多项措施：

（一）要求借款人和/或担保人限期纠正违约行为或消除违约状态；

（二）取消借款人尚未提取的授信额度或拒绝借款人的任何提款申请或要求；

（三）宣布所有或部分已贷出的贷款立即到期，并要求借款人立即偿还全部或部分已贷出贷款本金、利息和其他应付款项；

（四）按合同约定的逾期罚款利率或挪用利率向借款人计收罚息；

（五）要求追加或更换保证人、抵押物、质押物；

（六）从借款人在贷款人处或其分支机构开立的任何币种的任何账户中直接扣划本合同项下借款人应付而未付的任何款项（包括但不限于贷款本金和利息）；借款人并在此同意和授权贷款人进行本条约定的扣划；

（七）宣布行使或实现有关贷款的任何担保权利，以贷款人认为合法适宜的方式依法实施和实现本合同项下所设立的抵押权和/或质押权,包括直接变卖、拍卖本合同项下的抵押物/质押物,或将抵押物/质押物折价清偿债务;

(八)借款人不履行还款义务或保证人、抵押人不履行担保责任,贷款人可以就违约行为对外进行公开披露。

第五章 最高额抵押

第十九条 本合同附表第1项中的抵押人(如抵押物为抵押人与第三人共有,则在本合同项下凡提及"抵押人"应同时包含抵押物共有人)同意为借款人在本合同项下的全部债务提供最高额抵押担保。

第二十条 抵押所担保的主债权是指本合同第一章约定的授信项下形成的一系列债权,其本金的最高额度为第一章约定的授信额度。

第二十一条 抵押担保的范围包括本合同以及基于本合同发生的具体贷款合同项下的贷款本金、利息(包括法定利息、约定利息、复利及罚息)、违约金、损害赔偿金、贷款人实现贷款项下债权及抵押权的费用(包括但不限于律师费、诉讼费、执行费、公证费等)和所有其他应付款项。

第二十二条 在本合同签订后,借款人和抵押人应会同贷款人或委托贷款人办理抵押登记手续以及其他法律法规规定的手续。抵押期间,抵押物的所有权或使用权凭证及其他有效证明文件、相关资料,以及有权登记部门出具的抵押登记证明文件和其他相关证明文件正本均应交由贷款人执管。

第二十三条 本合同项下的抵押是一项持续的担保并具有完全的效力直至借款人在本合同及基于本合同发生的具体贷款合同项下所有应付的贷款本金、利息、罚息、费用、违约金、损害赔偿金及其他所有应付款项全部偿清为止。

第二十四条 抵押人在此向贷款人声明和承诺如下:

(一)抵押人是抵押物的合法所有人,对抵押物享有合法的处分权,有权利签署本合同并履行本合同项下的义务,并且抵押人应采取一切必要措施,保证其对抵押物的所有权始终合法有效。除本合同项下所设立的担保外,抵押人未曾在抵押物上设置任何形式的担保、租赁、托管、共有、其他权属争议或任何限制。抵押物的所有权不存在任何争议,抵押物未被查封、扣押、监管或采取诉讼保全措施,依法可以作为抵押担保的标的物。

(二)抵押人已仔细阅读并完全了解和接受本合同的内容,抵押人签署和履行本合同是自愿的,全部意思表示真实。如抵押人为法人,其法定代表人或授权签字人的签字已经过合法的授权。

(三)抵押人向贷款人提供的所有文件资料和凭证等是准确、真实、完整和有效的。

(四)目前并不存在任何涉及抵押物的,并将会对抵押物的价值造成严重不利影响的查封、扣押、诉讼、仲裁或其他争议事件。

(五)未经贷款人事先同意,除本合同项下所设的抵押外,抵押人不得在抵押物上设立其他任何担保,亦不得对抵押物作出馈赠、转让、出售、出租或以其他任何方式处置抵押物。除非事先得到贷款人的书面同意,抵押人不得将抵押物转移占有给第三人。

(六) 抵押人已按时支付所有与抵押物有关的应付的费用及款项(包括但不仅限于各种税项),并已完全遵守和履行所有与抵押物相关的其他合同及条件。

(七) 为确保本合同的合法性、有效性、优先性、可强制执行性,及为确保及完善贷款人在本合同中的利益,抵押人已完成或将完成所需的所有登记或备案手续。

(八) 抵押人应及时将可能影响抵押物或其价值的任何事件(包括但不限于涉及抵押物的任何查封、扣押、诉讼、仲裁或其他争议事件)通知贷款人。由于抵押人的过错或其他任何原因造成抵押物价值减少的,抵押人应立即采取措施防止损失扩大,并应在三十天内向贷款人提供贷款人认可的与减少的价值相当的担保。

(九) 配合贷款人对抵押物的检查。当抵押物因意外毁损或灭失,以及其他原因导致价值减少,足以影响本合同项下贷款本息清偿时,抵押人应及时将情况告知贷款人并提供新的抵押物或恢复抵押物价值。

(十) 一旦发生任何违约事件,贷款人即有权以其认为合适的方式依法实施和实现本合同项下所设立的抵押权,包括直接变卖、拍卖本合同项下的抵押物,或协商将抵押物折价清偿债务或请求人民法院拍卖、变卖抵押财产。一经贷款人要求,抵押人须协助贷款人取得与贷款人实现其债权有关的一切必要的批准或同意,或协助贷款人办理其他一切必要的手续。

(十一) 抵押人不得采取任何可能损害贷款人针对抵押物或其在本合同项下的任何权利的行为。

(十二) 只要借款人在本合同项下仍有任何债务尚未清偿,抵押人将不会就其已向贷款人履行的其在本合同项下的义务,向借款人追偿或主张权利。

第二十五条 一旦抵押人未遵守或履行其在本合同项下的任何声明、承诺或义务,或发生了针对抵押物的查封、扣押、重大诉讼、仲裁或其他任何可能导致抵押物价值减少的事件或发生本合同第十五条项下的任何事件,贷款人即有权行使其在本合同第十六条项下的权利。

第二十六条 本合同项下所设立的抵押担保独立于贷款人为本合同项下贷款所取得的任何其他担保,并不受任何其他担保的影响。并且,抵押人在本合同项下的义务不应受到贷款人与借款人之间可能发生的任何争议的影响,不应受到借款人对抵押人任何债务或义务的履行或未履行的影响。贷款人行使本合同项下的权利前无须首先执行其持有的任何其他担保,也无须首先采取其他救济措施。

第二十七条 抵押人在此同意,贷款人和借款人协议变更本合同或本合同项下任一贷款合同的,除授信期间展期或增加授信额度本金金额之外,无须事先征得抵押人的同意,抵押人将根据变更后的本合同或本合同项下的贷款合同承担担保责任。

第七章 其 他 条 款

第三十九条 本合同各方间的任何与本合同有关的通知、要求,均应以书面方式作出,发送至本合同签字页列出的有关方的地址或传真。本合同各方的通信地址或传真发生变化时,应及时通知其他各方。在其他各方依照本条的规定收到另一方通信地址或传真变更的有效通知之前,另一方的原通信地址或传真仍应被视为该方的有效通信地址或传真。

第四十条 贷款人根据本合同约定调整利率而执行新利率的,无须征得担保人的同意。

第四十一条 本合同各方之间的文件往来,如以专人送递,在交付后即被视为送达;如以挂号信方式发送的,在挂号信寄出后三天即被视为送达;如以传真发送,在发出时即被视为送达。但借款人和/或担保人发给贷款人的文件,则需在贷款人实际签收后方可视为送达。

第四十二条 在本合同项下,借款人和/或担保人应当全额支付其应付的任何款项,不得提出任何抵销主张,亦不得附带任何条件。

第四十三条 本合同适用中华人民共和国法律并依中华人民共和国法律解释。各方因本合同或在履行本合同过程中所发生的任何争议,首先应由各方协商或通过调解解决;协商或调解不成的,则在贷款人所在地法院以诉讼方式解决。

第四十四条 本合同项下授信及其相关条款自借款人在本合同上签字,贷款人在本合同上签字、盖章之日起生效。

本合同项下保证担保及其相关条款自贷款人与保证人在本合同上签字、盖章之日起生效。

本合同项下抵押担保及其相关条款自贷款人与抵押人在本合同上签字、盖章之日生效,如法律法规要求抵押权需在抵押登记机关登记后设立,则该等抵押权应在抵押登记机关登记办理完毕之日起设立。

代表借款人、担保人签字的授权代表应提供完整的委托文件(包括公证处对委托文件的公证)。

第四十五条 除本合同另有约定外,非依法或本合同各方当事人一致同意,任何一方均不得擅自变更或提前解除本合同,各方协商一致变更或解除本合同的,应依法签订书面协议。书面协议达成之前,本合同条款依然有效。

第四十六条 贷款人一年核定一次授信额度,如有变更,贷款人发出《授信额度调整通知书》告知借款人,并视为对本合同约定授信额度的修改,《授信额度调整通知书》与本合同具有同等法律效力。

第四十七条 本合同任何附表或附件为本合同不可分割的组成部分,与本合同正文有同等法律效力。本合同未尽事宜,按照有关法律规定执行或由当事人各方签订书面补充协议解决,补充协议与抵押物品清单、质押物品清单、贷款合同、提前还款申请书、授信额度调整通知书以及其他为本合同之目的而制作并签署的书面文件均为本合同的附件,共同构成本合同不可分割的组成部分,与合同正文具有同等法律效力。

第四十八条 补充条款:见本合同附表第6项。

第四十九条 合同份数:见本合同附表第7项。

第五十条 本合同于2013年9月2日于北京签订。

贷款人：××银行北京×××支行

法定代表人/负责人(或委托代理人)：×××(签字)(××银行股份有限公司北京×××支行公章)

借款人：刘××(签字)

抵押人：崔××(签字)

附表 关于授信细节的约定

第1项	签约方信息	贷款人：××银行北京×××支行 通信地址：北京市朝阳区东三环×路××号 邮政编码：100027 联系电话：××××××× 借款人：刘×× 身份证件名称：身份证 身份证件号码：11022619×××××0546 通信地址：朝阳区东四环中路××号 邮政编码：100124 联系电话：××××××××× 抵押人(含抵押物共有人)：崔×× 身份证件名称：身份证 身份证件号码：11022619×××××2819 通信地址：朝阳区东四环中路××号 邮政编码：100124 联系电话：××××××××××
第2项	授信种类	贷款人同意给予借款人助业房抵快贷贷款授信，币种为人民币。
第3项	授信额度	授信额度为人民币(大写)肆佰伍拾万元整。
第4项	授信期限	授信期限自借款人满足贷款人授信额度启用条件之日起120个月。
第5项	担保方式	为担保借款人按期偿还其在本合同项下的贷款本息和其他应付款项，各方同意采用下列第(1)种担保方式： (1) 抵押担保。崔××(以下称"抵押人")自愿按本合同第五章的规定将其享有合法所有权和处分权的抵押物以贷款人认可的价值为人民币(大写)伍佰陆拾陆万零伍佰捌拾肆元整向贷款人提供最高抵押额为人民币(大写)肆佰伍拾万元整的最高额抵押。抵押物具体情况见附件1：《抵押物品清单》。 (2) 保证担保。由____(以下称"保证人")按本合同第六章的规定提供最高担保金额为人民币(大写)____元的最高额保证。其中，保证人提供贷款金额的____%或人民币(大写)____元的保证金作为担保，保证金户名：____，账号：____，开户行：____。 (3) 其他担保：无。

(续表)

第6项	补充条款	经双方协商一致,同意在本合同中适用如下第(2)项约定: (1) 借款人与贷款人原签订有编号为____的《××银行个人贷款合同》,自本合同生效之日起,该贷款合同项下的未结清贷款余额自动纳入本授信额度合同项下,直接占用本合同项下的授信额度。 (2) 授信项下贷款一旦发生逾期,贷款人有权停止授信,并要求借款人提前清偿授信项下所有债务。如授信项下任一单笔贷款连续3期未归还贷款本息,授信额度即失效,借款人不得使用剩余的授信额度,贷款人有权对抵押物采取必要的措施。 (3) 其他约定:无。
第7项	合同份数	本合同正本一式<u>两份</u>,√借款人、√贷款人、□抵押人、□保证人、□抵押物登记机关各执一份,各份具有相同法律效力。

附件1 抵押物品清单

××××1317000012号《个人贷款授信额度合同》项下抵押物为:

房地产抵押

抵押物名称	北京市朝阳区北四环东路××号××家园××号		
抵押物地址	同上		
建筑面积	167.93平方米		
评估/购买价值	5660584	抵押率	
房产权证明编号	×京房权证朝字第12601××号	土地使用权证明编号	
备注	无		

证据3:

个人贷款合同(无担保条款)

封面:

××银行

合同编号:<u>××××1316000019</u> 刘××

贷款种类:<u>助业房抵快贷</u>

封二:

敬 请 注 意

为了维护您的利益,在您签署本合同之前,请仔细阅读如下注意事项:

1. 您已经具有向银行借款和担保的法律常识;
2. 您已经阅读本合同所有条款,并已经知悉其含义;
3. 您已经确保提交给银行的所有证件和资料是真实、合法、有效的;
4. 您已经确认自己有权在合同上签字;
5. 您已经确知任何欺诈、违约行为均要承担相应的法律责任;

6. 您将本着诚实、信用的原则,自愿签订并依约履行本合同;

7. 请您使用钢笔、毛笔或签字笔工整地填写需要您填写的内容;

8. 如果您对本合同还有疑问之处,您可以向××银行咨询。如果您未完全明白本合同条款,请暂缓签署本合同。

正文:

鉴于:

√ 借款人与贷款人已于 <u>2013</u> 年 <u>9</u> 月 <u>2</u> 日签订了合同编号为 <u>××××1317000012</u> 的《个人贷款授信额度合同》(以下简称《额度合同》),现借款人向贷款人申请实际提用该《额度合同》项下的额度金额。

根据《额度合同》的有关规定,借款人和贷款人现特达成本合同。本合同为该《额度合同》不可分割的组成部分,本合同项下的贷款为该《额度合同》项下的贷款。除非本合同另行明确约定不适用,《额度合同》的所有条款均适用于本合同。若本合同的约定与《额度合同》有冲突,以本合同的约定为准。

□ 借款人向贷款人申请个人贷款,贷款人同意发放个人贷款。

本合同签约双方(详见附表第 1 项)本着平等、真实、自愿的原则,依照《中华人民共和国合同法》及其他有关法律、法规的规定,特达成本合同,以昭信守。

双方兹达成合同如下:

第一条 贷款种类:见本合同附表第 2 项。

第二条 贷款用途:见本合同附表第 3 项。

第三条 贷款金额:见本合同附表第 4 项。

第四条 贷款期限:见本合同附表第 5 项。

第五条 贷款利率:见本合同附表第 6 项。在适用浮动利率的情况下,贷款基准利率按中国人民银行有关规定执行。贷款期限在 1 年以内(含)的,遇中国人民银行调整基准利率的,仍实行合同利率,不分段计息;贷款期限在 1 年以上的,遇中国人民银行调整基准利率的,于下一年度的公历 1 月 1 日起按相应基准利率档次执行新的贷款利率。在本合同有效期内中国人民银行调整基准利率的,贷款人不再另行向借款人发书面通知。

第六条 罚息利率:见本合同附表第 7 项。贷款人有权依照中国人民银行的规定对逾期利息计收复利。

第七条 本合同项下贷款资金的支付方式分为:贷款人受托支付和借款人自主支付。

贷款人受托支付是指贷款人根据借款人的提款申请和支付委托,将贷款资金支付给符合合同约定用途的借款人交易对象;

借款人自主支付是指贷款人根据借款人的提款申请将贷款资金直接发放至借款人账户,并由借款人自主支付给符合合同约定用途的借款人交易对象。

有下列情形之一的,经贷款人同意可以采取借款人自主支付方式:

(一)借款人无法事先确定具体交易对象且金额不超过三十万元人民币的;

（二）借款人交易对象不具备条件有效使用非现金结算方式的；

（三）贷款资金用于生产经营且金额不超过五十万元人民币的；

（四）法律法规及贷款人规定的其他情形。

第八条 贷款人将款项发放至借款人在贷款人处开立的指定银行账户,具体户名、账号和开户行见本合同附表第8项,即视为贷款人履行了本合同项下提供贷款的义务并且借款人已经收到了贷款人提供的贷款,借款人应履行本合同规定的、任何情形下的、因该笔贷款而产生的所有债务的偿还义务。

贷款人受托支付的,借款人在此授权贷款人将借款人依据本合同所取得的贷款划入借款人交易对象的账户。具体金额、户名、账号、开户行见借据。借款人应在使用贷款时提出支付申请,并书面授权贷款人按合同约定方式支付贷款资金。

借款人自主支付的,应定期报告或告知贷款人贷款资金支付情况。

第九条 贷款人向借款人发放本合同项下贷款的先决条件包括：

（一）贷款人要求提供的文件(包括但不限于发放贷款前需借款人提供的资金支付计划,或者《贷款受托支付通知书》及交易合同等与贷款支付相关的交易背景资料),借款人已全部提供,并且其所载明的情况没有变化,并且该等文件持续有效,或者借款人已就发生的变化作出令贷款人满意的解释和说明；

（二）借款人已填妥与本次提款有关的借据/贷款凭证。借据/贷款凭证是本合同的组成部分,与本合同具有同等法律效力。本合同项下的贷款金额、贷款期限、贷款利率等具体贷款条件与借据/贷款凭证记载不相一致的,以借据/贷款凭证的记载为准；

（三）借款人须按有关法律法规之规定,办妥与本贷款及贷款项目有关的政府许可、批准、登记及其他法定手续；若贷款人要求,还应办妥本合同的公证手续等；

（四）若本合同项下贷款有担保,借款人应确保根据贷款人要求办妥担保合同及担保物的公证、登记和/或担保物的保险等法律手续,且该担保、保险持续有效；

（五）借款人未发生本合同所列之任一违约事件。

除非满足上述先决条件,否则贷款人无义务向借款人提供本合同项下的贷款。

第十条 贷款偿还：

（一）还款原则。贷款人有权依据法律法规、财政部及人民银行的相关规定决定贷款偿还的扣款顺序。

（二）借款人须在贷款人处开立还款账户,还款账户详细信息见本合同附表第9项。借款人应保证还款账户内有足够余额偿还到期应付本息。借款人授权贷款人在本合同约定的还款日从还款账户中,扣划相应数额的款项以偿还贷款本息、逾期利息、违约金等贷款相关费用。借款人如有前期拖欠,贷款人有权在扣划时先行收取前期所有拖欠款项后,再扣划当期应还款额。还款方式、本合同约定的还款日见附表第9项。

（三）借款人如在贷款期内需要变更还款账户账号或由于还款账户发生挂失、冻结、结清、超期等对还款账户进行任何类似变更,借款人须在启用新账户扣款当月的10个工作日之前到贷款人申请办理相关手续,并在该新账户内存入足够的资金以偿还到期应付本息。借款人在此授权贷款人于本合同约定的还款日从借款人的新还款账户中,自动扣划相应数额的款项以偿还贷款本息、逾期利息、违约金等贷款相关费用。如借款人未按前述约定将还款账户的变更通知贷款人，贷款人有权自行对借款人开立于贷款人或其任何分支机构处的账户进行查询，并且从任一借款人账户中扣划相应款项，并且借款人有义务支付自约定还款日至实际扣划日之间产生的逾期利息等相关费用。

（四）如果由于借款人原因导致借款人未能及时向贷款人偿还每月应还贷款本息的，借款人应承担相应责任。

第十一条 提前还款：

（一）借款人可提前偿还部分或全部贷款，但应按照本合同附表第10项的规定，提前向贷款人提出书面申请，并取得贷款人的同意。

（二）经贷款人同意提前清偿部分贷款的，对提前归还的贷款本金，不再计收自提前还款日至原还款日的利息，在此前归还的本息也不作调整；经贷款人同意提前清偿全部贷款的，将根据本合同约定的利率和贷款余额按照实际占用天数计收利息。

（三）借款人根据本合同约定提前还款的，贷款人有权要求借款人支付违约金，违约金的计算方式见附表第10项。

第十二条 经贷款人同意，借款人可以申请贷款展期。一年以内（含）的个人贷款，展期期限不得超过原贷款期限；一年以上的个人贷款，展期期限累计与原贷款期限相加，不得超过该贷款品种的最长贷款期限。贷款展期时，双方应签订展期合同。

第十三条 借款人的声明与承诺：

（一）借款人提供的所有文件信息均是真实、完整和有效的；

（二）借款人未隐瞒任何已发生或借款人已知的即将发生的可能对借款人履行本合同项下义务产生严重不利影响的任何事件；

（三）在借款人的职业、收入、住址、通信地址、联系电话等个人情况发生变化时，借款人应立即通知贷款人该等变化；

（四）借款人有义务配合贷款人对贷款使用情况的检查，对于贷款人合理提出的意见，借款人有义务依照执行；

（五）在贷款人要求借款人提供信息、资料和/或协助时，提供相应信息、资料和/或协助；

（六）借款人不得以与任何第三方的纠纷为理由影响其在本合同项下义务的履行；

（七）借款人作为委托人的，借款人应按照"谁委托，谁付费"的原则承担因签订、执行本合同所需的费用支出，包括公证、登记、保险等费用；借款人应承担贷款人实现债权所需的所有费用支出，包括但不限于公证费、查询费、诉讼费、律师费、差旅费等费用；

（八）借款人有义务遵守法律法规规定的其他责任和义务；

（九）借款人保证按照本合同约定用途使用贷款资金，且贷款资金将不得用于股票及期货投资、经济实体的注册资本金或其他权益性投资等国家法律、法规以及政策所禁止的用途。

第十四条 下述任一事件均构成本合同项下的违约事件：

（一）借款人未按时足额还款；

（二）借款人在任何方面未能实现或遵守其在本合同中所作的任何陈述、保证或承诺，或者违反了其在本合同项下的任何其他责任或义务；包括但不限于违反本合同约定的贷款用途、支付对象（范围）、支付金额、支付条件、支付方式等；

（三）借款人在本合同有效期限内死亡、失踪或丧失行为能力，又无合法继承人或受遗赠人继续履行本合同项下的义务，或其合法继承人、受遗赠人拒绝履行本合同的；

（四）借款人在本合同中所作的任何声明与承诺被证明是不正确的、不真实的或具有误导性的。

第十五条 贷款人一旦认为发生借款人的上述违约事件，即有权采取以下任何一项或多项措施：

（一）要求借款人限期纠正违约行为或消除违约状态；

（二）宣布所有已贷出的贷款立即到期，并要求借款人立即偿还全部已贷出贷款本金、利息和其他应付款项（包括但不限于诉讼费、保全费、评估费、拍卖费及律师费等）；

（三）从借款人在贷款人或其分支机构处开立的任何币种的任何账户中直接扣划本合同项下借款人应付而未付的任何款项（包括但不限于贷款本金和利息），借款人并在此同意和授权贷款人进行本条约定的扣划；

（四）宣布行使或实现有关贷款的任何担保权利，包括但不限于依法处分抵押物或质押物；

（五）借款人不履行还款义务的，贷款人可以就违约行为对外进行公开披露。

第十六条 其他条款：

（一）本合同适用中华人民共和国法律并依中华人民共和国法律解释。双方因本合同或在履行本合同过程中所发生的任何争议，首先应由双方协商或通过调解解决；协商或调解不成的，应在贷款人所在地法院以诉讼方式解决。

（二）本合同项下贷款及其相关条款自借款人在本合同上签字、贷款人在本合同上签字、盖章之日起生效。

（三）本合同双方互相发出与本合同有关的通知、要求，应以书面方式作出，发送至本合同附表第1项列出的有关方的地址或传真。本合同双方的通信地址或传真发生变化时，应及时通知合同的其他当事方。在合同的其他当事方依照本条第4款的规定收到另一方通信地址或传真变更的有效通知之前，另一方的原通信地址或传真仍应被视为该方的有效通信地址或传真。

（四）本合同双方之间的文件往来，以专人送递的，在交付后即被视为送达；以挂号信方式发送的，在挂号信寄出后三天即被视为送达；以传真发送的，在发出时即被视为送达。但借款人发给贷款人的文件，则需在贷款人实际收到后方可视为送达。

（五）本合同未尽事宜，按照有关法律规定执行或由当事人各方签订书面补充协议解决。本合同任何附表或附件，包括但不限于补充协议、贷款借据以及提前还款申请等均为本合同不可分割的组成部分，与本合同正文有同等法律效力。

第十七条 补充条款：见本合同附表第11项。

第十八条 合同份数：见本合同附表第12项。

第十九条 合同各方当事人同意对本合同进行公证,承诺赋予本合同强制执行效力。当债务人不履行、不完全履行债务或出现法律法规规定、本合同约定的债权人实现债权的情形时,债权人有权向具有管辖权的人民法院直接申请强制执行。债务人对债权人根据本合同提出的强制执行申请没有任何异议。(本条为可选条款,双方当事人选择在本合同中 2 。1. 适用;2. 不适用。)

第二十条 本合同所附《附表 关于贷款细节的约定》为本合同的组成部分。

第二十一条 本合同于 2013 年 9 月 3 日于北京签订。

附表 关于贷款细节的约定

第1项	签约方信息	贷款人:××银行北京×××支行 通信地址:北京市朝阳区东三环×路××号 邮政编码:100027 联系电话:××××××× 借款人:刘×× 身份证件名称:身份证 身份证件号码:11022619×××××0546 通信地址:朝阳区东四环中路××号 邮政编码:100124 联系电话:×××××××××
第2项	贷款种类	贷款人同意向借款人发放<u>助业房抵快贷</u>贷款。
第3项	贷款用途	本合同项下贷款的用途为:<u>公司经营</u>。
第4项	贷款金额	本合同项下的贷款金额为人民币(大写)<u>肆佰伍拾万元整</u>。
第5项	贷款期限	本合同项下的贷款期限为<u>119</u>个月_____天,即自<u>2013</u>年<u>9</u>月<u>3</u>日起至<u>2023</u>年<u>8</u>月<u>3</u>日止。贷款借据对贷款期限实际起始日与实际到期日另有约定的,以贷款借据中的约定为准。
第6项	贷款利率	本合同的贷款年利率按照中国人民银行公布的同期基准利率<u>6.55</u>%上(上/下)浮<u>30</u>%执行; 本合同项下首期执行贷款年利率为 <u>8.515</u>%。 注:如遇国家利率调整,浮动利率参照调整后的同档次贷款利率,并按照贷款人相关政策执行。
第7项	罚息利率	借款人未按本合同约定期限归还贷款本金的,贷款人有权对逾期贷款计收罚息,罚息利率为本合同约定的贷款执行利率基础上上浮<u>50</u>%,罚息计算期间自逾期之日起至当期应付本息全部清偿之日止。逾期期间,如遇中国人民银行上调同期贷款基准利率,罚息利率自基准利率调整之日起相应上调。 借款人未按本合同约定用途使用贷款的,贷款人有权对违约使用部分计收罚息,罚息利率为本合同约定的贷款执行利率基础上上浮<u>100</u>%,罚息计算期间从违约使用之日起至挪用部分贷款本息全部清偿之日止。在此期间,如遇中国人民银行上调同期贷款基准利率,罚息利率自基准利率调整之日起相应上调。

(续表)

第8项	贷款发放	贷款发放至借款人在贷款行开立的指定账户内,户名:刘××,账号:××××××××××××9298,开户行:××银行。采取 □自主支付 √受托支付方式。
第9项	贷款偿还	借款人还款账户:户名:刘××,账号:××××××××××××9298,开户行:××银行。 借款人选择下列第3种还款方式偿还贷款本息。本合同项下贷款按√月 □季 □年共分119期偿还,具体还款金额及还款日期以贷款人提供的还款计划表为准。 (1) 利随本清; (2) 按期还息一次还本; (3) 等额还本付息; (4) 等本金还款; (5) 递增还款法:年递增比例为____%; (6) 递减还款法:年递减比例为____%; (7) 先期____个月按月还息,后期____个月按月□等额□等本还款; (8) 随心还A、B(组合还款方式): 第一阶段:分段本金____分段期数____; 第二阶段:分段本金____分段期数____; 第三阶段:分段本金____分段期数____; 第四阶段:分段本金____分段期数____; 第五阶段:分段本金____分段期数____; 第六阶段:分段本金____分段期数____。
第10项	提前还款违约金	1. 借款人提前偿还部分或全部贷款,应提前拾个工作日向贷款人提出书面申请。 2. 部分提前还款的,每次提前归还金额不少于伍万元。 3. □借款人的任何提前还款□如借款人的提前还款将导致本合同项下的已执行贷款期限在____年以内(含),借款人: □必须按照提前还款金额的____%交纳提前还款违约金; □必须向贷款人交纳____个月的贷款利息,计算利息的本金基数是提前还款前的贷款余额。
第11项	补充条款	无
第12项	合同份数	本合同正本一式两份,√借款人、√贷款人、□公证机关各执壹份,各份具有相同法律效力。

贷款人:××银行北京×××支行

法定代表人/负责人(或委托代理人):×××(签字)(××银行股份有限公司北京×××支行公章)

借款人:刘××(签字)

证据 4:

贷 款 借 据

××银行贷款借据

2013 年 9 月 3 日

借据号:××××1316000019001

姓名	刘××	贷款合同号	××××1316000019
证件号	11022619×××××0546	放/还款账号	××××××××××9298
贷款用途	公司经营		
执行贷款年利率	8.515%	贷款发放日	2013 年 9 月 3 日	贷款到期日	2023 年 8 月 3 日
贷款金额(大写)	肆佰伍拾万元整	小写	￥4500000.00
自主支付 0 元,本人授权将剩余贷款资金转入 户名:××贸易(北京)有限公司 账号:02××××0103000001476 开户银行:×××银行××支行××分理处 金额:肆佰伍拾万元整			
借款人签字:刘××		银行签章:××银行股份有限公司 　　　　　北京×××支行公章 法定代表人(或授权代表):××× 经办人:×××	

(本借据为贷款合同附件,与贷款合同具有同等法律效力)

证据 5:

个人贷款划款凭证

××银行个人贷款划款凭证

2013 年 9 月 3 日

付款人	户名	北京×××支行	收款人	户名	××贸易(北京)有限公司
	账号	××××125190000001		账号	02××××0103000001476
	开户行	××银行		开户行	×××银行××支行××分理处
金额	人民币(大写)	肆佰伍拾万元整	小写		￥4500000.00
借款人:刘×× 客户号:1339××××××× 借据号:××××1316000019001 贷款合同号:××××1316000019 贷款金额:肆佰伍拾万元整 4500000.00 借据金额:4500000.00					

(已加盖××银行柜台业务讫章)

证据 6：

贷款用途声明书

××银行北京×××支行：

本人向贵行申请贷款人民币（大写）<u>肆佰伍拾万元</u>（小写：￥4500000.00）。

本人姓名：<u>刘××</u>

身份证号：<u>11022619×××××0546</u>

贷款用途：<u>公司经营</u>

本人郑重声明以上贷款用途真实，保证贷款资金不用于投入股市、期货买卖、权益性投资及其他任何国家政策、法律、法规所禁止的用途。

特此声明。

声明人（签字、手印）：刘××（签字＋手印）

2013 年 8 月 27 日

证据 7：

贷款用途及资金支付申请表

××银行北京×××支行：

本人向贵行申请人民币（大写）<u>肆佰伍拾万元</u>的<u>助业房抵快贷</u>（贷款品种）贷款。

贷款具体用途如下：

（一）人民币（大写）<u>肆佰伍拾万元</u>用于 <u>公司经营</u>，交易对象（范围）<u>××贸易（北京）有限公司</u>；

（二）人民币（大写）_____万元用于_____，交易对象（范围）_____。

如果贷款获得批准：

1. 提款方式：

√一次性提款；□分次提款（请在贷款批复后 6 个月内完成全部提款）。

授权贵行将贷款资金发放至本人在贵行开立的活期储蓄存款或银行卡（账/卡号：_____）。

2. 支付方式：

√受托支付：

（1）放款后，授权贵行直接从本人的上述账户划转贷款资金肆佰伍拾万元到××贸易（北京）有限公司账户（账号：02××××0103000001476 开户行：×××银行××支行××分理处）。

（2）放款后，授权贵行直接从本人的上述账户划转贷款资金_____万元到_____账户（账号：_____开户行：_____）。

□自主支付：放款后，允许本人自主支付贷款资金_____万元。

自主支付原因：

□本人无法事先确定具体交易对象且金额不超过三十万元人民币的;
□本人交易对象不具备条件有效使用非现金结算方式的;
□贷款资金用于生产经营且金额不超过五十万元人民币的;
□法律法规规定的其他情形,具体为:_____。
本人承诺在本申请一个月内向贷款行报告贷款资金支付情况,并提供相关资料。

借款人(签章):刘××(签字)

2013 年 8 月 27 日

证据 8:

房屋所有权证

×京房权证朝字第 12601×× 号

房屋所有权人	崔××		
共有情况	单独所有		
房屋坐落	北京市朝阳区北四环东路××号××家园××号		
登记时间	2013-07-05		
房屋性质	商品房		
规划用途	住宅		
总层数	建筑面积(平方米)	套内建筑面积	其他
23(-3)	167.93		
合计	167.93		

并附《分户平面图》《房屋登记表》×页(略)

证据 9:

房屋他项权证

×京房他证朝字第 4163×× 号

房屋他项权利人	××银行北京×××支行
房屋所有权人	崔××
房屋所有权证号	×京房权证朝字第 12601×× 号
房屋坐落	北京市朝阳区北四环东路××号××家园××号
他项权证种类	最高额抵押
债权数额	人民币 4500000 元
登记时间	2013-08-27

证据 10：

逾期贷款催收函(二)

编号：××××号

刘××：

您于 2013 年 9 月 3 日与我行签订了"35201316000019"号贷款合同，贷款金额为 4500000.00 元。还款方式为"等额还款"。

您未能履行还款义务，现已逾期两期，逾期本金为 58714.15 元，到目前为止您累计欠息 52001.52 元，我行已向您发送了《逾期贷款催收函(一)》，今又特此专函通知，请您予以高度重视，并迅速筹集资金到我行办理还款手续，以免造成合作上的不愉快或承担不必要的费用。

××银行北京×××支行

个贷部门电话：×××××××

日期：2015.11.24

―――――――― 回执 ――――――――

××银行北京×××支行：

本人（单位）已收到贵行签发的××××号《逾期贷款催收函(二)》，并完全理解该函件的意思表示。我在此保证自收到本函件十个工作日内到贵行办理还款手续。

现将回执退回，请查收。

借款人签章：刘××（签字）

日期：2015.12.9

并附逾期贷款催收函发出中通快递回执联（略）

证据 11：

身 份 证 明

1. 刘××、崔××身份证正反面复印件（略）
2. 户口本复印件（略）：崔××为户主之子，刘××为户主之儿媳
3. 刘××、崔××结婚证复印件（略）

证据 12：

一 般 代 理 协 议

甲方：中国××银行股份有限公司北京×××支行

乙方：北京市××联合律师事务所

经双方协议，甲方决定委托乙方，代理甲方参加刘××、崔××金融借款合同纠纷案，特订立以下协议条款，以资共同遵守。

第一条　乙方接受甲方委托,指派×××、×××、×××等三位律师向甲方提供法律服务,依法维护甲方的合法权益。

第二条　乙方的代理范围及权限:

甲方根据案件的实际情况委托乙方办理下列事项的全部代理工作:

(一)甲方委托乙方作为一审和二审程序的诉讼代理人。

乙方代理权限:代为起诉、调查取证、答辩、出庭应诉;在甲方明确给予特别授权的前提下,代为提出、变更、放弃、承认诉讼请求和调解、和解,提出反诉或上诉。

(二)甲方委托乙方为执行程序的代理人。

乙方代理权限:代为向法院提起执行程序及办理查找债务人财产线索,申请司法机关对债务人财产查封、冻结、扣押、划拨等执行过程中的相关工作,也可应甲方要求,代为收受或向甲方转交被执行标的。

第三条　经双方协商,乙方代理费金额及甲方的支付方法如下:

(一)乙方以一般代理方式代理本案件,代理费为诉讼标的额的1.5%(百分之1.5),分3个阶段支付:

1. 案件正式立案之日起十日内,先行支付20%代理费用;

2. 案件取得法院生效的胜诉的判决书或调解书十日内,再支付20%代理费;如出现其他情况如驳回、撤诉等,不支付本阶段代理费;

3. 根据实际收回款情况,再行支付剩余部分代理费用(收回金额×1.5%×60%),如第二阶段未支付代理费,本次支付代理费用为收回金额×1.5%×80%。

甲方付款前乙方应按照甲方要求出具正式发票。

(二)在本代理事项诉讼过程中,有关诉讼费、产权过户费、评估费、仓储运输费,经甲方核实后由甲方承担。

(三)除上述费用外,甲方不再向乙方支付其他任何费用,包括但不限于乙方因本案而发生的调查、鉴定、翻译、资料、复印、本地交通、异地差旅、通信等活动费用。

第四条　乙方应认真负责地办理甲方所委托事项,并严格遵守律师职业道德,严守甲方的商业秘密,妥善保管甲方提供的文件资料。如因乙方过错给甲方造成损失的,乙方将承担相应的赔偿责任。

第五条　未经甲方同意,乙方不得将甲方所委托事项中的一项或数项转委托其他第三人办理。

第六条　如乙方不按规定程序及本协议的约定从事代理事项,或与对方当事人或其代理人恶意串通,损害甲方权益的,甲方有权单方解除协议,拒付代理费,并可依法要求乙方承担相应的赔偿责任。

第七条　甲方应真实地向乙方叙述案情,提供有关案件的证据及乙方要求的其他材料。乙方接受委托后,如发现甲方弄虚作假,隐瞒事实,有权中止代理,由此产生的后果由甲方承担。

第八条　如乙方无正当理由终止履行本协议,而给甲方造成损失的,应对甲方承担相应的赔偿责任。

第九条 本协议自双方签字加盖公章之日起生效,代理期限为两年,到期后双方均未提出异议,协议自动顺延,直到一方书面提出不再续约,该协议终止。

第十条 本协议如需补充、变更或提前终止,双方应协商一致并签订书面协议。

第十一条 本协议履行过程中如产生纠纷,双方应协商解决,协商不成时,任何一方有权向甲方所在地人民法院起诉。

第十二条 本协议一式两份,甲乙双方各执一份。

(以下无正文,为中国××银行股份有限公司北京×××支行和北京市××联合律师事务所之《委托代理协议》签字盖章页)

甲方(盖章):中国××银行股份有限公司北京×××支行
甲方法定代表人或其授权代表签字:×××
2016年4月1日

乙方(盖章):北京市××联合律师事务所
乙方负责人或其授权代表签字:×××
2016年4月1日

证据13:

起 诉 状

原告:××银行北京×××支行
注册地址:北京市朝阳区东三环×路××号
负责人:××× 职务:行长
电话:×××××××
被告一:刘××,女,汉族,身份证号码:11022619×××××0546
住所:朝阳区东四环中路××号
电话:×××××××
被告二:崔××,男,汉族,身份证号码:11022619×××××2819
住所:朝阳区东四环中路××号
电话:×××××××
案由:金融借款合同纠纷

诉讼请求:

1. 请求判令被告一立即向原告支付贷款本金余额人民币3834246.57元、利息人民币144428.55元(计算至2016年5月24日),共计3978675.12元,并支付上述款项自2016年5月25日起至实际付清日止的利息(按照合同约定计算);

2. 请求判令被告二以其自有的位于北京市朝阳区北四环东路××号××家园××号商品房167.93平方米就被告一全部债务向原告承担抵押担保责任,原告就上述房地产折价、拍卖、变卖所得价款享有优先受偿权;

3. 请求判令被告一承担原告因实现债权所支付的律师费;

4. 请求判令被告一承担本案诉讼费、保全费。

事实和理由：

2013年9月2日，原告与被告一及被告二签订《个人贷款授信额度合同》（以下简称《授信合同》），合同编号：××××1317000012。《授信合同》约定原告给予被告一助业房抵快贷贷款授信，授信额度为人民币450万元；授信期限自被告一满足原告授信额度启用条件之日起120个月；被告二以其所有的位于北京市朝阳区北四环东路××号××家园××号商品房167.93平方米（房屋所有权证号：×京房权证朝字第12601××号），为被告一向原告提供最高抵押额为450万元的最高额抵押担保。

2013年9月3日，原告与被告一签订《个人贷款合同》，约定原告向被告一发放助业房抵快贷（循）贷款，贷款用途为公司经营，贷款金额为人民币450万元，贷款期限为119个月，贷款年利率按照中国人民银行公布的同期基准利率6.55%上浮30%执行；如遇国家利率调整，浮动利率参照调整后的同档次贷款利率，并按照原告相关政策执行；被告一按照等额还本付息方式，分119期偿还贷款。

《个人贷款合同》签订后，原告履行了约定义务，于2013年9月3日将全部贷款发放给被告一；被告一却违反合同约定，至2016年5月，被告一已连续多期未履行还款义务。经原告多次催要，被告一仍未履行还款义务。

根据《个人贷款合同》及《授信合同》相关约定，原告特向贵院提起诉讼，请法院支持原告的诉讼请求，维护原告的合法权益。

此致

北京市朝阳区人民法院

具状人：××银行北京×××支行

（××银行股份有限公司北京×××支行公章）

负责人：×××（签名章）

2016年5月31日

证据14：

××银行余额表（贷款）

机构号：××××

机构名称：北京×××支行

日期：2016年5月24日

币种：人民币

账号	户名	客户号	借据号	余额	积数	执行利率	状态	类别
×××0163000055017	刘××	1339××××××	×××1316000019001	3834246.57	0.00	6.37	呆滞	非应计

证据 15：

××银行余额表(贷款欠息)

机构号：××××

机构名称：北京×××支行

日期：2016年5月24日

币种：人民币

账号	户名	客户号	借据号	余额	欠息起始日期	利率	状态	类别
××××0163000055017	刘××	1339328147	35201316000019001	144428.55	20151120	9.555	呆滞	非应计

证据 16：

刘××助业房抵快贷(循)××××1316000019 欠款及还款记录

已还本息		尚欠本息		本金余额		表内利息		表外利息		
1431014.48		4276982.57		3834246.57		0		442736.00		
序号	本期期数	账号类型	还款账号	交易类型	应还日期	实还日期	本息合计	本金	表内息	本金罚息	利息罚息	表外息	表外息复息
每期还款数据(略)													

证据 17：

××司法鉴定中心司法鉴定意见书

××司鉴中心〔2016〕文鉴字第×号

一、基本情况

委托人：北京市朝阳区人民法院

委托函号：〔2016〕法鉴委字第××号

委托事项：对贷款材料中借款人、担保人签名字迹与字迹样本进行检验，确认是否分别为同一人书写形成。

受理日期：2016年7月16日

鉴定日期:2016 年 7 月 30 日

鉴定地点:××司法鉴定中心

二、基本案情

2016 年 7 月 16 日,北京市朝阳区人民法院人民法院送来刘××、崔××与××银行北京×××支行金融借款合同纠纷一案相关材料,并于 2016 年 7 月 20 日补充来样本材料,要求对署期为"2013 年 8 月 27 日"的《贷款用途及资金支付申请表》、署期为"2013 年 9 月 3 日"的《个人贷款合同》及借据中"刘××""崔××"签名字迹分别与本人字迹样本进行检验,确认是否分别为同一人书写形成。

三、资料摘要

1. 检材 1(JC1):署期为"2013 年 8 月 27 日"的《贷款用途及资金支付申请表》原件一份;

检材 2(JC2):署期为"2013 年 9 月 3 日"的《个人贷款合同》(签字页)原件一份。

(以上见附件)

2. 样本(YB):署期为"2012 年 1 月 25 日"的《××文化传媒有限公司》壹号服务合同签字页原件一份;署期为"2013 年 11 月 9 日"的《××文化传媒有限公司》贰号采购合同签字页原件一份;署期为"2014 年 3 月 4 日"的《内部划款审批单》原件一份。

(以上见附件)

四、鉴定过程

1. 本次鉴定参照 SF/Z JD0201002-2010《笔迹鉴定规范》进行检验。

经检验,检材 1 中为黑色签字笔书写字迹,字迹清晰,其中"刘××""崔××"字迹书写较为流畅,书写速度较快,连笔形态和笔画照应关系正常,书写熟练程度较高,存在较独特的细节特征,具备检验条件。样本字迹书写清晰,字迹书写速度较快,书写水平较高,总体字迹能够反映书写习惯特征,具备比对条件。

经比较检验,检材 1 笔迹与样本笔迹书写水平、字形、字的大小等一般特征相似,在细节特征上相似点较多,如"刘"字笔顺特征,"崔"字的笔画比例特征,"×"字的运笔方向特征等。

2. 本次鉴定参照 SF/Z JD0201002-2010《笔迹鉴定规范》进行检验。

经检验,检材 2 中为黑色签字笔书写字迹,字迹清晰,其中"刘××""崔××"字迹书写较为流畅,书写速度较快,连笔形态和笔画照应关系正常,书写熟练程度较高,存在较独特的细节特征,具备检验条件。样本字迹书写清晰,字迹书写速度较快,书写水平较高,总体字迹能够反映书写习惯特征,具备比对条件。

经比较检验,检材 2 笔迹与样本笔迹书写水平、字形、字的大小等一般特征相似,在细节特征上相似点较多,如"刘"字笔顺特征,"崔"字的笔画比例特征,"×"字的运笔方向特征等。

五、分析说明

1. 检材 1 中"刘××""崔××"签名字迹与本人样本字迹之间,虽然在运笔方向、连笔形态等特征上存在差异点,但是这些差异点系书写习惯多样性的体现,不能反映书写人书写习惯的特征本质。检材1签名与样本字迹的符合点不仅在数量上占优势,质量也较高,价值较大,为本质性符合,这些符合点的总和反映了同一性,即同一人的书写习惯。

2. 检材2中"刘××""崔××"签名字迹与本人样本字迹之间,虽然在运笔方向、连笔形态等特征上存在差异点,但是这些差异点系书写习惯多样性的体现,不能反映书写人书写习惯的特征本质。检材2签名与样本字迹的符合点不仅在数量上占优势,质量也较高,价值较大,为本质性符合,这些符合点的总和反映了同一性,即同一人的书写习惯。

六、鉴定意见

综上所述,得出以下鉴定意见:

1. 署期为"2013年8月27日"的《贷款用途及资金支付申请表》中"刘××""崔××"签名字迹与样本字迹为同一人书写形成。

2. 署期为"2013年9月3日"的《个人贷款合同》及借据中"刘××""崔××"签名字迹与样本字迹为同一人书写形成。

七、附件(略)

鉴定人:

工程师:×××(签字)

执业证号:××××××

教　授:×××(签字)

执业证号:××××××

二〇一六年七月三十日

以下无正文
附件共×页

二、示范案例裁判文书与点评

(一)示范案例判决书

北京市朝阳区人民法院
民事裁定书

(2016)京0105民初35×××号

原告中国××银行股份有限公司北京×××支行,营业场所北京市朝阳区东三环×路××号。

负责人:×××,行长。

委托代理人:×××,北京市××联合律师事务所律师。

委托代理人:×××,北京市××联合律师事务所律师。

被告刘××,女,19××年××月××日出生,汉族,住北四环东路××号××家园

××号,身份证号11022619×××××0546。

被告崔××,男,19××年××月××日出生,汉族,住北四环东路××号××家园××号,身份证号11022619×××××2819。

本院在审理原告中国××银行股份有限公司北京×××支行与被告刘××、崔××金融借款合同纠纷一案中,原告中国××银行股份有限公司北京×××支行向本院提出财产保全的申请,请求冻结被告刘××、崔××银行存款3978675.12元,如存款不足,则查封与不足部分同等价值的财产,并已提供担保。

本院认为,原告中国××银行股份有限公司北京×××支行的申请符合法律规定,依照《中华人民共和国民事诉讼法》第一百条、第一百零二条、第一百零三条的规定,裁定如下:

冻结被告刘××、崔××银行存款叁佰玖拾柒万捌仟陆佰柒拾伍元壹角贰分,如存款不足,则查封与不足部分同等价值的财产。

本裁定书送达后立即执行。

如不服本裁定,可以向本院申请复议一次。复议期间不停止裁定的执行。

审判员 ×××
二〇一六年七月十三日
书记员 ×××

《人民法院报》
公告

刘××、崔××:

本院受理原告中国××银行股份有限公司北京×××支行诉你们金融借款合同纠纷一案,现依法向你们公告送达起诉状副本、开庭传票、证据材料。自本公告发出之日起经过60日即视为送达。提出答辩状的期限为公告送达期满后次日起15日内。并定于答辩期满后第1个工作日上午9时(遇法定节假日顺延)在本院第42法庭公开开庭审理。

[北京]北京市朝阳区人民法院
人民法院报社法院公告部(公章)
(本公告刊登在2016年××月××日《人民法院报》第G04版)

北京市朝阳区人民法院
民事判决书

(2016)京0105民初35×××号

原告中国××银行股份有限公司北京×××支行,营业场所北京市朝阳区东三环×路××号。

负责人×××,行长。

委托代理人×××,北京市××联合律师事务所律师。
委托代理人×××,北京市××联合律师事务所律师。
被告刘××,女,19××年××月××日出生,汉族,住北京市朝阳区北四环东路××号××家园××号,身份证号11022619×××××0546。
被告崔××,男,19××年××月××日出生,汉族,住北京市朝阳区北四环东路××号××家园××号,身份证号11022619×××××2819。

原告中国××银行股份有限公司北京×××支行(以下简称××银行×××支行)与被告刘××、崔××金融借款合同纠纷一案,本院受理后,依法组成由审判员×××担任审判长,人民陪审员×××、×××参加的合议庭,公开开庭进行了审理。原告××银行×××支行的委托代理人×××、×××到庭参加了诉讼,被告刘××、崔××经本院合法传唤无正当理由未出庭应诉。本案现已审理完毕。

原告××银行×××支行起诉称:2013年9月2日,××银行×××支行和刘××、崔××签订《个人贷款授信额度合同》,约定××银行×××支行给予刘××助业房抵快贷贷款授信,授信额度为450万元,授信期限自刘××满足××银行×××支行授信额度启用条件之日起120个月,崔××以其所有的位于北京市北四环东路××号××家园××号商品房167.93平方米(房屋所有权证号为 ×京房权证朝字第12601××号),为刘××向××银行×××支行提供最高抵押额为450万元的最高额抵押担保。

2013年9月3日,××银行×××支行和刘××签订《个人贷款合同》,约定××银行×××支行向刘××发放助业房抵快贷(循)贷款,贷款用途为公司经营,贷款金额为450万元,贷款期限为119个月,贷款年利率按照中国人民银行公布的同期基准利率6.55%上浮30%执行,如遇国家利率调整,浮动利率参照调整后的同档次贷款利率,并按照××银行×××支行相关政策执行,刘××按照等额还本付息方式,分119期偿还贷款。

《个人贷款合同》签订后,××银行×××支行履行了约定义务,于2013年9月3日将全部贷款发放给刘××,刘××却违反合同约定,至2016年5月,刘××已连续多期未履行还款义务,经多次催要均未果,故××银行×××支行诉至法院要求刘××偿还贷款本金3834246.57元,支付截至2016年5月24日的利息144428.55元,并支付自2016年5月25日起至还清之日止的利息、罚息、复利(按照合同约定标准进行计算);要求刘××支付律师费62478.49元;崔××以其所有的坐落于北京市北四环东路××号××家园××号房屋对刘××的全部债务承担抵押担保责任,××银行×××支行有权对上述房产拍卖或变卖的价款享有优先受偿权;要求刘××承担本案诉讼费用、保全费用、公告费用。

被告刘××未出庭应诉,亦未提交书面的答辩意见。
被告崔××未出庭应诉,亦未提交书面的答辩意见。

经审理查明:2013年9月2日,贷款人××银行×××支行、借款人刘××、抵押人崔××签订《个人贷款授信额度合同》,约定:贷款人同意给予借款人助业房抵快贷贷款授信,币种为人民币,授信额度为450万元,授信期限自借款人满足贷款人授信额度启用条件之日起120个月;就本合同授信额度项下每笔贷款的提取,贷款人经审查同意借款人根据本合同第四条提交的借款申请书后,将与借款人另行签署贷款合同,并且,就每一贷款合同项下具体贷款的提取而言,借款人应按贷款人提供的格式签署贷款借据并向贷款人提交该贷款借据,就该单笔贷款而言,本合同项下的约定与该笔贷款的贷款合同的有关内容不符的,以贷款合同为准,贷款合同的约定与贷款借据不符的,以贷款借据为准,授信额度项下每笔贷款的期限最长不得超过授信期间,其实际起算日期以该笔贷款的实际发放日为准,本合同项下每一笔贷款的贷款合同及相关贷款借据为本合同不可分割的组成部分;在授信期间,授信额度可以被循环提用,借款人未提用的授信额度余额与已提用且尚未偿还的贷款余额之和不得超过授信额度;借款人提用的授信额度项下的每笔贷款所适用的利率以该笔贷款的贷款借据中所确定的利率为准;贷款人有权按照贷款合同的约定对本合同项下每笔贷款的逾期贷款收取罚息,贷款人有权依照中国人民银行的规定对逾期利息计收复利;对于本合同项下的每一笔贷款,借款人授权贷款人在相关还款日根据该贷款的贷款合同约定的还款方式直接从借款人在贷款人处开立的还款账户中扣收到期应付的贷款本息,借款人应保证还款账户内有足够余额偿还到期应付本息,若借款人需要变更还款账户账号或对还款账户进行任何变更,借款人需到贷款人处书面申请办理相关手续;授信项下贷款一旦发生逾期,贷款人有权停止授信,并要求借款人提前清偿授信项下所有债务,如授信项下任一单笔贷款连续3期未归还贷款本息,授信额度即失效,借款人不得使用剩余的授信额度,贷款人有权以其认为适宜的方式处分抵押物和/或质押物或对抵押物采取必要的资产保全措施;借款人未按时足额还款,构成违约;一旦发生任何违约事件,贷款人即有权要求借款人和/或担保人限期纠正违约行为或消除违约状态,取消借款人尚未提取的授信额度或拒绝借款人的任何提款申请或要求,宣布所有或部分已贷出的贷款立即到期,并要求借款人立即偿还全部或部分已贷出贷款本金、利息和其他应付款项,按合同约定的逾期罚息利率或挪用利率向借款人计收罚息,要求追加或更换保证人、抵押物、质押物,从借款人在贷款人处或其分支机构开立的任何币种的任何账号中直接扣划本合同项下借款人应付而未付的任何款项(包括但不限于贷款本金和利息),借款人并在此同意和授权贷款人进行本条约定的扣划,宣布行使或实现有关贷款的任何担保权利,以贷款人认为合法适宜的方式依法实施和实现本合同项下所设立的抵押权和/或质押权,包括直接变卖、拍卖本合同项下的抵押物/质押物,或将抵押物/质押物折价清偿债务,借款人不履行还款义务或保证人、抵押人不履行担保责任,贷款人可以就违约行为对外进行公开披露;为担保借款人按期偿还其在本合同项下的贷款本息和其他应付款项,各方同意采用抵押担保此种担保方式,崔××自愿按本合同第五章的规定将其享有合法所有权和处分权的抵押物以贷款人认可的价值为5660584元向贷款人提供最高抵押额为450万元的最高额抵押,抵押物具体情况见附件1;授信项下贷款一旦发生逾期,贷款人有权停止授信,并要求借款人提前清偿授信项下所有债务,如授信项下任一单笔贷款连续3期未归还贷款本息,授信额度即失效,借款人不得使用剩余的授信额度,贷款人有权对抵押物采取必要的措施;抵押所担保的主债权是指本合同第一章约定的授信项下形成的一系列债权,其本金的最高额度为第一章约定的授信额度;抵押担保的范围包括本合同以及基于本合同发生的具体贷款合同项下的贷款本金、利息(包括法定利息、约定利息、复利及罚息)、违约金、损害赔偿金、贷款人实现贷款项下债权及抵押权的费用(包括但不限于律师费、诉讼费、执行费、公证费等)和所有其他应付款项;本合同项下的抵押是一项持续的担保并具有完全的效力直至借款人在本合同及基于本合同发生的具体贷款合同项下所有应付的贷款本金、利息、罚息、费用、违约金、损害赔偿金及其他所有应付款项全部偿清为止;一旦发生任何违约事件,贷款人即有权以其认为合适的方式依法实施和实现本合同项下所设立的抵押权,包括直接变卖、拍卖本合同项下的抵押物,或协商将抵押物折价清偿债务或请求人民法院拍卖、变卖抵押财产,一经贷款人要求,抵押人须协助贷款人取得与贷款人实现其债权有关的一切必要的批准或同意,或协助贷款人办理其他一切必要的手续;贷款人根据本合同约定调整利率而执行新利率的,无须征得担保人的同意。附件1"抵押物品清单"中载明,抵押物名称为北京市朝阳区北四环东路××号××家园××号。

2013年9月3日,贷款人××银行×××支行和借款人刘××签订《个人贷款合同》,约定:借款人与贷款人已于2013年9月2日签订了合同编号为××××1317000012的《个人贷款授信额度合同》,现借款人向贷款人申请实际提用该《个人贷款授信额度合同》项下的额度金额;本合同为《个人贷款授信额度合同》不可分割的组成部分,本合同项下的贷款为《个人贷款授信额度合同》项下的贷款;贷款人同意向借款人发放助业房抵快贷贷款,贷款用途为公司经营,本合同项下的贷款金额为450万元,本合同项下的贷款期限为119个月,即2013年9月3日起至2023年8月3日止,贷款借据对贷款期限实际起始日与实际到期日另有约定的,以贷款借据中的约定为准;本合同的贷款年利率按照中国人民银行公布的同期基准利率6.55%上浮30%执行,本合同项下首期执行贷款年利率为8.515%,如遇国家利率调整,浮动利率参照调整后的同档次贷款利率,并按照贷款人相关政策执行;借款人未按本合同约定期限归还贷款本金的,贷款人有权对逾期贷款计收罚息,罚息利率为本合同约定的贷款执行利率基础上上浮50%,罚息计算期间自逾期之日起至当期应付本息全部清偿之日止,逾期期间,如遇中国人民银行上调同期贷款基准利率,罚息利率自基准利率调整之日起相应上调;在适用浮动利率的情况下,贷款基准利率按中国人民银行有关规定执行,贷款期限在1年以内(含)的,遇中国人民银行调整基准利率的,仍实行合同利率,不分段计息,贷款期限在1年以上的,遇中国人民银行调整基准利率的,于下一年度的公历1月1日起按相应基准利率档次执行新的贷款利率,在本合同有效期内中国人民银行调整基准利率的,贷款人不再另行向借款人发书面通知;贷款人有权依照中国人民银行的规定对逾期利息计收复利;借款人未按时足额还款,构成违约;借款人一旦发生违约事件,贷款人有权宣布所有已贷出的贷款立即到期,并要求借款人立即偿还全部已贷出贷款本金、利息和其他应付款项(包括但不限于诉讼费、保全费、评估费、拍卖费及律师费等),有权从借款人在贷款人或其分支机构处开立的任何币种的任何账户中直接扣划本合同项下借款人应付而未付的任何款项(包括但不限于贷款本金和利息),借款人并在此同意和授权贷款人进行本条约定的扣划,宣布行使或实现有关贷款的任何担保权利,包括但不限于依法处分抵押物或质押物;贷款发放至借款人在贷款行开立的指定账户内,户名为刘××,账号××××××××××9298,开户行为××银行×××支行,采取受托支付方式;借款人选择等额还本付息还款方式偿还贷款本息,本合同项下贷款按月共分119期偿还,具体还款金额及还款日期以贷款人提供的还款计划表为准。

2013年9月3日,××银行×××支行向刘××发放贷款450万元。

2013年8月27日,××银行×××支行和刘××办理了他项权证,房屋他项权利人为××银行×××支行、房屋所有权人为崔××、房屋所有权证号为×京房权证朝字第12601××号、房屋坐落于北京市北四环东路××号××家园××号、他项权利种类为最高额抵押、债权数额为450万元。

截至2016年5月24日,刘××尚欠贷款本金3834246.57元、利息144428.55元。

另查明,甲方××银行×××支行和乙方北京市××联合律师事务所签订《一般代理协议》,乙方接受甲方委托,指派律师向甲方提供法律服务,乙方以一般代理方式代理本案,代理费为诉讼标的额的1.5%,分三个阶段支付:1.案件正式立案之日起十日内,先行支付20%代理费用;2.案件取得法院生效的胜诉的判决书或调解书十日内,再支付20%代理费,如出现其他情况如驳回、撤诉等,不支付本阶段代理费;3.根据实际收回款情况,再行支付剩余部分代理费用(收回金额乘以1.5%乘以60%),如第二阶段未支付代理费,本次支付代理费用为收回金额乘以1.5%乘以80%。××银行×××支行已支付的律师费为11936.03元,北京市××联合律师事务所为××银行×××支行开具了金额为11936.03元的发票。

上述事实,有××银行×××支行提交的《个人贷款授信额度合同》《个人贷款合同》、房屋所有权证、房屋他项权证、个人贷款划款凭证、贷款借据、还款明细、《一般代理协议》、发票等以及庭审笔录在案佐证。

本院认为:××银行×××支行和刘××、崔××签订的《个人贷款授信额度合同》,××银行×××支行和刘××签订的《个人贷款合同》,均系各方当事人的真实意思表示,内容不违反我国法律、行政法规的强制性规定,合法有效,双方当事人均应全面履行合同义务。××银行×××支行依约履行了向刘××发放450万元贷款的义务,刘××作为借款人应当按期偿还借款本息。现刘××未能清偿本息,其行为构成违约,应承担违约责任。××银行×××支行要求刘××偿还欠付的贷款本息,以及自2016年5月25日起至还清之日止的利息、罚息、复利,符合合同约定和法律规定,本院予以支持。合同明确约定了律师费,××银行×××支行为追讨欠款与北京市××联合律师事务所订立合同,北京市××联合律师事务所亦委派律师作为委托代理人参加了本案诉讼,相应律师费属合理支出,××银行×××支行有权向刘××主张律师费,本院对已经实际发生的律师费 11936.03 元予以确认，其他律师费待实际发生后，可另行主张。

崔××作为抵押人，在刘××未能依约还款的情况下，崔××应以其抵押财产向××银行×××支行承担抵押担保责任。××银行×××支行提交的他项权证可以证明其和崔××就房屋所有权人为崔××、坐落于北京市北四环东路××号××家园××号房屋进行了最高额抵押登记，故在刘××未按期偿还借款的情况下，××银行×××支行有权对抵押的上述房屋拍卖或变卖的价款在最高额抵押限额内享有优先受偿权。

刘××、崔××经本院合法传唤，无正当理由未出庭应诉，视为其放弃答辩、举证和质证的权利，不影响本院根据查明的事实，依法作出判决。

综上，依照《中华人民共和国合同法》第二百零五条、第二百零六条、第二百零七条，《中华人民共和国担保法》第二十八条，《中华人民共和国民事诉讼法》第一百四十四条之规定，判决如下：

一、被告刘××于本判决生效之日偿还原告中国××银行股份有限公司北京×××支行截至 2016 年 5 月 24 日的借款本金 3834246.57 元、利息 144428.55 元，以及自 2016 年 5 月 25 日至付清之日止的利息、罚息、复利（按照《个人贷款合同》约定标准计算）；

二、被告刘××于本判决生效之日支付原告中国××银行股份有限公司北京×××支行律师费用 11936.03 元；

三、原告中国××银行股份有限公司北京×××支行对被告崔××名下位于北京市北四环东路××号××家园××号房屋拍卖或变卖的价款，在本判决确认刘××应付的债务在 450 万元限额范围内，按照抵押登记顺序享有优先受偿权；

四、驳回原告中国××银行股份有限公司北京×××支行的其他诉讼请求。

如果未按本判决指定的期间履行给付金钱义务，应当依照《中华人民共和国民事诉讼法》第二百五十三条之规定，加倍支付迟延履行期间的债务利息。

案件受理费 38630 元、诉讼保全费 5000 元、公告费用 260 元，均由被告刘××负担（于本判决生效后七日内交纳）。

如不服本判决，可在判决书送达后十五日内向本院递交上诉状，按对方当事人的人数提出副本，上诉于北京市第三中级人民法院。

审判长　×××
人民陪审员　×××
人民陪审员　×××
二〇一六年十二月十二日
书记员　×××

北京市朝阳区人民法院生效证明书

(2016)朝民证字第35×××号

原告中国××银行股份有限公司北京×××支行与被告刘××、崔××金融借款合同纠纷一案的(2016)京0105民初字第35×××号民事判决书已于2017年3月6日发生法律效力。

特此证明。

北京市朝阳区人民法院(公章)

二〇一七年三月六日

(二) 示范案例点评

借贷纠纷是民事诉讼中的常见类型,银行与个人之间的借贷纠纷法律关系比较简单,但存在以下难点:其一是,涉及的合同文本种类多、条款多,依据的法律法规中,有些是行业监管规定,有些是银行内部规定,其法律效力需准确判断;其二是,需准确判定合同、借据的生效条件、生效时间、生效范围,哪些是可确认生效的,哪些是未生效的;其三是,确认违约情节,以及违约应承担的责任;其四是,在确定借款、还款明细的基础上,根据合同条款和法律法规判定欠款金额、罚息金额。

通过阅读上述材料了解基本案情后,完成案情分析。

(1) 大致了解贷款要签署的主要合同、协议种类,掌握借款合同、担保合同的主要条款都覆盖了哪些内容,试算欠款及罚息;

(2) 分析借款人、担保人分别承担何种责任。

并可延伸思考:中国××银行股份有限公司北京×××支行可以对刘××名下财产主张什么样的权利?如崔××抵押的房产变现价款不足以抵偿本案裁定的给付金钱义务,银行是否有权继续向崔××追索?如被告拒不执行,还可采取什么措施?

之后,结合基本案情与上述材料,根据本章第一节中的民事诉讼案件庭审流程,分角色演练庭审流程,在演练的过程中,要以已有材料为基准,并达到同样的庭审结果。

第三节 民事诉讼二审程序

✦ 民事诉讼二审案例1:于××与仇×、楼×等机动车交通事故责任纠纷案

一、示范案例

(一) 基本案情

楼×受仇×雇用驾驶中型货车运货,楼×在驾车运输途中,与于××驾驶的二轮摩托车发生碰撞,造成双方车辆损坏、于××受伤。交警判定楼×承担事故的全部责任,

当事人于××不承担事故责任。一审法院判定赔偿责任后,仇×与楼×对赔偿范畴持异议,上诉后,二审法院组成合议庭,经审理,驳回上诉。

(二)主要证据材料

证据1:

询 问 笔 录

询问笔录(第1次)

询问时间:2015年7月20日08时30分至2015年7月20日09时10分

询问地点:南通市通州区公安局石港交警中队事故调处室

询问人工作单位:南通市通州区公安局

记录人工作单位:南通市通州区公安局

被询问人:楼× 性别:男 出生日期:1969年××月××日

户籍所在地:江苏省东台市××村×号

现住址:江苏省东台市××村×号

被询问人身份证件种类及号码:身份证号3209191969××××××××

联系电话:××××××××××

问:我们是南通市通州区公安局交通警察大队石港中队的民警(出示人民警察证),现依法向你询问有关问题,请你如实回答。对与本案无关的问题你有拒绝回答的权利。同时,你也有权用本民族的语言文字进行诉讼、有权对侦查人员侵犯你诉讼权利或者进行人身侮辱的行为提出控告、有权核对询问笔录和有权要求办案人员回避。你听清楚没有?

答:听清楚了。

问:你要如实回答提问,陈述事实,不得隐瞒或作虚假陈述,诬告或者作伪证要负法律责任,明白吗?

答:明白。

问:这是《公安行政案件权利义务告知书》,现送达与你,你看一下,了解掌握法律赋予你的权利和义务。如果不识字,我们可以向你宣读;如果看不懂,有疑问的话,可以问我们。

答:我自己能看懂。

问:交通事故发生的时间、地点?

答:2015年7月18日7时左右,在海五线南通市通州区石港镇石东村二组路段发生的交通事故。

问:你的交通方式?

答:我驾驶的苏J×××××中型普通货车,货车所有人是江苏省东台市××镇××居委会四组8号仇×。

问:该车车况如何?

答:车况好的,年检合格至2015年10月。
问:是否有保险?
答:有保险。
问:你是否有驾驶证?
答:我有B2证。
问:当时天气情况?
答:当时下雨。
问:发生事故前你是否饮酒?
答:没有。
问:你车上几个人?
答:我车上一共三个人,还有老板仇×夫妻两个。
问:你们是否受伤?
答:没有。
问:你车上是否载物?
答:车上装的空鸡笼。
问:请你将当时的情况如实反映一下。
答:当天我们从东合到石港来拉鸡,我驾驶苏J×××××中型普通货车沿海五线由西向东行驶至事发地点。在我前面有一辆货车开得比较慢,我就打转向灯超车,超车的时候我发现对面来了一辆摩托车距离较远,摩托车行得比较靠边,我以为能超过去,我就超车了。当我超车到我的车头与右边的货车车厢前部基本平行时,我发现对面摩托车的驾驶员头转了朝南看,摩托车向路中行了点,我发现超不过去了,没有响喇叭就刹车的,我没办法让,我车子的左前部就撞了摩托车左前部,摩托车连人带车就跌了下来。我立即下车去拉那个骑摩托车的人,那个人不能起来,我就打120和110。
问:你当时的速度?
答:不到50码,用的四档。
问:你先在路的什么位置行驶?
答:我先在中心黄线南边,由西向东的,我超车的时候行驶在中心黄线北边。
问:你什么时候发现那辆摩托车的?
答:我超车的时候,车头打过去的时候,我就看到那辆摩托车了。
问:那辆摩托车当时距你多远?
答:六七十米的样子。
问:当时那辆摩托车在路的什么位置行驶?
答:摩托车是靠路北边行驶的。
问:你看到摩托车在对面行驶,你怎么办的?
答:摩托车离我蛮远的,我估计能超过去的,我就超车的。
问:你超车前是否亮灯和响喇叭?
答:超车前我打左转向灯的,没有响喇叭。

问:后来两车怎么撞的?

答:我超车到我的车头和右边货车车厢基本平行的时候,我发现那辆摩托车驾驶员头向南边看,摩托车向路中间行了点,我发现超不过去了就刹车的,没办法让就撞了。偏了点,我刹车并向右打方向,我右边是货车,方向没有打得过去,摩托车就和我车子撞了。

问:那个摩托车驾驶员是否戴头盔?

答:那个摩托车驾驶员穿的雨衣,我没有注意是否戴头盔,现场有头盔掉在路上。

问:两车在路的什么位置相撞的?

答:在中心黄线北边相撞的。

问:两车什么位置相撞的?

答:摩托车的左前部与我车子的左前部相撞的。

问:是否要做检验鉴定?

答:碰撞是事实,不需做检验鉴定。

问:在此事故吸取什么教训?

答:以后开车子要注意观察,对方有来车不能超车。

问:发生事故后现场是否有变动?

答:没有。

问:你的家庭情况?

答:丈母:仇××,74岁,务农;妻子:章×,47岁,务农;儿子:章××,24岁,工人。

问:以上反映是否属实?

答:属实。

问:你将以上记录看一遍,如记录有差误或遗漏,可以更正或补充。

答:以上记录我已看,和我谈的一样。(本句楼×手写)

(楼×逐页签字)

证据 2:

询 问 笔 录

询问笔录(第 1 次)

询问时间:2015 年 7 月 18 日 14 时 50 分

询问地点:南通市通州区公安局石港交警中队事故调处室

询问人工作单位:南通市通州区公安局

记录人工作单位:南通市通州区公安局

被询问人:于×× 性别:男 出生日期:1984 年××月××日

户籍所在地:……

现住址:……

被询问人身份证件种类及号码:3206831984××××××××

联系电话:××××××××××

问:我们是南通市通州区公安局交通警察大队石港中队的民警(出示人民警察证),现依法向你询问有关问题,请你如实回答。对与本案无关的问题你有拒绝回答的权利。同时,你也有权用本民族的语言文字进行诉讼、有权对侦查人员侵犯你诉讼权利或者进行人身侮辱的行为提出控告、有权核对询问笔录和有权要求办案人员回避。你听清楚没有?

答:听清楚了。

问:你要如实回答提问,陈述事实,不得隐瞒或作虚假陈述,诬告或者作伪证要负法律责任,明白吗?

答:于××在重症监护室,处于昏迷状态,无法形成材料。

（于××的父亲签字）

询 问 笔 录

询问笔录(第2次)

询问时间:2015年7月24日9时20分

询问地点:南通市通州区公安局石港交警中队事故调处室

询问人工作单位:南通市通州区公安局

记录人工作单位:南通市通州区公安局

被询问人:于×× 性别:男 出生日期:1984年××月××日

户籍所在地:……

现住址:……

被询问人身份证件种类及号码:3206831984××××××××

联系电话:××××××××××

问:我们是南通市通州区公安局交通警察大队石港中队的民警(出示人民警察证),现依法向你询问有关问题,请你如实回答。对与本案无关的问题你有拒绝回答的权利。同时,你也有权用本民族的语言文字进行诉讼、有权对侦查人员侵犯你诉讼权利或者进行人身侮辱的行为提出控告、有权核对询问笔录和有权要求办案人员回避。你听清楚没有?

答:听清楚了。

问:你要如实回答提问,陈述事实,不得隐瞒或作虚假陈述,诬告或者作伪证要负法律责任,明白吗?

答:于××神志不清,言语不清,无法形成材料。

（于××的父亲签字）

证据 3：

南通市通州区公安局交通巡逻警察大队
道路交通事故认定书(简易程序)

第 00561××号

交通事故时间：2015 年 7 月 18 日 7 时　天气：雨
交通事故地点：海五线南通市通州区石港镇石东村二组路段
当事人：楼×
驾驶证或身份证号码：3209191969×××××××
联系电话：××××××××××
机动车型号、牌号：苏 J×××××中四通货车
保险凭证号：××××
当事人：于××
驾驶证或身份证号码：3206831984×××××××
联系电话：××××××××××
机动车型号、牌号：苏 F×××××普通二轮摩托车
保险凭证号：××××
交通事故事实及责任：

　　上述事故时间，楼×驾驶苏 J×××××中型普通货车由西向东行驶至上述事故地点超车时，车左前部与相向行驶于××驾驶的苏 F×××××普通二轮摩托车左前部发生碰撞，造成双方车辆损坏、于××受伤的道路交通事故。

　　经调查，当事人楼×驾驶机动车与对面来车有会车可能时超越同方向车辆驶入对方向行驶路面，且未能按照操作规范安全驾驶，其行为违反了《中华人民共和国道路交通安全法》第四十三条及第二十二条第一款之规定，承担事故的全部责任；当事人于××不承担事故的责任。

　　　　　　　　　　　　　　　　　　　当事人(签字)：楼×　于×代于××
　　　　　　　　　　　　　　　　　　　交通警察(签字)：×××
　　　　　　　　　　　　　　　　　　　2015 年 7 月 27 日
　　　　　　　　　　　　　　　　　　　(交警大队事故处理专用章)

　　有下列情形之一或者调解未达成协议及调解生效后当事人不履行的，当事人可以向人民法院提起民事诉讼：(一)当事人对交通事故认定有异议的；(二)当事人拒绝签名的；(三)当事人不同意由交通警察调解的。

证据 4：

南通市第一人民医院病情证明书

00042××

2015 年 7 月 23 日

姓名：于×× 性别：男 年龄：32 门诊号：×××× 住院号：2015262××

病情诊断及建议：患者车祸致头面部创伤后流血一小时余，诊断为头部新伤，蛛网膜下腔出血，腔室充血，上腔颌面新伤，左侧尺桡骨折，右侧肘部骨折，左下股骨折。

证据 5：

南通市通州区公安局交警大队
道路交通事故抢救费支付(垫付)通知书

第 201507×× 号

×安财产保险股份有限公司：

机动车驾驶人楼×驾驶苏 J×××××车(有无保险及保险证号：××××)在海五线南通市通州区石港镇石东村二组路段发生道路交通事故，根据《中华人民共和国道路交通安全法》第七十五条、《中华人民共和国道路交通安全法实施条例》第九十条的规定，请你(单位)在接到本通知后为受伤人员于××(身份证号：3206831984××××× ×××)垫付人民币壹万元费用。收据由你单位暂存。(楼×在此事故中应承担责任)。

特此通知

2015 年 7 月 20 日

交通警察：××× ×××
电话或通信地址：……

证据 6：

民事诉状(含索赔明细清单)

原告：于××，男，1984 年××月××日出生，汉族，住南通市通州区。

被告：仇×，男，1976 年××月××日出生，汉族，住江苏省东台市，手机号码×××××××××××。

被告：楼×，男，1969 年××月××日出生，汉族，住江苏省东台市，手机号码×××××××××××。

被告：×安财产保险股份有限公司江苏东台分公司，地址××××，电话××××××××。

诉讼请求：1. 依法判令被告立即赔偿给原告各项损失合计 617655.34 元。

2. 本案诉讼费及诉讼费用承担。

事实与理由:2015年7月18日7时左右,在海五线南通市通州区石港镇石东村二组路段,被告楼×驾驶苏J×××××中型普通货车由西向东行驶至上述事故地点超车时,该车左前部与相对方向原告驾驶的苏F×××××普通二轮摩托车左前部发生碰撞,造成双方车辆损坏、原告受伤。经认定,被告承担事故的全部责任。原告多处受伤花去医疗费28万余元。被告驾驶车辆强制险、第三者责任险均为×安财产保险股份有限公司江苏东台分公司。原告经南通三院司法鉴定所鉴定:左侧全髋置换为交通事故九级伤残,颅骨缺损为交通事故十级伤残。现为赔偿一事,根据我国相关法律、法规的规定诉至贵院,恳请贵院受理并依法作出判决!

此致

通州区人民法院

具状人:于××

2016年11月22日

于××索赔明细清单

1. 医疗费 199362.14 元
2. 营养费 10 元/天×(120+15)天=1350 元
3. 住院伙补 18 元/天×49 天=882 元
4. 误工费 100 元/天×480 天=48000 元
5. 护理费 100 元/天×(2×30+90+15)天=16500 元
6. 残疾赔偿金 163561.2 元
7. 精神损害抚慰金 12000 元
8. 后续治疗费 45000 元/次×5 次+15000 元=240000 元
9. 交通费 3000 元
10. 鉴定费 3000 元

以上合计 687655.34 元-60000 元-10000 元=617655.34 元

证据 7:

南通市第一人民医院出院记录

科别:骨科 床号:13×× 病区:0×病区 住院号:2015262××

姓名:于×× 性别:男 年龄:31 岁 婚姻:已婚 职业:未知

【入院日期】 2015-07-18

【入院诊断】 1.多发伤 2.左髋臼骨折、左侧髋关节脱位 3.左侧尺桡骨骨折 4.右肱骨外髁骨折 5.颅脑外伤 6.蛛网膜下腔出血 7.枕骨骨折 8.口腔颌面外伤 9.右侧眼眶外侧壁、颧弓、鼻骨、鼻中隔、两侧上颌骨、右侧翼内外板多发骨折

【手术日期】 2015-07-18 2015-07-25 2015-08-06

【手术名称】 1.左面颊部撕裂伤清创缝合术 2.开颅血肿清除去骨瓣减压(右侧后

颅凹硬膜外血肿)3. 左髋臼骨折、左侧尺桡骨骨折、右肱骨外髁骨折切开复位内固定

【出院日期】 2015-08-20

【出院诊断】 1. 多发伤 2. 左髋臼骨折、左侧髋关节脱位、左侧尺桡骨骨折 3. 右肱骨外髁骨折 4. 颅脑外伤 5. 蛛网膜下腔出血 6. 枕骨骨折 7. 口腔颌面外伤 8. 右侧眼眶外侧壁、颧弓、鼻骨、鼻中隔、两侧上颌骨、右侧翼内外板多发骨折 9. 中枢性尿崩症

【入院时情况】（主要病状、体征、有关实验室及器械检查结果）

患者因"车祸头面部外伤后流血一小时余"入院。查体：神志清，GCS15分，双瞳孔等大等圆，直径约3.0mm，对光反射迟钝。颈软，心肺（一），腹平软，头顶部皮肤擦伤，上下肢短缩、内收内旋畸形，轴向叩痛阳性。足趾感觉活动可。左上肢石膏固定。局部无明显肿胀，疼痛，双手指感觉活动可，双侧桡动脉波动可触及。右下肢活动自如。生理反射存在，病理征未引出。巴氏征（一）。左髋部X片"左髋臼骨折伴左髋关节半脱位"。X片"左侧尺桡骨骨折，右肱骨外髁骨折"，CT示"左髋臼骨折，左侧髋关节脱位"。

【住院经过】

入院完善相关检查，急诊予以左面颊部撕裂伤清创缝合术，术后给予抗感染消肿止痛降颅压、抗惊厥等对症治疗，动态查头颅CT，查CT示："1. 枕骨骨折，伴右枕部硬膜外血肿；蛛网膜下腔出血。2. 左侧颞骨骨折；右侧眼眶外侧壁、颧弓、鼻骨、鼻中隔、两侧上颌骨、右侧翼内外板多发骨折、鼻窦积液。3. 两肺下叶渗出灶；左肺上叶局限性肺气肿。"于2015-07-25行开颅血肿清除上骨向瓣减压（右侧后颅门硬膜外血肿），术后继续予以抗感染消肿止痛降颅压、抗惊厥等对症治疗，恢复可，于2015-07-31转入我科，完善相关检查，患肢予以骨牵引，排除手术禁忌，于2015-08-06在全麻下行左髋臼骨折、左侧尺桡骨骨折、右肱骨外髁骨折切开复位内固定治疗。术后予以抗感染消肿止痛对症治疗。术后第三天出现多饮多尿，尿量大于10000ml，请肾内科及内分泌科会诊，考虑中枢性尿崩症，予以去氨加压素0.1mg、qd、po，现尿量约2500ml，手术切口愈合线，已予拆线，切口I/甲愈合，复查X片：骨折复位较好，肉固定在位，今予出院。

【出院情况】（治愈、好转、未愈、未治、转院、非医嘱出院）：好转 伤口愈合：I/甲

患者现一般情况可，精神食纳尚可，PE：意识清，精神可，心肺听诊未及异常，切目无红肿渗出。

【出院医嘱】

1. 休息二个月，一月后骨科门诊复查X片
2. 患肢不负重，不用力，不做激烈运动
3. 患肢适当进行功能锻炼
4. 口服药物巩固
5. 骨科、神经外科及内分泌科门诊复诊

X片号：1196356/1199712/1189040/1188508

CT号：1190259/1190872/1192734/1193144

MRI号：1207701

病理检验号：—

诊病历已交病人或家属，签收人：×××

主治医师：××× 医师：×××

证据 8：

南通市第一人民医院出院记录

科别：骨科　床号：06××　病区：0×病区　住院号：2016221××

姓名：于××　性别：男　年龄：32岁　婚姻：已婚　职业：农民

【入院日期】2016-06-06

【入院诊断】1. 左髋关节骨性关节炎 2. 左髋臼陈旧性骨折 3. 左髋关节半脱位 4. 异位骨化 5. 左尺桡骨骨折术后 6. 右肱骨髁骨折术后 7. 右侧眼眶外侧壁、颧弓、鼻骨、鼻中隔、两侧上颌骨、右侧翼内外板陈旧性骨折

【手术日期】2016-06-10

【手术名称】左全髋关节置换术

【出院日期】2016-06-23

【出院诊断】1. 左髋关节骨性关节炎 2. 左髋臼陈旧性骨折 3. 左髋关节半脱位 4. 异位骨化 5. 左尺桡骨骨折术后 6. 右肱骨髁骨折术后 7. 右侧眼眶外侧壁、颧弓、鼻骨、鼻中隔、两侧上颌骨、右侧翼内外板陈旧性骨折

【入院时情况】（简要病史、阳性体征、有关实验室及器械检查结果）

患者于××，男，32岁，因"左髋关节骨折脱位术后疼痛，活动障碍10月"诊断："1. 左髋关节骨性关节炎 2. 左髋臼陈旧性骨折 3. 左髋关节半脱位 4. 异位骨化 5. 左尺桡骨骨折术后 6. 右肱骨髁骨折术后 7. 右侧眼眶外侧壁、颧弓、鼻骨、鼻中隔、两侧上颌骨、右侧翼内外板陈旧性骨折"于2016-06-06 09:04:40入院。专科情况：脊柱生理弯曲存在，无压痛，叩击痛，活动度尚可。骨盆无明显挤压分离痛。左髋无明显红肿，左髋部可见一长约15cm术痕，压叩痛（＋），纵向叩击痛（＋），"4"字征（＋），Thomas征（－），双下肢直腿抬高试验80°（－）。髋关节活动度：屈曲80°↔后伸10°，外旋30°↔内旋25°，外展30°↔内收20°，左下肢较右下肢短缩约2cm。右髋无压痛，右髋关节感觉活动尚可。双侧膝、踝关节感觉活动可。双侧足趾感觉活动可。左前臂可见2处纵行术痕，长约8cm，右肘上可见一6cm纵行术痕，双侧肩关节、肘关节及腕关节感觉活动未及异常，双侧桡动脉搏动正常。辅助检查：CT（本院，2015-12-04，1262669）：左髋臼骨折内固定术后，左侧髋关节囊增厚伴骨化可能性大，左股骨头变扁。

【住院经过】患者入院后完善相关检查，排除手术禁忌，于2016-06-10于全麻下行左全髋置换术，予以取出所有钢板螺钉，植入人工全髋假体，术后安返病房，行补液抗炎对症治疗，术后血常规升高，加强抗感染治疗，切口愈合好，于2016-06-10出院。

【出院情况】（治愈、好转、未愈、未治、转院、自动出院）：治愈。伤口愈合：Ⅰ/甲

患者现无腹胀，精神食纳尚可，PE：意识清，精神可，心肺听诊未及异常，腹软，无压痛反跳痛，无移动性浊音。

【出院医嘱】

1. 一周复查血常规，口服抗生素，口服吲哚美辛预防骨化性肌炎

2. 严禁坐低矮板凳、马桶,严禁患肢内收,严禁跷二郎腿
3. 定期门诊复查,有情况随诊
周五上午×××主任门诊复查
X光片号:13786601381900

证据9:

南通三院司法鉴定所关于于××伤残等级鉴定意见书

通三司法鉴定所〔2016〕临鉴字第31××号

一、基本情况

委托方:南通市通州区二甲法律服务所

委托鉴定事项:于××的伤残程度、误工期限、护理期限及人数、营养期限、取内固定费用、关节更换费用

受理日期:2016年10月18日

送检材料:南通市通州区公安局交通巡逻警察大队道路交通事故认定书(第00561××号)1份,南通市第一人民医院出院记录(住院号:2015262××、2016221××号)2份,门诊病历(编号:30033411××号)1份,X片7张,CT片5张

鉴定日期:2016年10月18日

鉴定地点:南通三院司法鉴定所

在场人员:被鉴定人于××的父亲

被鉴定人:于××,男,1984年××月××日生,身份证号码:3206831984××××
××××,汉族,住江苏省南通市通州区×路××号

二、检案摘要

(一)案情摘要

南通市通州区公安局交通巡逻警察大队道路交通事故认定书摘录:2015年7月18日7时,楼×驾驶苏J×××××中型货车由西向东行驶至南通市通州区石港镇石东村二组路段超车时,该车左前部与对方向于××驾驶的苏F×××××普通二轮摩托车左前部发生碰撞,造成双方车辆损坏、于××受伤的道路交通事故。委托方要求对照(GB18667-2002)《道路交通事故受伤人员伤残评定》标准对于××的伤残等进行鉴定。

(二)病史摘要

1. 南通市第一人民医院出院记录摘录

入院日期:2015-07-18   出院日期:2015-08-20

出院诊断:多发伤,左髋臼骨折,左侧髋关节脱位,左侧尺桡骨骨折,右肱骨外髁骨折,颅脑外伤,蛛网膜下腔出血,枕骨骨折,口腔颌面外伤,右侧眼眶外侧壁、颧弓、鼻骨、鼻中隔、两侧上颌骨右侧翼内外板多发骨折,中枢性尿崩症。

入院时情况:患者因"车祸致头面部外伤后流血一小时余"入院。查体:神志清,GCS15分,双瞳孔等大等圆,直径约3.0mm,对光反射迟钝。颈软,心肺(一),腹平软,

头顶部皮肤擦伤,左下肢短缩,内收内旋畸形,轴向叩击痛阳性。足趾感觉活动可。左上肢石膏固定局部无明显肿胀,疼痛,双手指感觉活动可,双侧桡动脉波动可触及。右下肢活动自如。生理反射存在,病理征未引出。巴氏征(一)。左髋部 X 片:左髋臼骨折伴左髋关节半脱位。X 片:左侧尺桡骨骨折,右肱骨外髁骨折。CT 示:左髋臼骨折,左侧髋关节脱位。

住院经过:入院后完善相关检查,急诊予以左面颊部撕裂伤清创缝合术,术后给予抗感染消肿止痛降颅压、抗惊厥等对症治疗……于 2015-07-25 行开颅血肿清除去骨瓣减压(右侧后颅凹硬膜外血肿)术后继续予以抗感染消肿止痛降颅压、抗惊厥等对症治疗,恢复可于 2015-07-31 转入我科,完善相关检查,患肢予以骨牵引,排除手术禁忌,于 2015-08-06 在全麻下行左髋臼骨折、左侧尺桡骨骨折、右肱骨外髁骨折切开复位内固定术治疗,术后予以抗感染消肿止痛对症治疗。术后第三天出现多饮多尿,尿量大于 10000 ml,请肾内科及内分泌科会诊,考虑中枢性尿崩症,予以去氨加压素……

2. 南通市第一人民医院出院记录摘录

入院日期:2016-06-06　　出院日期:2016-06-23

出院诊断:左髋关节骨性关节炎,左髋臼陈旧性骨折,左髋关节半脱位,异位骨化,左尺桡骨骨折术后,右肱骨髁骨折术后,右侧眼眶外侧壁、颧弓、鼻骨、鼻中隔、两侧上颌骨、右侧翼内外板陈旧性骨折。

住院经过:入院后完善相关检查,排除手术禁忌,于 2016-06-10 于全麻下行左全髋置换术,予以取出所有钢板螺钉,植入人工全髋假体,术后行补液抗炎对症治疗。术后血常规升高,加强抗感染治疗。

三、检验过程

1. 检验方法

按照《法医临床检验规范》(SF/ZJD0103003-2011)对被鉴定人进行检验,同时进行了阅片,鉴定中使用了阅片灯、不干胶比例尺、骨骼量角器、钢卷尺等设备。

2. 法医学临床检验记录

2016 年 10 月 18 日在本鉴定所检查室对于××进行了活体检查,被检者神清,步行入室,应答切题,检查合作。自诉头痛头晕,记忆力下降,双瞳等大等圆,对光反射存在,伸舌居中,左鼻唇沟至左下颌部见 8cm 斜行疤痕,后枕项部见 10cm 弧形手术疤痕,相应部位扪及 $4×3cm^2$ 颅骨缺损,右肘外侧见 7.5cm 斜行手术疤痕,左前臂尺桡侧各见 13cm、10cm 纵向手术疤痕,右肘关节处于 30°屈曲,活动范围 30°—109°,左前臂旋转正常,左腕关节活动轻度受限,左右肘关节活动:屈曲 0°—140°/10°—109°。自诉小便目前基本正常,放弃行 IQ 检查。

3. 阅片记录

阅南通市第一人民医院 2015 年 7 月 18 日所摄片号为 1187480 的头颅 CT 片 1 张及眶部 CT 片 1 张示:蛛网膜下腔出血,右侧眼眶外侧壁、颧弓、鼻骨、鼻中隔骨折,两侧上颌骨骨折,右侧翼板骨折,双侧上颌窦见液平面,枕骨骨折。

阅南通市第一人民医院 2015 年 7 月 24 日所摄片号为 1190259 的头颅 CT 片 1 张

示:蛛网膜下腔出血,右侧枕部硬膜外血肿(未有骨窗片无法分辨骨折)。

阅南通市第一人民医院2015年11月20日所摄片号为1256184的头颅CT片1张示:右侧枕部硬膜外血肿清除术后,局部颅骨缺损。

阅南通市第一人民医院2015年7月21日所摄片号为1189040右肘关节正位X片1张示:右侧肱骨外髁骨折,断端错位。

阅南通市第一人民医院2015年7月21日所摄片号为1188508左前臂正位X片1张示:左侧尺桡骨远段骨折,断端错位,成角,小骨片分离。

阅南通市第一人民医院2015年7月30日所摄片号为1193144的骨盆平扫十三维重建CT片1张示:左侧髋关节脱位,左侧髋臼粉碎性骨折,碎骨片分离移位。

阅南通市第一人民医院2015年9月11日所摄片号为1219590的左前臂正侧位X片1张示:左侧尺桡骨远段骨折,分别钢板螺钉内固定,断端对位对线可,骨折线可见。

阅南通市第一人民医院2015年11月20日所摄片号为1256138的右肘正侧位X片1张示:右侧肱骨外髁骨折三枚螺钉内固定术后,断端对位对线可。

阅南通市第一人民医院2016年6月6日所摄片号为1378660的骨盆正位X片1张、左侧髋关节侧位X片1张示:左侧髋臼粉碎性折伴髋关节脱位,两块钢板螺钉内固定术后,左侧股骨头变扁,左侧股骨颈部大量骨痂形成。

阅南通市第一人民医院2016年6月13日所摄片号为1381900骨盆正位X片1张示:左侧髋臼骨折伴髋关节脱位,原两块钢板螺钉内固定拆除,人工全髋置换术后,人工关节在位。

四、分析说明

1. 于××在交通事故中受伤,伤后至医院就诊,病历记载:对光反射迟钝,头顶部皮肤擦伤,左下肢短缩,内收内旋畸形,轴向叩击痛阳性,左上肢石膏固定;X片:左侧髋臼骨折伴左髋关节半脱位,左侧尺桡骨骨折,右侧肱骨外髁骨折,CT示:左侧髋臼骨折,左侧髋关节脱位,先后予左面颊部撕裂伤清创缝合术,开颅血肿清除去骨瓣减压(右侧后颅凹硬膜外血肿),左侧髋臼骨折、左侧尺桡骨骨折、右侧肱骨外髁骨折切开复位内固定术等治疗;术后出现多饮多尿,尿量大于10000ml,请肾内科及内分泌科会诊,考虑中枢性尿崩症,予以去氨加压素治疗;外伤后10月余行左侧全髋置换术;鉴定时阅片显示蛛网膜下腔出血,右侧枕部硬膜外血肿,右侧眼眶外侧壁、颧弓鼻骨、鼻中隔骨折,两侧上颌骨骨折,右侧翼板骨折,枕骨骨折,右侧肱骨外髁骨折,左侧尺桡骨远段骨折,左侧髋关节脱位,左侧髋臼粉碎性骨折;活体检查见后枕部、右肘外侧、左前臂、左侧臀部手术疤痕等。根据于××的受伤病史、伤后病历记载、X线、CT检查,结合阅片、活体检查分析,于××左髋臼粉碎性骨折伴左侧髋关节脱位左侧尺桡骨远端骨折,右侧肱骨外髁骨折,蛛网膜下腔出血,右侧枕部硬膜外血肿,枕骨骨折,右侧眼眶外侧壁、颧弓、鼻骨、鼻中隔两侧上颌骨、右侧翼板骨折,中枢性尿崩症的诊断成立。

2. 于××伤后经治疗,现伤情稳定。其原有左侧髋关节被人工关节置换,原有髋关节功能发生变化,对其日常生活能力等方面部分受限;后枕部颅骨缺损,面积大于$6cm^2$;右肘关节处于30°屈曲,与右肱骨外髁骨折内固定物在位有一定关系。对照

(GB18667-2002)《道路交通事故受伤人员伤残评定》标准第5.1条(遗有本标准以外的伤残程度者,可根据伤残的实际情况,比照本标准中最相似等级的伤残内容和附录A的规定,确定其相当的伤残等级)比照第4.9.9.i条(一肢丧失功能25%以上)、第4.10.2.r条(颅骨缺损面积6cm以上,无神经系统轻度症状和体征)之规定,左侧全髋置换评定为交通事故九级伤残,后枕部颅骨缺损评定为交通事故十级伤残,余伤尚未得到交通事故伤残等级。

3. 于××因上述外伤,需要一定时间的临床治疗及康复期,过程中大小便、穿衣洗漱、自我移动、翻身、进食等日常生活及活动能力受到不同程度的影响,需要他人帮助及补充营养,参考"GA/T1193-2014《人身损害误工期、护理期、营养期评定规范》"有关规定,结合于××伤后实际治疗恢复情况综合考虑,误工期限为420日,护理期限为120日(其中2人护理30日,1人护理90日),营养期限为120。

4. 于××目前左侧尺桡骨远段骨折分别存在钢板螺钉内固定物,右侧肱骨外髁骨折存在三枚螺钉内固定物,后期取内固定物费用约15000元(与已评定伤残无关);所需误工期限为60日,护理期限为1人15日,营养期限为15日。

5. 于××左侧人工全髋关节装置使用一段时间后发生磨损等变化,后续置换材料费+手术费用共约45000元,使用寿命一般10年左右。

五、鉴定意见

1. 于××因交通事故致左侧髋臼粉碎性骨折伴左侧髋关节脱位,左侧尺桡骨远端骨折,右侧肱骨外髁骨折,蛛网膜下腔出血,右侧枕部硬膜外血肿,枕骨骨折,右侧眼眶外侧壁、颧弓、鼻骨、鼻中隔、两侧上颌骨、右侧翼板骨折,中枢性尿崩症;左侧全髋置换评定为交通事故九级伤残,颅骨缺损评定为交通事故十级伤残。

2. 于××伤后误工期限为420日,护理期限为120日(其中2人护理30日,1人护理90日),营养期限为120日。

3. 于××后期取内固定物费用约15000元(与已评定伤残无关);所需误工期限为60日,护理期限为1人15日,营养期限为15日。

4. 于××左侧人工全髋关节装置后续置换材料费+手术费用共约45000元,使用寿命一般10年左右。

鉴定人:副主任法医师×××

执业证号:×××××××

鉴定人:副主任法医师×××

执业证号:×××××××

授权签字人:主任法医师×××

执业证号:×××××××

二〇一六年十月二十六日

证据 10：

×安财产保险股份有限公司机动车第三者责任保险条款
（仅列示免责条款所列事项中与本案相关事项）

第九条 保险人在依据本保险合同约定计算赔款的基础上，在保险单载明的责任限额内，按下列免赔率免赔：

（一）负次要事故责任的免赔率为5%，负同等事故责任的免赔率为10%，负主要事故责任的免赔率为15%，负全部事故责任的免赔率为20%；

（二）违反安全装载规定的，增加免赔率10%；

（三）投保时指定驾驶人，保险事故发生时为非指定驾驶人使用被保险机动车的，增加免赔率10%；

（四）投保时约定行驶区域，保险事故发生在约定行驶区域以外的，增加免赔率10%。

证据 11：

×安财产保险股份有限公司《提示书》
（示例）

您好！感谢您选择×安保险。请认真阅读并确认以下事项：

一、您已收到以下单证：

■ 保单正本一份，保单号为××××

■ 发票正本一份，流水号为××××

■ 保险卡一张

■ 保险条款

二、请再次仔细阅读保险条款，尤其条款中的免责条款所列事项，包括但不限于小款中用黑体字印刷的免责条款。如有疑问，可咨询我司业务经办人员或柜台人员。自您签收本提示函之日起，我司即认为已履行免责条款的明确说明义务。

客户本人签字：于×× 日期：××××年××月××日

代理经办人签字：××× 日期：××××年××月××日

证据 12：

×安财产保险股份有限公司的《机动车商业保险单》
（示例）

中国XX保险公司
机动车辆保险投保单（个人）   NO：

欢迎您到XX财产保险股份有限公司来投保机动车保险！为充分保障您的权益，请您仔细阅读《机动车辆保险条款》。请您确保本投保单内容真实可靠。本投保单内容我公司将为您保密。

被保险人信息	被保险人姓名			身份证号码				
	被保险人（自然人）职业	□党政机关/事业单位/大型企业/学校中高级管理者等 □普通教师、公务员和事业单位、企业一般员工等		□金融/电信/医疗/IT中高级职员、律师、大学教师等 □其他				
	被保险人地址：		约定驾驶人	姓名	性别	年龄	驾驶证号码	
			□约定 □不约定					
	邮政编码							
投保车辆信息	被保险人与车辆关系	□所有 □使用 □管理	车主					
	号牌号码		号牌底色	□蓝 □黑 □黄 □白 □白蓝 □其他颜色				
	厂牌型号		发动机号					
	车辆初次登记日期	年 月	VIN码/车架号					
	核定载客	人 核定载质量 千克 排量/功率	L/KW 行驶区域 □市内 □省内 □境内 □出入境					
	车辆种类/使用性质	□家庭自用汽车 非营业用客车：□党政机关、事业团体 □企业 营业客车：□城市公交 □出租租赁 □公路客运 □非营业用货车 □营业货车 □摩托车 □拖拉机 □农用型 □运输型 □特种车：请填用途						
保险期间	自 年 月 日零时起至 年 月 日二十四时止							
机动车责任强制保险	责任限额	机动车责任强制保险	×××××元	无责任死亡伤残赔偿限额	×××××元			
		医疗费用赔偿限额	×××××元	无责任医疗费用赔偿限额	×××××元			
		财产损失赔偿限额	×××××元	无责任财产损失赔偿限额	×××××元			
	与道路交通安全违法和道路交通事故相联系的浮动比率：			%				
	保险费小计（人民币大写）：			（￥： 元）				

	投保险种		保险金额/责任限额（元）	保险费	备注
机动车商业险保险	□车辆损失险	□自负额 □0 □200 □300 □500 □800 □1000 □1500 □2000			多次出险免赔： □加免赔□不加免赔
	□商业第三者责任险				
	□全车盗抢险	盗抢险免赔率 □0% □10% □20% □30% □50%			停放场所：□固定 □不固定 防盗装置：□电子/机械防盗 □卫星定位系统（GMS/GPS）
	□车上责任险	□人员 核定座位 投保人数 □选择座位 投保人数	/人 /人		
		□货物			
	□玻璃单独破碎险	□国产玻璃 □进口玻璃	按照条款规定执行		
	□自燃损失险				
	□车身划痕损失险				
	□不计免赔特约险	□车辆损失险 □第三者责任险	按照条款规定执行		
			其中，优惠保费（元）		
	保险费小计（人民币大写）：			（￥ 元）	
保险费合计（人民币大写）：				（￥ 元）	
特别约定					
保险合同争议解决方式选择		□仲裁 提交_____仲裁委员会仲裁 □诉讼			

本保险合同由保险条款、投保单、保险单、批单和特别约定组成。
投保人户明：1.保险人已将投保险种对应的保险条款（包括责任免险部分）向本人作了明确说明，本人已充分理解。2.以上填写的内容均属实，同意以此投保单作为订立保险合同的依据。3.投保人同意按条款规定交纳保险费，保费未一次足额付清，保险责任自保费付清后开始。

投保人签名/签章：_____ 联系电话：_____ 年__月__日
验车验证情况 查验人员签名：_____ 年__月__日__时__分

二、示范案例裁判文书与点评

（一）示范案例判决书

江苏省南通市中级人民法院
民事判决书

(2017)苏 06 民终 44××号

上诉人（原审被告）：仇×，男，1976年××月××日出生，汉族，住江苏省东台市。

上诉人（原审被告）：楼×，男，1969年××月××日出生，汉族，住江苏省东台市。

上述二位上诉人的共同委托诉讼代理人：×××，东台市××法律服务所法律工作者。

被上诉人（原审原告）：于××，男，1984年××月××日出生，汉族，住南通市通州区。

委托诉讼代理人：×××，南通市通州区××法律服务所法律工作者。

原审被告：×安财产保险股份有限公司江苏分公司，住所地南京市。

主要负责人：全×，该分公司总经理。

原审第三人：×光财产保险股份有限公司，住所地南京市。

主要负责人：李××，该公司董事长。

上诉人仇×、楼×因与被上诉人于××及原审被告×安财产保险股份有限公司江苏分公司（以下简称"×安保险江苏分公司"）、原审第三人×光财产保险股份有限公司（以下简称"×光保险公司"）机动车交通事故责任纠纷一案，不服南通市通州区人民法院(2016)苏0612民初77××号民事判决，向本院提起上诉。本院于2017年11月28日立案后，依法组成合议庭进行了审理。本案现已审理终结。

仇×、楼×上诉请求：撤销原判，依法改判或发回重审。在本案审理中，其明确表示：对后续取内固定费用15000元无异议，但对后续置换的费用及置换标准有异议。事实和理由：其对于××的后续治疗费及每次置换费用的标准均不服。于××的后续置换费用未实际发生，该笔费用是否能全部发生存在不确定因素。原审法院却将该笔费用一次性判决其给付于××不合法亦不符情理，且判决的每次置换费用过高。

于××辩称，原审认定事实清楚，适用法律正确。请求驳回上诉，维持原判。

×安保险江苏分公司、×光保险公司均未述称。

于××向一审法院起诉请求：判令仇×、楼×、×安保险江苏分公司赔偿其因交通事故造成的各项损失630762.94元。

一审法院认定事实：2015年7月18日7时，楼×驾驶苏J×××××中型普通货车由西向东行驶至海五线南通市通州区石港镇石东村二组路段超车时，该车左前部与对方向于××驾驶的苏F×××××普通二轮摩托车左前部发生碰撞，造成双方车辆损坏、于××受伤的道路交通事故。南通市通州区公安局交通巡逻警察大队于2015年7

月27日适用简易程序作出第00561××号道路交通事故认定书,认定当事人楼×承担事故的全部责任,当事人于××不承担事故的责任。

2016年10月18日,经南通市通州区二甲法律服务所委托,南通三院司法鉴定所对于××的伤残等级、误工期限、护理期限及人数、营养期限、取内固定费用及关节更换费用进行了鉴定。该鉴定机构于2016年10月26日出具了司法鉴定意见书,鉴定意见为:1.于××因交通事故致左侧髋臼粉碎性骨折伴左侧髋关节脱位,左侧尺桡骨远端骨折,右侧肱骨外髁骨折,蛛网膜下腔出血,右侧枕部硬膜外血肿,枕骨骨折,右侧眼眶外侧壁、颧弓、鼻骨、鼻中隔、两侧上颌骨、右侧翼板骨折,中枢性尿崩症;左侧全髋置换评定为交通事故九级伤残,颅骨缺损评定为交通事故十级伤残。2.于××伤后误工期限为420日,护理期限为120日(其中2人护理30日,1人护理90日),营养期限为120日。3.于××后期取内固定物费用约15000元(与已评定伤残无关);所需误工期限为60日,护理期限为1人15日,营养期限为15日。4.于××左侧人工全髋关节装置后续置换材料费+手术费用共约45000元,使用寿命一般10年左右。于××为此支出鉴定费用3000元。

另查明,苏J×××××中型普通货车行驶证登记的所有人为仇×。楼×系仇×雇请的驾驶员,事故发生在其履行运输任务过程中。仇×为肇事车辆在×安保险江苏分公司投保交强险和限额为30万元的商业三者险,未投保不计免赔险,事故发生在保险期间内。

还查明,事故发生后,×安保险江苏分公司已为于××垫付医疗费1万元,×光保险公司为于××垫付医疗费61300.7元,楼×为于××垫付医疗费79919.03元。

本案争议焦点一:于××的损失范围如何认定。1.医疗费264755.87元(包含楼×垫付的89919.13元、×安保险江苏分公司垫付的1万元及×光保险公司垫付的61300.70元)。2.住院伙食补助费882元(18元/天×49天)。3.营养费1350元(10元/天×120天+10元/天×15天)。4.误工费9000元。5.护理费14850元(90元/天×30天×2人+90元/天×90天+90元/天×15天)。6.残疾赔偿金168638.40元(40152元/年×20年×21%)。7.精神损害抚慰金10500元。列入交强险限额由×安保险江苏分公司优先赔偿。8.后续治疗费195000元,列入本案医疗费用范畴。9.交通费1500元。10.鉴定费3000元,该费用列入诉讼成本由事故当事人按责承担。

本案争议焦点二:仇×未投保不计免赔险,×安保险江苏分公司抗辩"负全责免赔20%"的主张应否支持?一审法院认为,保险条款中约定的免赔率条款属格式条款中的免责条款,根据《中华人民共和国保险法》第十七条的规定,保险人应在投保单、保险单或者其他保险凭证上对免责条款作出足以引起投保人注意的提示,并对该条款的内容以书面或者口头形式向投保人作出明确说明,未作提示或者明确说明的,该条款不产生效力。现×安保险江苏分公司提供的证据不足以证明其已对免责条款的具体内容向投保人仇×履行了明确说明义务,故该保险条款中关于"负全部责任免赔20%"的免责条款对投保人不产生法律效力,保险公司以此为免赔事由的主张不能成立。

综上,一审法院认为公民的健康权受法律保护。楼×驾驶的货车与于××驾驶的摩托车发生碰撞，导致于××受伤，于××依法有权获得赔偿。双方对交通事故认定书确定由楼×承担事故的全部责任，于××不承担事故的责任均不持异议，故应以该责任认定作为确定当事人民事赔偿责任的依据。楼×所驾驶的车辆在×安保险江苏分公司投保了交强险及30万元的商业三者险。故由×安保险江苏分公司在交强险限额内先行赔偿于××12万元（含精神损害抚慰金10500元），超出交强险限额外的损失546476.27元由×安保险江苏分公司在商业三者险限额内赔偿于××30万元，合计赔偿42万元。扣除其已为于××垫付的1万元，×安保险江苏分公司还应给付于××41万元。楼×系受仇×雇用从事运输过程中发生事故，仇×作为雇主应当承担赔偿责任。楼×在案涉事故中承担全部责任，具有重大过失，应与仇×承担连带赔偿责任。故于××剩余损失246476.27元，由仇×予以赔偿，楼×承担连带责任。扣除楼×已垫付的89919.03元，还应赔偿于××156557.24元。×光保险公司为于××垫付的医疗费61300.7元，于××应予返还。为减少当事人讼累，方便执行，由×安保险江苏分公司代于××返还×光保险公司，此款从前述×安保险江苏分公司应赔偿于××的410000元中扣除，即由×安保险江苏分公司赔偿于××348699.3元，代于××返还×光保险公司61300.7元。

为此，依据《中华人民共和国侵权责任法》第六条第一款、第十六条、第四十八条，《中华人民共和国道路交通安全法》第七十六条，《最高人民法院关于审理人身损害赔偿案件适用法律若干问题的解释》第九条、第十七条第一款、第二款、第十八条、第十九条、第二十条、第二十一条、第二十二条、第二十三条、第二十四条、第二十五条，《最高人民法院关于审理道路交通事故损害赔偿案件适用法律若干问题的解释》第十六条之规定，判决：一、×安保险江苏分公司赔偿于××348699.3元，代于××返还×光保险公司61300.7元。二、仇×赔偿于××246476.27元，楼×对此承担连带赔偿责任，扣除楼×已为于××垫付的89919.03元后，仇×、楼×还应赔偿于××156557.24元。三、驳回于××的其他诉讼请求。如果未按判决书指定的期间履行金钱给付义务，应当依照《中华人民共和国民事诉讼法》第二百五十三条之规定，加倍支付迟延履行期间的债务利息。案件受理费3554元、鉴定费5000元，合计8554元。其中，于××负担651元，×安保险江苏分公司负担3965元，仇×、楼×负担3938元。综上，×安保险江苏分公司应给付于××352664.3元，代于××返还×光保险公司61300.7元。仇×、楼×应给付于××160495.24元。上述款项均于判决发生法律效力后十日内履行完毕。

二审中，双方当事人未提交新的证据。原审查明的基本事实属实，本院予以确认。

本院认为，关于于××后续人工全髋关节装置置换费用的问题，该笔后续置换费用虽未实际发生，但根据案涉司法鉴定意见，该笔费用必然发生，且于××已进行过一次人工全髋关节装置置换。为减少当事人讼累，原审因此结合案涉司法鉴定意见确定的置换费用标准及使用年限，认定于××的后续人工全髋关节装置置换费用18万元，并无不当。

综上，仇×、楼×的上诉请求不能成立，应予驳回。一审判决认定事实清楚，适用法律正确，应予维持。依照《中华人民共和国民事诉讼法》第一百七十条第一款第（一）项

规定,判决如下:

驳回上诉,维持原判。

二审案件受理费3554元,由上诉人仇×、楼×负担。

本判决为终审判决。

审判长　×××
审判员　×××
审判员　×××
二〇一七年十二月十九日
书记员　×××

(二) 示范案例点评

本案为交通事故侵权之诉二审,本案中的事故责任不难通过询问、勘查、鉴定等技术手段判定,但赔付的范围及金额的认定成为难点。虽然各地都有《交通事故赔偿标准》,但在执行过程中,人身损害赔偿部分,特别是误工费、护理费、失业费等,双方往往难以达成一致,而部分受害者会提出精神损害赔偿,更是难以准确计量。

通过阅读上述材料了解基本案情后,完成案情分析。(1) 了解交通事故责任判定基本流程;(2) 了解司法鉴定流程与证据意义;(3) 重检赔付计算过程,分析对法院裁定赔付于××尚未实际发生的后续人工全髋关节装置置换费用是否存在不当;(4) 讨论保险条款,分析保险公司还能提供什么样的补充证据方可证明其已对免责条款的具体内容向投保人履行了明确说明义务;(5) 本案还涉及交通肇事司机的雇主,分析其应承担的法律责任。

之后,结合基本案情与上述材料,根据本章第一节中的民事诉讼案件庭审流程,分角色演练庭审流程,在演练的过程中,要以已有材料为基准,并达到同样的庭审结果。

✦ 民事诉讼二审案例 2:严×与王×等民间借贷纠纷案

一、示范案例

(一) 基本案情

王×与刘×系夫妻关系。2011年10月20日,王×向严×借款520万元,期限自2011年10月20日至2011年11月20日。同日,王×向严×出具了520万元的收据。同日,王×与严×签署了《抵押借款合同》,以王×名下房屋作为担保。2011年10月20日严×按照王×、刘×要求以其名下账号向王××汇款500万元。双方就×××房屋办理了抵押登记,后解除了抵押登记,并且得到了严×的同意。

2012年4月10日,刘×向赵×转账3万元;2012年10月25日,刘×向赵×转账30万元;2012年10月30日,刘×向赵×转账700万元;2013年2月4日,北京×茶苑有限公司向赵×汇款10万元;2013年3月22日,刘×向赵×转账20万元,2013年7月1日,刘×向严×转账20万元;此外,王×和刘×共同提交了2011年11月24日赵×出具的收条一张,收条载明:今收到现金20万元整(刘×房贷利息)。

故严×诉至法院,要求:(1)王×和刘×共同偿还借款本金520万元;(2)王×和刘×以520万元为基数,按照日万分之三的标准,支付自2011年12月1日起至实际给付之日止的逾期还款违约金。

(二)主要证据材料

证据1:

抵押借款合同

抵押人(以下简称甲方):王×、刘×

抵押权人、借款人(以下简称乙方):严×

甲方因公司资金周转需要,向乙方申请借款。双方经协商一致同意,甲方以其位于×××房屋(以下简称"甲方抵押物"),作为借款抵押物抵押给乙方,由乙方提供520万元人民币借款额给甲方。就有关事项订立如下协议:

1. 乙方向甲方借款金额为520万元人民币。
2. 借款期限:自2011年10月20日起至2011年11月20日止。
3. 甲方以位于×××房屋自有财产作抵押,向乙方提供担保,并于本合同签订后,到北京市房地产管理局办理抵押登记手续(即办理房屋他项权利证)。乙方将在他项权利办妥后三日内将全部资金付给甲方。
4. 如出现房屋未交付或交付给乙方使用后被甲方收回,或乙方将房屋退还给甲方之任何一种情形,乙方即可提前收回借款。甲方应自乙方关于提前偿还借款之通知送达之日起三日内还清全部借款,逾期按借款总额的日万分之三向乙方支付违约金。
5. 本合同一式六份,甲方持三份、乙方执一份、公证处留存一份。

甲方:王×、刘× 乙方:严×

签约时间:2011年10月20日

证据2:

借　据

今借到严×520万元,期限自2011年10月20日至2011年11月20日。

出借人承诺:在约定借款期限及时支付本金,不提前收回本金。借款人承诺:在借款期间,按照《还款计划书》约定按时还款。

借款人:王×
2011年10月20日

证据3:王×与刘×的结婚证(略)

证据 4：

银行账户明细一

账号：6225654164521235　用户名：赵×

交易流水号	存入金额（元）	支出金额（元）	余额（元）	摘要	交易时间
38628××	30000		36000.96	来自刘×转账	2012年04月10日
38628××	300000		336000.96	来自刘×转账	2012年10月25日
38628××		100	336100.96	存款税后利息	2012年10月26日
38628××		100	336200.96	存款税后利息	2012年10月28日
38628××	7000000		7336200.96	来自刘×转账	2012年10月30日
38628××		300	7336500.96	存款税后利息	2013年02月01日
38628××	100000		7436500.96	来自北京×茶苑有限公司转账	2013年02月04日
38628××	200000		7636500.96	来自刘×转账	2013年03月22日

银行账户明细二

账号：622567427474535　用户名：严×

交易流水号	存入金额（元）	支出金额（元）	余额（元）	摘要	交易时间
38458××	200000		236050.45	来自刘×转账	2013年07月01日

证据 5：

银行个人业务凭证(回执)

与证据4账户支出交易对应,共六份

中国××银行个人业务凭证					
日期	户名	卡号	币种	金额	网点操作员
××××年××月××日	××	××	人民币	××	××
……					

证据 6：

当事人陈述材料一

姓名：王×

性别：男

民族：汉

出生日期：……

身份证号：……

籍贯：北京

文化程度：高中

现住地：……

单位以及联系方式：……

经法院要求，现将借贷事实陈述如下：

2011年10月20日，我向出借人严×借了520万，签了合同，到2011年11月20日到期。我们后来还签了《借据》、收据，上面写的都是520万。后来我让他转给我姐姐王××500万。他也转了，我收到了。我借这笔钱是用于自己公司资金周转，实际收到严×借款额为500万元，欠条中写的520万元包含了20万元的利息。我们都认为520万里面20万是利息，他就没给我了，反正我欠他的肯定是500万。我和严×并不认识，借款都是通过中间人赵×联系。所以我在2011年11月24日给付赵×20万元、2012年4月10日向赵×转账3万元、2012年10月25日向赵×转账30万元、2013年2月4日向赵×转账10万元、2013年3月22日向赵×转账20万元，2013年7月1日向严×转账20万元。此外，2012年10月30日，我还向赵×转账700万元，其中397万元加上之前还款共计500万元，都是向严×的借款。所以我已经清偿全部借款本息。我们是担保了房子，后来怎么弄我也记不得了。

当事人陈述材料二

姓名：严×

性别：男

民族：汉

出生日期：……

身份证号：……

籍贯：北京

文化程度：高中

现住地：……

单位以及联系方式：……

经法院要求，现将借贷事实陈述如下：

2011年10月20日，王×、刘×夫妇向我借了520万，签了合同，还说用房子担保，到2011年11月20日到期。我们后来还签了《借据》、收据，上面写的都是520万。后来，因王×要求解除房屋抵押以筹钱还款，故我同意并与刘×、王×共同办理了解除抵押登记，所以他也没有担保抵押。但是他一直也没有还钱。一开始我就委托李×转了500万给他。后来我还借给刘×、王×现金20万元。他们俩是夫妻，应该一起偿还，连本带息。

当事人陈述材料三

  姓名：刘×

  性别：女

  民族：汉

  出生日期：……

  身份证号：……

  籍贯：北京

  文化程度：高中

  现住地：……

  单位以及联系方式：……

  经法院要求，现将借贷事实陈述如下：

  严×与王×他们两个好像确实有过一笔账，但是这个是他们个人之间的债权债务关系，借款未用于夫妻共同生活，跟我没有一点关系。这个事实我没法说。王×确实让我转了钱给赵×和严×，但是他们关系太复杂，我不知道。担保什么的我更是不知道了。

证据7：

证　　明

  兹证明李×接受严×的委托，于2011年10月20日以李×名下账号向王××汇款500万元（伍佰万元整）。

出具人：李×
2011年10月20日

证据8：

收　　条

  今收到刘×房贷利息共现金人民币20万元（贰拾万元整）。

  特此证明！

赵×
2011年11月24日

二、示范案例裁判文书与点评

（一）示范案例判决书

北京市朝阳区人民法院
民事判决书

(2013)朝民初字第396××号

原告严×,男,××××年××月××日出生。
委托代理人×××,男,××××年××月××日出生。
被告刘×,女,××××年××月××日出生。
委托代理人×××,北京市××律师事务所律师。
被告王×,男,××××年××月××日出生。
委托代理人×××,北京市××律师事务所律师。

原告严×与被告刘×、王×民间借贷纠纷一案,本院受理后,依法组成由代理审判员×××担任审判长,代理审判员×××、人民陪审员×××参加的合议庭,公开开庭进行了审理。严×的委托代理人×××、刘×和王×的委托代理人×××到庭参加了诉讼,本案现已审理完毕。

原告严×诉称:刘×和王×系夫妻关系,严×与王×于2011年10月20日签订《抵押借款合同》,约定刘×、王×为借款人,借款520万元,借款期限为2011年10月20日至2011年11月20日,并将其自有房产为严×提供担保。后王×和刘×未予还款,故严×诉至法院,要求1.王×和刘×共同偿还借款本金520万元;2.王×和刘×以520万元为基数,按照日万分之三的标准,支付自2011年12月1日起至实际给付之日止的逾期还款违约金。

被告王×辩称:王×向严×借款用于自己公司资金周转,实际收到严×借款额为500万元,欠条中写的520万元包含了20万元的利息。王×与严×并不认识,借款都是通过中间人赵×联系。王×分别于2011年11月24日给付赵×20万元、2012年4月10日向赵×转账3万元、2012年10月25日向赵×转账30万元、2013年2月4日向赵×转账10万元、2013年3月22日向赵××转账20万元,2013年7月1日向严×转账20万元。此外,2012年10月30日,王×向赵×转账700万元,其中397万元加上之前还款共计500万元,均系偿还本案向严×的借款。综上,王×已经清偿全部借款本息,故不同意严×的诉讼请求。

被告刘×辩称:本案系严×与王×个人之间的债权债务关系,借款未用于夫妻共同生活,故不同意严×的诉讼请求。

经审理查明:王×与刘×系夫妻关系。2011年10月20日,王×作为借款人与出借人严×签署《借据》,载明:今借到严×520万元,期限自2011年10月20日至2011年11月20日。出借人承诺:在约定借款期限及时支付本金,不提前收回本金。借款人承诺:

在借款期间,按照《还款计划书》约定按时还款。同日,王×向严×出具了520万元的收据。同日,王×与严×签署了《抵押借款合同》,以王×名下位于×××房屋作为上述520万元借款的担保,担保范围为520万元借款及为实现债权而发生的费用(包括处分抵押物的费用)。并约定:如出现房屋未交付或交付给严×使用后被王×收回或严×将房屋退还给王×之任何一种情形,严×即可提前收回借款。王×应自严×关于提前偿还借款之通知送达之日起三日内还清全部借款,逾期按借款总额的日万分之三向严×支付违约金。

关于520万元借款的给付方式,严×提交证明2份,其中一份证明的出具人为李×,证明李×接受严×的委托,于2011年10月20日以其名下账号向王×汇款500万元。严×陈述500万元系按照严×、刘×要求汇至王×账户,此外严×还借给刘×、王×现金20万元。王×、刘×认可李×的证明,认可王×收到严×借款500万元,但表示其实际只收到严×借款500万元,剩余20万元为双方约定的利息。

关于房屋抵押,双方认可王×将其名下位于×××房屋办理了抵押登记,后解除了抵押登记。关于解除抵押的原因。严×陈述因王×要求解除房屋抵押以筹钱还款,故严×同意并与刘×、王×共同办理了解除抵押登记。王×陈述其已记不清解除抵押的原因,刘×表示其未参与房屋解抵押过程。另,双方认可抵押房屋实际并未向严×交付。

另查,2012年4月10日,刘×向赵×转账3万元;2012年10月25日,刘×向赵×转账30万元;2012年10月30日,刘×向赵×转账700万元;2013年2月4日,北京×茶苑有限公司向赵×汇款10万元;2013年3月22日,刘×向赵×转账20万元,2013年7月1日,刘×向严×转账20万元;此外,王×和刘×共同提交了2011年11月24日赵×出具的收条一张,收条载明:今收到现金20万元整(刘×房贷利息)。庭审中,王×、刘×陈述上述款项中,除2012年10月30日向赵×转账的700万元中有303万元系偿还双方其他借款外,其余均系王×通过刘×或案外人向严×偿还本案借款本息。严×认可刘×、王×于2013年7月1日向其偿还了20万元本金,对其余还款不予认可。

上述事实,有《借据》《抵押借款合同》、证明、银行账户明细、银行个人业务凭证等证据及当事人陈述在案佐证。

本院认为:合法的借贷关系受法律保护。根据严×与王×共同签署的《借据》,可以认定严×与王×之间形成了借贷关系。《借据》约定了借款金额及期限,现借款期满,严×有权要求王×偿还借款本金。关于还款数额,王×陈述520万元中包含20万元的利息,但未提供证据予以证明,本院不予采信;严×认可王×已经偿还借款本金20万元,本院予以认可,此20万元应当从520万元借款本金中予以扣除,故王×应当偿还严×借款本金500万元。关于逾期还款违约金,严×和王×在《抵押借款合同》中约定了如出现房屋未交付的情形,王×应自严×关于提前偿还借款之通知送达之日起三日内还清全部借款,逾期按借款总额的日万分之三向严×支付违约金。因房屋实际并未交付,现严×要求王×按照《抵押借款合同》约定标准支付逾期还款违约金,符合法律规定,本院予以支持。王×陈述其已经偿还借款本息500万元,但其提交的证据与本案不具有关联性,故对王×的抗辩意见,本院不予采信。根据本案查明的事实,可以认定刘×作为王×之妻,知晓并参与了严×向王×借款及还款的过程,现刘×称本案系严×与王×个人之间的借贷关系,本院不予采信,故严×要求刘×与王×共同承担偿还借款并支付违约金的义务,本院予以支持。

综上,依据《中华人民共和国合同法》第一百零七条、第二百零六条之规定,判决如下:

一、被告刘×、王×于本判决生效之日偿还原告严×借款本金500万元,并以500万元为基数,按照每日万分之三的标准,支付自2011年12月1日起至实际给付之日止的违约金。

二、驳回原告严×其他诉讼请求。

如果未按本判决指定的期间履行给付金钱义务,应当依照《中华人民共和国民事诉讼法》第二百五十三条之规定,加倍支付迟延履行期间的债务利息。

案件受理费55550元,由原告严×负担2137元(已交纳),由被告刘×、王×负担53413元(于本判决生效后七日内交纳)。

如不服本判决,可于判决书送达之日起十五日内,向本院递交上诉状,并按对方当事人人数提出副本,上诉于北京市第三中级人民法院。

审判长　×××
代理审判员　×××
人民陪审员　×××
二〇一四年四月九日
书记员　×××

北京市第三中级人民法院
民事判决书

(2014)三中民终字第089××号

上诉人(原审被告)刘×,女,××××年××月××日出生。
委托代理人×××,北京市××律师事务所律师。
委托代理人×××,北京市××律师事务所实习律师。
上诉人(原审被告)王×,男,××××年××月××日出生。
委托代理人×××,北京市××律师事务所律师。
委托代理人×××,北京市××律师事务所实习律师。
被上诉人(原审原告)严×,男,××××年××月××日出生。
委托代理人×××,男,××××年××月××日出生。

上诉人刘×、上诉人王×因与被上诉人严×民间借贷纠纷一案,不服北京市朝阳区人民法院(2013)朝民初字第396××号民事判决,向本院提起上诉。本院于2014年6月26日受理后,依法组成由×××担任审判长,×××、×××参加的合议庭,于2014年7月7日公开开庭进行了审理。上诉人刘×、王×的委托代理人×××、×××,被上诉人严×的委托代理人×××到庭参加了诉讼。本案现已审理终结。

严×在一审中起诉称：刘×和王×系夫妻关系，严×与王×于2011年10月20日签订《抵押借款合同》，约定刘×、王×为借款人，借款520万元，借款期限为2011年10月20日至2011年11月20日，并将其自有房产为严×提供担保。后王×和刘×未予还款，故严×诉至法院，要求1. 王×和刘×共同偿还借款本金520万元；2. 王×和刘×以520万元为基数，按照日万分之三的标准，支付自2011年12月1日起至实际给付之日止的逾期还款违约金。

王×在一审中答辩称：王×向严×借款用于自己公司资金周转，实际收到严×借款额为500万元，欠条中写的520万元包含了20万元的利息。王×与严×并不认识，借款都是通过中间人赵×联系。王×分别于2011年11月24日给付赵×20万元、2012年4月10日向赵×转账3万元、2012年10月25日向赵×转账30万元、2013年2月4日向赵×转账10万元、2013年3月22日向赵×转账20万元，2013年7月1日向严×转账20万元。此外，2012年10月30日，王×向赵×转账700万元，其中397万元加上之前还款共计500万元，均系偿还本案向严×的借款。综上，王×已经清偿全部借款本息，故不同意严×的诉讼请求。

刘×在一审中答辩称：本案系严×与王×个人之间的债权债务关系，借款未用于夫妻共同生活，故不同意严×的诉讼请求。

一审法院审理查明：王×与刘×系夫妻关系。2011年10月20日，王×作为借款人与出借人严×签署《借据》，载明：今借到严×520万元，期限自2011年10月20日至2011年11月20日。出借人承诺：在约定借款期限及时支付本金，不提前收回本金。借款人承诺：在借款期间，按照《还款计划书》约定按时还款。同日，王×向严×出具了520万元的收据。同日，王×与严×签署了《抵押借款合同》，以王×名下位于×××房屋作为上述520万元借款的担保，担保范围为520万元借款及为实现债权而发生的费用（包括处分抵押物的费用）。并约定：如出现房屋未交付或交付给严×使用后被王×收回或严×将房屋退还给王×之任何一种情形，严×即可提前收回借款。王×应自严×关于提前偿还借款之通知送达之日起三日内还清全部借款，逾期按借款总额的日万分之三向严×支付违约金。

关于520万元借款的给付方式，严×提交证明2份，其中一份证明的出具人为李×，证明李×接受严×的委托，于2011年10月20日以其名下账号向王×汇款500万元。严×陈述上述500万元系按照严×、刘×要求汇至王×账户，此外严×还借给刘×、王×现金20万元。王×、刘×认可李×的证明，认可王×收到严×借款500万元，但表示其实际只收到严×借款500万元，剩余20万元为双方约定的利息。

关于房屋抵押，双方认可王×将其名下位于×××房屋办理了抵押登记，后解除了抵押登记。关于解除抵押的原因。严×陈述因王×要求解除房屋抵押以筹钱还款，故严×同意并与刘×、王×共同办理了解除抵押登记。王×陈述其已记不清解除抵押的原因，刘×表示其未参与房屋解抵押过程。另，双方认可抵押房屋实际并未向严×交付。

另查,2012 年 4 月 10 日,刘×向赵×转账 3 万元;2012 年 10 月 25 日,刘×向赵×转账 30 万元;2012 年 10 月 30 日,刘×向赵×转账 700 万元;2013 年 2 月 4 日,北京×茶苑有限公司向赵×汇款 10 万元;2013 年 3 月 22 日,刘×向赵×转账 20 万元,2013 年 7 月 1 日,刘×向严×转账 20 万元;此外,王×和刘×共同提交了 2011 年 11 月 24 日赵×出具的收条一张,收条载明:今收到现金 20 万元整(刘×房贷利息)。庭审中,王×、刘×陈述上述款项中,除 2012 年 10 月 30 日向赵×转账的 700 万元中有 303 万元系偿还双方其他借款外,其余均系王×通过刘×或案外人向严×偿还本案借款本息。严×认可刘×、王×于 2013 年 7 月 1 日向其偿还了 20 万元本金,对其余还款不予认可。

一审法院判决认定:合法的借贷关系受法律保护。根据严×与王×共同签署的《借据》,可以认定严×与王×之间形成了借贷关系。《借据》约定了借款金额及期限,现借款期满,严×有权要求王×偿还借款本金。关于还款数额,王×陈述 520 万元中包含 20 万元的利息,但未提供证据予以证明,法院不予采信;严×认可王×已经偿还借款本金 20 万元,法院予以认可,此 20 万元应当从 520 万元借款本金中予以扣除,故王×应当偿还严×借款本金 500 万元。关于逾期还款违约金,严×和王×在《抵押借款合同》中约定了如出现房屋未交付的情形,王×应自严×关于提前偿还借款之通知送达之日起三日内还清全部借款,逾期按借款总额的日万分之三向严×支付违约金。因房屋实际并未交付,现严×要求王×按照《抵押借款合同》约定标准支付逾期还款违约金,符合法律规定,法院予以支持。王×陈述其已经偿还借款本息 500 万元,但其提交的证据与本案不具有关联性,故对王×的抗辩意见,法院不予采信。根据本案查明的事实,可以认定刘×作为王×之妻,知晓并参与了严×向王×借款及还款的过程,现刘×称本案系严×与王×个人之间的借贷关系,法院不予采信,故严×要求刘×与王×共同承担偿还借款并支付违约金的义务,法院予以支持。综上,依照《中华人民共和国合同法》第一百零七条、第二百零六条之规定,判决如下:一、刘×、王×于判决生效之日偿还严×借款本金五百万元,并以五百万元为基数,按照每日万分之三的标准,支付自 2011 年 12 月 1 日起至实际给付之日止的违约金。二、驳回严×其他诉讼请求。如果未按判决指定的期间履行给付金钱义务,应当依照《中华人民共和国民事诉讼法》第二百五十三条之规定,加倍支付迟延履行期间的债务利息。

刘×、王×不服一审法院上述民事判决,向本院提起上诉。主要上诉理由是:刘×、王×在一审中申请追加赵×为第三人,一审法院未予准许,遗漏当事人;刘×、王×向严×借款是通过中间人赵×办理的全部借款手续和偿还借款,所以刘×、王×向严×的借款已经全部偿还完毕;借款本金应为 500 万元,20 万元是严×与刘×、王×约定的利息,严×未实际支付,由于利息不得预先在借款本金中扣除,所以应认定刘×、王×实际收到借款本金 500 万元,一审法院对此事实认定错误;刘×、王×、严×未约定逾期还款的违约金,一审法院判决支持违约金是错误的。请求撤销原判,发回重审或改判驳回严×的诉讼请求。

刘×、王×就其上诉未向本院提交新的证据。

严×服从一审法院上述民事判决,其针对刘×、王×的上诉理由答辩称:赵×与本案无关,不应当追加赵×为当事人;借款金额是520万元,其中500万元是汇款,20万元给付的是现金;刘×、王×一直没有归还欠款;合同中对违约金有约定,请求驳回刘×、王×的上诉请求。

严×就其答辩未向本院提交新的证据。

本院经审理查明的事实与一审法院查明的事实一致。

上述事实,有《借据》《抵押借款合同》、证明、银行账户明细、银行个人业务凭证等证据及当事人陈述在案佐证。

本院认为:根据一审法院审理期间各方当事人的陈述及卷宗记载,刘×、王×未在一审法院审理本案期间申请追加赵×为第三人,本案现有证据亦表明赵×不是促成本案项下民间借贷法律关系的居间人,故赵×不属于人民法院审理本案需通知其参加诉讼的第三人,本院对刘×、王×有关"一审中申请追加赵×为第三人,一审法院未予准许,遗漏当事人,刘×、王×向严×借款是通过中间人赵×办理的全部借款手续和偿还借款"的上诉理由和请求不予采纳。

依照《最高人民法院关于民事诉讼证据的若干规定》第二条"当事人对自己提出的诉讼请求所依据的事实或者反驳对方诉讼请求所依据的事实有责任提供证据加以证明。没有证据或者证据不足以证明当事人的事实主张的,由负有举证责任的当事人承担不利后果"的规定,在刘×、王×提供的证据不能证明赵×有权代表严×收取还款的事实成立的情形下,本院对刘×、王×有关"刘×按照《还款计划书》约定向赵×账户汇款,刘×、王×向严×的借款已经全部偿还完毕"的上诉理由和请求不予采纳。由于刘×、王×向严×出具了520万元的收条,确认了收款事实,在现有证据不能证明《借据》中的520万元包括20万元利息的情形下,本院对刘×、王×有关借款本金实际是500万元的上诉理由和请求不予采纳。根据刘×、王×在签署《借据》同时向严×出具的《抵押借款合同》的约定,刘×、王×应向严×支付逾期还款的违约金,刘×、王×认为《抵押借款合同》的约定仅表示为提前还款的违约金,刘×、王×的上述意见没有事实与法律依据,故本院对刘×、王×有关不应向严×支付逾期还款违约金的上诉理由和请求不予采纳。综上,一审法院判决认定事实清楚,适用法律正确,处理结果并无不当,应予维持。依照《中华人民共和国民事诉讼法》第一百七十条第一款第(一)项之规定,判决如下:

驳回上诉,维持原判。

一审案件受理费55550元,由严×负担2137元(已交纳),由刘×、王×负担53413元(于本判决生效后七日内交纳)。

二审案件受理费53413元,由刘×、王×负担(已交纳)。

本判决为终审判决。

审判长　×××
代理审判员　×××
代理审判员　×××
二〇一四年七月七日
书记员　×××
书记员　×××

(二) 示范案例点评

民间借贷在一定程度上缓解了中小企业融资难的问题,满足了部分市场主体的资金需求。但近年来,经济乱象频发,导致老百姓对民间借贷与非法集资、经济诈骗的界定模糊,对其合法性质疑。判定民间借贷的合法性、证据的有效性是受理诉讼的基础,因此,首先应学习《最高人民法院关于审理民间借贷案件适用法律若干问题的规定》,确认案件的性质。

具体到本案,还存在资金流向复杂、还款去向与用途不明晰等问题。通过阅读上述材料了解基本案情后,完成案情分析。(1) 分析该笔借款 500 万元实际是由李×向王××汇款,是否影响本案债权债务关系的确认;(2) 分析法院对王×陈述其已经偿还借款本息 500 万元的情节为何未予采信;(3) 分析法院为何认定刘×作为王×之妻,知晓并参与了严×向王×借款及还款的过程。

之后,结合基本案情与上述材料,根据本章第一节中的民事诉讼案件庭审流程,分角色演练庭审流程,在演练的过程中,要以已有材料为基准,并达到同样的庭审结果。

第八章 行政诉讼模拟审判

第一节 行政案件庭审流程与实训要求

根据我国行政诉讼法的相关规定,人民法院审理行政案件,除行政赔偿、补偿以及行政机关行使法律、法规规定的自由裁量权的案件以外,均不适用调解。这是行政诉讼案件不同于刑事诉讼与民事诉讼案件的关键点。而人民法院对被诉行政行为的合法性需进行审查,并由被告行政主体承担举证责任。这与刑事案件的全面审查与民事案件的有限审查原则有着本质的不同,故行政诉讼法庭审理的流程也与刑事诉讼、民事诉讼略有不同。

一、行政案件庭审流程

(一)庭前准备

(1)书记员应当先期到达法庭,请诉讼参加人入庭就座,核对诉讼参加人的身份并检查诉讼参加人出庭情况,如有一方诉讼参加人未到庭,应当立即报告审判长处理。如确认有证人、鉴定人、勘验人、检查人、专家出庭的,还应核对其身份后请其退席,等候传唤。

(2)书记员应当核实当事人诉讼权利义务告知书、举证通知书、告知审判庭组成人员通知书和开庭的传票、通知书以及诉状等诉讼材料的收悉情况。

(3)如果案件为公开庭审,书记员应当检查参加旁听人员是否适合。如发现有记者到庭采访,应当确认其是否办理审批手续。如果未经审批,告知记者不得录音、录像或者拍照,但应允许记者作为一般旁听人员参加旁听和记录。

(二)开庭阶段

1. 宣布法庭纪律

书记员庭前准备完毕后,即开始宣读法庭纪律。

> 书记员:"现在宣布法庭纪律:(1)当事人和其他诉讼参与人必须听从审判长或者独任审判员的统一指挥,遵守法庭秩序,发言、陈述和辩论须经审判长或者独任审判员许可。(2)参加旁听人员必须遵守法庭纪律,维护法庭秩序;未经法庭许可,不准记录、录音、录像和摄影;不准随意走动,进入审判区;不准发言、提问,如对法庭审判活动有意见,可在休庭或闭庭后,书面向法庭提出;携带移动电话、寻呼机

等通信工具的,请关机;不准抽烟;不准鼓掌、喧哗、吵闹和实施其他妨害法庭审判活动的行为。(3)对于违反法庭规则的人,根据情节轻重,予以警告、训诫、责令退出法庭、罚款、拘留,直至依法追究刑事责任。"

2. 法官入庭并报告庭审前准备情况

书记员宣布:"全体起立,请审判长、审判员入庭。"

待审判长、审判员入座后,审判长宣布:"请坐下。"

准备工作就绪后,书记员向审判长报告庭审前准备工作的情况:"(1)出庭的诉讼参加人有……(2)出庭的其他诉讼参与人有……(3)庭下旁听人的基本情况。"

最后,书记员:"报告审判长,诉讼参与人已经全部到庭,法庭准备工作就绪,现在可以开庭。"

3. 核对确认诉讼参加人身份

在书记员初步核对诉讼参加人身份的基础上,审判长需细致地核对参与诉讼的人员身份信息。

审判长:"下面核对当事人及其代理人身份……"

审判长在征询各方当事人确认身份信息无误后即宣布:"经法庭当庭核对确认,上述诉讼代理人和代理权限,均符合法律规定。原告、被告和第三人对对方代理人的身份及代理权限均无异议,上述诉讼代理人的出庭资格有效,均准予参加本案的庭审活动。"

4. 宣布开庭,介绍审判人员

审判长敲击法槌,庄严宣布:"……人民法院第×法庭现在开庭。"

开庭宣布也可以在核对确认诉讼参加人的身份之前,或者在宣布法庭调查之前进行。

敲击法槌宣布开庭后,审判长:"依照《中华人民共和国行政诉讼法》第五十四条的规定,××人民法院行政审判庭今天依法公开审理原告×××诉被告××一案,现在开庭。首先宣布合议庭组成人员,本案由本院行政审判庭庭长(或法官)×××担任审判长,本院审判员×××和人民陪审员×××组成合议庭,书记员×××担任法庭记录。"

5. 告知诉讼权利义务,征询申请回避意见

在开庭前已经将当事人的权利义务告知书送达各方当事人的基础上,审判长需逐一询问各方当事人是否知悉自身在诉讼过程中的权利义务。在当事人确认知悉诉讼权利与义务后,审判长需逐一询问各方当事人是否申请回避,如果提出申请回避,应当要求其说明理由。当事人提出的回避事由符合法定事由的,法庭不必审查该理由是否成立,只需申请方提供回避申请书后即宣告休庭。双方当事人不提出申请回避的,庭审活

动继续进行。

　　审判长:"本院在收到原告×××的起诉状后,在法定期限内予以立案,并向原告发送了受理案件通知书、权利义务告知书及举证须知,向被告××发送了应诉通知书、起诉状副本、权利义务告知书及举证须知,因×××与本案被诉的具体行政行为有法律上的利害关系,本院依照《中华人民共和国行政诉讼法》第二十九条的规定,通知×××作为第三人参加本案的诉讼,向×××发送了应诉通知书、起诉状副本、权利义务告知书及举证须知。上述诉讼文书已经载明了行政诉讼当事人在行政诉讼过程中享有的诉讼权利和应履行的诉讼义务。依照《中华人民共和国行政诉讼法》第五十五条的规定,当事人有申请回避的权利。所谓申请回避,是指当事人如果认为本合议庭成员或担任法庭记录的书记员与本案有利害关系或其他关系有可能影响公正审判的,有权申请相应人员回避,不参加本案的审理活动。原告是否申请回避?"

　　原告:……

　　审判长:"被告是否申请回避?"

　　被告:……

　　审判长:"第三人是否申请回避?"

　　第三人:……

　　审判长:"原告,是否已经明确你在诉讼过程中所依法享有的其他诉讼权利和应当履行的诉讼义务?"

　　原告:……

　　审判长:"被告,是否已经明确你在诉讼过程中所依法享有的其他诉讼权利和应当履行的诉讼义务?"

　　被告:……

　　审判长:"第三人,是否已经明确你在诉讼过程中所依法享有的其他诉讼权利和应当履行的诉讼义务?"

　　第三人:……

　　在此环节中,当事人可以要求法庭对诉讼权利义务、诉讼风险和举证责任的内容予以解释,法庭也可以对诉讼能力比较低的当事人给予适当的诉讼指导,以确保审判的公正公平。

6. 宣告庭审阶段

　　在告知完诉讼权利义务后,审判长将对整个庭审阶段进行介绍,以便双方知晓法庭审理流程,准备好相关的诉讼材料。

　　审判长:"庭审活动分为:法庭调查、法庭辩论、当事人最后陈述和休庭评议后进行最终宣判。"

　　如果系行政赔偿案件,应当在当事人最后陈述后进行法庭调解,调解不成,法庭再休庭与判决。在整个庭审活动中,一般都是由审判长予以主持,审判长也可以委托其他合议庭成员主持部分庭审活动,但需向诉讼双方说明。

(三) 法庭调查

1. 宣布法庭调查

审判长宣布法庭调查的开始并对法庭调查顺序予以说明。法庭调查一般按照当事人陈述、归纳总结、当事人当庭举证、当庭质证、法庭认证的顺序予以进行。

  审判长:"现在进行法庭调查。按照《中华人民共和国行政诉讼法》第六条的规定,人民法院审理行政案件,对被诉的具体行政行为是否合法进行审查。根据原告庭前向本院提交的起诉状,原告诉请本院审查的具体行政行为是……下面由被告说明该具体行政行为的具体内容。"

2. 当事人陈述

审判长发问后,由双方当事人对审判长所提出的涉案问题进行陈述解答。对案件的诉请进行说明。实践中,如果已经召开了预备庭并已组织当事人陈述的,法庭可在进行必要的说明后省略或简略进行。

  被告:"该具体行政行为如下……"
  审判长:"下面由原告宣读起诉状,陈述诉讼请求及其事实和理由。"
  原告:……
  审判长:"下面由被告进行答辩。"
  被告:……
  审判长:"下面由第三人发表答辩意见。"
  第三人:……

3. 归纳小结

  审判长:"本案的诉讼请求为:……当事人没有争议的事实有:……"

在此过程中,如果当事人没有争议的事实能够直接认定或者部分能够直接认定的,经说明后就可当庭宣布。在实践过程中,如果当事人对案件事实没有或基本没有争议,且根据当事人陈述即可直接认定全案事实的,经合议庭评议确定后,即可宣布法庭调查结束。

  审判长:"根据原告陈述的事实与理由、被告陈述的答辩意见以及第三方的诉讼意见,本合议庭认为本案庭审的审查重点为以下几个问题:……各方当事人应当围绕上述庭审重点,陈述事实,提出证据,发表诉讼意见。"

在庭审小结的基础上,经合议庭事先评议或者当庭评议确定法庭进一步调查的范围。该法庭调查的范围无须征询当事人意见。

  审判长:"首先由被告进行陈述。被告,请说明作出被诉行政行为的经过。"
  被告:……

审判长:"请问原告,对被告的陈述有无异议?请具体说明。"

原告:……

审判长:"请第三人进行陈述。"

第三人:……

4. 当事人当庭举证、质证

法庭调查结束后,需要对调查范围的事项逐一展开细致的检查。当审判长在确定法庭调查的具体事项后,应向双方当事人指示当庭出示证据并进行说明。由法庭调取的证据,将由法庭或者申请调取该证据的当事人出示和说明。向法院提交的证据尽可能是原件,对于视听资料要当庭播放。证人、鉴定人、勘验人、检查人以及专家辅助人出庭作证的,另按出庭作证的程序举证与质证。

审判长:"下面进行证据审查。首先合议庭根据本诉性质及《中华人民共和国行政诉讼法》和《最高人民法院关于行政诉讼证据若干问题的规定》说明本案举证责任的分担及举证、质证应当注意的事项。

"原告认为被告的具体行政行为违法、请求法院予以××,依照《中华人民共和国行政诉讼法》第三十四条,《最高人民法院关于行政诉讼证据若干问题的规定》第一条的规定,本案被告××对被诉行政行为是否合法负有举证责任,应向法庭提供据以作出具体行政行为的证据与依据,不提供或无正当理由逾期提供证据的,视为被诉具体行政行为没有相应的证据和依据。依据《最高人民法院关于行政诉讼证据若干问题的规定》第六条的规定,原告可以提供证明被诉具体行政行为违法的依据,原告提供的证据不成立的,不免除被告对被诉具体行政行为合法性的举证责任。按照《最高人民法院关于行政诉讼证据若干问题的规定》第三十五条的规定,证据应当在法庭上出示,并经庭审质证,未经庭审质证的证据,不能作为定案的依据。当事人应当围绕证据的关联性、合法性和真实性,针对证据有无证明力、证明效力进行质证,发表辩论意见。经法庭准许,当事人及其代理人可以就证据问题相互发问,发问的内容应当与案件的事实有关,不得采用引诱、威胁、侮辱等语言或方式。庭前本院的审判流程机构已经组织本案原告、被告、第三人交换了各自提交的证据材料。下面由被告按照你机关在庭前向本院提交的证据清单所列顺序,说明你机关提交的证据名称、来源,证明的对象和内容。"

被告:"我们提交的证据总共×份。具体说明如下:……"

审判长:"原告对被告的举证有无异议?你方是否有证据要出示?请说明。"

原告:……

审判长:"第三人是否有证据要提交和说明?"

第三人:……

法庭应当引导当事人围绕出示证据的"三性",针对证据的证明力进行辨认与辩驳、质证时,法庭应当引导质证当事人首先作出是否认可的意思表示。如不认可,应当提出具体的理由,并组织当事人展开质证。法庭不得把质辩作为法庭辩论的内容,以制止当事人在质证中进行质辩。质辩至少进行一个轮回,法庭认为有必要的,可以组织当事人进行多轮次的质辩。在质证中,质证当事人提出相应反证的,法庭应当当庭组织举证与质证。

5. 当庭认证

证据经过当庭的举证与质证后,合议庭当庭评议或休庭评议,对证据进行审查核实并作出认证结论。能够当庭宣布认证结果的,由审判长当庭宣布;不能当庭宣布的,在下次开庭或宣判时宣布。不能当庭认证的,应当向当事人作出合理的解释。

  确认证据予以采信的结论为:"经合议庭评议确认,……(证据名称)内容真实、形式合法,可以作为认定……案件事实的依据。"

  确认证据不予采信的结论为:"经合议庭评议确认,……(证据名称)因……(不予采信的理由)故不能作为本案认定事实的依据。"

6. 宣布法庭调查结束

法庭可以根据案件审理的需要,适当给予双方当事人相互发问的机会,同时法庭根据案件审理的需要,也可以向当事人发问,当事人对发问有异议的,可以向法庭提出,而异议是否成立,则由合议庭评议决定。最后,经确定各方当事人没有新的证据提供和其他事实需要查明后,审判长宣布法庭调查结束。

  审判长:"从双方提交的证据的说明中来看,现在的争议焦点为……被告,你结合刚才出示的证据××,来说明一下……问题。"

  被告:……

  审判长:"被告,对原告刚才提出的……异议,如何来解释?"

  被告:……

  审判长:"原告,请问你对被告的解释有没有异议?"

  原告:……

  审判长:"被告还有没有需要说明的?"

  被告:……

  审判长:"原告对被告的意见有无反驳意见?"

  原告:……

  审判长:"就这个问题各方当事人还有无补充意见?"

  被告:……

  原告:……

  第三人:……

  审判长:"各方当事人对本案的事实和证据还有没有新的陈述意见?"

  被告:"没有了。"

  原告:"没有了。"

  第三人:"没有了。"

  审判长:"法庭调查结束。"

(四)法庭辩论

审判长可以确定法庭辩论的范围,当事人应当围绕各自的诉讼请求或者诉讼主张,主要围绕法律的具体适用问题展开法庭辩论。在法庭辩论中,辩论发言应当经法庭许可;注意用语文明,不得使用讽刺、侮辱的语言;语速要适中,以便法庭记录;发言的内容应当避免重复。在法庭辩论的过程中,如有违反以上规则,法庭应予以制止。

法庭辩论阶段分为对等辩论与互相辩论。法庭认为不需要明确划分的,也可灵活掌握。在实践中,法庭一般不会特别说明两个阶段,但基本按照这两个阶段进行。在法庭辩论阶段,首先由当事人进行对等辩论,随即指示原告、被告、第三人依次进行辩论发言。一轮辩论结束后,法庭可根据实际情况决定是否进行下一轮辩论;如进行下一轮辩论,应强调发言的内容不宜重复。

在对等辩论结束后可进入互相辩论阶段,当事人要求辩论发言的,可以向法庭举手示意,经法庭许可后方可发言。在互相辩论中,当事人未经许可而进行自由、无序的辩论发言或者发言内容重复的,法庭应予以制止。

在辩论中如果发现有关案件事实需要进行调查,或者需要对有关证据进行审查时,应当中止法庭辩论,恢复法庭调查。法庭调查结束后即恢复法庭辩论,在确认各方当事人辩论意见陈述完毕后,审判长即可宣布:法庭辩论结束。

(五)当事人最后陈述

当事人最后陈述的内容,主要是归纳本方诉讼意见,以及就案件的具体处理,向法院提出最后请求。在当事人作最后陈述时,法庭有必要给予当事人一次自由发言的机会,从而保障当事人充分表达自己思想和案件诉求的权利,同时也是为了满足当事人的心理需求,有利于提高审判的法律效果和社会效应。对此,法庭一般情况下不宜打断或制止当事人的发言。

审判长:"法庭审查结束,下面进行最后陈述。在最后陈述阶段,当事人可以就本案事实和法律适用发表陈述和意见。刚才在法庭审查阶段,当事人就对方当事人提供的证据以及法律适用已经作了充分的陈述,现在当事人可以将自己的意见作一个简要的陈述,首先请原告来讲。"

原告:……

审判长:"请被告发表最后的陈述意见。"

被告:……

审判长:"请第三人发表最后的陈述意见。"

第三人:……

审判长:"合议庭休庭对本案进行评议,下面休庭×分钟。"(敲击一下法槌)

(六)评议与宣判阶段

1. 休庭与评议

宣布休庭后应当告知当事人复庭的时间。决定不当庭宣判的,应当告知宣判时间或宣判时间另行通知。决定当庭宣判的,应当休庭后立即进行评议。择期宣判的,应当在庭审结束后五个工作日内进行评议。

合议庭评议案件时,先由承办法官对认定案件事实与证据是否确实充分、适用法律是否适当等问题发表意见,审判长最后发表意见。评议后,合议庭应当按照规定的权限,及时对已经评议形成一致或者多数意见的案件直接作出判决或裁定。

2. 入庭与宣判

庭审准备就绪后,书记员宣布:"全体起立,请审判长、审判员(人民陪审员)入庭。"

待法官坐定后,审判长宣布:"请坐下。"

审判长敲击法槌后宣布:"现在继续开庭。"

原定当庭宣判,但经合议庭评议后未能作出裁判或评议决定不当庭宣判的,审判长应予以说明后宣布休庭。经合议庭评议,能够当庭宣判的,审判长应当庭宣读判决。

审判长:"合议庭经评议,对各方当事人提交的证据进行认证:……(例如,对被告提交的××证据,来源真实,形式合法,予以认证;对被告提交的××证据,予以认定;对原告向本院提交的××证据,与本案没有直接关系,不予采纳;等等)

"综上,依照《中华人民共和国××法》第×条、《中华人民共和国××法》第×条×款,现判决如下:(书记员要求全体起立)……"

宣读判决内容后,审判长敲击一下法槌,并请各方当事人就座。

审判长:"本案的受理费×元,由××承担。在本判决生效后七日内缴纳。刚才是口头判决,判决书将于闭庭后十日内送达各方当事人。除判决主文外,判决书的文字以庭后送达的判决书为准。如不服本判决,可于本判决书送达之日起十五日内向本院递交上诉状,并按对方当事人的人数提交副本材料,上诉于××中级人民法院。"

对于本文送达的问题,可由当事人自行领取或采用邮寄方式。

经询问确认当事人或者诉讼代理人、代收人同意在指定期间内到人民法院接受送达的,审判长宣布:"请当事人于××时间到××地点领取本案判决书(裁定书)。无正当理由逾期不来领取的,视为送达。"

当事人要求邮寄送达的,审判长宣告:"法庭将根据当事人确认的送达地址邮寄送达,邮件回执上注明的收到或者退回之日即为送达之日。"

(七)宣布闭庭

审判长:"原告×××诉被告××一案,现已审理终结,闭庭。"(敲击一下法槌)

书记员:"全体起立!"

待合议庭成员退庭后书记员宣布:"散庭。"旁听人员方可离开。

(八) 审阅笔录

庭审结束后,书记员应当让诉讼参与人对庭审的整个笔录进行阅读,并请诉讼参与人在庭审笔录上签名。随着科学技术水平的提高,诉讼参与人在整个诉讼阶段可以时刻看到庭审笔录,如果出现错误,可以要求书记员予以更改。若在最后审阅时发现错误要求书记员更改,书记员可决定是否予以更改。对于书记员不同意更改的部分,诉讼参与人可以注明或者提交书面说明附卷。

二、行政诉讼模拟案件的训练要求

第一,对于行政诉讼类案件,教师可先行准备好案例并熟悉案例中诉讼参与人的角色与人数,按照案例要求将学生分成原告组、被告组、第三人组和审判组等。视学生人数情况,由一至两名学生分别担任原告、被告与第三人;由三名学生组成合议庭,并配备一名书记员;根据案件情况决定证人、鉴定人、勘验人、检查人、专家辅助人等人员的人数。

第二,教师基于案件的基本情况指导学生提炼案件的焦点问题,通过学生自身的调查与研究,为案件中当事人拟定诉讼策略完成代理方案。同时,教师需指导并要求学生制作证据清单,整理证据材料,搞清证据来源、证明内容和证明对象,以便为当事人撰写符合规范的法律文书与诉讼文书,并按照诉讼要求按时提交给审判组。

第三,小组内各成员可进行具体分工,及时沟通,以确保参与的每一位学生了解案件事实,遵循法律规范。不允许小组间进行交流活动,徇私舞弊,破坏整个教学环节。各组成员各司其职,将前期所有准备工作完成后,最后以模拟开庭的方式进行最终汇报。

第四,所有参与学生需熟悉庭审流程和诉讼的程序规定,强化诉讼程序意识和训练处理与诉讼程序相关问题的能力,达到理论与实践的结合。在具备条件的情形下,教师可邀请具有实践经验的法官、律师对学生的各模拟环节演练进行指导,并邀请在模拟庭审后给予点评。

第二节 行政诉讼一审案例

✦ 行政诉讼一审案例:李×诉山城市城市管理行政执法局规划行政处罚案

一、示范案例

(一) 基本案情

山城市城市管理行政执法局于 2015 年 10 月 29 日向李×送达了山城执罚字〔2015〕第 H06××号行政处罚决定书,该处罚决定认为:李×于 2012 年在山城市京口区京城路××村九组进行房屋建设,共建有砖木简易结构房屋 12 间,面积合计 1660.26 平方米。李×进行上述建设,虽然向农业部门办理了高效农业项目审批备案手续,但未在批准的土地上进行项目建设,其实际建设的地点与批准建设的地点不一致,在未取得建设工程规划许可证的情形下,建设完工并投入使用系违建,要求其7日内拆除。李×则诉称养殖舍生产用房及养殖场内必要的附属场所用房均属于设施农用地,其性质不同于农业建设项目用地,应按农用地管理,相关建设无须向规划部门申请颁发建设用地规划许可证,山城市城市管理行政执法局无权对其进行处罚。

(二)主要证据材料

证据1:

山城市城市管理行政执法局
行政处罚决定书

山城执罚字〔2015〕第H06××号

当事人:李×

住址:江苏省山城市京口区京城路××村八组21-3号

2015年5月9日,接上级交办单,要求对山城市京口区京城路××村九组李×的违法建设进行查处。我局京城路中队执法人员出处现场,对现场进行勘验检查,并制作了现场检查笔录。

经查,当事人李×于2012年在山城市京口区京城路××村九组进行房屋建设。共建房屋12处,砖木简易结构,面积合计1660.26平方米。当事人进行上述建设,虽然向农业部门办理了高效农业项目审批备案手续,但未在批准的土地上进行项目建设,其实际建设的地点与批准建设的地点不一致。该处建设现均已完成,并投入使用,当事人未取得建设工程规划许可证。

上述事实有以下证据证实:

1. 现场检查笔录1份;
2. 现场(证物)照片6份;
3. 证人证言笔录1份;
4. 京口区农委《关于××村建设高效农业项目的审核意见》复印件1份;
5. 京城路街道办《关于岭飞社区李×高效农业建设四至不相符的说明》1份;
6. 京城路街道办出具的情况说明1份;
7. 农村土地租赁合同复印件1份;
8. 土地流转委托书复印件1份;
9. 当事人李×常住人口信息1份;
10. 见证人身份证复印件1份;
11. 见证人工作证明1份。

以上证据经过了出证人的确认。

本局认为,根据《中华人民共和国城乡规划法》第四十条之规定,在城市、镇规划区内进行建筑物、构筑物、道路、管线和其他工程建设的,建设单位或者个人应当向城市、县人民政府城乡规划部门或者省、自治区、直辖市人民政府确定的镇人民政府申请办理建设工程规划许可证,李×于2012年在山城市京口区京城路××村九组进行建设的行为,系违法建设。

住房和城乡建设部《关于规范城乡规划行政处罚裁量权的指导意见》第七条规定:第四条规定以外的违法建设行为,均为无法采取改正措施消除对规划实施影响的情形。此指导意见中第四条规定:违法建设行为有下列情形之一的,属于尚可采取改正措施消除对规划实施影响的情形:(1)取得建设工程许可证,但未按照建设工程规划许可证的规定进行建设,在限期内采取局部拆除等整改措施,能够使建设工程符合建设工程规划许可证的要求的;(2)未取得建设工程规划许可证即开工建设,但已取得城乡规划主管部门的建设工程设计方案审查文件,且建设内容符合或采取局部拆除等整改措施后能够符合审查文件要求的。当事人李×的建设行为不符合指导意见的第四条之规定,系无法采取改正措施消除对规划实施影响的情形。

依据《中华人民共和国城乡规划法》第六十四条之规定,未取得建设工程规划许可证或者未按照建设工程规划许可证的规定进行建设的,由县级以上地方人民政府城乡规划主管部门责令停止建设;尚可采取改正措施消除对规划实施的影响的,限期改正,处建设工程造价百分之五以上百分之十以下的罚款;无法采取改正措施消除影响的,限期拆除,不能拆除的,没收实物或者违法收入,可以并处建设工程造价百分之十以下的罚款。经集体讨论,我局拟作出责令当事人李×在7日内自行拆除1660.23平方米违法建设的行政处罚决定。

我局于2015年5月18日立案查处,2015年7月14日案件调查终结,2015年10月12日向当事人李×送达了《行政处罚事先告知书》,告知拟作出行政处罚的事实、理由、依据和处罚内容,以及当事人李×享有的陈述、申辩的权利。当事人李×未提出陈述、申辩的意见。

综上所述,李×在没有取得建设工程规划许可证的情形下,于2012年在山城市京口区京城路××村九组进行建设的行为,违反了《中华人民共和国城乡规划法》第四十条之规定,依据《中华人民共和国城乡规划法》第六十四条、《江苏省城乡规划条例》第六十二条之规定,参照住房和城乡建设部《关于规范城乡规划行政处罚裁量权的指导意见》,经集体会审讨论,本局作出如下处罚决定:责令当事人李×7日内拆除1660.26平方米违法建设。

当事人如对本处罚决定不服,可在接到本处罚决定之日起六十日内,向江苏省山城市人民政府申请复议,或在六个月内直接向京口区人民法院起诉。

山城市城市管理行政执法局
二〇一五年十月二十九日

证据 2：

山城市城市管理行政执法局
送 达 回 证

事由	违法建设		
受送达人	李×		
送达地点	山城市京口区京城路××村李×养殖场办公室		
送达文书名称及文号	山城市城市管理行政执法局 行政处罚决定书 山城执罚字〔2015〕第H06××号		
收件人签名或印章			
收到时间	2015年10月29日17时35分		
代收人证明代收理由			
送达方式	留置送达		
备注			
签发人	李××	送达人	顾×、谢××

证据 3：

案件受理登记表

山城执受案字〔2015〕第H06××号

案件来源	交办							
	姓名或名称				联系方式			
受案时间	2015.5.13	案发时间	2012.5.13	案发地点	山城市京口区京城路××村九组			
当事人情况	法人或者其他组织	名称				负责人	姓名	
							职务	
		地址				联系电话		
	公民	姓名	李×	性别	男	年龄	46	身份证号码	3210201966××××363×
		地址	江苏省山城市京口区京城路××村八组21-3号			联系电话		

(续表)

受案记录	经查,当事人李×于2012年在山城市京口区京城路××村九组建设房屋,面积共计1660.26平方米。砖瓦结构,已完工。该建设未取得建设工程规划许可证。 签字:徐××、谢×× 2015年5月13日	
受理人记录	建议受理此案。 签字:徐××、谢×× 2015年5月13日	
执法机构负责人意见	同意。 签字:李×× 2015年5月13日	备注

证据4：

案件立案审批表

山城执立案字〔2015〕第 H06××号

当事人	法人或者其他组织	名称					
		负责人姓名				职务	
		地址				联系电话	
	公民	姓名	李×	性别	男	年龄	46	身份证号码	3210201966×××363×
		地址	江苏省山城市京口区京城路××村八组21-3号			联系电话	
案件来源	交办						
案情摘要	经查,当事人李×于2012年在山城市京口区京城路××村九组建设房屋,面积共计1660.26平方米。砖瓦结构,已完工。该建设未取得建设工程规划许可证。该建设涉嫌违法建设。						
办案人员意见	建议立案查处。 签字:×××、××× 2015年5月18日			办案部门意见	同意承办人意见。 签字:××× 2015年5月18日		
法制部门意见	同意立案查处。 签字:××× 2015年5月18日			领导批示	同意。 签字:××× 2015年5月18日		

证据 5：

现场检查笔录

案由：违法建设

检查地点：山城市京口区京城路××村九组

检查时间：2015年5月9日9时15分至9时35分

当事人：李×　地址：江苏省山城市京口区京城路××村八组21-3号

电话：——　负责人：——　职务：——

检查人员：徐××、谢××　记录人：徐××

现场情况：(记录现场检查的简要经过，检查中发现的问题、相关数据，根据需要可以附图、照片或者其他)

经查，当事人李×于2012年在山城市京口区京城路××村九组建设房屋12处，在附图中分别用①②③④⑤⑥⑦⑧⑨⑩⑪⑫进行了标注，面积共计1660.26平方米，砖瓦结构，已完工。该建设未取得建设工程规划许可证。

当事人：_____　__年__月__日　见证人：王××　2015年5月9日

检查人员：徐××　谢××　2015年5月9日　记录人：徐××　2015年5月9日

现场检查笔录附图：

现场检查示意图	(图略)		
	注：此图为违法建设房屋平面示意图		
	四至：东至-西至-南至-北至-		
	结构：砖瓦　高度-面积1660.26 m²		
当事人	签名： 年　月　日	见证人	已核对属实。 签名：王×× 2015年5月9日

检查人：徐××、谢××　记录人：徐××

证据6：山城市城市管理行政执法局现场(物证)照片(略)

证据7：

证人证言笔录

案　由：违法建设

时　间：2015年5月9日14时30分至15时20分

地　点：山城市京口区城管分局京城路中队办公室

调查人：徐××、谢××　记录人：徐××

证　　　人：王× 　性别：男　身份证号码：321202×××××××2115
地　　　址：山城市京口区京城路××村十组15-7号　电话：＿＿＿＿
工作单位：京城路街道城管办　职务：＿＿＿＿　邮编：122110

调查人：我们是山城市城市管理行政执法局的执法人员，这是我们的《行政执法证》（出示证件），现依法前来进行调查。根据《中华人民共和国行政处罚法》等法律规定，如执法人员少于两人或执法证件与身份不符，你有权拒绝调查，如执法人员与案件有直接利害关系，你也有权申请执法人员回避。同时你应如实提供有关资料、回答询问，如作虚假陈述或拒绝、阻挠调查，将依法追究法律责任。请你配合我们的调查询问。你是否听清楚了？

答：我听清楚了。

问：我们是城管京口分局京城路中队的执法人员。谢××，执法证编号：12018732；徐××，执法证编号：12018763。今天我们请你来主要是了解李×在京城路××村九组建设一事，请配合调查，如实回答问题，好吗？

答：好的。

问：请问你的身份是？

答：我是王×，现是京城路城管办工作人员。

问：你对李×在京城路××村九组建设一事是否了解？

答：基本了解。

问：李×在京城路××村九组所建房屋的具体位置在哪里？

答：在××村九组，东边是贾××建的军民油脂加工厂。

问：请问该处房屋是何时建的？

答：具体日期记不太清楚了，应该是在2012年建的。

问：现已建到何种程度？

答：应该是2012年就已建成完毕。

问：请问该块土地的性质是？

答：是李×租用村民的农用地。

问：请问该房屋是什么结构？

答：砖瓦机构。

问：请问该房屋的面积是多少？

答：总建筑面积为1660.26平方米。

问：请问该房屋的实际占有人是谁？

答：是李×。

问：请问李×是哪里人？

答：是京城路××村八组的村民。

问：请问该房屋的造价是多少？

答：这个我不清楚。

问：请问这个房屋的出资人是谁？

答:李×。

问:请问该房屋做什么用途?

答:李×在该处办了养羊场,房屋用来饲养羊。

问:请问该房屋有没有取得土地证?

答:据我了解,没有。

问:李×建设该房屋时,有没有到××村申请建房?

答:这个我不清楚。

问:李×建设该处房屋有没有取得建设工程规划许可证?

答:没有。

(以上为末项内容)

问:请你核对以上笔录,如记录无误,请你签字。如你不识字,我们可以读给你听,如果与你说的一致,请你按手印。

本记录我已看过(或向我宣读过)同我讲的一致。

证人:(签名)王×

2015年5月9日

调查询问人员:(签名)徐××、谢××

2015年5月9日

证据8:

关于××村李×高效农业建设
四至不相符的说明

××村李×高效农业项目于2012年4月6日经京口区农业委员会审核备案,现经京城路街道实际现场勘查其实际建设四至与项目审批四至不相符,且该项目没有经过规划、国土及区政府审批。

京城路街道城乡工作服务中心(盖章)

2015年7月8日

证据9: 京口区设施农用土地审批表(附图,可证明原用地四至)(略)

证据10:

土地流转委托书

委托方(甲方):京城路街道办事处××村九组村民

受托方(乙方):京城路街道办事处××村村民委员会

甲乙双方根据《中华人民共和国农村土地承包法》及其他法律法规的规定,为促进发展高效农业示范区的建设,发展农村经济,增加农民收入,甲方代表本户现将土地委托给乙方租赁,具体委托事项如下:

一、流转形式:租赁。

二、流转期限:从 2012 年 2 月 1 日至 2028 年 12 月 31 日止。共 16 年。

三、流转面积:19.14 亩。

四、土地位置(地名、四至):军民油脂加工厂南北路 闻家桥沟 ××村 11 组晒场与××村 10 组交界

五、土地用途:高效设施农业项目

六、流转费用:每亩 1500 元,共计人民币贰万捌仟柒佰壹拾元(28710 元)。

七、费用结算方式:上半年结算 40%,下半年结算 60%,以现金方式支付。由乙方负责与承租方结算并发放给甲方。

八、委托期内,法定的所有权利全权委托给乙方,甲方按规定承担相应的义务。

九、委托期内,如遇建设需要依法征地,应予服从。贴青、各种配套设施等附着物按"谁投资,谁所有"的原则确定,其他各项征地补偿费按国家政策执行。

十、其他未尽事宜,经双方协商同意,可在委托期内再行商定。

委托方签字:京城路街道办事处××村九组村民(签字)
　　　　　　李×× 高×× 陈×× 徐×

受托方签字:京城路街道办事处××村村民委员会(盖章)

证据 11:

农村土地租赁合同

出租房(以下简称甲方):京口区××村民委员会

承租方(以下简称乙方):××村八组村民李×

甲乙双方根据《中华人民共和国农村土地承包法》和《中华人民共和国合同法》及其他有关法律法规的规定,就农村土地租赁事宜协商一致,特订立本合同。

一、租赁面积

甲方将京口区××村九组的 19.14 亩土地(地名、四至、土地用途附后)租赁给乙方从事(主营项目)蛋鸡、羊养殖。

二、租赁期限

出租期限为 16 年,即自 2012 年 2 月 1 日起至 2028 年 12 月 31 日止。

三、租赁价格

租赁土地的价格为每亩 1500 元,总价格为人民币贰万捌仟柒佰壹拾元(28710 元),以后每四年递增租金 5%。

四、支付方式和时间

乙方采用现金支付承租费的方式,支付时间为每年 12 月 21 日前。由甲方统一收取后再发放给相关农户。

五、权利和义务的特别约定

1. 甲方有权在出租期满后收回土地承包经营权;

2. 乙方不得改变租赁土地的农业用途;

3. 乙方在不改变土地农业用途,不破坏水系,不影响第三人生产经营和流转期满后保证复耕的前提下,对租赁的土地有生产经营自主权;

4. 乙方必须管理好使用好租赁土地,增加投入以保证土地肥力,不得从事掠夺性经营。

六、合同的变更和解除

1. 国家、集体建设需要依法征用、使用租赁土地的,应服从国家或集体需要;

2. 乙方在租赁期限内将租赁合同约定其享有的部分或全部权利转让给第三者,需经甲方同意,并签订书面补充协议;

3. 甲乙双方中任何一方要求终止合同,须提前三个月通知另一方。

七、违约责任

1. 任何一方当事人违约的,应向守约方支付违约金。违约金的数额为当年租金的两倍。

2. 因一方违约造成对方遭受经济损失的,违约方应赔偿对方相应的经济损失。具体赔偿数额依损失情况确定。

八、其他条款

1. 本合同中未尽事宜,可经甲乙双方共同协商一致后签订补充协议。补充协议与本合同具有同等效力。

2. 本合同一式三份,甲、乙双方及鉴证单位各执一份。

甲方:××村民委员会(签章)   乙方:李×养殖场
负责人:郑××   负责人:李×
     地址:××村八组

签约时间:2012年2月1日
鉴证单位:山城市京口区京城路街道办事处(签章)
鉴证人:同意上报,请上级主管部门审批
鉴证日期:2012年2月1日

证据 12:

京城路街道办事处
关于请求批准××村建设李×综合养殖场的请示

区农委:

为加快农业结构调整,建设高效农业项目,京城路街道××村村民李×租用××村九组土地19亩,用于建设畜禽综合养殖场,该项目属高效农业项目。目前,投资人已与××村签订了土地流转协议,并经街道办事处和区农工办见证,准备新建养殖用房8000平方米、仓库及附属用房700平方米。

根据《区政府办公室关于完善设施用地管理通知》(山京政办〔2012〕66号)要求,现具请示,请求批准许××村建设李×综合养殖场。

妥否,请示复。

山城市京口区京城路街道办事处(签章)
二〇一二年三月七日

证据13：

关于××村建设高效农业项目的审核意见

京城路街道办事处：

你街道"关于请求批准××村建设李×综合养殖场的请示"收悉。

为发展现代高效农业,促进农业增效、农民增收,京城路街道××村村民李×流转本村9组土地19亩,总投资200万,兴办"李×综合养殖场",主要从事良种羊的繁育与饲养。

根据《区政府办公室关于完善设施农用地管理的通知》(山京政办〔2012〕66号)文件精神,我委派员实地勘查审核,该项目为高效农业项目,用地属于设施农用地性质,建设用地单位必须做到节约用地,附属设施用地规模控制在项目实际用地规模3%以内,切实提高附属设施用地使用效率。

请京城路街道××村村民李×进一步完善设施农用地管理手续,及时将该项建设情况向区国土部门报告,在区国土部门审核同意的基础上,报区政府批准,并按批准的要求及时组织实施。

山城市京口区农业委员会(签章)
2012年4月6日

证据14：

关于对李×在京口区京城路街道
××村建设进行相关结束认定的复函

山城市城市管理局：

李×在京口区京城路街道××村建设房屋12处,所有建筑均未领取建设工程规划许可证,属违法建设。根据《中华人民共和国城乡规划法》第六十四条、《江苏省城乡规划条例》第六十二条之规定,建议限期拆除。

山城市规划局(签章)
2015年9月21日

证据15：

山城市城市管理行政执法局
案件会审记录

山城执案审字〔2015〕第0××号

案由	违法建设					承办单位	京口分局
当事人	姓名	李×	性别	男	年龄	46	身份证号码	3210201966×××363×
	地址	江苏省山城市京口区京城路××村八组21-3号				联系电话	
认定违法事实	当事人李×于2012年在山城市京口区京城路××村九组建设房屋12处，砖木简易结构，建筑面积共计1660.26平方米。当事人进行上述建设，虽然向农业部门办理了高效农业项目审批备案手续，但其未在批准的土地上进行项目建设，其实际建设的四至与批准的四至不符。山城市规划局于2015年9月21日复函（山规监〔2015〕57号）认定上述建设未取得建设工程规划许可证，为违法建设。 当事人的行为违反了《中华人民共和国城乡规划法》第四十条第一款之规定。							
证据	■物证；■书证；■证人证言；□当事人陈述；■鉴定结论；■案件现场调查及检查笔录；□视听资料							
局法规处及局会审意见	经法规处审核，认为本案事实清楚、证据确凿、程序合法、适用法律准确。对于本案所涉违法建设，城管京口分局于2015年8月26日会审后，建议对当事人作出责令限期拆除违法建设的处罚。9月10日市局会审时因质疑该处土地是否为农业用地，建议移交相关部门查处，后于9月14日致函市规划局进行技术鉴定。市规划局于9月21日复函（山规监〔2015〕57号）认定为：李×在山城市京口区京城路××村九组建设房屋12处，所有建筑均未领取建设工程规划许可证，属违法建设，建议限期拆除。2015年10月9日，市局再次会审，拟根据市规划局复函（山规监〔2015〕57号）意见，同意京口区分局2015年8月26日会审意见，责令当事人限期拆除位于山城市京口区京城路××村九组的12处面积共计为1660.26平方米的违法建设。 请局领导批准。 签字：×××　　2015年10月10日							
局分管领导意见	建议按会审意见办理。 签字：×××　　2015年10月21日							
局主要领导意见	按会审意见办理。 签字：×××　　2015年10月22日							

证据 16：

案件调查终结报告

当事人概况	当事人：李× 地址：江苏省山城市京口区京城路××村八组 21-3 号		
案件经过	案件受理时间：2015 年 5 月 13 日　案件立案时间：2015 年 5 月 18 日 调查终结时间：2015 年 7 月 14 日　案卷第一次上报时间：_____		
事实证据	1. 现场检查笔录 1 份；　　2. 现场照片 6 份； 3. 证人证言 1 份；　　　　4. 当事人身份信息 1 份； 5. 证人身份证复印件 1 份；　6. 情况说明 2 份； 7. 农委审核意见 1 份；　　　8. 土地流转委托书 1 份。		
法律依据及处理意见	上述行为已违反《中华人民共和国城乡规划法》第四十条第一款之规定，依据该法第六十四条之规定，建议责令当事人限期拆除。 办案人：×××、××× 日期：2015 年 7 月 14 日	中队法制员审核意见	该案案件事实清楚、案卷材料完整、法律适用准确，建议责令当事人李×限期拆除。 签名：李× 日期：2015 年 7 月 14 日

二、示范案例裁判文书与点评

（一）示范案例判决书

江苏省山城市京口区人民法院
行政判决书

(2015)山京行初字第 00×× 号

原告李×，男，1966 年 ×× 月 ×× 日生，汉族，住江苏省山城市京口区京城路 ×× 村八组 21-3 号。

委托代理人 ×××（特别授权），江苏 ×× 律师事务所律师。

被告山城市城市管理行政执法局，所在地山城市京口区上海路 118 号。

法定代表人：高××，局长。

出庭负责人：张××，副局长。

委托代理人：×××（特别授权），水乡市 ×× 律师事务所律师。

委托代理人：×××，水乡市 ×× 律师事务所律师。

原告李×诉山城市城市管理行政执法局（以下简称"市城管执法局"）规划行政处罚一案，本院于 2015 年 11 月 11 日受理后，于同年 11 月 12 日向被告送达了起诉状副本及应诉通知书。本院依法组成合议庭,于2015年12月9日公开开庭审理了本案。原告诉讼代理人×××、被告出庭负责人张××及诉讼代理人×××、×××到庭参加了诉讼。本案现已审理终结。

原告李×诉称,原告所有的山城市京口区京城路××村九组设施系原告办理合法流转和审批手续的养殖场生产用房及必要的附属场所用房,均属于设施农用地,根据《国土资源部农业部关于完善设施农用地管理有关问题的通知》(国土资发〔2010〕155号)之规定,设施农用地直接用于或者服务于农业生产,其性质不同于农业建设项目用地,按农用地管理,相关建设无须向规划部门申请颁发建设用地规划许可证,也不用办理建设工程规划许可证。被告无权依照城乡规划法对原告进行处罚。据此,原告诉至法院,请求判决撤销被告市城管执法局山城执罚字〔2015〕第H06××号行政处罚决定,并判决被告承担本案诉讼费。

原告为支持其诉讼主张,向本院提供了以下证据:
(1)山城市京口区人民政府京城路街道办事处〔2012〕8号《京城路街道办事处关于请求批准××村建设李×综合养殖场的请示》;(2)山城市京口区农业委员会山京政农〔2012〕备字6号《关于××村建设高效农业项目的审核意见》;(3)京口区设施农用地申报表;(4)关于土地流转的请示;(5)土地流转委托书;(6)农村土地租赁合同;(7)经营场所使用证明;(8)山城市国土局山国土资〔2015〕地转字第23号批复、2015年6月10日山城市人民政府征收土地公告(〔2015〕第6号)。证据(1)—(7),证明涉案的设施依法办理了合法的流转和审批手续。证据(8),证明在批复、公告之前,涉案地点未列入城市规划区。

被告市城管执法局辩称,原告在涉案地点建设的所有建筑均未领取建设工程规划许可证,属违法建设,被告对原告的违法建设进行查处并依法作出处理,系履行法定职责;其行政处罚认定事实清楚,程序合法,适用法律正确。原告的诉讼请求无事实和法律依据,请求法院驳回原告的诉讼请求。

被告为支持其诉讼主张,向本院提供了以下证据、依据:

证据:(1)行政处罚决定书;(2)行政处罚决定书送达回证;(3)案件受理登记表;(4)案件立案审批表;(5)现场检查笔录;(6)现场照片;(7)证人证言笔录;(8)关于××村李×高效农业建设四至不相符的说明;(9)关于××村建设高效农业项目的审核意见;(10)土地流转委托书;(11)农村土地租赁合同;(12)山城市京口区人民政府京城路街道办事处关于请求批准××村建设李×综合养殖场的请示;(13)案件调查终结报告;(14)关于李×违法建设案件的会审记录;(15)案件处理审批表;(16)重大行政处罚案件讨论记录;(17)行政处罚事先告知书;(18)行政处罚事先告知书送达回证;(19)规划局关于对李×在京口区京城路街道××村建设进行相关技术认定的复函;(20)常住人口信息;(21)见证人身份证信息;(22)见证人工作证明。证据(1)(2)证明被告依据原告违法建设的事实,作出了山城执罚字〔2015〕第H06××号《行政处罚决定书》;证据(3)—(13)证明被告接到上级交办的任务后,立即对违法建设开展相关的调查取证,查明涉案的建设没有在原来申请的四至进行建设;证据(14)—(22)证明被告通过调查取证,能够证明原告的建设未取得相关的证可手续。被告致函规划部门,规划部门复函称原告无相应的建设审批手续,依法应当拆除。在综合取证的情况下,被告按程序作出了处罚决定书。

依据:《中华人民共和国城乡规划法》第六十四条、《江苏省城乡规划条例》第六十二条、《关于规范城乡规划行政处罚裁量权的指导意见》。

经质证,原告对被告所举证据(1)(2)(9)(10)(11)(12)(20)(21)(22)的真实性无异议,但对王×既是被告的证人,又是见证人有异议;对证据(3)—(7)(17)(18),认为系复印件,不是原件;对证据(8),认为城乡工作服务中心是否具备法人主体资格和证明资格,被告没有提供证据。对证据(13),认为调查终结时间在规划部门回函之前;对证据(14)(16),被告单方意见与原告意见一致;对证据(15),认为系被告单方行为;对证据(19),认为系被告作出具体行政行为后收集的。被告对原告所举证据(1)—(8)的真实性无异议,但认为该证据不能证明原告已经取得了经营场所的合法的手续及其涉案建设是合法的。

经庭审质证,本院对以上证据作如下确认:被告所举证据(1)(2)(9)(10)(11)(12)(20)(21)(22)虽为打印件,但出自网络办公系统,系证据原件。原、被告所举所有证据、依据,均具备真实性、合法性,且与本案待证事实相关联,可以作为认定案件事实的证据,但对原告举证据的证明目的不予认可。

经审理查明,原告于2012年向山城市京口区农业部门办理了高效农业项目审报备案手续,但该项目未取得规划、国土部门及区政府等相关部门同意。原告于同年在山城市京口区京城路××村九组进行房屋建设,共建有房屋12处,砖木简易结构,面积合计1660.26平方米,该项建设与其向农业部门审批备案的地点不一致。被告接上级交办单依法对原告的违法建设进行查处,于2015年10月29日作出山城执罚字〔2015〕第H06××号《行政处罚决定书》。原告不服,向法院提起行政诉讼,诉讼请求如诉称所述。

本院认为,《中华人民共和国行政诉讼法》第六条规定,人民法院审理行政案件,对行政行为是否合法进行审查。本案所要审查的是被告2015年10月29日作出山城执罚字〔2015〕第H06××号《行政处罚决定书》是否合法。根据《国务院关于进一步推进相对集中行政处罚权工作的决定》(国发〔2002〕17号)、《省政府关于进一步推进相对集中行政处罚权工作的通知》(苏政发〔2003〕89号)、《关于规范城乡规划行政处罚裁量权的指导意见》以及山城市人民政府《关于印发山城市城市管理相对集中行政处罚权试行办法的通知》,被告具有在本行政区域内查处违法建设,实施强制拆除的行政职权。原告未完成设施农用地的审批手续,同时在非审报备案的地点于2012年在未领取建设工程规划许可证的情况下进行房屋建设,其所建设房屋12处均属违法建设。规划局于2015年9月21日致山城市城市管理局《关于对李×在京口区京城路街道××村建设进行相关技术认定的复函》中也明确将上述原告建设界定为违法建设,建议限期拆除。被告依据《中华人民共和国城乡规划法》第六十四条,即"未取得建设工程规划许可证或者未按照建设工程规划许可证的规定进行建设的,由县级以上地方人民政府城乡规划主管部门责令停止建设;尚可采取改正措施消除对规划实施的影响的,限期改正,处建设工程造价百分之五以上百分之十以下的罚款;无法采取改正措施消除影响的,限期拆除,不能拆除的,没收实物或者违法收入,可以并处建设工程造价百分之十以下的罚款",《江苏省城乡规划条例》第六十二条,即"在城市、镇规划区内,未取得建设工程规划许可证进行建设,或者未按照建设工程规划许可证确定的内容进行建设,或者利用失效的建设工程规划许可证进行建设的,由城乡规划主管部门责令停止建设;尚可采取改正措施消除对规划实施的影响的,限期改正,处以建设工程造价百分之五以上百分之十以下的罚款;无法采取改正措施消除影响的,限期拆除,不能拆除的,没收实物或者违法收入,可以并处建设工程造价百分之五以上百分之十以下的罚款",于2015年10月29日作出山城执罚字〔2015〕第H06××号《行政处罚决定书》,适用法律正确,其行为符合法定程序,并无不当。原告的诉讼请求,本院不予支持。据此,依照《中华人民共和国行政诉讼法》第六十九条之规定,判决如下:

驳回原告要求撤销被告山城执罚字〔2015〕第H06××号行政处罚决定的诉讼请求。

本案受理费人民币50元,由原告负担(已交纳)。

如不服本判决,可在判决书送达之日起十五日内,向本院递交上诉状,并按对方当事人的人数提出副本,上诉于江苏省山城市中级人民法院。

审判长　×××
审判员　×××
审判员　×××
二〇一五年十二月十四日
书记员　×××

(二) 示范案例点评

根据上述示范案例,先从诉讼请求入手,深挖该请求背后所反映的核心问题。当寻找到本案的核心问题为建设用地是否属于设施农用地时,可以先进行必要的法律检索,在了解案情的基础上,返回到模拟案件本身来看审理法官如何解答这个问题。该案法官从案件的定性,到对于原告李×的诉讼请求,利用法庭调查和法庭辩论对该问题有了明确的认识和判断,进一步体现出法官的法律素养和把握关键核心问题的能力。为解决当事人李×是否应当在七日内拆除1660.26平方米的违法建设的问题奠定了良好的基础,并在判决中给予了准确的答复。

示范案件的判决书虽然在一些小的环节上、法官用语上并非完全标准,但学生完全可以利用该案例结合本章第一节中的行政案件庭审流程在本示范案例中发现问题,在自身进行模拟法庭时予以完善,起到模拟法庭和示范案例的教学意义。

第三节 行政诉讼二审案例

✦ 行政诉讼二审案例：××雅惠美容化妆品有限公司诉民安市鼓楼区市场监督管理局、民安市鼓楼区人民政府行政处罚决定案

一、示范案例

（一）基本案情

上诉人××雅惠美容化妆品有限公司认为，对其通过网络平台（嘻嘻哈哈网）利用雅惠美妆海外购的链接，在未经批准的情形下销售F××××无添加大豆异黄酮片系食品类商品的行为，一审法院在适用法律与管辖权认定上存在错误，现不服原民安市鼓楼区人民法院（因"撤二建一"被撤销，现为民安市安宁区人民法院）〔2015〕鼓行初字第207号行政判决，要求撤销一审判决。

（二）主要证据材料

证据1：

民安市鼓楼区市场监督管理局
案件来源登记表

民鼓市监案源〔2015〕××号

案件来源：□监督检查　☑投诉/举报　□上级交办　□下级报请
□监督抽验　□移送　　　　□其他
当事人：吴××　地址：民安市鼓楼区民生路×××号　邮编：××××××
法定代表人（负责人）/自然人：吴××　联系电话：××××××××
法定代表人（负责人）/自然人身份证号码：××××××××××××××××××
登记时间：2015年3月4日13时30分

基本情况介绍：（负责人、案发时间、地点、重要证据、危害后果及其影响等）

2015年3月4日，鼓楼区市场监管局根据吴××的举报，对××雅惠美容化妆品有限公司的经营地鼓楼区民生路×××号B座810室进行了现场检查。现场发现雅惠美妆海外购在嘻嘻哈哈网上销售的F××××无添加大豆异黄酮片三袋，外包装均为日文，无中文标识，且雅惠美妆亦无进货凭证。

附件：[现场检查笔录、投诉举报材料、检测（检验）报告、相关部门移送材料等]

| （略） | |

记录人：×××

2015 年 3 月 4 日

处理意见：

| 该行为违法，应予行政处罚。 |

负责人：×××

2015 年 3 月 4 日

证据 2：

民安市鼓楼区市场监督管理局
行政处罚立案审批表

鼓市监罚字〔2015〕××号

案件来源			举报		受案时间	2015.3.6
案由			未经许可销售进口食品			
当事人	个人	姓名		性别	年龄	
		住址			联系电话	
	单位	（名称）	××雅惠美容化妆品有限公司		当事人（法人）	黄×
		地址	民安市鼓楼区民生路×××号B座810室		联系电话	××××××××
简要案情			2015年3月4日，鼓楼区市场监管局根据吴××的举报，对××雅惠美容化妆品有限公司的经营地鼓楼区民生路×××号B座810室进行了现场检查。现场发现雅惠美妆海外购在嘻嘻哈哈网上销售的F×××××无添加大豆异黄酮片三袋，外包装均为日文，无中文标识，且雅惠美妆亦无进货凭证。该行为属于违法行为。			
受案人意见			同意受案。 签名：××× 2015 年 3 月 6 日			
承办机构意见			同意受案。 签名：××× 2015 年 3 月 6 日			
处罚机关意见			同意受案。 签名：××× 2015 年 3 月 6 日			
备注						

证据3：

民安市鼓楼区市场监管局
案件调查终结报告

一、当事人及案由

当事人：××雅惠美容化妆品有限公司

住所：民安市鼓楼区民生路×××号B座810室

法定代表人：黄×

注册资本：500万

经营范围：美容美发用品、洗涤用品、日用百货批发零售

2015年3月4日，鼓楼区市场监管局根据吴××的举报，对××雅惠美容化妆品有限公司的经营地鼓楼区民生路×××号B座810室进行了现场检查，现场发现雅惠美妆海外购在嘻嘻哈哈网上销售的F××××无添加大豆异黄酮片三袋，外包装均为日文，无中文标识，且雅惠美妆亦无进货凭证。当事人的行为涉嫌违法，检查人员随即对上述情况制作了现场检查笔录，然后填写《立案审批表》并附上述现场检查笔录报局领导批准立案。局领导2015年3月4日批准立案（立案号：×××）。本案由×××（执法证号：×××××）、×××（执法证号：×××××）两名调查人员负责调查处理。

二、调查经过及证据

2015年4月9日，调查人员对当事人在我市的法定代表人黄×进行了询问，调查当事人在我市的销售情况，并获取了调查笔录一份、营业执照副本复印件一份、法定代表人身份证复印件一份、F××××无添加大豆异黄酮片进货发票复印件两份、入驻协议复印件一份。

2015年3月4日，调查人员对××雅惠美容化妆品有限公司的经营地鼓楼区民生路×××号B座810室进行了现场检查，获取了F××××无添加大豆异黄酮片三袋。

调查人员调取的主要证据（证据目录）有：

1. ×××进行现场检查的现场检查笔录一份；
2. 对法定代表人的询问笔录一份；
3. F××××无添加大豆异黄酮片进货发票复印件两份；
4. 入驻协议复印件一份；
5. F××××无添加大豆异黄酮片三袋；
6. ××雅惠美妆美容化妆品有限公司的营业执照。

以上证据和笔录分别有提供人签名盖章认可。

三、违法事实

经查，××雅惠美容化妆品有限公司的经营地鼓楼区民生路×××号B座810室发现雅惠美妆海外购在嘻嘻哈哈网上销售的F××××无添加大豆异黄酮片三袋，外包

装均为日文,无中文标识,且雅惠美妆亦无进货凭证。

四、定性分析

当事人未取得《食品流通许可证》违法销售食品,其行为违反了《中华人民共和国食品安全法》,应当给予其行政处罚。

五、处罚依据及意见

根据《中华人民共和国食品安全法》的规定,国家对生产经营实行许可制度,从事食品生产、食品流通、餐饮服务,应当依法取得食品生产许可、食品流通许可、餐饮服务许可;预包装食品是指预先定量包装或者制作在包装材料和容器中的食品;进口的预包装食品应当有中文标签、中文说明书,标签、说明书应当符合本法以及我国其他有关法律、行政法规的规定和食品安全国家标准的要求,载明食品的原产地以及境内代理商的名称、地址、联系方式。预包装食品没有中文标签、中文说明书或者标签、说明书不符合本条规定的,不得进口。建议给当事人如下处罚:

1. 没收违法经营的预包装食品F××××无添加大豆异黄酮片预包装食品三袋;
2. 没收违法所得人民币1833元;
3. 罚款人民币80000元。

民安市鼓楼区市场监管局
案件承办人:×××、×××
2015年4月21日

证据4:

民安市鼓楼区市场监管局
行政处罚听证告知书

民鼓市监听告字〔2015〕××号

××雅惠美容化妆品有限公司:

由本局立案调查的你单位违法销售进口预包装食品一案,已经调查终结。根据《中华人民共和国行政处罚法》第三十一条和《工商行政管理机关行政处罚程序规定》第五十二条的规定,现将本局拟作出行政处罚的事实、理由、依据及处罚内容告知如下:

2015年3月2日,民安市食品药品安全投诉举报受理中心收到吴××的举报后,创建投诉举报信息单并拟派鼓楼区市场监管局办理。次日,我局接受了上述投诉举报信息单。3月4日,我局对雅惠公司的经营地鼓楼区民生路×××号B座810室进行了现场检查。现场发现雅惠美妆海外购在嘻嘻哈哈网上销售的F××××无添加大豆异黄酮片3袋,外包装均为日文,无中文标识。3月5日,我局对雅惠公司法定代表人黄×进行了调查。次日,我局对雅惠公司销售F××××无添加大豆异黄酮片一事予以立案。4月9日,我局再找黄×调查,黄×再次陈述:雅惠公司在嘻嘻哈哈网上销售的F××××无添加大豆异黄酮片,规格为90粒装,是其委托朋友在日本购买并分批带回国内的50袋、单价为280元的F××××无添加大豆异黄酮片,该F××××无添加大豆异黄酮片的外包装均无中文标识,雅惠公司亦无进货凭证,雅惠公司以每袋 319 元价格销售,共销售了 47 袋,销售金额合计 14993 元。

现本局认为,当事人的行为已违反《中华人民共和国食品安全法》第二条第一款第(一)项、第五条第二款、第二十九条第一款、第六十六条、第八十四条第三款、第八十六条第(二)项及《民安市实施〈中华人民共和国食品安全法〉办法》第四条第三款。

根据上述事实与证据,本局认为××雅惠美容化妆品有限公司已构成未经许可从事食品经营活动的行为。责令当事人停止违法行为,并拟作出如下处罚决定:

1. 没收违法经营的预包装食品 F××××无添加大豆异黄酮片预包装食品三袋;
2. 没收违法所得人民币 1833 元;
3. 罚款人民币 80000 元。

根据《中华人民共和国行政处罚法》第三十二条、第四十二条和《工商行政管理机关行政处罚案件听证规则》第六条、第八条的规定,对上述作出的行政处罚,你(单位)有陈述、申辩和要求举行听证的权利。如果有陈述、申辩意见,你(单位)应当在收到本通知之日起三个工作日内,向本局提出;如果要求举行听证,可以在本告知书的送达回证上提出举行听证的要求,也可以自接到本告知书之日起三个工作日内以书面或者口头形式提出举行听证的要求。逾期未提出的,视为放弃此权利。

办案人员:×××　联系电话:×××××××××
办案人员:×××　联系电话:×××××××××

(印章)

2015 年 4 月 23 日

证据 5:

行政处罚听证申请书

申请人:××雅惠美容化妆品有限公司

法定代表人:黄×　电话:×××××××××××

请求贵局对因申请人无凭证销售食品的行为而对申请人作出的鼓市监案处字〔2015〕08020153××××号行政处罚举行听证。

事实与理由:

2015 年 3 月 4 日,鼓楼区市场监管局根据吴××的举报,对××雅惠美容化妆品有限公司的经营地鼓楼区民生路×××号 B 座 810 室进行了现场检查。现场发现雅惠美妆海外购在嘻嘻哈哈网上销售的 F××××无添加大豆异黄酮片三袋,外包装均为日文,无中文标识,且雅惠美妆亦无进货凭证,继而认定申请人行为违法并作出行政处罚决定。而根据《网络交易管理办法》第 41 条第 1 款"网络商品交易及有关服务违法行为由发生违法行为的违法经营者住所所在地县级以上工商行政管理部门管辖。对于其中第三方交易平台开展经营活动的经营者,其违法行为由第三方交易平台经营者住所所在地县级以上工商行政管理部门管辖。第三方交易平台经营者住所所在地县级以上工商行政管理部门管辖异地违法行为人有困难的,可以将违法行为人的违法情况移交违法行为人所在地县级以上工商行政管理部门处理"之规定,即便原告的经营行为存在违法情况,亦应由嘻嘻哈哈网经营者所在地的北京市工商行政管理部门管辖,而非鼓楼区市场监管局管辖。被申请人无权作出该行政处罚决定,请行政复议机关依法撤销被申请作出的该行政处罚。

申请人自成立以来,一向遵守国家法律法规,从未受过任何行政处罚。在此次鼓楼区市场监管局的检查过程中,申请人积极配合市场监管局的工作,但是对贵局的处罚申请人认为不合理,不公正。恳请贵局在作出处罚决定时充分考虑申请人理由。

此致
鼓楼区市场监管局

申请人:××雅惠美容化妆品有限公司
2015年4月24日

证据6:

鼓楼区市场监管局
行政处罚听证通知书

鼓市监听通字〔2015〕第×号

××雅惠美容化妆品有限公司(当事人及代理人):

因无证销售进口预包装食品对你(单位)进行行政处罚一案,本机关决定于2015年5月6日8时在鼓楼区市场监管局公开举行听证,请你(单位)凭本通知书准时参加,如逾期则视为放弃听证权利,本机关将依法对案件作出行政处罚决定。

听证主持人:×××　单位:鼓楼区市场监管局
听证员:×××　单位:鼓楼区市场监管局

根据《中华人民共和国行政处罚法》第四十二条的规定,如果你(单位)申请主持人回避,可以在听证举行前三日内向本机关提出回避申请及回避事由。

注意事项:

1. 你(单位)参加听证前应向本机关提供身份证明,自然人提供身份证复印件,单位提供加盖单位公章的营业执照复印件及法定代表人(或负责人)证明书。

2. 委托代理人(一至二人)代为参加听证的,应该交委托人签名或盖章的授权委托书及代理人身份证明,授权委托书应载明委托事项及权限。

3. 你(单位)参加听证时请自行携带相关证据材料。

机关地址:民安市鼓楼区厚生路880号　联系人:×××
邮编:××××××　联系电话:×××××××××

鼓楼区市场监管局
2015年5月6日

证据 7：

鼓楼区市场监管局
行政处罚案件有关事项审批表

案件名称	××雅惠美妆有限公司无证销售进口预包装食品案
审批事项	扣押
提请审批的理由及依据	2015年3月4日，鼓楼区市场监管局根据吴××的举报，对××雅惠美容化妆品有限公司的经营地鼓楼区民生路×××号B座810室进行了现场检查。现场发现雅惠美妆海外购在嘻嘻哈哈网上销售的F×××××无添加大豆异黄酮片三袋，外包装均为日文，无中文标识，且雅惠美妆亦无进货凭证。其行为涉嫌违反了《中华人民共和国食品安全法》第八十四条、第八十六条第（二）项之规定，建议没收当事人违法所得及违法生产经营的食品。 办案人员：××× 2015年5月29日
监管局负责人意见	同意承办人意见，请局长批准。 ××× 2015年5月29日
监管局主要负责人意见	同意扣押。 ××× 2015年5月29日
备注	

证据 8：

行政处罚案件听证会报告书

案号：鼓市监听报字第×号

案由	××雅惠美容化妆品有限公司违法销售进口预包装食品案	听证主持人	×××
		记录人	×××
听证会基本情况摘要：（详见听证会笔录，笔录附后）（略） 当事人及其法定代理人认为鼓楼区市场监管局无权对其行为进行行政处罚。			

所附证据材料清单	种类	证据名称	规格	数量
	当事人陈述	《询问笔录》	A4（页）	35
	勘验笔录	《勘验检查笔录》	A4（页）	4
	物证	F××××无添加大豆异黄酮片	包	3

(续表)

听证会结论及处理意见： 　　调查人员认为违法事实清楚，证据确凿，其行为已经违反《中华人民共和国食品安全法》第84条、第86条第2项之规定，拟给予：1. 没收违法所得及违法生产经营的食品；2. 没收三袋F××××无添加大豆异黄酮片90日及违法所得1833元，并处罚款80000元的处罚。当事人认为鼓楼区市场监管局无处罚资格。我们同意调查人员意见，建议按案件调查人员的意见，立即作出行政处罚决定。 听证主持人签字：××× 2015年6月1日	
负责人审批意见： 　　同意听证会结论及处理意见。 签字：××× 2015年6月1日	
备注：	

证据9：

民安市鼓楼区市场监督管理局
行政处罚决定书

鼓市监案处字〔2015〕08020153××××号

当事人：××雅惠美容化妆品有限公司
住所：民安市南江区佘山镇××商务中心C区257室
注册号：××××××××××
法定代表人：黄×
公司类型：有限责任公司
经营范围：美容美发用品、洗涤用品、日用百货批发零售

　　2015年3月2日，民安市鼓楼区市场监督管理局接到群众吴××举报：位于鼓楼区民生路×××号B座810室的××雅惠美容化妆品有限公司（以下简称"雅惠公司"）涉嫌存在违法销售食品行为。次日，执法人员立即赶往现场检查，并当场收缴雅惠美妆海外购上架的商品F××××无添加大豆异黄酮片三袋，于当日填写了立案审批表，并附现场笔录，报请市局主管副局长批准立案，指定×××、×××等执法人员负责案件调查工作。

　　经查，雅惠公司注册成立于2003年，经营范围为美容美发用品、洗涤用品、日用百货批发零售。2014年，雅惠公司在嘻嘻哈哈网上开设名为"雅惠美妆海外购"的网店，并上架出售名为"F××××无添加大豆异黄酮片"的商品。2015年1月15日至同年2月11日，消费者吴××在其平台购买了单价为319元合计金额为14993元的F××××无添加大豆异黄酮片，90日后其向民安市食品药品监督管理局书面举报。

2015年3月2日,民安市食品药品安全投诉举报受理中心收到吴××的举报后,创建投诉举报信息单并拟派鼓楼区市场监管局办理。次日,鼓楼区市场监管局接受了上述投诉举报信息单。3月4日,鼓楼区市场监管局对雅惠公司的经营地鼓楼区民生路×××号B座810室进行了现场检查,现场发现雅惠美妆海外购在嘻嘻哈哈网上销售的F××××无添加大豆异黄酮片三袋,外包装均为日文,无中文标识。3月5日,鼓楼区市场监管局对雅惠公司法定代表人黄×进行了调查。次日,鼓楼区市场监管局对雅惠公司销售F××××无添加大豆异黄酮片一事予以立案。4月9日,鼓楼区市场监管局再找黄×调查,黄×再次陈述:雅惠公司在嘻嘻哈哈网上销售的F××××无添加大豆异黄酮片,规格为90粒装,是其委托朋友在日本购买并分批带回国内的50袋、单价为280元的F××××无添加大豆异黄酮片,该F××××无添加大豆异黄酮片的外包装均无中文标识,雅惠公司亦无进货凭证,雅惠公司以每袋319元价格销售,共销售了47袋,销售金额合计14993元。2015年4月14日至当月21日,鼓楼区市场监管局工作人员完成了案件调查终结报告、合议讨论及处理意见的各级审核工作。

2015年4月23日,鼓楼区市场监管局向雅惠公司送达了行政处罚听证告知书。次日,雅惠公司提出听证要求。2015年5月6日,鼓楼区市场监管局向雅惠公司送达了行政处罚听证通知书。当月13日,鼓楼区市场监管局组织了听证会议。2015年5月28日至本月1日,鼓楼区市场监管局工作人员完成了听证报告及行政处罚审批流程。

上述事实,由以下证据证实:

1. 立案审批表、案件来源登记表、投诉举报信息单及相关材料,证明鼓楼区市场监管局接到有关雅惠公司涉嫌存在违法销售食品行为的举报后,于2015年3月9日进行立案。

2. 案件调查终结报告、合议审理记录、案件审核表、行政处罚案件有关事项审批表。

3. 行政处罚听证告知书、行政处罚听证申请书、行政处罚听证通知书以及送达回证、听证笔录及雅惠公司提交的相关材料。

4. 听证报告、行政处罚决定审批表、行政处罚决定书以及送达回证、缴纳罚款没收款通知书。

以上证据2—4证明鼓楼区市场监管局在作出处罚决定前经过调查、合议后,作出拟处罚意见,尔后应雅惠公司申请组织听证,听取其陈述、申辩,经过复核后作出行政处罚决定书及缴纳罚款没收款通知书,并送达雅惠公司。

5. 雅惠公司的营业执照及法定代表人的身份证明。

6. 现场笔录及涉案商品照片、雅惠公司法定代表人的询问笔录、雅惠公司在嘻嘻哈哈网上销售涉案商品的网页截屏。

上述证据5—6证明鼓楼区市场监管局通过现场检查、找雅惠公司法定代表人谈话以及网上截屏等方式进行调查,雅惠公司对违法事实予以确认。以上证据均由当事人及相关材料提供人签字画押。

现本局认为,当事人的行为已违反《中华人民共和国食品安全法》第二条第一款第(一)项、第五条第二款、第二十九条第一款、第六十六条、第八十四条第三款、第八十六条第(二)项及《民安市实施〈中华人民共和国食品安全法〉办法》第四条第三款。

根据上述事实与证据，本局认为××雅惠美容化妆品有限公司已构成未经许可从事食品经营活动的行为。责令当事人停止违法行为，并作出如下处罚决定：

1. 没收违法经营的预包装食品F××××无添加大豆异黄酮片预包装食品三袋；
2. 没收违法所得人民币1833元；
3. 罚款人民币80000元整。

当事人收到本决定书之日起十五日内到建行民安市××支行(账户：民安市市场监督管理局，账号：……)缴纳罚款。逾期不缴纳的，每日按罚款数额的3%加处罚款。

如不服本处罚决定，可在接到处罚决定书之日起六十日内向民安市人民政府申请复议，也可在三个月内依法直接向民安市鼓楼区人民法院提起诉讼。

民安市鼓楼区市场监督管理局
2015年6月5日

证据10：

行政复议申请书

申请人：××雅惠美容化妆品有限公司，住所地：民安市南江区佘山镇××商务中心C区257室

负责人：黄×，职务：总经理

被申请人：鼓楼区市场监管局，住所地：民安市鼓楼区厚生路880号

负责人：×××，职务：局长

申请人因不服被申请人鼓楼区市场监管局作出的鼓市监案处字〔2015〕第08020153××××号行政处罚，现依法提出复议申请。

复议请求：

请求复议机关撤销被申请人鼓楼区市场监管局作出的鼓市监案处字〔2015〕第08020153××××号行政处罚。

事实与理由：

2015年3月4日，鼓楼区市场监管局根据吴××的举报，对××雅惠美容化妆品有限公司的经营地鼓楼区民生路×××号B座810室进行了现场检查。现场发现雅惠美妆海外购在嘻嘻哈哈网上销售的F××××无添加大豆异黄酮片三袋，外包装均为日文，无中文标识，且雅惠美妆亦无进货凭证，继而认定申请人行为违法并作出行政处罚决定。而根据《网络交易管理办法》第41条第1款"网络商品交易及有关服务违法行为由发生违法行为的违法经营者住所所在地县级以上工商行政管理部门管辖。对于其中第三方交易平台开展经营活动的经营者，其违法行为由第三方交易平台经营者住所所在地县级以上工商行政管理部门管辖。第三方交易平台经营者住所所在地县级以上工商行政管理部门管辖异地违法行为人有困难的，可以将违法行为人的违法情况移交违法行为人所在地县级以上工商行政管理部门处理"之规定，即便申请人的经营行为存在

违法情况,亦应由嘻嘻哈哈网经营者所在地的北京市工商行政管理部门管辖,而非鼓楼区市场监管局管辖。

综上所述,被申请人无权作出该行政处罚决定,应当予以撤销,请求复议机关在查清事实的基础上依法重新作出认定,支持申请人的全部复议请求。

此致

民安市鼓楼区人民政府

申请人:××雅惠美容化妆品有限公司

2015年6月10日

证据11:

行政复议申请受理通知书

鼓府复受字〔2015〕×号

××雅惠美容化妆品有限公司:

关于你因不服鼓楼区市场监管局作出的鼓市监案处字〔2015〕第08020153××××号行政处罚的复议申请,经审查,符合《中华人民共和国行政复议法》的有关规定,本机关已于受理,现将有关事项通知如下:

一、在行政复议过程中,必须依法行使复议权利,遵守复议秩序,履行复议义务。

二、如需委托代理人代为参加行政复议,应向本机关递交授权委托书。

民安市鼓楼区人民政府

2015年7月30日

证据12:

行政复议答复通知书

鼓政复答字〔2015〕×号

鼓楼区市场监管局:

××雅惠美容化妆品有限公司对你单位作出的鼓市监案处字〔2015〕第08020153××××号行政处罚不服提出的行政复议申请,本机关已依法受理(受理通知书文号:鼓府复受字〔2015〕×号)。请你单位在收到本通知书之日起十日内,依法提交以下材料:

1. 针对该行政复议申请的书面答复。《行政复议答复书》应当包括作出具体行政行为的事实经过和依据,并应当针对申请人的行政复议请求和理由,逐项提出意见。

2. 当初作出该具体行政行为的证据、依据和其他有关材料。

3. 你单位行政复议案件联系人的姓名、联系方式。

根据《行政复议法》第二十八条的规定,逾期未提交书面答复、当初作出具体行政行为的证据、依据和其他有关材料的,视为该具体行政行为没有证据、依据,将依法撤销该具体行政行为。

特此通知。

附件:行政复议申请书副本一份及相关材料(略)

民安市鼓楼区人民政府
2015 年 7 月 30 日

证据 13:

民安市鼓楼区人民政府
行政复议决定书

民市鼓府复决字〔2015〕××号

申请人:××雅惠美容化妆品公司。住所地:民安市安宁区民生路×××号 B 座 810 室。法定代表人:黄×,总经理。

被申请人:鼓楼区市场监管局。地址:民安市鼓楼区大统路 480 号。法定代表人:×××,局长。

申请人××雅惠美容化妆品公司,因不服被申请人鼓楼区市场监管局于 2015 年 6 月 5 日作出的鼓市监案处字〔2015〕第 08020153××××号行政处罚决定,于 2015 年 6 月 20 日向本机关申请行政复议。本机关依法予以受理并进行了审查,现已审查终结。

申请人诉称:2015 年 3 月 5 日,鼓楼区市场监管局接吴××举报,对申请人的经营地鼓楼区民生路×××号 B 座 810 室进行了现场检查,发现现场有雅惠美妆海外购在嘻嘻哈哈网上销售的 F××××无添加大豆异黄酮片三袋,外包装均为日文,无中文标识,且雅惠美妆亦无进货凭证,继而认定申请人行为违法并作出相关行政处罚决定。而根据《网络交易管理办法》第四十一条第一款"网络商品交易及有关服务违法行为由发生违法行为的违法经营者住所所在地县级以上工商行政管理部门管辖。对于其中第三方交易平台开展经营活动的经营者,其违法行为由第三方交易平台经营者住所所在地县级以上工商行政管理部门管辖。第三方交易平台经营者住所所在地县级以上工商行政管理部门管辖异地违法行为人有困难的,可以将违法行为人的违法情况移交违法行为人所在地县级以上工商行政管理部门处理"之规定,即便申请人的经营行为存在违法情况,亦应由嘻嘻哈哈网经营者所在地的北京市工商行政管理部门管辖,而非鼓楼区市场监管局管辖。被申请人无权作出该行政处罚决定,请行政复议机关依法撤销被申请人作出的行政处罚。

被申请人辩称:本案中××雅惠美容化妆品有限公司的行为属于食品违法行为,处罚的依据为《中华人民共和国食品安全法》及《民安市实施〈中华人民共和国食品安全法〉办法》。在《网络交易办法》和食药监的处罚规定不一致时应当适用食品药品程序规定的程序进行处罚。因当事人主要经营地和违法行为地在鼓楼区,故该处罚决定合法。

本机关查明:雅惠美妆海外购在嘻嘻哈哈网上销售的 F××××无添加大豆异黄酮片,外包装均为日文,无中文标识,且雅惠美妆亦无进货凭证。该行为是违反食品安全的行为,而非《网络交易管理办法》规定的一般网上交易行为,其违反了《中华人民共和国食品安全法》的相关规定。

本机关认为:申请人的行为违反《中华人民共和国食品安全法》第二十九条第一款以及第六十六条之规定,适用食品药品处罚程序。申请人诉称鼓楼区市场监管局无行政处罚权,缺乏事实和法律依据,本机关不予采纳。被申请人作出的该行政处罚决定,认定事实清楚,证据确凿充足,程序合法,适用法律准确且处罚在法律规定的范围内。现根据《中华人民共和国行政复议法》第二十八条第一款第(一)项之规定,本机关决定如下:

维持被申请人鼓楼区市场监管局于2015年6月5日作出的鼓市监案处字〔2015〕第08020153××××号行政处罚决定。

申请人如不服本行政复议决定,可在收到本决定书之日起十五日内,向民安市鼓楼区人民法院提起行政诉讼。

民安市鼓楼区人民政府(盖章)

2015年9月29日

证据14:涉案商品照片(略)

证据15:现场笔录及清单(略)

证据16:案外人吴××的退货凭证(略)

证据17:××雅惠美容化妆品有限公司与嘻嘻哈哈网签订的入驻协议(略)

证据18:××雅惠美容化妆品有限公司将F××××无添加大豆异黄酮片存放在嘻嘻哈哈仓库的凭证(略)

(三)其他相关材料

民安市鼓楼区人民法院
行政判决书

鼓行初字(2015)第×号

原告:××雅惠美容化妆品有限公司,住所地:民安市南江区佘山镇××商务中心C区257室,实际经营地:民安市安宁区民生路×××号B座810室

法定代表人:黄×,职务:总经理

委托代理人:×××,民安××律师事务所律师

委托代理人:×××,民安××律师事务所律师

被告:民安市鼓楼区市场监督管理局,住所地:民安市鼓楼区厚生路880号

法定代表人:×××,职务:局长

委托代理人:×××,该局工作人员

委托代理人:×××,该局工作人员

被告:民安市鼓楼区人民政府,住所地:民安市鼓楼区大统路480号

法定代表人：×××，职务区长
委托代理人：×××，民安市××律师事务所律师
委托代理人：×××，民安市××律师事务所律师

原告××雅惠美容化妆品有限公司（以下简称"雅惠化妆品公司"）不服被告民安市鼓楼区市场监督管理局（以下简称"鼓楼区市场监管局"）作出的鼓市监案处字〔2015〕第08020153××××号行政处罚决定及被告民安市鼓楼区人民政府（以下简称"鼓楼区政府"）作出的鼓府复决字〔2015〕第53号行政复议决定，于2015年10月30日向本院提起行政诉讼。本院于同年11月5日受理后，于11月9日分别向两被告邮寄送达起诉状副本、应诉通知书等材料。本院依法组成合议庭，公开开庭审理了本案，原告雅惠化妆品公司的委托代理人×××、被告鼓楼区市场监管局的委托代理人×××、×××、被告鼓楼区政府的委托代理人×××到庭参加诉讼。本案现已审理终结。

被告鼓楼区市场监管局于2015年6月5日作出鼓市监案处字〔2015〕第08020153××××号行政处罚决定，决定如下：一、没收违法经营的预包装食品F××××无添加大豆异黄酮片预包装食品三袋；二、没收违法所得人民币1833元（以下币种均为人民币）；三、罚款80000元。原告不服，向被告鼓楼区政府申请复议。鼓楼区政府于2015年9月29日作出鼓府复决字〔2015〕第53号行政复议决定，维持鼓楼区市场监管局作出的鼓市监案处字〔2015〕第08020153××××号行政处罚决定。

原告雅惠化妆品公司诉称，原告是在嘻嘻哈哈网站上从事海外代购的商家，举报人在原告网店陆续购买了一万多元的商品后，以原告存在违法行为为由要求原告赔偿，否则其将进行举报。因原告未答应举报人的要求，举报人继而向北京市工商行政管理部门、民安市海关、民安市有关税务机关、民安市鼓楼区市场监管局等部门进行举报，被告鼓楼区市场监管局继而对原告作出鼓市监案处字〔2015〕第08020153××××号行政处罚决定。原告认为，根据《网络交易管理办法》第四十一条第一款"网络商品交易及有关服务违法行为由发生违法行为的经营者住所所在地县级以上工商行政管理部门管辖。对于其中通过第三方交易平台开展经营活动的经营者，其违法行为由第三方交易平台经营者住所所在地县级以上工商行政管理部门管辖。第三方交易平台经营者住所所在地县级以上工商行政管理部门管辖异地违法行为人有困难的，可以将违法行为人的违法情况移交违法行为人所在地县级以上工商行政管理部门处理"之规定，即便原告的经营行为存在违法情况，亦应由嘻嘻哈哈网经营者所在地的北京市工商行政管理部门管辖，而非鼓楼区市场监管局管辖。北京市工商行政管理部门在收到原告提供的产品进货凭证后，未认定原告的经营活动存在违法行为，未对原告进行处罚，亦未将案件材料移交原告所在地县级以上工商行政管理部门进行处理，故原告的经营活动不构成违法。综上，鼓楼区市场监管局作出的鼓市监案处字〔2015〕第08020153××××号行政处罚决定及鼓楼区政府作出的鼓府复决字〔2015〕第53号行政复议决定均应被撤销。

原告于起诉时提供以下证据：

1. 行政处罚决定书；
2. 行政复议决定书；

3. 邮件查询单。

上述证据1—3证明原告在收到复议决定书的十五日内提起本案诉讼。

被告鼓楼区市场监管局、鼓楼区政府共同辩称,原告经营的商品为食品,故应当适用《中华人民共和国食品安全法》(以下简称《食品安全法》)进行处理,而非适用《网络交易管理办法》进行处理。根据《食品安全法》等法律法规的规定,鼓楼区市场监管局对原告行为有管辖权。鼓楼区市场监管局作出的处罚决定及鼓楼区政府作出的行政复议决定,认定事实清楚、程序合法、适用法律正确,请求法院驳回原告的诉讼请求。被告鼓楼区市场监管局及被告鼓楼区政府均于法定期限内向本院提供了作出行政行为的证据及依据。

被告鼓楼区市场监管局提供的证据及依据如下:

(一)证据

1. 立案审批表、案件来源登记表、投诉举报信息单及相关材料,证明鼓楼区市场监管局接到有关原告涉嫌存在违法销售食品行为的举报后,于2015年3月9日进行立案。

2. 案件调查终结报告、合议审理记录、案件审核表、行政处罚案件有关事项审批表。

3. 行政处罚听证告知书、原告听证申请、行政处罚听证通知书以及送达回证、听证笔录及原告提交的相关材料。

4. 听证报告、行政处罚决定审批表、行政处罚决定书以及送达回证、缴纳罚款没收款通知书。

以上证据2—4证明鼓楼区市场监管局在作出处罚决定前经过调查、合议后,作出拟处罚意见,尔后应原告申请组织听证,听取原告的陈述、申辩,经过复核后作出行政处罚决定书及缴纳罚款没收款通知书,并送达原告。

5. 原告的营业执照及法定代表人的身份证明。

6. 现场笔录及涉案商品照片、原告法定代表人的询问笔录、原告在嘻嘻哈哈网上销售涉案商品的网页截屏。

上述证据5—6证明鼓楼区市场监管局通过现场检查、找原告法定代表人谈话以及网上截屏等方式进行调查,原告对违法事实予以确认。

(二)依据

1. 《食品安全法》第二条第一款第(一)项、第五条第二款、第二十九条第一款、第六十六条、第八十四条第三款、第八十六条第(二)项;

2. 《中华人民共和国行政处罚法》(以下简称《行政处罚法》)第二十三条、第三十一条、第三十二条、第三十六条、第三十七条第一款、第三十八条、第三十九条、第四十条;

3. 《民安市实施〈中华人民共和国食品安全法〉办法》第四条第三款;

4. 《民安市人民政府关于本市食品安全监管职能调整有关事项的通知》;

5. 《食品药品行政处罚程序规定》第六条、第七条第一款、第十七条、第十八条、第二十条第一款及第二款、第三十五条、第三十六条、第三十七条、第三十八条、第四十条、第四十五条;

6.《民安市行政处罚听证程序试行规定》第二条第一款及第二款、第十七条、第二十条；

7.《关于组建民安市鼓楼区市场监督管理局的通知》。

被告鼓楼区政府提供的证据及依据如下：

（一）证据

1. 复议申请书；

2. 行政复议申请受理通知书及送达回证；

3. 行政复议答复通知书及送达回证；

4. 行政复议决定书及送达回证。

以上证据1—4证明原告向鼓楼区政府申请复议，鼓楼区政府受理后，依法向申请人及被申请人送达通知。经审查，于2015年9月29日作出行政复议决定。

（二）依据

《中华人民共和国行政复议法》（以下简称《行政复议法》）第十二条、第十七条、第二十三条、第二十六条、第二十八条第一款第一项。

经庭审质证，原告对鼓楼区市场监管局及鼓楼区政府提供的证据的真实性均无异议，但认为鼓楼区市场监管局对本案无管辖权，该局无权对原告进行处罚，鼓楼区政府亦不应当作出维持的复议决定。

两被告对原告提供的证据均无异议。

经庭审质证，本院对以上证据作如下确认：被告提供的证据及原告提供的证据均具有真实性、合法性，与本案亦有关联，本院均予采纳。

经审理查明，原告注册成立于2003年，经营范围为美容美发用品、洗涤用品、日用百货批发零售。2014年，原告在嘻嘻哈哈网上开设网店，名称为"雅惠美妆海外购"。雅惠美妆海外购上架的商品F××××无添加大豆异黄酮片，标注产地为日本，分类为食品。2015年1月15日至同年2月11日，案外人吴××在雅惠美妆海外购购买了单价为319元合计金额为14993元的F××××无添加大豆异黄酮片90日。同年2月26日，吴××向民安市食品药品监督管理局书面举报，请求：(1)依法查处原告出售不符合安全标准的食品(F××××无添加大豆异黄酮片90日)；(2)依据《食品安全法》第五十三条的规定，强制召回已经销售的食品(F××××无添加大豆异黄酮片90日)；(3)对原告未取得《食品流通许可证》就违法销售食品的行为，依据《食品安全法》进行处罚；(4)将处理结果书面回复举报人；(5)依法给予举报人奖励；(6)依据《中华人民共和国消费者权益保护法》相关法规，向社会公告和记入其信用记录。

2015年3月2日，民安市食品药品安全投诉举报受理中心收到吴××的举报后，创建投诉举报信息单并拟派鼓楼区市场监管局办理。次日，鼓楼区市场监管局接受了上述投诉举报信息单。3月4日，鼓楼区市场监管局对原告的经营地鼓楼区民生路×××号B座810室进行了现场检查，发现雅惠美妆海外购在嘻嘻哈哈网上销售的F××××无添加大豆异黄酮片，外包装均为日文。3月5日，鼓楼区市场监管局对原告法定代表人黄×进行了调查。次日，鼓楼区市场监管局对原告销售F××××无添加大豆异黄酮片一事予以立案。4月9日,鼓楼区市场监管局再找黄×调查,黄×再次陈述:原告在嘻嘻哈哈网上销售的F××××无添加大豆异黄酮片,规格为90粒装,是其委托朋友在日本购买并分批带回国内的50袋、单价为280元的F××××无添加大豆异黄酮片,该F××××无添加大豆异黄酮片的外包装均无中文标识,原告亦无进货凭证,原告以每袋319元价格销售,共销售了47袋,销售金额合计14993元。

2015年4月14日至当月21日,鼓楼区市场监管局工作人员完成了案件调查终结报告、合议讨论及处理意见的各级审核工作。同年4月23日,鼓楼区市场监管局向原告送达了行政处罚听证告知书。次日,原告提出听证要求。2015年5月6日,鼓楼区市场监管局向原告送达了行政处罚听证通知书。当月13日,鼓楼区市场监管局组织了听证会议。2015年5月28日至次月1日,鼓楼区市场监管局工作人员完成了听证报告及行政处罚审批流程。同年6月5日,鼓楼区市场监管局作出被诉行政处罚决定书。原告不服,向鼓楼区政府申请复议。鼓楼区政府作出维持行政处罚的复议决定之后,原告仍不服,提起本案诉讼。

另查明,《民安市人民政府关于本市食品安全监管职能调整有关事项的通知》(以下简称"民府发〔2013〕94号文")载明,自2014年1月1日起,原由质量技术监督部门承担的食品生产环节安全监管工作和化妆品生产监管工作、工商行政管理部门承担的食品流通环节安全监管工作,划转由食品药品监督管理部门承担。2014年10月17日,经民安市鼓楼区委员会、民安市鼓楼区人民政府研究同意,民安市食品药品监督管理局鼓楼分局、民安市工商行政管理局鼓楼分局、民安市鼓楼区质量技术监督局与民安市鼓楼区物价局有关价格监督检查职能整合,组建鼓楼区市场监管局,原民安市食品药品监督管理局鼓楼分局、民安市工商行政管理局鼓楼分局的职权由鼓楼区市场监管局继续行使。

本院认为,原告销售的F××××无添加大豆异黄酮片系食品类商品,故原告的销售行为应遵守《食品安全法》的规定。根据《食品安全法》之规定,国家对食品生产经营实行许可制度,从事食品生产、食品流通、餐饮服务,应当依法取得食品生产许可、食品流通许可、餐饮服务许可;预包装食品是指预先定量包装或者制作在包装材料和容器中的食品;进口的预包装食品应当有中文标签、中文说明书,标签、说明书应当符合本法以及我国其他有关法律、行政法规的规定和食品安全国家标准的要求,载明食品的原产地以及境内代理商的名称、地址、联系方式。预包装食品没有中文标签、中文说明书或者标签、说明书不符合本条规定的,不得进口。本案中,原告在嘻嘻哈哈网上销售的F××××无添加大豆异黄酮片90日为从日本进口的每袋90粒装的食品,符合预包装食品的特征,属进口预包装食品。因原告销售的上述异黄酮片的外包装无中文标识,且原告自始至终未提供销售食品的有关行政许可证照,故原告的行为违反了《食品安全法》之有关规定。有关部门可根据《食品安全法》之规定对原告的违法行为进行处罚。

《行政处罚法》第二十条规定,行政处罚由违法行为发生地的县级以上地方人民政府具有行政处罚权的行政机关管辖。《食品安全法》第六条第二款规定,县级以上地方人民政府依照本法和国务院的规定,确定本级食品药品监督管理、卫生行政部门和其他有关部门的职责。有关部门在各自职责范围内负责本行政区域的食品安全监督管理工作。原告的经营地在民安市鼓楼区民生路×××号B座810室,故该址为违法行为发生地。另,《网络交易管理办法》第三条明确规定,网络商品交易是指通过互联网(含移动互联网)销售商品或者提供服务的经营活动;第四十一条规定,网络商品交易及有关服务违法行为由发生违法行为的经营者住所所在地县级以上工商行政管理部门管辖;第四十二条规定,网络商品交易及有关服务活动中的消费者向工商行政管理部门投诉的,依照《工商行政管理部门处理消费者投诉办法》处理。《工商行政管理部门处理消费者投诉办法》第六条规定,消费者投诉由经营者所在地或者经营行为发生地的县(市)、区工商行政管理部门管辖。根据民府发〔2013〕94号文之规定,本案中,举报人吴××举报的事项属本市食品药品监督管理局的职责。民安市食品药品安全投诉举报受理中心收到吴××的投诉后,根据吴××提供的原告的违法经营地在鼓楼区民生路×××号的投诉线索,继而拟派鼓楼区市场监管局对吴××的投诉予以处理。由于被告鼓楼区市场监管局是由民安市食品药品监督管理局鼓楼分局、民安市工商行政管理局鼓楼分局等机关职能整合后组建成立的机构,因此,原民安市食品药品监督管理局鼓楼分局的职权由鼓楼区市场监管局行使。综上,不论是适用《行政处罚法》还是《网络交易管理办法》,鼓楼区市场监管局对原告的违法行为均具有管辖权。

鼓楼区市场监管局接受民安市食品药品安全投诉举报受理中心派发的投诉后,到原告的经营地进行了检查,发现原告在网上出售的F××××无添加大豆异黄酮片与投诉人吴××描述的内容一致,在找原告法定代表人谈话后,鼓楼区市场监管局认为原告的行为涉嫌违法而予以立案调查。经过调查,经办人形成了案件调查终结报告,尔后经合议、审核后,作出行政处罚听证告知书,并送达原告。因原告要求听证,鼓楼区市场监管局组织了听证会议,充分听取了原告的辩称意见,形成听证报告并经过复核、审批后,作出被诉行政处罚决定并向原告送达行政处罚决定书,鼓楼区市场监管局的执法程序合法。

被诉处罚决定书认定的事实有鼓楼区市场监管局提供的现场笔录及涉案商品照片、原告法定代表人的询问笔录、原告在嘻嘻哈哈网上销售涉案商品的网页截屏等证据证明,原告对该些证据均无异议,故被诉处罚决定认定事实清楚。

因原告的违法行为发生于2015年1月至2月期间,鼓楼区市场监管局适用《行政处罚法》第二十三条及2009年6月1日起施行的《食品安全法》第八十四条、第八十六条第(二)项之规定,除没收违法所得及违法生产经营的食品外,对于未经许可从事生产经营活动,货值金额10000元以上的,并处货值金额5倍以上10倍以下的罚款;对于生产经营无标签的预包装食品、食品添加剂或者标签、说明书不符合《食品安全法》规定的食品、食品添加剂,货值金额10000元以上的,并处货值金额2倍以上5倍以下的罚款。原告货值15950元,鼓楼区市场监管局根据上述条款对原告处以没收未出售的三袋F××××无添加大豆异黄酮片90日及违法所得1833元,并处罚款80000元的处罚,属法律适用清楚,处罚在法律规定的幅度范围内。鼓楼区政府依据《行政复议法》之规定,受理原告的复议申请,于法定期限内作出行政复议决定并送达原告,亦无不当。

综上,被告鼓楼区市场监管局作出的鼓市监案处字〔2015〕第08020153××××号行政处罚决定及被告鼓楼区政府作出的鼓府复决字〔2015〕第53号行政复议决定主体适格、程序合法、事实清楚、适用法律正确。依照《行政诉讼法》第六十九条之规定,判决如下:

驳回原告××雅惠美容化妆品有限公司的全部诉讼请求。

案件受理费人民币50元,由原告××雅惠美容化妆品有限公司负担。

如不服本判决,可在判决书送达之日起十五日内,向本院递交上诉状,并按对方当事人的人数提出副本,上诉于民安市中级人民法院。

审判长　×××
审判员　×××
人民陪审员　×××
二○一六年一月二十一日
书记员　×××

行政诉讼上诉状

上诉人(原审原告):××雅惠美容化妆品有限公司,住所地:民安市南江区佘山镇××商务中心C区257室

法定代表人:黄×,职务总经理

委托代理人:×××,民安××律师事务所律师

委托代理人:×××,民安××律师事务所律师

被上诉人(原审被告):民安市鼓楼区市场监督管理局,住所地:民安市鼓楼区厚生路880号

法定代表人:×××,民安市鼓楼区市场监督管理局局长

委托代理人:×××,该局工作人员

委托代理人:×××,该局工作人员

被上诉人(原审被告):民安市鼓楼区人民政府,住所地民安市鼓楼区大统路480号

法定代表人:×××,职务:区长

委托代理人:×××,民安××律师事务所律师

委托代理人:×××,民安××律师事务所律师

上诉人不服民安市鼓楼区人民法院(2015)鼓行初字第207号行政判决,特提出上诉。

请求事项:

一、撤销(2015)鼓行初字第207号行政诉讼判决书(简称"一审判决")全文,并予以改判,同时宣告被上诉人对上诉人的行政处罚存在管辖权异议并且违反了一事不再罚原则。

二、本案一审、二审诉讼费用由被上诉人承担。

事实与理由：

一、原审判决适用法律错误，被上诉人无管辖权

原审法院认为：本案中被诉行政处罚的对象是违反食品安全的行为，并非一般工商领域的网络交易行为，因此，《网络交易管理办法》并不适用本案。依据《食品安全法》之规定，雅惠公司的实际经营地在民安市鼓楼区，被上诉人对上诉人未经许可销售食品以及进口食品外包装无中文标识的违法行为具有管辖权。但上诉人认为：雅惠公司的经营是通过第三方交易平台进行，故应适用《网络交易管理办法》确定行政执法的管辖权。根据《网络交易管理办法》第41条的规定，上诉人经营中即使存在违法行为，也应由第三方交易平台住所地县级以上工商行政管理部门管辖，即嘻嘻哈哈网所在的北京市工商局管辖。上诉人根据消费者的订单，通过代购的形式，将F××××无添加大豆异黄酮片邮寄给消费者，提供的是服务，而非商品。上诉人提供的代购服务，包括下单地点、送货地、交货地、付款地均不在原闸北区，况且，食品也属于普通商品，应当适用《网络交易管理办法》确定管辖权。

二、被上诉人对上诉人的行政处罚违反了一事不再罚原则

上诉人被举报后，北京市工商局已经对嘻嘻哈哈网予以行政处罚，嘻嘻哈哈网将处罚成本转嫁到上诉人身上，因此，上诉人认为：按照一般逻辑来讲，北京市工商局间接对雅惠公司进行了罚款。如果被上诉人再次对上诉人处罚，属于一事二罚。

综上两方面，特提出上诉，敬请二审法院公正裁判。

此致

民安市中级人民法院

上诉人：××雅惠美容化妆品有限公司

2016年1月26日

行政诉讼答辩状

答辩人：民安市鼓楼区市场监督管理局

法定代表人：×××　　职务：局长

答辩人：民安市鼓楼区政府

法定代表人：×××　　职务：区长

地址：民安市鼓楼区厚生路880号

被答辩人：××雅惠美容化妆品有限公司

法定代表人：黄×　　职务：总经理

住所地：民安市南江区佘山镇××商务中心C区257室

实际经营地：民安市安宁区民生路×××号B座810室

关于被答辩人请求撤销答辩人作出的鼓市监案处字〔2015〕第08020153××××号行政处罚决定一案，现答辩如下：

一、答辩人对于被答辩人的违法行为有管辖权

本案的起因为案外人吴××向民安市食品药品监督管理局书面举报被答辩人具有违反《食品安全法》的行为。该行为违反了《食品安全法》第二十九条第一款以及第六十六条的规定。处罚的依据是《食品安全法》第八十四条的规定。《食品安全法》规定的食品销售包括以营利为目的的食品采购、储存、销售的行为。《行政处罚法》还规定，行政处罚由违法行为发生地县级以上行政机关管辖。违法行为发生地包括结果实施地、行为发生地、仓储地等。被答辩人从国外采购涉案的产品，通过网店销售，以销售为目的，民生路×××号可以认为是产品贮存地，也可以认为是违法行为发生地，且被举报的行为发生在食品流通领域，属于民安市食品药品监督管理局的管辖范围。2014年10月17日，经中共民安市鼓楼区委员会、民安市鼓楼区人民政府研究同意，民安市食品药品监督管理局鼓楼分局的职权由鼓楼市监管局继续行使。

另外，被行政处罚的对象是违反食品安全的行为，并非一般工商领域的网络交易行为，与被答辩人提出的《网络交易管理办法》所规范的交易与市场秩序无关。

综上所述，鼓楼区市场监管局对被答辩人的违法行为有管辖权。

二、答辩人的行政处罚程序合法

2015年4月14日至当月21日，鼓楼区市场监管局工作人员完成了案件调查终结报告、合议讨论及处理意见的各级审核工作。同年4月23日，向原告送达了行政处罚告知书。2015年5月6日，向原告送达了行政处罚听证通知书。当月13日，组织了听证会议。2015年5月28日至次月1日，工作人员完成了听证报告及行政审批流程。同年6月5日，作出了行政处罚决定书。

三、本案不属于"一事二罚"的范围

答辩人诉称，由于北京市工商行政管理局已对嘻嘻哈哈网进行了行政处罚，嘻嘻哈哈公司再将处罚成本转嫁到被答辩人身上，将会导致"一事二罚"。而北京市工商局的京工商经开分处字〔2015〕第285号行政处罚决定书显示，嘻嘻哈哈公司因在网页宣传普通食品F××××无添加大豆异黄酮片为营养保健品，违反了《食品广告发布暂行规定》的规定而受行政处罚。该行政处罚决定与被诉行政处罚决定处罚的行为分别发生在广告宣传和食品流通领域，适用的法律规范也并不相同，不会导致"一事二罚"。

综上所述，答辩人作出具体行政行为证据确凿，适用法律法规正确，程序合法；被答辩人起诉理由缺乏依据，依法不能成立。根据《行政诉讼法》第五十四条的规定，请求法院依法维持答辩人作出的具体行政行为。

此致
民安市中级人民法院

答辩人：民安市鼓楼区市场监督管理局
民安市鼓楼区人民政府
2016年1月26日

二、示范案例裁判文书与点评

（一）示范案例判决书

民安市中级人民法院
行政判决书

民中行终字(2016)第2××号

上诉人(原审原告):××雅惠美容化妆品有限公司,住所地:民安市佘山镇××商务中心C区257室,实际经营地民安市民生路218号B座810室

法定代表人:黄×,××雅惠美容化妆品有限公司总经理

委托代理人:×××,民安××律师事务所律师

委托代理人:×××,民安××律师事务所律师

被上诉人(原审被告):民安市安宁区市场监督管理局,住所地:民安市厚生路880号

法定代表人:×××,民安市安宁区市场监督管理局局长

委托代理人:×××,女,民安市安宁区市场监督管理局工作人员

委托代理人:×××,男,民安市安宁区市场监督管理局工作人员

被上诉人(原审被告):民安市安宁区人民政府,住所地民安市文德路370号

法定代表人:×××,民安市安宁区人民政府区长

委托代理人:×××,男,民安市安宁区人民政府工作人员

上诉人××雅惠美容化妆品有限公司(以下简称"雅惠公司")因行政处罚决定一案,不服原民安市鼓楼区人民法院(因"撤二建一"被撤销,现为民安市安宁区人民法院)(2015)鼓行初字第207号行政判决,向本院提起上诉。本院依法组成合议庭,于2016年3月16日公开开庭审理了本案。上诉人雅惠公司法定代表人黄×和委托代理人×××,被上诉人原民安市鼓楼区市场监督管理局(因"撤二建一"被撤销,现为民安市安宁区市场监督管理局,以下简称"原鼓楼区市场监管局")的委托代理人×××、×××,被上诉人原民安市鼓楼区人民政府(因"撤二建一"被撤销,现为民安市安宁区人民政府,以下简称"原鼓楼区政府")的委托代理人×××到庭参加诉讼。本案现已审理终结。

原审认定:雅惠公司注册成立于2003年,经营范围为美容美发用品、洗涤用品、日用百货批发零售。2014年,雅惠公司在嘻嘻哈哈网上开设网店,名称为雅惠美妆海外购。雅惠美妆海外购上架的商品F××××无添加大豆异黄酮片,标注产地为日本,分类为食品。2015年1月15日至同年2月11日,案外人吴××在雅惠美妆海外购购买了单价为319元合计金额为14993元的F××××无添加大豆异黄酮片(90日)。同年2月26日,吴××向民安市食品药品监督管理局书面举报,请求:(1)依法查处雅惠公司出售不符合安全标准的食品F××××无添加大豆异黄酮片(90日);(2)依据《中华人民共和国食品安全法》(以下简称《食品安全法》)第五十三条规定,强制召回已经销售

的F××××无添加大豆异黄酮片(90日);(3)对雅惠公司未取得《食品流通许可证》就违法销售食品的行为,依据《食品安全法》进行处罚;(4)请将处理结果书面回复举报人;(5)依法给予举报人奖励;(6)依据《中华人民共和国消费者权益保护法》相关法规,向社会公告和记入其信用记录。

2015年3月2日,民安市食品药品安全投诉举报受理中心收到吴××的举报后,创建投诉举报信息单并拟派原鼓楼区市场监管局办理。次日,原鼓楼区市场监管局接受了上述投诉举报信息单。3月4日,原鼓楼区市场监管局对雅惠公司的经营地鼓楼区民生路218号B座810室进行了现场检查,现场发现雅惠美妆海外购在嘻嘻哈哈网上销售的F××××无添加大豆异黄酮片,外包装均为日文。3月5日,原鼓楼区市场监管局对雅惠公司法定代表人黄×进行了调查。次日,原鼓楼区市场监管局对雅惠公司销售F××××无添加大豆异黄酮片一事予以立案。4月9日,原鼓楼区市场监管局再找黄×调查,黄×再次陈述雅惠公司在嘻嘻哈哈网上销售的F××××无添加大豆异黄酮片,规格为90粒装,是其委托朋友在日本购买并分批带回国内的50袋、单价为280元的F××××无添加大豆异黄酮片,该F××××无添加大豆异黄酮片的外包装均无中文标识,雅惠公司亦无进货凭证,雅惠公司以每袋319元价格销售,共销售了47袋,销售金额合计14993元。

2015年4月14日至当月21日,原鼓楼区市场监管局工作人员完成了案件调查终结报告、合议讨论及处理意见的各级审核工作。同年4月23日,原鼓楼区市场监管局向雅惠公司送达了行政处罚听证告知书。次日,雅惠公司提出听证要求。2015年5月6日,原鼓楼区市场监管局向雅惠公司送达了行政处罚听证通知书。当月13日,原鼓楼区市场监管局组织了听证会议。2015年5月28日至次月1日,原鼓楼区市场监管局工作人员完成了听证报告及行政处罚审批流程。同年6月5日,原鼓楼区市场监管局作出鼓市监案处字〔2015〕第08020153××××号行政处罚决定,决定如下:"一、没收违法经营的预包装食品F××××无添加大豆异黄酮片预包装食品三袋;二、没收违法所得人民币1833元(以下币种均为人民币);三、罚款80000元。"雅惠公司不服,向原鼓楼区政府申请复议。原鼓楼区政府于2015年9月29日作出鼓府复决字〔2015〕第53号行政复议决定,维持上述行政处罚决定。雅惠公司仍不服,提起诉讼,请求撤销上述行政处罚决定及行政复议决定。

原审另查明,《民安市人民政府关于本市食品安全监管职能调整有关事项的通知》(以下简称"民府发〔2013〕94号文")载明,自2014年1月1日起,原由质量技术监督部门承担的食品生产环节安全监管工作和化妆品生产监管工作、工商行政管理部门承担的食品流通环节安全监管工作,划转由食品药品监督管理部门承担。2014年10月17日,经中共民安市鼓楼区委员会、民安市鼓楼区人民政府研究同意,民安市食品药品监督管理局鼓楼分局、民安市工商行政管理局鼓楼分局、民安市鼓楼区质量技术监督局与民安市鼓楼区物价局有关价格监督检查职能整合,组建鼓楼市场监管局,原民安市食品药品监督管理局鼓楼分局、民安市工商行政管理局鼓楼分局的职权由鼓楼市场监管局继续行使。

原审法院认为:雅惠公司销售的F××××无添加大豆异黄酮片系食品类商品,故雅惠公司的销售行为应遵守《食品安全法》的规定。根据《食品安全法》之规定,国家对食品生产经营实行许可制度,从事食品生产、食品流通、餐饮服务,应当依法取得食品生产许可、食品流通许可、餐饮服务许可;预包装食品是指预先定量包装或者制作在包装材料和容器中的食品;进口的预包装食品应当有中文标签、中文说明书,标签、说明书应当符合本法以及我国其他有关法律、行政法规的规定和食品安全国家标准的要求,载明食品的原产地以及境内代理商的名称、地址、联系方式。预包装食品没有中文标签、中文说明书或者标签、说明书不符合本条规定的,不得进口。本案,雅惠公司在嘻嘻哈哈网上销售的F××××无添加大豆异黄酮片(90日)为从日本进口的每袋90粒装的食品,符合预包装食品的特征,属进口预包装食品。因雅惠公司销售的上述异黄酮片的外包装无中文标识,且雅惠公司自始至终未提供销售食品的有关行政许可证照,故雅惠公司的行为违反了《食品安全法》之有关规定。有关部门可根据《食品安全法》之规定对雅惠公司的违法行为进行处罚。

根据《中华人民共和国行政处罚法》(以下简称《行政处罚法》)第二十条的规定,行政处罚由违法行为发生地的县级以上地方人民政府具有行政处罚权的行政机关管辖。《食品安全法》第六条第二款规定,县级以上地方人民政府依照本法和国务院的规定,确定本级食品药品监督管理、卫生行政部门和其他有关部门的职责。有关部门在各自职责范围内负责本行政区域的食品安全监督管理工作。雅惠公司的经营地在民安市民生路218号B座810室,故该址为违法行为发生地。另,《网络交易管理办法》第三条明确规定,网络商品交易是指通过互联网(含移动互联网)销售商品或者提供服务的经营活动;第四十一条规定,网络商品交易及有关服务违法行为由发生违法行为的经营者住所所在地县级以上工商行政管理部门管辖;第四十二条规定,网络商品交易及有关服务活动中的消费者向工商行政管理部门投诉的,依照《工商行政管理部门处理消费者投诉办法》处理。《工商行政管理部门处理消费者投诉办法》第六条规定,消费者投诉由经营者所在地或者经营行为发生地的县(市)、区工商行政管理部门管辖。根据民府发〔2013〕94号文之规定,本案,举报人吴××举报的事项属本市食品药品监督管理局的职责。民安市食品药品安全投诉举报受理中心收到吴××的投诉后,根据吴××提供的雅惠公司的违法经营地在民生路218号的投诉线索,继而拟派原鼓楼区市场监管局对吴××的投诉予以处理。由于原鼓楼区市场监管局是由民安市食品药品监督管理局鼓楼分局、民安市工商行政管理局鼓楼分局等机关职能整合后组建成立的机构,因此原民安市食品药品监督管理局鼓楼分局的职权由原鼓楼区市场监管局行使。综上,不论是适用《行政处罚法》还是《网络交易管理办法》,原鼓楼区市场监管局对雅惠公司的违法行为均具有管辖权。

原鼓楼区市场监管局接受民安市食品药品安全投诉举报受理中心派发的投诉后,到雅惠公司的经营地进行了检查,发现雅惠公司在嘻嘻哈哈网上的网址及出售的F××××无添加大豆异黄酮片与投诉人吴××描述的内容一致,在找雅惠公司法定代表人谈话后,原鼓楼区市场监管局认为雅惠公司的行为涉嫌违法而予以立案调查。经过调查，经办人形成了案件调查终结报告，尔后经合议、审核后，作出行政处罚听证告知书，并送达雅惠公司。因雅惠公司要求听证，原鼓楼区市场监管局组织了听证会议，充分听取了雅惠公司的辩称意见，形成听证报告并经过复核、审批后，作出被诉行政处罚决定并向雅惠公司送达行政处罚决定书，原鼓楼区市场监管局的执法程序合法。被诉处罚决定书认定的事实有原鼓楼区市场监管局提供的现场笔录及涉案商品照片、雅惠公司法定代表人的询问笔录、雅惠公司在嘻嘻哈哈网上销售涉案商品的网页截屏等证据证明，雅惠公司对该些证据均无异议，故被诉处罚决定认定事实清楚。因雅惠公司的违法行为发生于2015年1月至2月期间，原鼓楼区市场监管局适用《行政处罚法》第二十三条及2009年6月1日起施行的《食品安全法》第八十四条、第八十六条第（二）项之规定，除没收违法所得及违法生产经营的食品外，对于未经许可从事生产经营活动，货值金额10000元以上的，并处货值金额5倍以上10倍以下的罚款；对于生产经营无标签的预包装食品、食品添加剂或者标签、说明书不符合《食品安全法》规定的食品、食品添加剂，货值金额10000元以上的，并处货值金额2倍以上5倍以下的罚款。雅惠公司货值15950元，原鼓楼区市场监管局根据上述条款对雅惠公司处以没收未出售的三袋F××××无添加大豆异黄酮片（90日）及违法所得1833元，并处罚款80000元的处罚，属法律适用清楚，处罚在法律规定的幅度范围内。原鼓楼区政府依据《中华人民共和国行政复议法》之规定，受理雅惠公司的复议申请，于法定期限内作出行政复议决定并送达雅惠公司，亦无不当。

综上，原鼓楼区市场监管局作出的鼓市监案处字〔2015〕第08020153××××号行政处罚决定及原鼓楼区政府作出的鼓府复字〔2015〕第53号行政复议决定主体适格、程序合法、事实清楚、适用法律正确。原审遂依照《中华人民共和国行政诉讼法》（以下简称《行政诉讼法》）第六十九条之规定，判决驳回雅惠公司的诉讼请求。判决后，雅惠公司不服，上诉至本院。

上诉人雅惠公司上诉称：上诉人的经营是通过第三方交易平台进行，故应适用《网络交易管理办法》确定行政执法的管辖权。根据《网络交易管理办法》第四十一条的规定，上诉人经营中即使存在违法行为，也应由第三方交易平台住所地县级以上工商行政管理部门管辖，即嘻嘻哈哈公司所在的北京市工商局管辖。上诉人根据消费者的订单，通过代购的形式，将F××××无添加大豆异黄酮片邮寄给消费者，提供的是服务，而非商品。上诉人提供的代购服务，包括下单地点、送货地、交货地、付款地均不在原鼓楼区，况且，食品也属于普通商品，应当适用《网络交易管理办法》确定管辖。被举报后，北京市工商局已经对嘻嘻哈哈公司予以了行政处罚，嘻嘻哈哈公司将处罚成本转嫁到上诉人身上，因此，如果再次对上诉人处罚，属于"一事二罚"。请求二审法院撤销原判并支持上诉人的原审诉请。

被上诉人原鼓楼区市场监管局辩称：被诉行政处罚的对象是违反食品安全的行为，并非一般工商领域的网络交易行为，因此，上诉人提出的《网络交易管理办法》并不适用本案。依据《食品安全法》之规定，上诉人的实际经营地在原鼓楼区，被上诉人对上诉人未经许可销售食品以及进口食品外包装无中文标识的违法行为具有管辖权。经调查取证,上诉人违法事实成立,并经法定程序后由被上诉人对其作出被诉处罚,并无不当。此外,上诉人一个行为触发了两个违法结果,被上诉人适用较重的处罚结果,适用法律正确。请求驳回上诉,维持原判。

被上诉人原鼓楼区政府辩称:原鼓楼区市场监管局经调查取证后,认定事实清楚,适用法律正确,依法具有管辖权。被上诉人原鼓楼区政府在经过法定复议程序后,作出被诉行政复议决定,并无不当。请求驳回上诉,维持原判。

经审理查明,原审判决认定的事实清楚,本院依法予以确认。

本院认为,本案的主要争议在于被上诉人原鼓楼区市场监管局对上诉人出售食品的行为是否具有监管权。本案的起因是案外人吴××向民安市食品药品监督管理局举报被上诉人具有违反《食品安全法》的经营行为,被举报的违法行为发生于食品流通领域,属于本市食品药品监督管理局的职责,与《网络交易管理办法》所规范的交易与市场秩序无关。上诉人的经营行为虽然通过第三方交易平台展开,但新兴的交易方式并不能否定其出售食品的行为本质,也不能使得该经营行为脱离行政机关的监管。上诉人的实际经营地在原民安市鼓楼区,因此,原民安市食品药品监督管理局鼓楼分局与其他机关合并为原鼓楼区市场监管局后,被上诉人依据《食品安全法》所确定的职权,对上诉人的经营行为予以立案调查并最终作出处罚,并无不当。并且在二审审理过程中,上诉人向本院申请开具调查令,调查取得京工商经开分处字〔2015〕第285号行政处罚决定书。该处罚决定显示,嘻嘻哈哈公司在网页上宣传普通食品F××××无添加大豆异黄酮片为营养保健品,违反了《食品广告发布暂行规定》的规定,由北京市工商局管理部门罚款10000元。该行政处罚决定与被诉行政处罚决定并无矛盾,处罚的违法行为分别发生在广告宣传和食品流通领域,违反的法律规范亦不相同,不会导致"一事二罚",更不能否定被上诉人原鼓楼区市场监管局的监管权。至于上诉人违法事实是否成立、被上诉人原鼓楼区市场监管局执法程序是否合法以及被上诉人原鼓楼区政府所作行政复议决定是否正确等争议,原审判决书予以了详细阐述,本院对此认同,故不再赘述。上诉人的上诉理由缺乏事实证据和法律依据,本院难以支持。原审判决认定事实清楚,适用法律正确,应予维持。据此,依照《行政诉讼法》第八十九条第一款第(一)项的规定,判决如下:

驳回上诉,维持原判。

二审案件受理费人民币50元,由上诉人××雅惠美容化妆品有限公司负担。

本判决为终审判决。

审判长 ×××
审判员 ×××
审判员 ×××
二○一六年六月十七日
书记员 ×××

(二)示范案例点评

该案件为二审行政案件,所以要对一审的判决文书进行必要的通读,了解一审中原告的主要诉求、向法院提交的主要证据和当时一审法院认定的主要事实与判决依据,分析一审法院在法律适用过程中是否存在问题。再回到二审案件当中,还是先从诉讼请求入手,深挖该请求背后所链接的核心问题,再看与一审案件相比有无提交新的证据材料。再对于上诉人所提出的管辖权异议、撤销一审判决的请求与当事人所提出的行政处罚"一事二罚"的情节,进行必要的法律检索。先主动地将知识点摘取出来,接着在了解案情的基础上,认真查看涉案证据材料,最后返回到模拟案件本身来看审理时审判长如何解答这些问题。通过对整个案件的深度剖析,我们不难发现该案主审法官在控制案件审理进度,抓取案件重点问题,解决上诉人××雅惠美容化妆品有限公司的诉讼请求时,通过法庭调查和法庭辩论对以上问题有了明确的认识和判断,从而一步步得出最终的判决结果。从整个庭审过程来看,逻辑性强,思维缜密,对于上诉人而言也能够通过这场庭审活动对自己的问题有一个重新的认识。

该示范案件虽然在一些小的环节和法官用语上并非完全标准,但学生完全可以结合本章第一节中的行政案件庭审流程发现问题,在参与模拟法庭时予以完善,从而实现模拟法庭和示范案例的教学意义。

第九章

国际模拟法庭竞赛训练

第一节 比赛介绍

20世纪50年代末,国际模拟法庭竞赛兴起。随后,以杰赛普国际法模拟法庭大赛(Philip C. Jessup International Law Moot Court Competition)为代表的国际模拟法庭竞赛的影响力日渐增加,逐渐得到世界各国高等学校法学院系的高度重视。一方面,国际模拟法庭竞赛有利于提升学生的综合素质,是培养国际化复合型法律人才的一条有效途径;另一方面,能否在著名的国际模拟法庭竞赛中取得优异成绩,也是衡量当今世界各国高等法学院系教育质量优劣和评判其综合竞争力高下的一项重要指标。21世纪初,我国高校法学院系逐渐加入各类国际模拟法庭竞赛。下文将对国内高校主要参与的国际模拟法庭赛事进行介绍:

一、杰赛普国际法模拟法庭大赛[①]

杰赛普国际法模拟法庭大赛(简称"Jessup大赛")是由"美国国际法学生联合会(International Law Students Association)"主办的专业性法律辩论赛,为纪念联合国国际法院知名法官杰赛普(Philip C. Jessup)而设。Jessup大赛首次举办于1959年,目前是国际上规模最大、历史最悠久的专业性法律辩论赛,近年来每年有来自100多个国家的680多支法学院队伍参加所属地区的选拔赛,被誉为"法律界的奥林匹克"盛会。中国区的赛事由中国人民大学法学院国际法专家朱文奇教授于2003年首次引入。

Jessup大赛旨在全球范围内推动对于国际公法的学习与研究,并通过模拟国际法庭审判来加强学生运用法律进行专业辩论的能力。每年比赛的主题都围绕国际法领域最新的热点问题展开,比赛要求各参赛队伍充分研究案例事实,对所给案例中包含的相关国际法理论和规则进行分析与研究。Jessup大赛以英语为比赛语言,参赛队伍需同时为原告与被告起草起诉状和答辩状,并就该案件代表双方进行口头辩论。

每年的Jessup大赛于9月正式开始,于次年4月落下帷幕,资格赛阶段从1月持续到3月。各国内选拔赛的优胜方于每年3月齐聚美国华盛顿特区的联邦最高法院进行全球总决赛。

---

① 详情参见:https://www.ilsa.org/,2020年9月30日访问。

二、威廉·维斯国际商事仲裁模拟仲裁庭大赛[①]

威廉·维斯国际商事仲裁模拟仲裁庭大赛(Willem C. Vis International Commercial Arbitration Moot Competition,简称"Vis 大赛")由组织和促进威廉·维斯国际商事仲裁模拟仲裁庭协会(The Association for the Organization and Promotion of the Willem C. Vis International Commercial Arbitration Moot)组织,佩斯大学(Pace University)、伦敦大学(University of London)、斯德哥尔摩大学(Stockholm University)、维也纳大学(University of Vienna)、奥地利仲裁协会(Austrian Arbitration Association)、奥地利联邦商会(Austrian Federal Economic Chamber)、联合国国际贸易委员会(United Nations Commission on International Trade Law)等机构联合承办。Vis 大赛设立于 1993 年,以佩斯大学法学教授、世界著名的国际贸易法和纠纷解决程序专家威廉·维斯命名,每年吸引全球 300 多所高校参加,是历史悠久并享有盛名的国际模拟法庭赛事之一。

Vis 大赛分书面陈述和口头辩论两部分,口头辩论赛于每年的 3、4 月在奥地利首都维也纳或中国香港地区(东方赛区)进行。这项赛事在国际商事仲裁界和法律教育界都有着广泛的影响,其宗旨是推动对国际商法和仲裁法的研究,鼓励通过仲裁来解决经济纠纷。Vis 大赛所选择的案例都与根据《联合国国际货物销售合同公约》而产生的贸易纠纷相关,有时也涉及仲裁的程序问题。此外,Vis 大赛也为不同法律体系及不同法律教育体制下的各国法学院学生提供了相互学习和交流的机会,增进了友谊和相互之间的了解。

自 2003 年起,中国国际经济贸易仲裁委员会(以下简称"贸仲委")每年以 Vis 大赛当年的赛题在中国举办"贸仲杯"国际商事仲裁模拟仲裁庭辩论赛。[②] 参赛队伍的冠、亚军将获得贸仲委提供的资助赴维也纳或香港参加 Vis 大赛,因而"贸仲杯"可以视为 Vis 大赛在中国赛区的选拔赛。"贸仲杯"辩论赛以英语为比赛语言,旨在进一步扩大仲裁法律制度的影响,加强我国法学院学生对国际商事立法和国际商事仲裁制度的了解,并促进我国高级仲裁法律人才的培养,本身亦具有较高的水平。

三、红十字国际人道法模拟法庭大赛[③]

红十字国际人道法模拟法庭大赛(Red Cross International Humanitarian Law Moot Court Competition,简称"IHL 大赛")设立于 2007 年,由红十字国际委员会(International Committee of the Red Cross)、中国红十字总会(Red Cross Society of China)主办,国内伙伴高校协办。该比赛致力于推动国际人道法纳入高校课程并培养

---

① 详情参见:https://vismoot.pace.edu/,2020 年 9 月 30 日访问。
② 详情参见:http://www.cietac.org/index.php?m=Article&a=index&id=242,2020 年 9 月 30 日访问。
③ 详情参见:https://www.icrc.org/zh/what-we-do/building-respect-ihl/moot-court-competition,2020 年 9 月 30 日访问。

学生对国际人道法的兴趣,得到了亚洲和太平洋沿岸各国现任法官、法学专家、驻港外国领事和执业大律师等各界的关注和支持,是目前我国国内最具影响力的模拟法庭竞赛之一。

IHL大赛以英语为比赛语言,获得国内竞赛前三名的队伍将由红十字国际委员会资助,参加次年在香港举办的亚太地区高校间红十字国际人道法模拟法庭大赛。IHL大赛赛题由红十字国际委员会的法律专家拟定,法官由来自不同国家和地区的国际法及国际人道法专家组成,每个赛队不仅要针对案例提交书面诉状并进行法庭辩论,各队还将分别以控方和辩方的身份进行比赛,从而达到提升法科学生的国际人道法问题意识、增强国际人道法规则的理解和适用的目标。

四、国际刑事法院模拟法庭大赛[①]

2002年7月1日正式成立的国际刑事法院是国际社会建立的第一个常设性国际刑事司法机关,其在打击国际犯罪和建立统一的国际刑事法律制度方面发挥了十分重要的作用。虽然中国还没有加入《国际刑事法院规约》,但是我国政府一贯支持惩治严重危害人类社会共同利益的犯罪,并始终关注国际刑事法院的工作。

国际刑事法院模拟法庭大赛(International Criminal Court Moot Court Competition,简称"ICC大赛")始于2004年,是国际法领域著名的全球性模拟法庭竞赛之一,由莱顿大学格劳秀斯国际法研究中心(Grotius Centre for International Legal Studies of Leiden University)和国际律师协会(International Bar Association)联合举办,并由国际刑事法院提供支持。ICC大赛旨在让来自世界各国顶尖大学的法学院学生更好地了解国际刑事法院及其程序,从而促进更多的国家加快批准《国际刑事法院规约》。

为了进一步促进对国际刑事法院的了解和研究,自2012年起,中国政法大学与国际刑事法院合作举办了"国际刑事法院审判竞赛(The International Criminal Court Trial Competition)"[②]。获得国内选拔赛前三名的参赛队伍将取得赴荷兰海牙国际刑事法院参与全球总决赛的机会,有助于提升中国学生的国际化水平,优胜队伍得以同来自世界各地的优秀法律学子同台竞技。

五、ELSA-WTO模拟法庭大赛[③]

ELSA-WTO模拟法庭比赛(ELSA Moot Court Competition on WTO Law,简称"EMC2大赛")始于2003年,由欧洲法律学生联合会(The European Law Students' Association)举办,并且由世界贸易组织(以下简称"WTO")提供技术支持。该赛事每年吸引全球超过35个国家近百支队伍参赛,是目前WTO法律领域最高层次的国际模

---

① 详情参见:http://iccmoot.com/,2020年9月30日访问。
② 详情参见:http://icctc.cupl.edu.cn/,2020年9月30日访问。
③ 详情参见:https://johnhjacksonmoot.elsa.org/,2020年9月30日访问。

拟法庭竞赛。

EMC2 大赛旨在增强法科学子对国际贸易法和 WTO 争端解决程序的理解,从而从长远角度提升多边贸易的安全性和可操作性。该竞赛适用 WTO 的争端解决体系,赛题综合度与复杂度较高,且具有很强的现实意义,有助于学生充分锻炼法律检索、解释与分析能力,熟悉并应用 WTO 规则。

各区域赛的晋级队伍最终会在每年 6 月左右汇集于日内瓦的 WTO 秘书处总部进行国际总决赛,并由 WTO 秘书处工作人员、专家组成员及各国驻 WTO 使团官员担任决赛法官。通过 EMC2 大赛这一平台,参赛选手可与 WTO 领域的权威学者以及来自世界各地的同辈 WTO 法精英充分互动,共同探讨该领域的前沿热点议题,表现优异者更可获得 WTO 秘书处和其他国际组织提供的实习、交流机会。

六、曼弗雷德·拉克斯国际空间法模拟法庭大赛[①]

曼弗雷德·拉克斯国际空间法模拟法庭大赛(Manfred Lachs Space Law Moot Court Competition,简称"MLMC 大赛")是国际空间法学会(International Institute of Space Law)于 1992 年创办的年度性世界级模拟法庭大赛,目前覆盖以下四个地区:北美、欧洲、亚太和非洲。MLMC 与 Jessup、IHL 并称国际模拟法庭三大比赛,MLMC 大赛是其中与前沿科技结合最紧密的一个,每年有超过 60 支队伍参赛。

该赛事分为国内赛、洲际赛和全球赛,赛题由国际空间法学会统一拟定,聚焦空间法热点问题,涉及月球采矿、月球大气探测和外空 3D 打印等前沿科技。自 2005 年起,参赛队伍可在网上独家查阅国际空间法学会学术讨论会的各项文件及其他相关的文书材料。此外,MLMC 大赛因其每年的总决赛由国际法院三位大法官亲自出庭审理而成为当今世界最高级别的模拟法庭大赛之一。

七、国际航空法模拟法庭大赛[②]

国际航空法模拟法庭大赛(International Air Law Moot Court Competition,简称"IAL 大赛")始于 2010 年,由国际民航组织(International Civil Aviation Organization)建议设立,由荷兰莱顿大学国际航空和空间法研究所(International Institute of Air and Space Law of Leiden University)和印度沙林法律援助基金会(the Sarin Memorial Legal Aid Foundation)主办,是目前国际上唯一的航空法模拟法庭比赛,在国际航空法及航空运输领域具有广泛的影响。

八、史丹森国际环境法模拟法庭大赛[③]

史丹森国际环境法模拟法庭大赛(Stetson International Environmental Moot Court

---

[①] 详情参见:http://iislweb.org/lachs_moot/,2020 年 9 月 30 日访问。
[②] 详情参见:http://www.universiteitleiden.nl/en/law/institute-of-public-law/institute-of-air-space-law,2020 年 9 月 30 日访问。
[③] 详情参见:https://www.stetson.edu/law/international/iemcc/index.php,2020 年 9 月 30 日访问。

Competition,"IEMCC"大赛)由美国史丹森大学法学院(Stetson University College of Law)主办,创始于1996年,在国际环境法领域具有较高国际影响力。该赛事分为地区选拔赛和国际决赛两个阶段,地区选拔赛分为北美太平洋赛区、北美大西洋赛区、拉丁美洲赛区、东亚赛区等八个赛区进行。其中,东亚赛区选拔赛由韩国崇实大学(Soongsil University)承办,晋级代表队将参加次年在美国史丹森大学举办的决赛。

IEMCC大赛以英语为比赛语言,参赛队员来自世界各地大学的法学院。IEMCC大赛采用模拟国际法院诉讼的形式,每年的比赛内容都是最热点的国际环境法问题,每个参赛队伍均需分别代表原、被告双方提交诉状,并在法庭上展开辩论,因而对参赛学生法律英语写作能力、口语表达能力的提高很有帮助,对其以后的求学和工作也大有裨益。

第二节 基本流程及比赛规则

各类国际模拟法庭竞赛主要以考察参赛队伍对特定领域法学知识的了解及运用为目的,通常以英语为语言比赛,分为书面陈述(The Memorials)与口头辩论(Oral Hearings)两部分。由于各类比赛的赛制不尽相同,下文仅以红十字国际人道法模拟法庭大赛为例,对其基本流程及比赛规则作详细介绍以供参考。

一、关于参赛队伍

(一) 基本情况

(1) 除主办方特别授权外,每所参赛高校只能派出一支代表队参赛。

(2) 每支代表队至少由一名教练和两名学生(比赛选手)组成,还可包括一些负责资料搜集的其他学生。

(3) 在初赛中,每支代表队会分别代表控辩双方与其他代表队进行比赛。进入四分之一决赛、半决赛、季军附加赛、决赛的代表队仅代表控方或辩方其中一方进行比赛。

(二) 参赛资格

(1) 参赛学生必须是中国高校的法学本科生或硕士研究生(博士研究生除外),有以下情形之一的不得参赛:

① 在任一高等教育机构已注册登记法学博士学位;
② 在任一高等教育机构已取得法学博士学位;
③ 在任一高等教育机构担任全职或兼职教师;
④ 在任一地区已取得律师执业资格证。

(2) 参赛学生并不要求是中国公民或居民。

(三) 报名登记

各参赛高校通常应在每年9月向主办方报名,并告知以下信息:

① 两名比赛选手、一名教练以及其他参与准备的学生(如果有的话)的姓名;

② 每名学生的学历;

③ 参赛队伍联系人的姓名、地址、邮箱以及电话号码。

(四) 联系人

(1) 通常来说,每支代表队的教练即为其代表队联系人。但是,每支代表队也可以选择任意一名比赛选手或者其他学生作为其代表队联系人。每位联系人会收到以下信息:

① 其所在代表队的比赛编号;

② 比赛相关的住宿和交通信息;

③ 其他相关的比赛材料。

(2) 每支代表队的联系人负责把相应的比赛信息及材料分发给每位队员。除相应的联系人外,每支代表队与主办方之间不得私下接触。

(五) 队员替换

通常来说,在报名成功之后,每支代表队不得替换任何队员。

二、关于比赛案例

(一) 案例选择

主办方对比赛所用案例具有决定权。

(二) 案例发布

比赛案例会发布在国际红十字会官网上。

(三) 案件事实

比赛案例中包含构成比赛主要争议问题的相关事实,除对案例中所给事实的必要及合理延伸外,不会再有其他附加的案件事实。

(四) 问题释明

(1) 只有在所请求释明的问题对比赛案例有重要影响的情形下,各代表队才可向主办方请求释明。尤其是,各代表队应当记住,比赛案例提供的只是有限的部分案件事实,因而代表队不得为了获得额外的案件事实而提出释明请求。

(2) 在作出任何释明请求之前,比赛选手必须和教练或者代表队联系人商讨提出该请求的必要性。所有对比赛案例的释明请求均须通过邮件发送给主办方(通常截止到10月中旬),请求中必须包含对该请求重要性的简要说明。

(3) 主办方有权决定是否有必要回复其所收到的释明请求以及如何回复。如果主办方认为有必要回复某一释明请求,该回复会通过邮件发送给每支代表队的联系人。此时,主办方作出的释明当然成为比赛案例的一部分。

三、关于书面陈述

(一) 格式和字数

(1) 每支代表队应该上交控辩双方的书面文书。

(2) 每份文书均应采用 1.5 倍行距,"Times New Roman"字体,12 号字。每份文书均不得超过 4000 词(包括脚注在内),如果超过 4000 词,主办方将根据以下规则扣除该代表队相应的文书分数:

① 超过 1—50 词扣 5 分;

② 超过 51—100 词扣 10 分;

③ 超过 101—200 词扣 20 分;

④ 超过 200 词及以上扣 30 分。

(3) 文章引用必须使用脚注(不得使用尾注)且格式统一、清楚。

(4) 每份文书均应包含封面,封面上只能体现以下信息:

① 该代表队的比赛编号;

② 控方/辩方的书面文书;

③ 该份文书的字数统计。

(二) 文书提交

(1) 通常在 11 月初,每支代表队应通过邮件向主办方发送一份电子版文书,并通过 EMS 或其他快递方式向主办方指定地点邮寄 24 份相同的纸质版文书(12 份控方文书、12 份辩方文书)。

(2) 电子版文书应该采用 Word 文档(.doc 或.docx)的形式,除主办方明确同意外,不得采用其他文件形式。此外,文件大小不得超过 4MB。

(3) 纸质版文书必须与电子版文书相同,且必须双面打印(封面除外)。每份纸质版文书应该分别采用牢固的方式(不得采用橡皮筋、回形针、别针等不牢固的装订方式)装订好,从而保证其在比赛过程中不会轻易散开。

(4) 除因特殊原因得到主办方的提前书面同意外,任何未在截止时间前提交书面文书的代表队将在其文书分数中被扣除 15 分。

(三) 文书修改

书面文书一旦提交不得修改。

四、关于对手匹配与立场选择

(一) 初赛

(1) 初赛包括两轮口头辩论,每支代表队分别代表控辩双方进行辩论。

(2) 主办方将会通过随机抽签的方式为每支代表队匹配相应的对手。

(3) 在随机匹配结束后,主办方会提前把每支代表队的书面文书发送给各代表队初赛相应的裁判法官。

(4) 比赛开始前一周左右,各代表队会通过邮件收到其初赛阶段的两支对手代表队相应的书面文书。同时,主办方会公布所有代表队初赛的配对情况。

(5) 在某一代表队无法出席相应的口头辩论时,该场口头辩论将按照以下程序进行:

① 书记员确认双方代表队是否到场；
② 如果某方代表队缺席，书记员需告知法官并通知主办方；
③ 通知主办方后，书记员需在庭内、庭外各喊两次该缺席代表队的比赛编号，每次间隔30秒；
④ 如果被喊代表队仍未到场，书记员将向法庭宣布该代表队缺席。

然后，该场口头辩论将以单方听证会的形式继续进行，到场的代表队依旧由法官按照相应的评分规则打分。

（二）四分之一决赛、半决赛、季军附加赛和决赛

（1）初赛中排名在前的八支代表队进入四分之一决赛，四分之一决赛包含这八支代表队之间的四场比赛。

（2）在四分之一决赛中，初赛排名第一的代表队与排名第八的代表队对赛，排名第二的代表队与排名第七的代表队对赛，以此类推，第三对第六，第四对第五。

（3）在四分之一决赛中，初赛排名较高的代表队可以选择其辩护立场（即可以选择作为控方或辩方）。

（4）在四分之一决赛中获胜的四个代表队进入半决赛，半决赛包含这四支代表队之间的两场比赛。

（5）在半决赛中，之前四分之一决赛中排名第一的代表队与排名第八的代表队的对赛中的获胜队和排名第四的代表队与排名第五的代表队的对赛中的获胜队进行对赛，排名第二的代表队与排名第七的代表队的对赛中的获胜队和排名第三的代表队与排名第六的代表队的对赛中的获胜队进行对赛。

（6）半决赛、季军附加赛、决赛中各代表队的辩护立场选择权通过抛硬币决定，初赛中排名较高的代表队中的特定队员选择正反，由主办方的特定工作人员抛掷硬币。如果该队员猜中，那么其队伍可以选择其辩护立场；如果该队员未猜中，那么另一队可以选择其辩护立场。

五、关于口头辩论

（1）每支代表队在报名时就应确定第一辩护人与第二辩护人。

（2）在任何情况下，每支代表队都不得透露其所属高校，任何透露行为都会使相关的比赛选手在个人得分中扣除10分。

（3）在口头辩论环节，每支代表队的陈述不得超过40分钟，各代表队的第一辩护人与第二辩护人需分别陈述至少15分钟。

（4）每支代表队可预留最多10分钟的时间来进行反驳（如果作为控方）或回复（如果作为辩方）。

（5）控方反驳的范围局限于回应辩方的口头陈述，辩方回复的范围局限于回应控方的反驳。

（6）每支代表队在其进行口头陈述时应首先说明每位比赛选手的陈述时间以及其为反驳或回复预留的时间。

(7) 第一辩护人或第二辩护人均可进行反驳或回复。为了避免争议,各代表队为反驳或回复预留的时间并不计入每位辩护人的个人陈述时间。

(8) 在有合适的理由时,法庭可自由决定是否延长某一比赛选手的陈述时间,但对任一比赛选手陈述时间的延长均不得超过 5 分钟。

(9) 书记员会为每位比赛选手的口头陈述计时,并在以下情形下采用合适的方式对选手进行提醒:

① 剩余 5 分钟;
② 剩余 1 分钟;
③ 时间到。

(10) 比赛选手口头陈述的顺序应为:

① 控方第一辩护人;
② 控方第二辩护人;
③ 辩方第一辩护人;
④ 辩方第二辩护人;
⑤ 反驳(如果有的话,控方第一辩护人或第二辩护人);
⑥ 回复(如果有的话,辩方第一辩护人或第二辩护人)。

(11) 在口头辩论环节,每位比赛选手都应当受到尊重。所以,同队选手之间的交流应采用书面形式从而避免干扰法庭,各代表队及观众也应尽量避免发出不必要的声响或作出可能干扰法庭的其他不恰当行为。

(12) 比赛选手在比赛过程中不得与观众或者法官以外的其他人交流(同队比赛选手之间可进行交流)。

六、关于初赛评分

(1) 每支代表队的初赛分数均包含以下两个部分:书面文书的得分以及口头陈述的得分。

(2) 每份书面文书都会由两名国际红十字会指定的国际人道法专家进行评定,各位专家会收到相应的带封面的纸质版书面文书。每份书面文书的满分为 100 分,其实际得分为两名专家所打分数的平均值。如果两名专家对某份书面文书所打分数之间的分数差大于或等于 15 分,那么这份书面文书将由国际红十字会指定的第三名专家进行重新评定,该书面文书的最终得分应为最接近的两个分数的平均值。

(3) 口头陈述由 2—3 名法官进行评定,每场口头辩论的法官均由现任或退休法官、律师、法学教授或其他在国际人道法方面经验丰富的人担任。在初赛的每场口头辩论中,每位比赛选手的满分为 100 分(即每支代表队的满分为 200 分),其实际得分为在场法官所打分数的平均值。

(4) 每支代表队初赛的总分为 600 分,包含以下六个部分:

① 控方书面文书(100 分);
② 辩方书面文书(100 分);

③ 第一辩护人作为控方辩护（100分）；
④ 第二辩护人作为控方辩护（100分）；
⑤ 第一辩护人作为辩方辩护（100分）；
⑥ 第二辩护人作为辩方辩护（100分）。

（5）各位法官的评定具有终局性。

（6）在初赛结束后，主办方会公布每支代表队及每位比赛选手的分数（仅公布该代表队的比赛编号，并不透露其所属高校）。初赛结果公布后，口头辩论环节每位法官的评分表也会向相应代表队公开。如果存在任何计算错误，各代表队可在结果公布后的15分钟之内向主办方提出质疑，主办方应当核实并修正。如果该修正会影响进入四分之一决赛的代表队，那么修正后的结果应在确认后15分钟内公布。

七、关于决赛队伍

（1）初赛中总分最高的八支代表队进入四分之一决赛。

（2）初赛结束后，如果两支代表队总分相同，那么在口头辩论环节总分较高的代表队进入四分之一决赛；如果这两支代表队口头辩论环节总分依旧相同，那么在口头辩论环节第一辩护人得分较高的代表队进入四分之一决赛。

（3）在四分之一决赛、半决赛以及决赛中，法官基于各代表队比赛表现直接评定获胜队而无须打分。

八、关于季军附加赛

（1）在半决赛中未获胜的两支代表队会进行对赛，从而争夺季军。

（2）法官基于各代表队比赛表现直接评定获胜队而无须打分。

九、关于帮助

（一）书面陈述

所有书面文书的资料搜集、写作、编辑工作都必须由提交文书的两名比赛选手完成。

（二）教职人员和其他顾问的协助

参赛高校的教职人员或其他教练、助手、顾问仅可对一般事项提出建议，比如说：争议焦点的讨论、查找资料的方向、文章结构的评价、论点的组织与顺序、格式、表达与风格等。

十、关于奖项

（1）国际红十字会将资助进入决赛的两支代表队与季军附加赛中的获胜队去香港参加次年的亚太地区红十字会国际人道法模拟法庭大赛。

(2) 决赛中的获胜队为该比赛的冠军,另一队为亚军。

(3) 获得前八名的代表队均会得到相应的奖项。

(4) 决赛的最佳辩手由决赛的裁判法官决定并被授予奖状。

(5) 初赛的最佳辩手为初赛口头辩论环节中个人得分最高的比赛选手并被授予奖状。此外,初赛口头辩论环节中个人得分第二高的比赛选手也会被授予相应的奖状。

(6) 控方最佳书状为得分最高的控方文书,辩方最佳书状为得分最高的辩方文书,提交相应文书的代表队会被分别授予奖状。此外,提交书状得分第二高的控方或辩方文书的代表队也会被分别授予相应的奖状。

(7) 主办方可自由决定是否颁发其他奖项来替代上文所述奖项。

十一、关于规则解释

主办方对比赛规则有最终解释权。

第三节　赛前准备及比赛技巧

国际模拟法庭竞赛既不是以说服观众为目的的演讲,也不是与对手针锋相对的对抗式的辩论,而是一种与法官交流的对话式的说理。竞赛会给出一个虚构的案件,然后要求参赛学生提交书状,并在法官面前进行口头辩论。法官通常由教授或其他法律从业者担任。

此类模拟法庭竞赛由于使用英语为比赛语言、涉及国际法的不同领域,因此有别于一般的国内模拟法庭竞赛。因此,建议各参赛高校开设专门的国际模拟法庭竞赛训练课程,使用英语(或英语、汉语双语)教学,从而对有意向参加此类竞赛的学生进行针对性训练。课程的主要内容应包括理论和实务两个部分:在理论部分,主要应包括国际法的基本理论、国家责任法以及国际商法与仲裁法、国际人道法、国际刑法等特定国际模拟法庭竞赛涉及的国际法领域;在实务部分,主要应包括英语法律文书写作、英语口语表达、国际模拟法庭的辩论程序以及国际模拟法庭的辩论技巧等。

从案情陈述,到法条检索、法律分析,再到书状写作和口头辩论的整个过程,能够使参赛学生夯实基础知识,全面提升法律检索能力、法律思维能力、法律写作能力、语言表达能力。各类国际模拟法庭竞赛尽管在比赛范围、内容上有所不同,但在参赛的组织策略和比赛的技巧方面却是基本相通的,下文将对其进行具体介绍。

一、赛前准备

赛前准备主要针对书面陈述部分。

(一) 资料搜集

(1) 不同的国际法渊源法律效力不同,一般而言,国际条约及国际惯例的法律效力最高,判例次之,学者的学说及国内法律实践等再次。

(2) 资料的搜集与整理是一项枯燥而又烦琐的工作,建议可以先在谷歌等搜索引擎上搜索相应的关键词,待发现有用信息后,再去专业的数据库进行搜索,从而可以在一定程度上避免无意义的阅读与筛选。

(3) 各类国际判例可在其裁判机构官网上找到。此外,推荐以下外文数据库:

① LexisNexis 法律资料库与 LexisNexis Academic 学术大全;

② HeinOnline 美国法律期刊全文数据库;

③ Westlaw International;

④ KluwerLaw 期刊和网络数据库与 Kluwer 仲裁数据库。

(二) 文书写作

(1) 仔细阅读模拟法庭所给出的案例,在书状中不能遗漏关键点,比如是否存在可受理性问题等。

(2) 书状应条理清晰,每一部分的标题和子标题应简洁明了,能反映该部分的主要论点或要素,并通过顶格、空格及序号等方式清楚地表明书状内容的层次结构,建议可以参考往年的最佳书状。

(3) 书写书状时应注意交叉使用长句和短句,使用正式用语,不必使用过于复杂的语法,不必使用过多的拉丁词汇,切忌使用过于绝对化或主观意思过强的词语。

(4) 书写书状时应避免使用过于文学化的语言。"法律写作并不是文学创作,它的主要目的仍然是以理性的思辨说服读者,而不是用感情的抒发打动读者。"①

(5) 在具体论证时,应通过分析在案件事实与适用法律之间建立起联系,不能简单地在援引事实和可适用的法律后就得出结论,建议可以采用"IRAC 格式"(I:Issue,R:Rule,A:Analysis,C:Conclusion)。

(6) 在具体论证时,对于重要规则或原则的解释最好有判例的支撑,但同时也要注意其与本案是否有可比性。此外,所援引判例的出处要详细,一般须包括法庭名称、判例名称、判决类型、日期和具体页码、段落。

(7) 援引公约时,名称要准确,要使用规范或通用的缩写,并准确标注所援引公约条文的具体条款。

(8) 书状通常由数人合作完成,在进行整合时应注意统一全文格式。此外,还应检查是否存在单词拼写错误或语法错误。

二、比赛技巧

比赛技巧主要针对口头辩论部分。

(一) 法庭礼仪

(1) 称呼法官为:your excellency/ honor,称呼队友为:my co-agent/ co-counsel。

(2) 开始陈述时可以说:May it please the court。

结束陈述时可以说:If your Excellencies have no further questions, I will close my

---

① 张丽英、尚宽:《国际模拟法庭比赛的诉状写作与法庭辩论》,载《中国法学教育研究》2011 年第 3 期。

submissions. May it please the court。

或：Unless I can assist your Excellencies any further, this concludes my submissions。

或：Unless I may be of further use to your Excellencies, this concludes my submissions。

请法官翻页时可以说：Your Excellencies, may I draw your attention to …

或：If I may direct Your Excellencies to …

（3）建议比赛结束后面带微笑与对手握手。

（二）法庭陈述

（1）表情柔和，尽量与每一位法官产生眼神交流。

（2）参赛选手带上法庭的文件应用文件夹夹好，并使用标签进行分类标注以便查找。此外，讲稿应选择便于阅读的字体与字号。

（3）陈述时应注意控制语速，吐字清晰，切忌越说越快。此外，应尽量少做手势以免造成轻浮之感。

（4）脱稿并不等于背诵，切忌在场上背诵书状，参赛选手需牢记其主要职责是与法官交流、回答法官的问题，而不是背完讲稿。

（5）在法官说话时，选手一定要停止发言，千万不要打断法官或与法官争辩。

（6）参赛选手应熟练掌握案例事实，并知道从某一事实可以推断出什么。建议做两张简易的表格，分别列举对正反两方有利的事实。此外，在陈述时，应坚持事实，即便对你不利，也决不要自己捏造新的事实。

（7）针对时间安排，应注意以下几点：

① 在正式陈述开始前应先向法官表明自己陈述所用时间以及要点。

② 控制好陈述时间，在时间不够时可礼貌地请求法官给 30 秒钟完成结语。在此时，切忌长篇大论，因而不要一味地追求陈述完所有的要点，而应更多地关注如何回答好法官的问题。此外，建议可以准备几份长短不一的讲稿以应对场上的不同情况。

（8）由于陈述时间有限，参赛选手应首先或尽快提出对自己最有利的观点，建议可以采用"倒三角"的模式，从最有利的点讲起。此外，为了给核心问题留下足够的时间，对一些争议不大的点选手可以简单带过。

（9）参赛选手须牢记你的目标是说服法官接受你的主张，而非与对手进行辩论。没必要也做不到在每个点上都赢，但你必须清楚地知道自己所能作出的最大让步在哪里。如果某一点对于打赢案件至关重要，那么就算法官"步步紧逼"，你也绝不能让步。即使最后法官并没有被说服，你也应捍卫自己的立场，然后转向下一个论点。

（10）针对法官提问，应注意以下几点：

① 对于国际模拟法庭竞赛而言，回答问题是最重要的环节。回答要切中要害，其中包括事实以及法律依据（建议可以参照"IRAC 格式"），然后回到陈述中。尽管表述事实或适用法律的对与错非常重要，然而法官更看重的却是参赛选手的法律分析是否是充分且合理的。

② 法官提问时要立即停止陈述、礼貌倾听,在法官问题没有问完之前不要着急表明自己的看法。如果不确定是否听清法官的问题,可以按自己的理解向法官重复一下问题,可以说:Sorry, your Excellencies, would you mean …

③ 正面直接回答法官的问题并围绕问题的关键点进行陈述,不能为了回避对己方不利的问题顾左右而言他。如果确实不知道如何回答该问题且该问题对继续陈述影响不大,建议可以礼貌地向法官表明自己不知道答案,可以说:I'm sorry, your Excellencies, I cannot assist the court on this question,或:I'm sorry, your Excellencies, I'm afraid that I cannot help you further on this question。

④ 及时回答法官的问题,不要对法官说"您的问题我在接下来哪个部分会予以论证,我稍后再回答"等诸如此类的话。因此,论述的结构必须要灵活,要做好先回答后面的点的准备,即便原来的结构并非如此。如果法官所问的问题属于队友负责的部分,则应先简要阐述己方立场后再向法官解释能否由队友随后详细回答。

⑤ 在回答完法官的问题后,如果法官没有进一步的表示,直接继续陈述,无须向法官求得许可,不必感谢法官的提问,尽量也不要问诸如"我的回答是否令您满意"等问题。

⑥ 如果法官问完问题后时间已用尽,应先询问法官"我的陈述时间已用尽,我现在还能否回答这个问题",获得许可后才可作答。

(11) 重视反驳(作为正方)和回复(作为反方),这是打动法官并削弱对方论点的最后时机,要好好利用。建议参赛选手可以就对手的书状提前作准备,但要注意其口头陈述是否有所修改,并且不要单纯地重复书状中已陈述过的论点,而应通过寻找对方自相矛盾、对事实和法律运用错误之处来攻击对方的观点,并向法官指出。

(12) 注重团队精神。各类国际模拟法庭竞赛均属于团队型比赛,参赛选手们在准备时要紧密合作,互相熟悉各自负责的内容,这一方面有助于队员之间互相讨论并提出修改意见,另一方面也有助于选手在场上更好地回答法官的问题。

附一:第十二届红十字国际人道法模拟法庭大赛规则[①]

The 12th Red Cross
International Humanitarian Law Moot Court (2018)
An Inter-University Competition for Mainland China
The Rules

General Matters

1. The 12th Red Cross International Humanitarian Law Moot Court Competition (2018) ("the Competition") shall be run under the auspices of the International Committee of the Red Cross ("ICRC") and the Sun Yat-sen University School of Law

---

① 详情参见:https://www.icrc.org/zh/document/china-national-round-moot-problem-2018,2020年9月30日访问。

("the Organizers").

2. The Organizers shall have the power to appoint judges and amend and apply these rules as they think fit.

3. The date for the competition shall be 23-25 November 2018 and the venue of the competition shall be at the campus of Sun Yat-sen University.

Delegations and Teams

Composition

4. The Competition shall be open to not more than one team from each participating institution, unless specifically authorized by the Organizers.

5. Each team shall consist of two students as counsels and one coach. Each team may also opt to include one student as a researcher.

6. Each team will represent the Prosecutor and the Defendant respectively during the General Rounds of the Competition. The teams qualified for the Quarter-final Round, the Semi-final Round, the Third Place Playoff and the Final will represent either the Prosecutor or the Defendant.

Eligibility

7. Participating students shall be registered with a higher education institution established in the People's Republic of China as of 1 December 2018 either for a first degree in law or for any postgraduate qualification in law below the level of a doctorate. A person is ineligible to participate in the Competition if, as of 1 December 2018 he or she:

i. Registered for a doctoral degree in law, at a participating institution or at any other institution;

ii. Holds any doctoral degree in law, regardless of the institution that conferred such doctorate;

iii. Holds a full time or part time teaching post in any tertiary institution; or

iv. Has been licensed to practice law in any jurisdiction.

8. Participating students need not be nationals of, or normal residents in, the country in which their participating institution is located.

Registration

9. Each participating institution must notify the Organizers via e-mail (to Dr. LIU Xinyan, xliu@icrc.org) by 30 September 2018 of:

i. The names of the two counsels, the coach and if applicable, the researcher;

ii. The law degree or programme in which each student is enrolled (e.g. LLB); and

iii. The name, address, e-mail address and telephone number of a contact person for the team.

Contact Person

10. The coach of each team shall normally act as the contact person. However,

each team may designate the researcher or one of the counsels as its contact person. Each contact person will be sent:

i. The individual moot number assigned to its team;

ii. Information relating to accommodation and transport in Guangzhou; and

iii. Any other relevant organizational materials.

The contact person of each team is responsible for distributing the foregoing information and materials to each team member. Communication between each delegation and the Organizers through any person other than the relevant contact person for that delegation is at the risk of that delegation and its team.

Substitute members

11. A team will normally not be permitted to make any substitution of its members after they have been successfully registered under Rule 9.

The Moot Problem

Selection

12. The Organizers shall have the sole power to determine the Moot Problem to be used in the Competition.

Distribution

13. The Moot Problem is posted on the ICRC Chinese website: https://www.icrc.org/zh/document/china-national-round-moot-problem-2018.

Facts

14. The facts that constitutes the subject matter of the Competition are given in the Moot Problem. No additional facts may be introduced into the Moot Problem unless they are a logical and necessary extension of the given facts.

Clarifications

15. Requests for clarification shall not be entertained unless the clarification would have material significance in the context of the Moot Problem. In particular, teams should bear in mind that the Moot Problem provides a limited set of facts. Teams should not use a request for clarification merely to obtain additional facts to those contained in the Moot Problem.

16. Before making any request for clarification, counsels must discuss the need to make such a request with the coach or the contact person of their team. Any request for clarification of the Moot Problem shall be brought to the attention of the Organizers via e-mail (to xliu@icrc.org) by 12 October 2018. A request for clarification must include a brief explanation of the expected material significance of the clarification.

17. The Organizers shall have absolute discretion to determine whether it is necessary to respond to any request for clarification and to resolve such request in the

manner as they think fit. If the Organizers deem it necessary to respond to a request for clarification, such clarification shall be distributed to the contact persons of all teams by 18 October 2018 via e-mail. Clarifications thus issued shall become part of the Moot Problem.

The Memorials

Form and Length

18. Each team shall submit memorials for the Prosecutor and the Defendant.

19. Each memorial shall be typed with 1.5 line-spacing, using "Times New Roman" font in size 12. Each memorial shall not exceed 4000 words in length, including citations. In the event that any team submits a memorial of a length exceeding 4000 words, the Organizers shall deduct marks from that team's memorial score out of 100 (calculated pursuant to Rule 54) according to the following scale:

i. 1-50 words in excess—deduction of 5 marks;

ii. 51-100 words in excess—deduction of 10 marks;

iii. 101-200 words in excess—deduction of 20 marks; and

iv. Over 200 words in excess—deduction of 30 marks.

20. Citations must be in footnotes (not endnotes) and should be in an intelligible form.

21. Each memorial must have one cover sheet. The cover sheet must have on it only the following information:

i. the team's individual moot number which was supplied to the contact person of the team's relevant delegation upon registration (see Rule 10);

ii. whether the memorial is for the Prosecutor or the Defendant; and

iii. the word count of the memorial.

Submission of Memorials

22. Each team shall submit an electronic copy of its memorials via e-mail (to xiu@icrc.org) by 11:59 pm, 8 November 2018, and dispatch 24 hard copies (12 for Prosecutor, 12 for Defendant) of the same memorials via EMS (or a similar express mail service) by 10 November 2018 (dispatch date), to the Organizers at the following address:

Dr. LIU Xinyan 6-2 Qijiayuan Diplomatic Compound No. 9 Jianguomenwai Dajie, Beijing China, 100600 Tel: 010 8532 3290-801	北京市朝阳区建国门外大街9号齐家园外交公寓6-2,100600 刘欣燕（收） 电话:85323290 转 801

23. The copies of the memorial which are e-mailed must be in the format of

Microsoft Word for Windows (. doc or. docx). No other data format will be accepted without the expressed prior consent of the Organizers. The overall size of the memorials shall not exceed 4 MB.

24. The hard copies of the memorials must be identical to the electronic ones. The 24 hard copies of the memorials must be printed double-sided (i. e. reproduced on both sides of the paper), except for the cover sheet prescribed in Rule 21. The hard copies must be securely stapled or bound together so that the stapling or binding will hold throughout the Competition. Memorials should not be held together by rubber bands, lightweight staples, paperclips, pins or other insecure means.

25. Unless otherwise agreed in advance and in writing by the Organizers for special reasons, a team will be sanctioned by the deduction of 15 marks from their memorial scores if it does not submit both of its Prosecutor and Defendant memorials by the deadline as specified in Rule 22.

Revision of Memorials

26. A memorial may not be revised for any purpose whatsoever once it has been submitted.

Pairing of Opposing Teams and Pleading Option

General Rounds

27. The General Rounds of the Competition consist of two oral rounds. Each team pleads once as Prosecutor and once as Defendant.

28. The Organizers will determine which Prosecutor and Defendant teams will meet each other in the General Rounds of the Competition by means of a random draw conducted after 8 November 2018.

29. After the draw has been conducted, the Organizers shall forward each team's memorial to the judges who will adjudicate that team's oral hearings in the General Rounds of the Competition.

30. By 19 November 2018, each team will receive through e-mail the memorials of its opponent teams in the two General Rounds. The Organizers will announce the complete fixtures as determined under Rule 28 in due course.

31. In the event that a team fails to appear for a scheduled oral hearing, the hearing will proceed ex parte in the following order:

i. A court clerk will confirm the presence of both teams;

ii. If one team is absent, the court clerk will inform the judges and notify the Organizers;

iii. Once the Organizers have been notified, the court clerk will then call the moot number of the absent team two times inside and two times outside the court room with an interval of 30 seconds each;

iv. If the team whose number is called fails to appear, the court clerk will announce to the court that there is no appearance by the team called.

The oral hearing will then proceed as an ex parte hearing.

The team that is present in the court room will receive scores pursuant to Rules 53 through 57.

Quarter-final, Semi-final, Third Place Playoff and Final Rounds

32. Subject to Rule 53 through Rule 58, the eight highest-ranking teams from the General Rounds shall participate in the Quarter-final Round. The Quarter-final Round consists of four pairings of the eight highest-ranking teams from the General Rounds.

33. In the Quarter-final Round, the 1st ranking team from the General Rounds shall plead against the 8th ranking team. The 2nd ranking team shall plead against the 7th ranking team; the 3rd shall plead against the 6th, and the 4th shall plead against the 5th.

34. In the Quarter-final Round, the higher-ranking team from the General Rounds shall have the Pleading Option. Pleading Option means the privilege to choose which side (Prosecutor or Defendant) a team would like to plead.

35. The four winning teams from the Quarter-final Round shall enter the Semi-final Round. The Semi-final Round consists of two pairings of the four winning teams from the Quarter-final Round.

36. In the Semi-final Round, the winning team from the Quarter-final pairing of the 1st ranking team v. 8th ranking team shall plead against the winning team from the Quarter-final pairing of the 4th ranking team v. 5th ranking team, as specified in Rule 33. The winning team from the Quarter-final pairing of the 2nd ranking team v. 7th ranking team shall plead against the winning team from the Quarter-final pairing of the 3rd ranking team v. 6th ranking team.

37. Pleading option for the Semi-final Round, the Third Place Playoff and the Final shall be decided by tossing a coin. A designated team member of the higher-ranking team from the General Rounds will call the toss, and a person designated by the Organizers will toss the coin. If the team member correctly calls the toss, then his or her team will have the pleading option. If that team member does not correctly call the toss, then the opposing team will have the pleading option.

Oral Hearings

Dates of oral hearings

38. Unless otherwise notified by the Organizers, the first General Round will be held in the morning of Saturday, 24 November 2018 and the second General Round will be held in the afternoon of the same day. The Organizers will give due notice to the contact persons of the venue of the General Rounds.

39. Unless otherwise notified by the Organizers, the Quarter-final and Semi-final Rounds will be held in the morning of Sunday, 25 November 2018. The Organizers will give due notice to the contact persons of the venue of the Quarter-final and Semi-final rounds.

40. Unless otherwise notified by the Organizers, the Third Place Playoff and the Final will be held in the afternoon of Sunday, 25 November 2018. The Organizers will give due notice to the contact persons of the venue of the Third Place Playoff and the Final.

Rules Applicable to the General Rounds and the Final Rounds

41. Each team shall consist of a first counsel and a second counsel, as designated by the team or the relevant participating institution in the registration form.

42. Each team shall, in any circumstance, keep confidential the name of the participating institution. Any disclosure may subject the counsel concerned to the deduction of 10 marks from the total individual score out of 100, and in turn affect the team's total score out of 200 in each of the oral hearings, pursuant to Rule 56.

43. Each team shall speak for no more than 40 minutes in an oral hearing. The first counsel and the second counsel of each team shall each speak individually for a minimum of 15 minutes.

44. Each team may reserve up to 10 minutes for rebuttal (in the case of a Prosecutor team) or surrebuttal (in the case of a Defendant team).

45. The scope of the Prosecutor's rebuttal is limited to responding to the Defendant's oral pleadings, and the scope of the Defendant's surrebuttal is limited to responding to the Prosecutor's rebuttal.

46. Each team shall indicate at the beginning of its oral argument, for how long each counsel will speak and how much time it intends to reserve for rebuttal or surrebuttal.

47. Either the first counsel or the second counsel may address the court in rebuttal or surrebuttal. For the avoidance of doubt, the time reserved for rebuttal or surrebuttal is not included in the minimum time for each counsel to speak specified in Rule 43.

48. The court may, in its discretion, extend the time for each counsel for good cause, provided that the maximum extension of time granted to any counsel shall not exceed 5 minutes.

49. Time shall be kept by a court clerk, who will warn the counsels by appropriate means when they have:

   i. 5 minutes left;
   ii. 1 minute left;

iii. to conclude their pleading forthwith.

50. The order of the oral pleadings shall be:

i. Prosecutor's first counsel;

ii. Prosecutor's second counsel;

iii. Defendant's first counsel;

iv. Defendant's second counsel;

v. Rebuttal, if any (Prosecutor's first or second counsel);

vi. Surrebuttal, if any (Defendant's first or second counsel).

51. Every courtesy shall be given to counsels during oral hearings. Communication at the counsel table shall be in writing to prevent disruption; teams and spectators shall avoid all unnecessary noise or other inappropriate behaviour which may disrupt the ongoing hearing.

52. Team members seated at the counsel table shall not be permitted to communicate with spectators, or with any other external person except the judges. Without limiting the foregoing, with respect to teams that have a researcher, counsels shall not be permitted to communicate with the researcher during the oral hearings. The researcher shall not be permitted to sit with counsels at the counsel table.

Scoring for General Rounds

53. Each team's score for the General Rounds shall consist of two parts: the score of the memorials and the score of the oral presentations.

54. Each memorial shall be assessed by two IHL experts designated by the ICRC. The experts will be supplied with copies of the memorials with the cover sheet as specified in Rule 21. The maximum score for each memorial shall be 100. The score of each memorial shall be the average of the scores out of 100 awarded by the two designated memorial judges. If the difference between two scores for one memorial equals to or exceeds 15, this memorial shall be re-assessed by a third judge designated by the ICRC. The final score of this memorial shall be the average of two closer scores.

55. The oral presentations shall be assessed by two or three judges on the panel. The judges in each oral hearing shall be a current or former judge, lawyer, or law professor, or otherwise experienced in the practice of IHL. In each General Round, the maximum score for each counsel shall be 100 and the maximum score for each team's oral presentation shall be 200. The score of each counsel shall be the average of the scores awarded by the judges assessing their oral presentations.

56. The total score for each team in the general rounds shall be 600, consisting of the following parts:

i. 100 for Prosecutor memorial;

ii. 100 for Defendant memorial;

iii. 100 for first counsel when pleading as Prosecutor;

iv. 100 for second counsel when pleading as Prosecutor;

v. 100 for first counsel when pleading as Defendant;

vi. 100 for second counsel when pleading as Defendant.

57. The decision of the judges shall be final.

58. The Organizers shall announce the scores of each team and each counsel after the completion of the General Rounds, by indicating only the team number and without revealing the identity of any team. Copies of individual judges' scoresheets for oral hearings will be available to the respective teams immediately after the announcement of the results of the General Rounds. Teams may raise questions with the Organizers within 15 minutes after the announcement of the scores if any arithmetic error is identified. The Organizers shall check and rectify any errors. If such rectification affects the teams entering the Quarter-final Round, the rectified results will be announced within 15 minutes after verification of the rectification.

Finalist Teams

59. The eight teams with the highest aggregate score out of 600 from the General Rounds shall qualify for the Quarter-final Round.

60. In the event that, after the completion of the General Rounds, any two teams tie in their scores out of 600, the team which will proceed to the Quarter-final Round shall be the team which has the higher average score out of 400 for its oral presentations in the General Rounds. In the further event that both such teams are also tied in their average score out of 400 for oral presentations in the General Rounds, the team which will proceed to the Quarter-final Round shall be the team whose first counsel receives the higher average score out of 200 for his or her oral presentations in the General Rounds.

61. In the Quarter-final, Semi-final, and Final Rounds, the judges will decide which is the winning team based on their oral presentations without scoring.

Third Place Playoff

62. There shall be a Third Place Playoff. The two teams in the Semi-final Round that do not advance to the Final shall compete against each other for the Third Place Award.

63. Unless otherwise notified by the Organizers, the Round for the Third Place Award shall take place in the afternoon of 25 November 2018, before the Final.

64. The judges will decide which is the winning team in the Third Place Playoff without scoring.

Assistance

Memorials

65. All research, writing and editing relating to the memorials must be the work

of the two counsels submitting the memorials.

Assistance from Staff and Other Advisors

66. Staff of the participating institutions and other coaches, assistants or advisors should restrict their advice to general matters, such as to a discussion of the issues, suggestions as to research sources, and a general commentary on structure, organization and flow of arguments, format, presentation and style.

Awards

67. Three teams will be sponsored to Hong Kong for the 17th Red Cross IHL Moot (2019) for the Asia-Pacific Region. These three teams will be the two teams in the Final and the winning team in the Third Place Playoff.

68. The winning team of the Final shall be the Winning Team of the Competition. The other team participating in the Final shall be the Runner-up Team.

69. Each top-eight team shall be awarded a certificate.

70. The Best Mooter in the Final shall be decided by judges of the Final and awarded a certificate.

71. The counsel with the highest score out of 200 in the General Rounds shall be adjudged the Best Mooter in General Rounds and awarded a certificate.

72. The counsel with the second highest score out of 200 in the General Rounds shall be adjudged the Runner-up to Best Mooter in General Rounds and awarded a certificate.

73. The Prosecutor's memorial with the highest score out of 100 shall be adjudged the Best Memorial for Prosecution; the Defendant's memorial with the highest score out of 100 shall be adjudged the Best Memorial for Defence. The teams that submitted such memorials shall be respectively awarded a certificate.

74. The Prosecutor's memorial with the second highest score out of 100 shall be adjudged the First Honourable Submission for Prosecution; the Defendant's memorial with the second highest score out of 100 shall be adjudged the First Honourable Submission for Defence. The teams that submitted such memorials shall be respectively awarded a certificate.

75. The Organizers may in their discretion decide to award alternative prizes in lieu of the prizes described above.

Interpretation of Rules

76. The Organizers shall have absolute discretion to resolve any question concerning the interpretation of these rules.

附二:2018年曼弗雷德·拉克斯国际空间法模拟法庭大赛案例[①]

THE 2018 MANFRED LACHS SPACE LAW MOOT COURT COMPETITION
INTERNATIONAL COURT OF JUSTICE
Case Concerning Conflicting Activities in Outer Space,
Planetary Protection, and Outer Space Security
THE DEMOCRATIC REPUBLIC OF NEAPILIA
(APPLICANT)
V.
THE REPUBLIC OF KALVION
(RESPONDENT)

Agreed Statement of Facts:

1. The Democratic Republic of Neapilia is a developed country. Until recently, its national oil and natural gas reserves have been contributing to the country's economic stability and consistent growth. Neapilia's strong economy has enabled it to invest significantly in space activities and related technologies. Within the domain of space exploration and planetary science, Neapilia has particularly focused on the creation of a human settlement on Mars.

2. Following a series of successful robotic missions on the surface of Mars, in 2040 the Neapilian Space Agency (NSA) launched a Civil Space Station orbiting Mars (known as 'TheosAres') and registered it in the Neapilian national register of objects launched into outer space.

3. The Republic of Kalvion is a former developing country, the economy of which has experienced massive growth since 2025. Such growth has been accompanied by the development of space activities, both civil and military. However, Kalvion lacks domestic non-renewable energy resources and traditionally has relied on imported oil and gas in order to sustain its economic growth. As a consequence, it has suffered longer and more severely than other States from the depletion of Earth's non-renewable natural resources, and has been forced to look for alternative sources of energy.

4. By 2045 the global population of Earth exceeded 9.2 billion and the United Nations (UN) forecast that renewable energy sources will not meet mankind's growing needs for long. Damage to Earth's environment over many decades from over-population and global warming has progressively made the environment less hospitable to agriculture. Lack of resources has triggered massive migrations and social unrest in

---

[①] 详情参见:http://iislweb.org/2018-lachs-moot-case-revised/,2020年9月30日访问。

several countries. The Food and Agriculture Organization has been preparing the world community for a food crisis in response to clear signs that Earth's natural reserves have reached critical levels.

5. Since 2035, UN Member States have been discussing possible collective solutions. However, no agreement has been reached and some States have started to look for alternative separate solutions.

6. Neapilia is one of the countries most affected by the crisis, which is exemplified by an ongoing housing crisis brought on by the population explosion within its small territory, spawning widespread social rioting since 2030. Neapilia can no longer rely on its energy surplus to fully fund new outer space programmes as it is now struggling to meet the needs of its own population.

7. In this regard, Neapilia's government issued a national space policy act stating, among other things, that exploitation of outer space could help overcome current global and national overpopulation and Earth resources crisis and invited the private sector to submit proposals for space-based solutions.

8. Salus Patriae ad Astra Corporation (SalPA Corp.) was a powerful private Neapilian company with an historical interest in innovative technology, in particular, in the field of outer space exploration and use. SalPA Corp. developed an ambitious proposal – to make Martian water resources accessible to humans. Mars has long been considered as the first potential destination for human resettlement, due to its surface conditions and the existence of water deposits at its poles and subsurface. Despite an average temperature on Mars of approximately $-85\ °F\ (-65\ °C)$, it is still considered to be the only available hospitable celestial body in the Solar system (besides our planet), considering its proximity to Earth and its accessibility given the existing level of Neapilia's propulsion technology.

9. In June 2046, SalPA Corp. proposed a new invention called OptronRay, comprised of a pair of mirrors designed to orbit the poles of Mars and reflect the heat of the Sun, causing the existing CO_2 ice cap (dry ice layer) to sublimate leading to the warming of the planet's surface. SalPA Corp. envisioned that this would melt the water ice and irrigate a large area of the planet, thereby contributing to the creation of necessary conditions for a human settlement on Mars.

10. The first stage of the OptronRay operation as announced by SalPA Corp. was a Technology Trial, during which:

i. TheosAres would be used as a base of space operations;

ii. Two OptronRay mirrors would be deployed in orbit from TheosAres over the poles of Mars (by 2052), separated by 180o in order to heat alternatively as they pass the north and south poles of the planet.

iii. Astronauts on board TheosAres would practice manoeuvres with the mirrors and monitor the impact on heat reflection on the CO_2 ice cap and the underlying water ice layer at the poles of Mars. The results of the Technology Trial were to be reported by the end of 2053.

iv. SalPA Corp. would concurrently develop a prototype of Habitable Atmospheric Modules (HAMs) which could sustain life and autonomous farming in the adapted atmospheric conditions and wetlands areas of Mars.

11. Subject to successful testing, SalPA Corp. anticipated the production of a series of larger OptronRay mirrors with the first deployments planned for 2060, with as many as 50 OptronRay mirrors operational by 2070 (the so-called '50 Rays of SalPA'). The OptronRay mirrors had been projected to warm the atmosphere of Mars sufficiently to enable the first HAMs to be deployed by 2063, at which time sufficient quantities of liquid water would be liberated on the surface.

12. All the technologies were to be designed and manufactured by SalPA Corp., which held the international patents protecting its exclusivity in the manufacturing of orbital mirrors and the early technology conceived in connection with the HAMs. No other equivalent technology exists elsewhere.

13. After the creation of supporting infrastructure, SalPA Corp. allowed public and private investors from around the world to purchase a license to use HAMs directly from SalPA Corp. in order to establish autonomous settlements on Mars. The license fees would more than recover the costs of the technology development and deployment of the orbital mirrors.

14. Neapilia's government immediately backed up SalPA Corp.'s OptronRay operation and HAM's development by investing public funds and taking a 49% equity stake in the company. Under its national space law, Neapilia authorised SalPA Corp. to carry out the Technology Trial and to use TheosAres and its crew for this purpose.

15. When the first mission to TheosAres launched in February 2050, Neapilia immediately included it in the Neapilian national registry and informed the UN Secretary General about the launch of a space vehicle owned and operated by SalPA Corp., declaring the generic purpose of the mission as a 'peaceful space exploration mission to Mars'.

16. In 2040, Kalvion, facing its own energy resources problem, decided to develop a large space programme with the aim of finding natural resources on other celestial bodies of the Solar system for the purposes of their extraction and exploitation. After the exploration phase's completion in 2045, Kalvion chose Mars as the most suitable planet to start mining operations. In the same year Kalvion authorised, under its national law, SIENAR Industries (SIENAR), a multinational

company established in Kalvion and specialising in cutting edge space and mining technology to exploit any space resources they might obtain on Mars.

17. In 2048 SIENAR launched a series of spacecraft carrying Unmanned Mining Vehicles (UMVs) from Kalvion's territory deploying the UMVs directly to Mars. The UMVs developed by SIENAR were equipped with nuclear power generators, to provide for a very long operational lifetime. By the end of 2049, the mining activities became fully operational and started to provide Kalvionian cargo spaceships returning to Earth with the necessary space resources.

18. In March 2051, SIENAR deployed the second generation of nuclear-powered UMVs on Mars (UMVs Mk2) with augmented mining capacity. Concurrently, SIENAR launched a scanning satellite, named "Aeneas-1", into polar orbit around Mars, in order to derive maximum benefit from the new UMV Mk2 technology. Aeneas-1 was designed to reveal high concentrations of Mars' resources and to remotely control UMVs Mk2 operations. Upon commencement of operation the "Aeneas-UMV Mk2" system proved its capability to provide Kalvion with a long-term viable solution for the domestic non-renewable natural resources substitution.

19. In November 2052, SalPA Corp. started the Technology Trial and deployed OptronRay mirrors in polar orbit around Mars. Astronauts on board TheosAres carried out practical manoeuvres with the mirrors and tested their effectiveness. This initial success prompted the NSA to issue an international press release describing the specific nature of the '50 Rays of SalPA' programme and inviting all nations to take advantage of the solution pioneered by SalPA Corp. 'for the benefit of Humankind'. In particular, public and private entities from all nations were invited to pre-order HAMs from SalPA Corp/ in advance of the full-scale deployment of the '50 Rays of SalPA'.

20. It was soon clear that 'the 50 Rays of SalPA' programme was very popular and SalPA Corp. was approached by a number of States and high net-worth individuals willing to purchase HAMs 'subject to successful demonstration of the first OptronRay mirrors during the Technology Trial'.

21. Kalvion's government was deeply troubled by NSA's announcement. SIENAR's UMVs and new UMV Mk2 specifically were designed to operate in Mars' natural environment. The '50 Rays of SalPA' programme, if successful, would trigger a series of modifications in the temperature of the surface of Mars, in the composition of its atmosphere and in the atmospheric pressure, with the result that SIENAR's technologies would no longer be fit for their primary mission and the delivery of space resources to Kalvion would have to eventually cease.

22. A large number of developing States were also alarmed by NSA's

announcement. Some of them had very high population density and concurrent land shortages but did not have the sufficient budgets to obtain HAMs from SalPA Corp. and establish their own settlements on Mars. In the meantime, they worried that developed States and wealthy individuals would crowd all the 'best places' on Mars with their own HAMs.

23. In March 2053, Kalvion formally contacted Neapilia and requested the cessation of SalPA Corp.'s OptronRay Technology Trial specifying the consequences of such space activities for Kalvion's space mining programme. In March 2054, an official response from the Neapilian Minister of Commerce invited Kalvion to enter into a HAMs' purchase agreement with SalPA Corp.

24. Meanwhile, the communication between Kalvion's Aeneas-1 and the UMVs Mk2 on the surface of Mars was lost despite the repeated efforts of SIENAR's technicians to restore it. Kalvion called an independent body of experts to investigate the problem, which concluded that the interruption of communication was due to the disturbances in the atmosphere and temperature conditions of Mars, possibly caused by the deployment of the OptronRay mirrors by SalPA Corp. The cessation of communication between Aeneas-1 and the UMVs Mk2 led to the termination of their mining activity on the surface of Mars.

25. Kalvion spearheaded a meeting of Heads of States for developing and developed nations who opposed the '50 Rays of SalPA' programme. The meeting, which took place in the Seychelles on 10 September 2054, was attended by Heads of States collectively representing nearly 9/10 of the Earth's population. The meeting culminated in the adoption of the 'Seychelles Declaration', which expressly stated that the environmental conditions of Mars should remain unaltered until international consensus and a multilateral agreement is reached on a specific regime of the exploitation and allocation of Mars' natural resources.

26. In reliance on the Seychelles Declaration, in November 2054 Kalvion formally requested the UN Security Council to condemn the acts of environmental intervention on Mars as constituting 'a threat to international peace and security' and to adopt appropriate measures in conformity with the UN Charter should Neapilia not cease such activities.

27. After a contentious meeting, with expression of conflicting views, the UN Security Council unanimously adopted a Resolution on 13 November 2054, which 'expressed concern' about 'the situation on Mars' and 'urged' Neapilia, while undertaking Mars exploration activities, 'to abide or comply with the principles enshrined in the treaties on outer space and, in particular, in the Treaty on Principles Governing the Activities of States in the Exploration and Use of Outer Space,

including the Moon and Other Celestial Bodies (1967) and international space law and to take into consideration the rights and duties of other States in accordance with international law'.

28. In response to the above decision of the UN Security Council, in August 2055, the Prime Minister of Neapilia declared that the Mars operations are conducted with 'the noblest intentions' of his country 'for the welfare of all Humankind', that this process could not be reversed as it would be 'a disaster for Neapilia and all Humankind', and finally that Neapilia would keep the Security Council informed about the evolution of the Mars environmental intervention.

29. Following the UN Security Council's failure to stop SalPA Corp.'s '50 Rays' programme, Kalvion declared in a public statement its decision to adopt 'protection measures' if Neapilia would not cease immediately its intervention on Mars. Neapilia did not formally respond to this statement.

30. On 5 January 2056, TheosAres' personnel observed the two OptronRay mirrors orbiting Mars gradually beginning to change their angle by 3o per day. In-depth investigations showed that OptronRay's control system had been overtaken by a remote electronic interference from an unknown source outside the station.

31. The TheosAres staff was not able to restore control of the orbital mirrors, which had changed their angle by 30o within 10 days. The new positioning of the mirrors led the process of heating the Mars' poles to an unexpected end. Due to high scale of command interference, the system was irrevocably 'locked', requiring the installation of an entirely new control system.

32. SalPA Corp announced that it was unable to continue the '50 Rays' programme, which would be suspended indefinitely. All pending orders and contracts for HAMs were cancelled because the orbital mirror technology could not be demonstrated to the satisfaction of clients before the Technology Trial was suspended. SalPA Corp. thereafter filed for bankruptcy and was liquidated.

33. On 17 January 2056, the Kalvionian Minister of Foreign Affairs revealed that the interference with the OptronRay control system had been undertaken by cyber experts from Kalvion. He further stated that 'these lawful countermeasures would be maintained pending a declaration of the authorities of Neapilia that the '50 Rays' programme would be definitely abandoned'. Neapilia severely protested against the aforementioned declarations, nevertheless without producing any result whatsoever.

34. In an attempt to settle their disputes, Neapilia and Kalvion entered into diplomatic consultations, the results of which proved inconclusive. Neapilia initiated these proceedings by Application to the International Court of Justice. Kalvion accepted the jurisdiction of the Court and the parties submitted this Agreed Statement

of Facts.

35. Neapilia requests the Court to adjudge and declare that:

i. Kalvion's actions constituted an unlawful cyber-attack against Neapilia, contrary to international law and to the peaceful uses of outer space;

ii. Kalvion is liable for the total loss of the "50 Rays" programme and for all consequential damages, loss of profit and liquidation of SalPA Corp.'s; and

iii. Neapilia is not liable for the cessation of Kalvion's mining activities on Mars.

36. Kalvion requests the Court to adjudge and declare that:

i. Kalvion's action preventing the operations of the OptronRay orbital mirrors was a lawful, non-aggressive, necessary act to defend its access to space resources and to ensure the protection of Mars' environment;

ii. Kalvion is not liable for any damage relating to the interruption of the "50 Rays" programme nor for any consequence on SalPA Corp.'s; and

iii. Neapilia is liable for the cessation of Kalvion's mining activities on Mars.

37. Both Neapilia and Kalvion are Parties to the UN Charter and the five treaties on outer space. Within the time frame of the case, no international exploitation regime has been established on Mars pursuant to Article 11 of the Agreement Governing the Activities of States on the Moon and Other Celestial Bodies (1979). There is no issue of jurisdiction before the International Court of Justice.

附　录

中华人民共和国法官职业道德基本准则

(最高人民法院 2001 年 10 月 18 日发布,2010 年 12 月 6 日修订)

第一章　总　　则

第一条　为加强法官职业道德建设,保证法官正确履行法律赋予的职责,根据《中华人民共和国法官法》和其他相关规定,制定本准则。

第二条　法官职业道德的核心是公正、廉洁、为民。基本要求是忠诚司法事业、保证司法公正、确保司法廉洁、坚持司法为民、维护司法形象。

第三条　法官应当自觉遵守法官职业道德,在本职工作和业外活动中严格要求自己,维护人民法院形象和司法公信力。

第二章　忠诚司法事业

第四条　牢固树立社会主义法治理念,忠于党、忠于国家、忠于人民、忠于法律,做中国特色社会主义事业建设者和捍卫者。

第五条　坚持和维护中国特色社会主义司法制度,认真贯彻落实依法治国基本方略,尊崇和信仰法律,模范遵守法律,严格执行法律,自觉维护法律的权威和尊严。

第六条　热爱司法事业,珍惜法官荣誉,坚持职业操守,恪守法官良知,牢固树立司法核心价值观,以维护社会公平正义为己任,认真履行法官职责。

第七条　维护国家利益,遵守政治纪律,保守国家秘密和审判工作秘密,不从事或参与有损国家利益和司法权威的活动,不发表有损国家利益和司法权威的言论。

第三章　保证司法公正

第八条　坚持和维护人民法院依法独立行使审判权的原则,客观公正审理案件,在审判活动中独立思考、自主判断，敢于坚持原则，不受任何行政机关、社会团体和个人的干涉，不受权势、人情等因素的影响。

第九条 坚持以事实为根据，以法律为准绳，努力查明案件事实，准确把握法律精神，正确适用法律，合理行使裁量权，避免主观臆断、超越职权、滥用职权，确保案件裁判结果公平公正。

第十条 牢固树立程序意识，坚持实体公正与程序公正并重，严格按照法定程序执法办案，充分保障当事人和其他诉讼参与人的诉讼权利，避免执法办案中的随意行为。

第十一条 严格遵守法定办案时限，提高审判执行效率，及时化解纠纷，注重节约司法资源，杜绝玩忽职守、拖延办案等行为。

第十二条 认真贯彻司法公开原则，尊重人民群众的知情权，自觉接受法律监督和社会监督，同时避免司法审判受到外界的不当影响。

第十三条 自觉遵守司法回避制度，审理案件保持中立公正的立场，平等对待当事人和其他诉讼参与人，不偏袒或歧视任何一方当事人，不私自单独会见当事人及其代理人、辩护人。

第十四条 尊重其他法官对审判职权的依法行使，除履行工作职责或者通过正当程序外，不过问、不干预、不评论其他法官正在审理的案件。

第四章 确保司法廉洁

第十五条 树立正确的权力观、地位观、利益观，坚持自重、自省、自警、自励，坚守廉洁底线，依法正确行使审判权、执行权，杜绝以权谋私、贪赃枉法行为。

第十六条 严格遵守廉洁司法规定，不接受案件当事人及相关人员的请客送礼，不利用职务便利或者法官身份谋取不正当利益，不违反规定与当事人或者其他诉讼参与人进行不正当交往，不在执法办案中徇私舞弊。

第十七条 不从事或者参与营利性的经营活动，不在企业及其他营利性组织中兼任法律顾问等职务，不就未决案件或者再审案件给当事人及其他诉讼参与人提供咨询意见。

第十八条 妥善处理个人和家庭事务，不利用法官身份寻求特殊利益。按规定如实报告个人有关事项，教育督促家庭成员不利用法官的职权、地位谋取不正当利益。

第五章 坚持司法为民

第十九条 牢固树立以人为本、司法为民的理念，强化群众观念，重视群众诉求，关注群众感受，自觉维护人民群众的合法权益。

第二十条 注重发挥司法的能动作用，积极寻求有利于案结事了的纠纷解决办法，努力实现法律效果与社会效果的统一。

第二十一条 认真执行司法便民规定，努力为当事人和其他诉讼参与人提供必要的诉讼便利,尽可能降低其诉讼成本。

第二十二条 尊重当事人和其他诉讼参与人的人格尊严,避免盛气凌人、"冷硬横推"等不良作风;尊重律师,依法保障律师参与诉讼活动的权利。

第六章 维护司法形象

第二十三条 坚持学习,精研业务,忠于职守,秉公办案,惩恶扬善,弘扬正义,保持昂扬的精神状态和良好的职业操守。

第二十四条 坚持文明司法,遵守司法礼仪,在履行职责过程中行为规范、着装得体、语言文明、态度平和,保持良好的职业修养和司法作风。

第二十五条 加强自身修养,培育高尚道德操守和健康生活情趣,杜绝与法官职业形象不相称、与法官职业道德相违背的不良嗜好和行为,遵守社会公德和家庭美德,维护良好的个人声誉。

第二十六条 法官退休后应当遵守国家相关规定,不利用自己的原有身份和便利条件过问、干预执法办案,避免因个人不当言行对法官职业形象造成不良影响。

第七章 附 则

第二十七条 人民陪审员依法履行审判职责期间,应当遵守本准则。人民法院其他工作人员参照执行本准则。

第二十八条 各级人民法院负责督促实施本准则,对于违反本准则的行为,视情节后果予以诫勉谈话、批评通报;情节严重构成违纪违法的,依照相关纪律和法律规定予以严肃处理。

第二十九条 本准则由最高人民法院负责解释。

第三十条 本准则自发布之日起施行。最高人民法院 2001 年 10 月 18 日发布的《中华人民共和国法官职业道德基本准则》同时废止。

中华人民共和国人民法院法庭规则

（1993年11月26日最高人民法院审判委员会第六百一十七次会议通过，根据2015年12月21日最高人民法院审判委员会第一千六百七十三次会议通过的《最高人民法院关于修改〈中华人民共和国人民法院法庭规则〉的决定》修正）

第一条 为了维护法庭安全和秩序，保障庭审活动正常进行，保障诉讼参与人依法行使诉讼权利，方便公众旁听，促进司法公正，彰显司法权威，根据《中华人民共和国人民法院组织法》、《中华人民共和国刑事诉讼法》、《中华人民共和国民事诉讼法》、《中华人民共和国行政诉讼法》等有关法律规定，制定本规则。

第二条 法庭是人民法院代表国家依法审判各类案件的专门场所。

法庭正面上方应当悬挂国徽。

第三条 法庭分设审判活动区和旁听区，两区以栏杆等进行隔离。

审理未成年人案件的法庭应当根据未成年人身心发展特点设置区域和席位。

有新闻媒体旁听或报道庭审活动时，旁听区可以设置专门的媒体记者席。

第四条 刑事法庭可以配置同步视频作证室，供依法应当保护或其他确有保护必要的证人、鉴定人、被害人在庭审作证时使用。

第五条 法庭应当设置残疾人无障碍设施；根据需要配备合议庭合议室，检察人员、律师及其他诉讼参与人休息室，被告人羁押室等附属场所。

第六条 进入法庭的人员应当出示有效身份证件，并接受人身及携带物品的安全检查。

持有效工作证件和出庭通知履行职务的检察人员、律师可以通过专门通道进入法庭。需要安全检查的，人民法院对检察人员和律师平等对待。

第七条 除经人民法院许可，需要在法庭上出示的证据外，下列物品不得携带进入法庭：

（一）枪支、弹药、管制刀具以及其他具有杀伤力的器具；

（二）易燃易爆物、疑似爆炸物；

（三）放射性、毒害性、腐蚀性、强气味性物质以及传染病病原体；

（四）液体及胶状、粉末状物品；

（五）标语、条幅、传单；

（六）其他可能危害法庭安全或妨害法庭秩序的物品。

第八条 人民法院应当通过官方网站、电子显示屏、公告栏等向公众公开各法庭的编号、具体位置以及旁听席位数量等信息。

第九条 公开的庭审活动,公民可以旁听。

旁听席位不能满足需要时,人民法院可以根据申请的先后顺序或者通过抽签、摇号等方式发放旁听证,但应当优先安排当事人的近亲属或其他与案件有利害关系的人旁听。

下列人员不得旁听:

(一)证人、鉴定人以及准备出庭提出意见的有专门知识的人;

(二)未获得人民法院批准的未成年人;

(三)拒绝接受安全检查的人;

(四)醉酒的人、精神病人或其他精神状态异常的人;

(五)其他有可能危害法庭安全或妨害法庭秩序的人。

依法有可能封存犯罪记录的公开庭审活动,任何单位或个人不得组织人员旁听。

依法不公开的庭审活动,除法律另有规定外,任何人不得旁听。

第十条 人民法院应当对庭审活动进行全程录像或录音。

第十一条 依法公开进行的庭审活动,具有下列情形之一的,人民法院可以通过电视、互联网或其他公共媒体进行图文、音频、视频直播或录播:

(一)公众关注度较高;

(二)社会影响较大;

(三)法治宣传教育意义较强。

第十二条 出庭履行职务的人员,按照职业着装规定着装。但是,具有下列情形之一的,着正装:

(一)没有职业着装规定;

(二)侦查人员出庭作证;

(三)所在单位系案件当事人。

非履行职务的出庭人员及旁听人员,应当文明着装。

第十三条 刑事在押被告人或上诉人出庭受审时,着正装或便装,不着监管机构的识别服。

人民法院在庭审活动中不得对被告人或上诉人使用戒具,但认为其人身危险性大,可能危害法庭安全的除外。

第十四条 庭审活动开始前,书记员应当宣布本规则第十七条规定的法庭纪律。

第十五条 审判人员进入法庭以及审判长或独任审判员宣告判决、裁定、决定时,全体人员应当起立。

第十六条 人民法院开庭审判案件应当严格按照法律规定的诉讼程序进行。

审判人员在庭审活动中应当平等对待诉讼各方。

第十七条 全体人员在庭审活动中应当服从审判长或独任审判员的指挥,尊重司法礼仪,遵守法庭纪律,不得实施下列行为:

(一)鼓掌、喧哗;

(二)吸烟、进食;

(三)拨打或接听电话;

(四)对庭审活动进行录音、录像、拍照或使用移动通信工具等传播庭审活动;

(五)其他危害法庭安全或妨害法庭秩序的行为。

检察人员、诉讼参与人发言或提问,应当经审判长或独任审判员许可。

旁听人员不得进入审判活动区,不得随意站立、走动,不得发言和提问。

媒体记者经许可实施第一款第四项规定的行为,应当在指定的时间及区域进行,不得影响或干扰庭审活动。

第十八条 审判长或独任审判员主持庭审活动时,依照规定使用法槌。

第十九条 审判长或独任审判员对违反法庭纪律的人员应当予以警告;对不听警告的,予以训诫;对训诫无效的,责令其退出法庭;对拒不退出法庭的,指令司法警察将其强行带出法庭。

行为人违反本规则第十七条第一款第四项规定的,人民法院可以暂扣其使用的设备及存储介质,删除相关内容。

第二十条 行为人实施下列行为之一,危及法庭安全或扰乱法庭秩序的,根据相关法律规定,予以罚款、拘留;构成犯罪的,依法追究其刑事责任:

(一)非法携带枪支、弹药、管制刀具或者爆炸性、易燃性、放射性、毒害性、腐蚀性物品以及传染病病原体进入法庭;

(二)哄闹、冲击法庭;

(三)侮辱、诽谤、威胁、殴打司法工作人员或诉讼参与人;

(四)毁坏法庭设施,抢夺、损毁诉讼文书、证据;

(五)其他危害法庭安全或扰乱法庭秩序的行为。

第二十一条 司法警察依照审判长或独任审判员的指令维持法庭秩序。

出现危及法庭内人员人身安全或者严重扰乱法庭秩序等紧急情况时,司法警察可以直接采取必要的处置措施。

人民法院依法对违反法庭纪律的人采取的扣押物品、强行带出法庭以及罚款、拘留等强制措施,由司法警察执行。

第二十二条 人民检察院认为审判人员违反本规则的,可以在庭审活动结束后向人民法院提出处理建议。

诉讼参与人、旁听人员认为审判人员、书记员、司法警察违反本规则的,可以在庭审活动结束后向人民法院反映。

第二十三条 检察人员违反本规则的,人民法院可以向人民检察院通报情况并提出处理建议。

第二十四条 律师违反本规则的,人民法院可以向司法行政机关及律师协会通报情况并提出处理建议。

第二十五条 人民法院进行案件听证、国家赔偿案件质证、网络视频远程审理以及在法院以外的场所巡回审判等,参照适用本规则。

第二十六条 外国人、无国籍人旁听庭审活动,外国媒体记者报道庭审活动,应当遵守本规则。

第二十七条 本规则自 2016 年 5 月 1 日起施行;最高人民法院此前发布的司法解释及规范性文件与本规则不一致的,以本规则为准。

关于人民法院案件案号的若干规定

(最高人民法院审判委员会第一千六百四十五次会议审议通过,2015年5月13日印发,2018年12月7日修改)

为统一规范人民法院案件案号的编制、使用与管理,根据有关法律、行政法规、司法解释及最高人民法院规范性文件规定,结合工作实际,制定本规定。

一、一般规定

第一条 本规定所称的案号是指用于区分各级法院办理案件的类型和次序的简要标识,由中文汉字、阿拉伯数字及括号组成。

第二条 案号的基本要素为收案年度、法院代字、专门审判代字、类型代字、案件编号。

收案年度是收案的公历自然年,用阿拉伯数字表示。

法院代字是案件承办法院的简化标识,用中文汉字、阿拉伯数字表示。

专门审判代字是最高人民法院确定的专门审判类别简称,用1个中文汉字表示。

类型代字是案件类型的简称,用中文汉字表示。

案件编号是收案的次序号,用阿拉伯数字表示。

第三条 案号各基本要素的编排规格为:"("+收案年度+")"+法院代字+专门审判代字+类型代字+案件编号+"号"。

每个案件编定的案号均应具有唯一性。

二、法院代字

第四条 最高人民法院的法院代字为"最高法"。

各省、自治区、直辖市高级人民法院的法院代字与其所在省、自治区、直辖市行政区划简称一致,但第三款规定情形除外。

内蒙古自治区高级人民法院、中国人民解放军军事法院、新疆维吾尔自治区高级人民法院生产建设兵团分院的法院代字分别为"内""军""兵"。

第五条 中级、基层法院的法院代字,分别由所属高院的法院代字与其数字代码组合而成。

中级、基层法院的数字代码,分别由两位、四位阿拉伯数字表示,并按下列规则确定:

(一)各省、自治区按地级市、地区、自治州、盟等地级行政区划设置的中级法院和按县、自治县、县级市、旗、自治旗、市辖区、林区、特区等县级行政区划设置的基层法院,数字代码分别与其相应行政区划代码(即三层六位层次码)的中间两位、后四位数字一致;

(二)直辖市、中国人民解放军军事法院、新疆维吾尔自治区高级人民法院生产建设兵团分院所辖的中级法院,数字代码均按01—20确定;

(三)省、自治区、直辖市高级人民法院所辖的铁路、海事、知识产权、油田、林业、农垦专门中级法院,各省、自治区高级人民法院所辖的跨行政区划中级法院以及为省(自治区)内部分县级行政区划人民法院对应设立的中级法院,数字代码分别按71、72、73、74、75—80、81—85、87—95以及96—99确定;

(四)中国人民解放军军事法院和新疆维吾尔自治区高级人民法院生产建设兵团分院所辖的基层法院,以及在同一高院辖区内铁路、油田、林业、农垦专门中级法院所辖的铁路、油田、林业、农垦基层法院,数字代码的前两位与其中院数字代码一致,后两位均按01—40确定;

(五)地级市未设县级行政区划单位时,该市中级法院所辖基层法院的数字代码,前两位与该中院数字代码一致,后两位按71—80确定;

(六)在同一高院辖区内无铁路专门中院的铁路基层法院,其数字代码前两位为86,后两位按01—20确定;

(七)非林业、农垦专门中院所辖的林业、农垦基层法院及为非行政区划建制的开发区、新区、园区、库区、矿区等特别设立的基层法院,数字代码的前两位与其所属中院数字代码一致,后两位在91—99范围内确定。

前款第(二)项至第(七)项所列中级、基层法院,分别同属一个高院、中院的,综合设立先后、建制等因素编制数字代码顺序。

第六条 确定中级、基层法院的所属各省、自治区、直辖市高院,以人、财、物统一管理为标准。

本规定第五条第二款第(七)项所列基层法院的所属中院是指在同一高院辖区内主要承担该基层法院案件二审职权的中级法院。

三、类型代字

第七条 确定案件的类型代字,应结合案件所涉事项的法律关系性质与适用程序的特点。

类型代字应简练、贴切反映该类型案件的核心特征,用3个以内中文汉字表示。

每一类型案件的类型代字均应具有唯一性。

第八条 案件合并审理或并用多个程序办理时,以必须先决的事项及所适用程序作为确定类型代字的依据。

四、案件编号

第九条 不同法院承办或同一法院承办不同类型代字的案件,其编号均应单独编制。

第十条 相同专门审判和类型代字的案件编号,按照案件在同一收案年度内的收案顺序,以顺位自然数排,但第二款规定情形除外。

刑事复核案件的编号以 8 位自然数为固定长度,由承办法院随机确定,且不得依序编制。

五、案号管理

第十一条 案号的基本要素、规格及编制规则,由最高人民法院统一制定。

第十二条 各省、自治区、直辖市高级人民法院、中国人民解放军军事法院、新疆维吾尔自治区高级人民法院生产建设兵团分院及其所辖中级、基层法院的法院代字,由最高人民法院定期统一发布。

第十三条 行政区划发生变更但对应的中级、基层法院未作相应调整前,法院代字按原行政区划代码编制。

中级、基层法院因其原适用的第五条第二款所列规则情形发生变化的,法院代字按变化后情形应适用的编码规则编制。

第十四条 案件类型的具体划分及其代字,由最高人民法院另行制定标准。

第十五条 法律、行政法规的制定、修改、废止致使案件类型发生变化的,最高人民法院应及时调整案件类型及其代字标准。

最高人民法院制定、修改、废止司法解释或规范性文件将导致案件类型发生变化的,应同步调整案件类型及其代字标准。

第十六条 具体案件的案号编制,由各级法院的立案或承担相应职责的部门负责。

六、附则

第十七条 本规定自 2016 年 1 月 1 日起施行。

最高人民法院以前涉及案号的其他规定与本规定不一致的,以本规定为准。

本规定施行前已经编制案号但尚未办结的案件,其案号不因本规定的施行而变更。

附件 1:人民法院案件类型及其代字标准

http://www.court.gov.cn/upload/file/2015/07/10/21/16/20150710211608_80246.docx

附件 2:《各级法院代字表》

http://www.court.gov.cn/upload/file/2015/07/10/21/18/20150710211846_21560.docx

附件 3:《人民法院案件收、立案信息登记表》

http://www.court.gov.cn/upload/file/2015/07/10/21/22/20150710212225_83964.docx

法官行为规范

(最高人民法院2005年11月4日发布试行,2010年12月6日修订后发布正式施行)

为大力弘扬"公正、廉洁、为民"的司法核心价值观,规范法官基本行为,树立良好的司法职业形象,根据《中华人民共和国法官法》和《中华人民共和国公务员法》等法律,制定本规范。

一、一般规定

第一条 忠诚坚定。坚持党的事业至上、人民利益至上、宪法法律至上,在思想上和行动上与党中央保持一致,不得有违背党和国家基本政策以及社会主义司法制度的言行。

第二条 公正司法。坚持以事实为根据、以法律为准绳,平等对待各方当事人,确保实体公正、程序公正和形象公正,努力实现办案法律效果和社会效果的有机统一,不得滥用职权、枉法裁判。

第三条 高效办案。树立效率意识,科学合理安排工作,在法定期限内及时履行职责,努力提高办案效率,不得无故拖延、贻误工作、浪费司法资源。

第四条 清正廉洁。遵守各项廉政规定,不得利用法官职务和身份谋取不正当利益,不得为当事人介绍代理人、辩护人以及中介机构,不得为律师、其他人员介绍案源或者给予其他不当协助。

第五条 一心为民。落实司法为民的各项规定和要求,做到听民声、察民情、知民意,坚持能动司法,树立服务意识,做好诉讼指导、风险提示、法律释明等便民服务,避免"冷硬横推"等不良作风。

第六条 严守纪律。遵守各项纪律规定,不得泄露在审判工作中获取的国家秘密、商业秘密、个人隐私等,不得过问、干预和影响他人正在审理的案件,不得随意发表有损生效裁判严肃性和权威性的言论。

第七条 敬业奉献。热爱人民司法事业,增强职业使命感和荣誉感,加强业务学习,提高司法能力,恪尽职守,任劳任怨,无私奉献,不得麻痹懈怠、玩忽职守。

第八条 加强修养。坚持学习,不断提高自身素质;遵守司法礼仪,执行着装规定,言语文明,举止得体,不得浓妆艳抹,不得佩带与法官身份不相称的饰物,不得参加有损司法职业形象的活动。

二、立案

第九条 基本要求

（一）保障当事人依法行使诉权，特别关注妇女、儿童、老年人、残疾人等群体的诉讼需求；

（二）便利人民群众诉讼，减少当事人诉累；

（三）确保立案质量，提高立案效率。

第十条 当事人来法院起诉

（一）加强诉讼引导，提供诉讼指导材料；

（二）符合起诉条件的，在法定时间内及时立案；

（三）不符合起诉条件的，不予受理并告知理由，当事人坚持起诉的，裁定不予受理；

（四）已经立案的，不得强迫当事人撤诉；

（五）当事人自愿放弃起诉的，除法律另有规定外，应当准许。

第十一条 当事人口头起诉

（一）告知应当递交书面诉状；

（二）当事人不能书写诉状且委托他人代写有困难的，要求其明确诉讼请求、如实提供案件情况和联络方式，记入笔录并向其宣读，确认无误后交其签名或者捺印。

第十二条 当事人要求上门立案或者远程立案

（一）当事人因肢体残疾行动不便或者身患重病卧床不起等原因，确实无法到法院起诉且没有能力委托代理人的，可以根据实际情况上门接收起诉材料；

（二）当事人所在地离受案法院距离远且案件事实清楚、法律关系明确、争议不大的，可以通过网络或者邮寄的方式接收起诉材料；

（三）对不符合上述条件的当事人，应当告知其到法院起诉。

第十三条 当事人到人民法庭起诉

人民法庭有权受理的，应当接受起诉材料，不得要求当事人到所在基层人民法院立案庭起诉。

第十四条 案件不属于法院主管或者本院管辖

（一）告知当事人不属于法院主管或者本院没有管辖权的理由；

（二）根据案件实际情况，指明主管机关或者有管辖权的法院；

（三）当事人坚持起诉的，裁定不予受理，不得违反管辖规定受理案件。

第十五条 依法应当公诉的案件提起自诉

（一）应当在接受后移送主管机关处理，并且通知当事人；

（二）情况紧急的，应当先采取紧急措施，然后移送主管机关并告知当事人。

第十六条 诉状内容和形式不符合规定

（一）告知按照有关规定进行更正，做到一次讲清要求；

（二）不得因法定起诉要件以外的瑕疵拒绝立案。

第十七条 起诉材料中证据不足

原则上不能以支持诉讼请求的证据不充分为由拒绝立案。

第十八条 遇到疑难复杂情况,不能当场决定是否立案

(一)收下材料并出具收据,告知等待审查结果;

(二)及时审查并在法定期限内将结果通知当事人。

第十九条 发现涉及群体的、矛盾易激化的纠纷

及时向领导汇报并和有关部门联系,积极做好疏导工作,防止矛盾激化。

第二十条 当事人在立案后询问证据是否有效、能否胜诉等实体问题

(一)不得向其提供倾向性意见;

(二)告知此类问题只有经过审理才能确定,要相信法院会公正裁判。

第二十一条 当事人在立案后询问案件处理流程或时间

告知案件处理流程和法定期限,不得以与立案工作无关为由拒绝回答。

第二十二条 当事人预交诉讼费

(一)严格按规定确定数额,不得额外收取或者随意降低;

(二)需要到指定银行交费的,及时告知账号及地点;

(三)确需人民法庭自行收取的,应当按规定出具收据。

第二十三条 当事人未及时交纳诉讼费

(一)符合司法救助条件的,告知可以申请缓交或者减免诉讼费;

(二)不符合司法救助条件的,可以书面形式通知其在规定期限内交费,并告知无正当理由逾期不交诉讼费的,将按撤诉处理。

第二十四条 当事人申请诉前财产保全、证据保全等措施

(一)严格审查申请的条件和理由,及时依法作出裁定;

(二)裁定采取保全等措施的,及时依法执行;不符合申请条件的,耐心解释原因;

(三)不得滥用诉前财产保全、证据保全等措施。

第二十五条 当事人自行委托或者申请法院委托司法鉴定

(一)当事人协商一致自行委托的,应当认真审查鉴定情况,对程序合法、结论公正的鉴定意见应当采信;对不符合要求的鉴定意见可以要求重新鉴定,并说明理由;

(二)当事人申请法院委托的,应当及时做出是否准许的决定,并答复当事人;准许进行司法鉴定的,应当按照规定委托鉴定机构及时进行鉴定。

三、庭审

第二十六条 基本要求

(一)规范庭审言行,树立良好形象;

(二)增强庭审驾驭能力,确保审判质量;

(三)严格遵循庭审程序,平等保护当事人诉讼权利;

(四)维护庭审秩序,保障审判活动顺利进行。

第二十七条 开庭前的准备

(一)在法定期限内及时通知诉讼各方开庭时间和地点;

（二）公开审理的，应当在法定期限内及时公告；

（三）当事人申请不公开审理的，应当及时审查，符合法定条件的，应当准许；不符合法定条件的，应当公开审理并解释理由；

（四）需要进行庭前证据交换的，应当及时提醒，并主动告知举证时限；

（五）当事人申请法院调取证据的，如确属当事人无法收集的证据，应当及时调查收集，不得拖延；证据调取不到的，应当主动告知原因；如属于当事人可以自行收集的证据，应当告知其自行收集；

（六）自觉遵守关于回避的法律规定和相关制度，对当事人提出的申请回避请求不予同意的，应当向当事人说明理由；

（七）审理当事人情绪激烈、矛盾容易激化的案件，应当在庭前做好工作预案，防止发生恶性事件。

第二十八条 原定开庭时间需要更改

（一）不得无故更改开庭时间；

（二）因特殊情况确需延期的，应当立即通知当事人及其他诉讼参加人；

（三）无法通知的，应当安排人员在原定庭审时间和地点向当事人及其他诉讼参加人解释。

第二十九条 出庭时注意事项

（一）准时出庭，不迟到，不早退，不缺席；

（二）在进入法庭前必须更换好法官服或者法袍，并保持整洁和庄重，严禁着便装出庭；合议庭成员出庭的着装应当保持统一；

（三）设立法官通道的，应当走法官通道；

（四）一般在当事人、代理人、辩护人、公诉人等入庭后进入法庭，但前述人员迟到、拒不到庭的除外；

（五）不得与诉讼各方随意打招呼，不得与一方有特别亲密的言行；

（六）严禁酒后出庭。

第三十条 庭审中的言行

（一）坐姿端正，杜绝各种不雅动作；

（二）集中精力，专注庭审，不做与庭审活动无关的事；

（三）不得在审判席上吸烟、闲聊或者打瞌睡，不得接打电话，不得随意离开审判席；

（四）平等对待与庭审活动有关的人员，不与诉讼中的任何一方有亲近的表示；

（五）礼貌示意当事人及其他诉讼参加人发言；

（六）不得用带有倾向性的语言进行提问，不得与当事人及其他诉讼参加人争吵；

（七）严格按照规定使用法槌，敲击法槌的轻重应当以旁听区能够听见为宜。

第三十一条 对诉讼各方陈述、辩论时间的分配与控制

（一）根据案情和审理需要，公平、合理地分配诉讼各方在庭审中的陈述及辩论时间；

（二）不得随意打断当事人、代理人、辩护人等的陈述；

（三）当事人、代理人、辩护人发表意见重复或与案件无关的，要适当提醒制止，不得以生硬言辞进行指责。

第三十二条 当事人使用方言或者少数民族语言

（一）诉讼一方只能讲方言的，应当准许；他方表示不通晓的，可以由懂方言的人用普通话进行复述，复述应当准确无误；

（二）使用少数民族语言陈述，他方表示不通晓的，应当为其配备翻译。

第三十三条 当事人情绪激动，在法庭上喊冤或者鸣不平

（一）重申当事人必须遵守法庭纪律，法庭将会依法给其陈述时间；

（二）当事人不听劝阻的，应当及时制止；

（三）制止无效的，依照有关规定作出适当处置。

第三十四条 诉讼各方发生争执或者进行人身攻击

（一）及时制止，并对各方进行批评教育，不得偏袒一方；

（二）告诫各方必须围绕案件依序陈述；

（三）对不听劝阻的，依照有关规定作出适当处置。

第三十五条 当事人在庭审笔录上签字

（一）应当告知当事人庭审笔录的法律效力，将庭审笔录交其阅读；无阅读能力的，应当向其宣读，确认无误后再签字、捺印；

（二）当事人指出记录有遗漏或者差错的，经核实后要当场补正并要求当事人在补正处签字、捺印；无遗漏或者差错不应当补正的，应当将其申请记录在案；

（三）未经当事人阅读核对，不得要求其签字、捺印；

（四）当事人放弃阅读核对的，应当要求其签字、捺印；当事人不阅读又不签字、捺印的，应当将情况记录在案。

第三十六条 宣判时注意事项

（一）宣告判决，一律公开进行；

（二）宣判时，合议庭成员或者独任法官应当起立，宣读裁判文书声音要洪亮、清晰、准确无误；

（三）当庭宣判的，应当宣告裁判事项，简要说明裁判理由并告知裁判文书送达的法定期限；

（四）定期宣判的，应当在宣判后立即送达裁判文书；

（五）宣判后，对诉讼各方不能赞赏或者指责，对诉讼各方提出的质疑，应当耐心做好解释工作。

第三十七条 案件不能在审限内结案

（一）需要延长审限的，按照规定履行审批手续；

（二）应当在审限届满或者转换程序前的合理时间内，及时将不能审结的原因告知当事人及其他诉讼参加人。

第三十八条 人民检察院提起抗诉

（一）依法立案并按照有关规定进行审理；

（二）应当为检察人员和辩护人、诉讼代理人查阅案卷、复印卷宗材料等提供必要的条件和方便。

四、诉讼调解

第三十九条　基本要求

（一）树立调解理念，增强调解意识，坚持"调解优先、调判结合"，充分发挥调解在解决纠纷中的作用；

（二）切实遵循合法、自愿原则，防止不当调解、片面追求调解率；

（三）讲究方式方法，提高调解能力，努力实现案结事了。

第四十条　在调解过程中与当事人接触

（一）应当征询各方当事人的调解意愿；

（二）根据案件的具体情况，可以分别与各方当事人做调解工作；

（三）在与一方当事人接触时，应当保持公平，避免他方当事人对法官的中立性产生合理怀疑。

第四十一条　只有当事人的代理人参加调解

（一）认真审查代理人是否有特别授权，有特别授权的，可以由其直接参加调解；

（二）未经特别授权的，可以参与调解，达成调解协议的，应当由当事人签字或者盖章，也可以由当事人补办特别授权追认手续，必要时，可以要求当事人亲自参加调解。

第四十二条　一方当事人表示不愿意调解

（一）有调解可能的，应当采用多种方式，积极引导调解；

（二）当事人坚持不愿调解的，不得强迫调解。

第四十三条　调解协议损害他人利益

（一）告知参与调解的当事人应当对涉及到他人权利、义务的约定进行修正；

（二）发现调解协议有损他人利益的，不得确认该调解协议内容的效力。

第四十四条　调解过程中当事人要求对责任问题表态

应当根据案件事实、法律规定以及调解的实际需要进行表态，注意方式方法，努力促成当事人达成调解协议。

第四十五条　当事人对调解方案有分歧

（一）继续做好协调工作，尽量缩小当事人之间的分歧，以便当事人重新选择，争取调解结案；

（二）分歧较大且确实难以调解的，应当及时依法裁判。

五、文书制作

第四十六条　基本要求

（一）严格遵守格式和规范，提高裁判文书制作能力，确保裁判文书质量，维护裁判文书的严肃性和权威性；

（二）普通程序案件的裁判文书应当内容全面、说理透彻、逻辑严密、用语规范、文字精练；

（三）简易程序案件的裁判文书应当简练、准确、规范；

（四）组成合议庭审理的案件的裁判文书要反映多数人的意见。

第四十七条 裁判文书质量责任的承担

（一）案件承办法官或者独任法官对裁判文书质量负主要责任，其他合议庭成员对裁判文书负有次要责任；

（二）对裁判文书负责审核、签发的法官，应当做到严格审查、认真把关。

第四十八条 对审判程序及审判全过程的叙述

（一）准确叙述当事人的名称、案由、立案时间、开庭审理时间、诉讼参加人到庭等情况；

（二）简易程序转为普通程序的，应当写明转换程序的时间和理由；

（三）追加、变更当事人的，应当写明追加、变更的时间、理由等情况；

（四）应当如实叙述审理管辖异议、委托司法鉴定、评估、审计、延期审理等环节的流程等一些重要事项。

第四十九条 对诉讼各方诉状、答辩状的归纳

（一）简要、准确归纳诉讼各方的诉、辩主张；

（二）应当公平、合理分配篇幅。

第五十条 对当事人质证过程和争议焦点的叙述

（一）简述开庭前证据交换和庭审质证阶段各方当事人质证过程；

（二）准确概括各方当事人争议的焦点；

（三）案件事实、法律关系较复杂的，应当在准确归纳争议焦点的基础上分段、分节叙述。

第五十一条 普通程序案件的裁判文书对事实认定部分的叙述

（一）表述客观，逻辑严密，用词准确，避免使用明显的褒贬词汇；

（二）准确分析说明各方当事人提交证据采信与否的理由以及被采信的证据能够证明的事实；

（三）对证明责任、证据的证明力以及证明标准等问题应当进行合理解释。

第五十二条 对普通程序案件定性及审理结果的分析论证

（一）应当进行准确、客观、简练的说理，对答辩意见、辩护意见、代理意见等是否采纳要阐述理由；

（二）审理刑事案件，应当根据法律、司法解释的有关规定并结合案件具体事实做出有罪或者无罪的判决，确定有罪的，对法定、酌定的从重、从轻、减轻、免除处罚情节等进行分析认定；

（三）审理民事案件，应当根据法律、法规、司法解释的有关规定，结合个案具体情况，理清案件法律关系，对当事人之间的权利义务关系、责任承担及责任大小等进行详

细的归纳评判；

（四）审理行政案件，应当根据法律、法规、司法解释的有关规定，结合案件事实，就行政机关及其工作人员所作的具体行政行为是否合法，原告的合法权益是否被侵害，与被诉具体行政行为之间是否存在因果关系等进行分析论证。

第五十三条　法律条文的引用

（一）在裁判理由部分应当引用法律条款原文，必须引用到法律的条、款、项；

（二）说理中涉及多个争议问题的，应当一论一引；

（三）在判决主文理由部分最终援引法律依据时，只引用法律条款序号。

第五十四条　裁判文书宣告或者送达后发现文字差错

（一）对一般文字差错或者病句，应当及时向当事人说明情况并收回裁判文书，以校对章补正或者重新制作裁判文书；

（二）对重要文字差错或者病句，能立即收回的，当场及时收回并重新制作；无法立即收回的，应当制作裁定予以补正。

六、执行

第五十五条　基本要求

（一）依法及时有效执行，确保生效法律文书的严肃性和权威性，维护当事人的合法权益；

（二）坚持文明执行，严格依法采取执行措施，坚决避免不作为和乱作为；

（三）讲求方式方法，注重执行的法律效果和社会效果。

第五十六条　被执行人以特别授权为由要求执行人员找其代理人协商执行事宜

（一）应当从有利于执行考虑，决定是否与被执行人的代理人联系；

（二）确有必要与被执行人本人联系的，应当告知被执行人有义务配合法院执行工作，不得推托。

第五十七条　申请执行人来电或者来访查询案件执行情况

（一）认真做好记录，及时说明执行进展情况；

（二）申请执行人要求查阅有关案卷材料的，应当准许，但法律规定应予保密的除外。

第五十八条　有关当事人要求退还材料原件

应当在核对当事人提交的副本后将原件退还，并由该当事人签字或者盖章后归档备查。

第五十九条　被执行财产的查找

（一）申请执行人向法院提供被执行财产线索的，应当及时进行调查，依法采取相应的执行措施，并将有关情况告知申请执行人；

（二）应当积极依职权查找被执行人财产，并及时依法采取相应执行措施。

第六十条　执行当事人请求和解

（一）及时将和解请求向对方当事人转达，并以适当方式客观说明执行的难度和风

险,促成执行当事人达成和解;

(二)当事人拒绝和解的,应当继续依法执行;

(三)申请执行人和被执行人达成和解的,应当制作书面和解协议并归档,或者将口头达成的和解协议内容记入笔录,并由双方当事人签字或者盖章。

第六十一条 执行中的暂缓、中止、终结

(一)严格依照法定条件和程序采取暂缓、中止、终结执行措施;

(二)告知申请执行人暂缓、中止、终结执行所依据的事实和相关法律规定,并耐心做好解释工作;

(三)告知申请执行人暂缓、中止执行后恢复执行的条件和程序;

(四)暂缓、中止、终结执行确有错误的,应当及时依法纠正。

第六十二条 被执行人对受委托法院执行管辖提出异议

(一)审查案件是否符合委托执行条件,不符合条件的,及时向领导汇报,采取适当方式纠正;

(二)符合委托执行条件的,告知被执行人受委托法院受理执行的依据并依法执行。

第六十三条 案外人对执行提出异议

(一)要求案外人提供有关异议的证据材料,并及时进行审查;

(二)根据具体情况,可以对执行财产采取限制性措施,暂不处分;

(三)异议成立的,采取适当方式纠正;异议不成立的,依法予以驳回。

第六十四条 对被执行人财产采取查封、扣押、冻结、拍卖、变卖等措施

(一)严格依照规定办理手续,不得超标的、超金额查封、扣押、冻结被执行人财产;

(二)对采取措施的财产要认真制作清单,记录好种类、数量,并由当事人签字或者盖章予以确认;

(三)严格按照拍卖、变卖的有关规定,依法委托评估、拍卖机构,不得损害当事人合法利益。

第六十五条 执行款的收取

(一)执行款应当直接划入执行款专用账户;

(二)被执行人即时交付现金或者票据的,应当会同被执行人将现金或者票据交法院财务部门,并及时向被执行人出具收据;

(三)异地执行、搜查扣押、小额标的执行或者因情况紧急确需执行人员直接代收现金或者票据的,应当即时向交款人出具收据,并及时移交法院财务部门;

(四)严禁违规向申请执行人和被执行人收取费用。

第六十六条 执行款的划付

(一)应当在规定期限内办理执行费用和执行款的结算手续,并及时通知申请执行人办理取款手续;

(二)需要延期划付的,应当在期限届满前书面说明原因,并报有关领导审查批准;

(三)申请执行人委托或者指定他人代为收款的,应当审查其委托手续是否齐全、有效,并要求收款人出具合法有效的收款凭证。

第六十七条 被执行人以生效法律文书在实体或者程序上存在错误而不履行

（一）生效法律文书确有错误的,告知当事人可以依法按照审判监督程序申请再审或者申请有关法院补正,并及时向领导报告；

（二）生效法律文书没有错误的,要及时做好解释工作并继续执行。

第六十八条 有关部门和人员不协助执行

（一）应当告知其相关法律规定,做好说服教育工作；

（二）仍拒不协助的,依法采取有关强制措施。

七、涉诉信访处理

第六十九条 基本要求

（一）高度重视并认真做好涉诉信访工作,切实保护信访人合法权益；

（二）及时处理信访事项,努力做到来访有接待、来信有着落、申诉有回复；

（三）依法文明接待,维护人民法院良好形象。

第七十条 对来信的处理

（一）及时审阅并按规定登记,不得私自扣押或者拖延不办；

（二）需要回复和退回有关材料的,应当及时回复、退回；

（三）需要向有关部门和下级法院转办的,应当及时转办。

第七十一条 对来访的接待

（一）及时接待,耐心听取来访人的意见并做好记录；

（二）能当场解答的,应当立即给予答复,不能当场解答的,收取材料并告知按约定期限等待处理结果。

第七十二条 来访人系老弱病残孕者

（一）优先接待；

（二）来访人申请救助的,可以根据情况帮助联系社会救助站；

（三）在接待时来访人出现意外情况的,应当立即采取适当救护措施。

第七十三条 集体来访

（一）向领导报告,及时安排接待并联系有关部门共同处理；

（二）视情况告知选派 1 至 5 名代表说明来访目的和理由；

（三）稳定来访人情绪,并做好劝导工作。

第七十四条 信访事项不属于法院职权范围

告知法院无权处理并解释原因,根据信访事项内容指明有权处理机关。

第七十五条 信访事项涉及国家秘密、商业秘密或者个人隐私

（一）妥善保管涉及秘密和个人隐私的材料；

（二）自觉遵守有关规定,不披露、不使用在信访工作中获得的国家秘密、商业秘密或者个人隐私。

第七十六条 信访人反映辖区法院裁判不公、执行不力、审判作风等问题

（一）认真记录信访人所反映的情况；

（二）对法院裁判不服的，告知其可以依法上诉、申诉或者申请再审；

（三）反映其他问题的，及时将材料转交法院有关部门处理。

第七十七条 信访人反复来信来访催促办理结果

（一）告知规定的办理期限，劝其耐心等待处理结果；

（二）情况紧急的，及时告知承办人或者承办部门；

（三）超过办理期限的，应当告知超期的理由。

第七十八条 信访人对处理结果不满，要求重新处理

（一）处理确实不当的，及时报告领导，按规定进行纠正；

（二）处理结果正确的，应当做好相关解释工作，详细说明处理程序和依据。

第七十九条 来访人表示不解决问题就要滞留法院或者采取其他极端方式

（一）及时进行规劝和教育，避免使用不当言行刺激来访人；

（二）立即向领导报告，积极采取适当措施，防止意外发生。

八、业外活动

第八十条 基本要求

（一）遵守社会公德，遵纪守法；

（二）加强修养，严格自律；

（三）约束业外言行，杜绝与法官形象不相称的、可能影响公正履行职责的不良嗜好和行为，自觉维护法官形象。

第八十一条 受邀请参加座谈、研讨活动

（一）对与案件有利害关系的机关、企事业单位、律师事务所、中介机构等的邀请应当谢绝；

（二）对与案件无利害关系的党、政、军机关、学术团体、群众组织的邀请，经向单位请示获准后方可参加。

第八十二条 受邀请参加各类社团组织或者联谊活动

（一）确需参加在各级民政部门登记注册的社团组织的，及时报告并由所在法院按照法官管理权限审批；

（二）不参加营利性社团组织；

（三）不接受有违清正廉洁要求的吃请、礼品和礼金。

第八十三条 从事写作、授课等活动

（一）在不影响审判工作的前提下，可以利用业余时间从事写作、授课等活动；

（二）在写作、授课过程中，应当避免对具体案件和有关当事人进行评论，不披露或者使用在工作中获得的国家秘密、商业秘密、个人隐私及其他非公开信息；

（三）对于参加司法职务外活动获得的合法报酬，应当依法纳税。

第八十四条 接受新闻媒体与法院工作有关的采访

（一）接受新闻媒体采访必须经组织安排或者批准；

（二）在接受采访时，不发表有损司法公正的言论，不对正在审理中的案件和有关当

事人进行评论,不披露在工作中获得的国家秘密、商业秘密、个人隐私及其他非公开信息。

第八十五条 本人或者亲友与他人发生矛盾

（一）保持冷静、克制,通过正当、合法途径解决;

（二）不得利用法官身份寻求特殊照顾,不得妨碍有关部门对问题的解决。

第八十六条 本人及家庭成员遇到纠纷需通过诉讼方式解决

（一）对本人的案件或者以直系亲属代理人身份参加的案件,应当依照有关法律规定,平等地参与诉讼;

（二）在诉讼过程中不以法官身份获取特殊照顾,不利用职权收集所需证据;

（三）对非直系亲属的其他家庭成员的诉讼案件,一般应当让其自行委托诉讼代理人,法官本人不宜作为诉讼代理人参与诉讼。

第八十七条 出入社交场所注意事项

（一）参加社交活动要自觉维护法官形象;

（二）严禁乘警车、穿制服出入营业性娱乐场所。

第八十八条 家人或者朋友约请参与封建迷信活动

（一）不得参加邪教组织或者参与封建迷信活动;

（二）向家人和朋友宣传科学,引导他们相信科学、反对封建迷信;

（三）对利用封建迷信活动违法犯罪的,应当立即向有关组织和公安部门反映。

第八十九条 因私出国（境）探亲、旅游

（一）如实向组织申报所去的国家、地区及返回的时间,经组织同意后方可出行;

（二）准时返回工作岗位;

（三）遵守当地法律,尊重当地民风民俗和宗教习惯;

（四）注意个人形象,维护国家尊严。

九、监督和惩戒

第九十条 各级人民法院要严格要求并督促本院法官遵守本规范,具体由各级法院的政治部门和纪检监察部门负责。

第九十一条 上级人民法院指导、监督下级人民法院对本规范的贯彻执行,最高人民法院指导和监督地方各级人民法院对本规范的贯彻执行。

第九十二条 地方各级人民法院应当结合本院实际,研究制定具体的实施细则或实施办法,切实加强本规范的培训与考核。

第九十三条 各级人民法院广大法官要自觉遵守和执行本规范,对违反本规范的人员,情节较轻且没有危害后果的,进行诫勉谈话和批评教育;构成违纪的,根据人民法院有关纪律处分的规定进行处理;构成违法的,根据法律规定严肃处理。

十、附则

第九十四条 人民陪审员以及人民法院其他工作人员参照本规范执行,法官退休后应当参照本规范有关要求约束言行。

第九十五条 本规范由最高人民法院负责解释。

第九十六条 本规范自发布之日起施行,最高人民法院 2005 年 11 月 4 日发布的《法官行为规范(试行)》同时废止。

诉讼费用交纳办法

(2006年12月8日国务院第一百五十九次常务会议通过,2006年12月19日公布)

第一章 总 则

第一条 根据《中华人民共和国民事诉讼法》(以下简称民事诉讼法)和《中华人民共和国行政诉讼法》(以下简称行政诉讼法)的有关规定,制定本办法。

第二条 当事人进行民事诉讼、行政诉讼,应当依照本办法交纳诉讼费用。

本办法规定可以不交纳或者免予交纳诉讼费用的除外。

第三条 在诉讼过程中不得违反本办法规定的范围和标准向当事人收取费用。

第四条 国家对交纳诉讼费用确有困难的当事人提供司法救助,保障其依法行使诉讼权利,维护其合法权益。

第五条 外国人、无国籍人、外国企业或者组织在人民法院进行诉讼,适用本办法。

外国法院对中华人民共和国公民、法人或者其他组织,与其本国公民、法人或者其他组织在诉讼费用交纳上实行差别对待的,按照对等原则处理。

第二章 诉讼费用交纳范围

第六条 当事人应当向人民法院交纳的诉讼费用包括:

(一)案件受理费;

(二)申请费;

(三)证人、鉴定人、翻译人员、理算人员在人民法院指定日期出庭发生的交通费、住宿费、生活费和误工补贴。

第七条 案件受理费包括:

(一)第一审案件受理费;

(二)第二审案件受理费;

(三)再审案件中,依照本办法规定需要交纳的案件受理费。

第八条 下列案件不交纳案件受理费:

(一)依照民事诉讼法规定的特别程序审理的案件;

(二)裁定不予受理、驳回起诉、驳回上诉的案件;

(三)对不予受理、驳回起诉和管辖权异议裁定不服,提起上诉的案件;

(四)行政赔偿案件。

第九条 根据民事诉讼法和行政诉讼法规定的审判监督程序审理的案件,当事人不交纳案件受理费。但是,下列情形除外:

(一)当事人有新的证据,足以推翻原判决、裁定,向人民法院申请再审,人民法院经审查决定再审的案件;

(二)当事人对人民法院第一审判决或者裁定未提出上诉,第一审判决、裁定或者调解书发生法律效力后又申请再审,人民法院经审查决定再审的案件。

第十条 当事人依法向人民法院申请下列事项,应当交纳申请费:

(一)申请执行人民法院发生法律效力的判决、裁定、调解书,仲裁机构依法作出的裁决和调解书,公证机构依法赋予强制执行效力的债权文书;

(二)申请保全措施;

(三)申请支付令;

(四)申请公示催告;

(五)申请撤销仲裁裁决或者认定仲裁协议效力;

(六)申请破产;

(七)申请海事强制令、共同海损理算、设立海事赔偿责任限制基金、海事债权登记、船舶优先权催告;

(八)申请承认和执行外国法院判决、裁定和国外仲裁机构裁决。

第十一条 证人、鉴定人、翻译人员、理算人员在人民法院指定日期出庭发生的交通费、住宿费、生活费和误工补贴,由人民法院按照国家规定标准代为收取。

当事人复制案件卷宗材料和法律文书应当按实际成本向人民法院交纳工本费。

第十二条 诉讼过程中因鉴定、公告、勘验、翻译、评估、拍卖、变卖、仓储、保管、运输、船舶监管等发生的依法应当由当事人负担的费用,人民法院根据谁主张、谁负担的原则,决定由当事人直接支付给有关机构或者单位,人民法院不得代收代付。

人民法院依照民事诉讼法第十一条第三款规定提供当地民族通用语言、文字翻译的,不收取费用。

第三章 诉讼费用交纳标准

第十三条 案件受理费分别按照下列标准交纳:

(一)财产案件根据诉讼请求的金额或者价额,按照下列比例分段累计交纳:

1. 不超过 1 万元的,每件交纳 50 元;
2. 超过 1 万元至 10 万元的部分,按照 2.5% 交纳;
3. 超过 10 万元至 20 万元的部分,按照 2% 交纳;
4. 超过 20 万元至 50 万元的部分,按照 1.5% 交纳;
5. 超过 50 万元至 100 万元的部分,按照 1% 交纳;
6. 超过 100 万元至 200 万元的部分,按照 0.9% 交纳;
7. 超过 200 万元至 500 万元的部分,按照 0.8% 交纳;

8. 超过 500 万元至 1000 万元的部分,按照 0.7% 交纳;

9. 超过 1000 万元至 2000 万元的部分,按照 0.6% 交纳;

10. 超过 2000 万元的部分,按照 0.5% 交纳。

(二)非财产案件按照下列标准交纳:

1. 离婚案件每件交纳 50 元至 300 元。涉及财产分割,财产总额不超过 20 万元的,不另行交纳;超过 20 万元的部分,按照 0.5% 交纳。

2. 侵害姓名权、名称权、肖像权、名誉权、荣誉权以及其他人格权的案件,每件交纳 100 元至 500 元。涉及损害赔偿,赔偿金额不超过 5 万元的,不另行交纳;超过 5 万元至 10 万元的部分,按照 1% 交纳;超过 10 万元的部分,按照 0.5% 交纳。

3. 其他非财产案件每件交纳 50 元至 100 元。

(三)知识产权民事案件,没有争议金额或者价额的,每件交纳 500 元至 1000 元;有争议金额或者价额的,按照财产案件的标准交纳。

(四)劳动争议案件每件交纳 10 元。

(五)行政案件按照下列标准交纳:

1. 商标、专利、海事行政案件每件交纳 100 元;

2. 其他行政案件每件交纳 50 元。

(六)当事人提出案件管辖权异议,异议不成立的,每件交纳 50 元至 100 元。

省、自治区、直辖市人民政府可以结合本地实际情况在本条第(二)项、第(三)项、第(六)项规定的幅度内制定具体交纳标准。

第十四条 申请费分别按照下列标准交纳:

(一)依法向人民法院申请执行人民法院发生法律效力的判决、裁定、调解书,仲裁机构依法作出的裁决和调解书,公证机关依法赋予强制执行效力的债权文书,申请承认和执行外国法院判决、裁定以及国外仲裁机构裁决的,按照下列标准交纳:

1. 没有执行金额或者价额的,每件交纳 50 元至 500 元。

2. 执行金额或者价额不超过 1 万元的,每件交纳 50 元;超过 1 万元至 50 万元的部分,按照 1.5% 交纳;超过 50 万元至 500 万元的部分,按照 1% 交纳;超过 500 万元至 1000 万元的部分,按照 0.5% 交纳;超过 1000 万元的部分,按照 0.1% 交纳。

3. 符合民事诉讼法第五十五条第四款规定,未参加登记的权利人向人民法院提起诉讼的,按照本项规定的标准交纳申请费,不再交纳案件受理费。

(二)申请保全措施的,根据实际保全的财产数额按照下列标准交纳:

财产数额不超过 1000 元或者不涉及财产数额的,每件交纳 30 元;超过 1000 元至 10 万元的部分,按照 1% 交纳;超过 10 万元的部分,按照 0.5% 交纳。但是,当事人申请保全措施交纳的费用最多不超过 5000 元。

(三)依法申请支付令的,比照财产案件受理费标准的 1/3 交纳。

(四)依法申请公示催告的,每件交纳 100 元。

(五)申请撤销仲裁裁决或者认定仲裁协议效力的,每件交纳 400 元。

(六)破产案件依据破产财产总额计算,按照财产案件受理费标准减半交纳,但是,最高不超过 30 万元。

（七）海事案件的申请费按照下列标准交纳：

1. 申请设立海事赔偿责任限制基金的，每件交纳 1000 元至 1 万元；
2. 申请海事强制令的，每件交纳 1000 元至 5000 元；
3. 申请船舶优先权催告的，每件交纳 1000 元至 5000 元；
4. 申请海事债权登记的，每件交纳 1000 元；
5. 申请共同海损理算的，每件交纳 1000 元。

第十五条 以调解方式结案或者当事人申请撤诉的，减半交纳案件受理费。

第十六条 适用简易程序审理的案件减半交纳案件受理费。

第十七条 对财产案件提起上诉的，按照不服一审判决部分的上诉请求数额交纳案件受理费。

第十八条 被告提起反诉、有独立请求权的第三人提出与本案有关的诉讼请求，人民法院决定合并审理的，分别减半交纳案件受理费。

第十九条 依照本办法第九条规定需要交纳案件受理费的再审案件，按照不服原判决部分的再审请求数额交纳案件受理费。

第四章 诉讼费用的交纳和退还

第二十条 案件受理费由原告、有独立请求权的第三人、上诉人预交。被告提起反诉，依照本办法规定需要交纳案件受理费的，由被告预交。追索劳动报酬的案件可以不预交案件受理费。

申请费由申请人预交。但是，本办法第十条第（一）项、第（六）项规定的申请费不由申请人预交，执行申请费执行后交纳，破产申请费清算后交纳。

本办法第十一条规定的费用，待实际发生后交纳。

第二十一条 当事人在诉讼中变更诉讼请求数额，案件受理费依照下列规定处理：

（一）当事人增加诉讼请求数额的，按照增加后的诉讼请求数额计算补交；

（二）当事人在法庭调查终结前提出减少诉讼请求数额的，按照减少后的诉讼请求数额计算退还。

第二十二条 原告自接到人民法院交纳诉讼费用通知次日起 7 日内交纳案件受理费；反诉案件由提起反诉的当事人自提起反诉次日起 7 日内交纳案件受理费。

上诉案件的案件受理费由上诉人向人民法院提交上诉状时预交。双方当事人都提起上诉的，分别预交。上诉人在上诉期内未预交诉讼费用的，人民法院应当通知其在 7 日内预交。

申请费由申请人在提出申请时或者在人民法院指定的期限内预交。

当事人逾期不交纳诉讼费用又未提出司法救助申请，或者申请司法救助未获批准，在人民法院指定期限内仍未交纳诉讼费用的，由人民法院依照有关规定处理。

第二十三条 依照本办法第九条规定需要交纳案件受理费的再审案件，由申请再审的当事人预交。双方当事人都申请再审的,分别预交。

第二十四条 依照民事诉讼法第三十六条、第三十七条、第三十八条、第三十九条规定移送、移交的案件,原受理人民法院应当将当事人预交的诉讼费用随案移交接收案件的人民法院。

第二十五条 人民法院审理民事案件过程中发现涉嫌刑事犯罪并将案件移送有关部门处理的,当事人交纳的案件受理费予以退还;移送后民事案件需要继续审理的,当事人已交纳的案件受理费不予退还。

第二十六条 中止诉讼、中止执行的案件,已交纳的案件受理费、申请费不予退还。中止诉讼、中止执行的原因消除,恢复诉讼、执行的,不再交纳案件受理费、申请费。

第二十七条 第二审人民法院决定将案件发回重审的,应当退还上诉人已交纳的第二审案件受理费。

第一审人民法院裁定不予受理或者驳回起诉的,应当退还当事人已交纳的案件受理费;当事人对第一审人民法院不予受理、驳回起诉的裁定提起上诉,第二审人民法院维持第一审人民法院作出的裁定的,第一审人民法院应当退还当事人已交纳的案件受理费。

第二十八条 依照民事诉讼法第一百三十七条规定终结诉讼的案件,依照本办法规定已交纳的案件受理费不予退还。

第五章 诉讼费用的负担

第二十九条 诉讼费用由败诉方负担,胜诉方自愿承担的除外。

部分胜诉、部分败诉的,人民法院根据案件的具体情况决定当事人各自负担的诉讼费用数额。

共同诉讼当事人败诉的,人民法院根据其对诉讼标的的利害关系,决定当事人各自负担的诉讼费用数额。

第三十条 第二审人民法院改变第一审人民法院作出的判决、裁定的,应当相应变更第一审人民法院对诉讼费用负担的决定。

第三十一条 经人民法院调解达成协议的案件,诉讼费用的负担由双方当事人协商解决;协商不成的,由人民法院决定。

第三十二条 依照本办法第九条第(一)项、第(二)项的规定应当交纳案件受理费的再审案件,诉讼费用由申请再审的当事人负担;双方当事人都申请再审的,诉讼费用依照本办法第二十九条的规定负担。原审诉讼费用的负担由人民法院根据诉讼费用负担原则重新确定。

第三十三条 离婚案件诉讼费用的负担由双方当事人协商解决;协商不成的,由人民法院决定。

第三十四条 民事案件的原告或者上诉人申请撤诉,人民法院裁定准许的,案件受理费由原告或者上诉人负担。

行政案件的被告改变或者撤销具体行政行为,原告申请撤诉,人民法院裁定准许的,案件受理费由被告负担。

第三十五条 当事人在法庭调查终结后提出减少诉讼请求数额的,减少请求数额部分的案件受理费由变更诉讼请求的当事人负担。

第三十六条 债务人对督促程序未提出异议的,申请费由债务人负担。债务人对督促程序提出异议致使督促程序终结的,申请费由申请人负担;申请人另行起诉的,可以将申请费列入诉讼请求。

第三十七条 公示催告的申请费由申请人负担。

第三十八条 本办法第十条第(一)项、第(八)项规定的申请费由被执行人负担。

执行中当事人达成和解协议的,申请费的负担由双方当事人协商解决;协商不成的,由人民法院决定。

本办法第十条第(二)项规定的申请费由申请人负担,申请人提起诉讼的,可以将该申请费列入诉讼请求。

本办法第十条第(五)项规定的申请费,由人民法院依照本办法第二十九条规定决定申请费的负担。

第三十九条 海事案件中的有关诉讼费用依照下列规定负担:

(一)诉前申请海事请求保全、海事强制令的,申请费由申请人负担;申请人就有关海事请求提起诉讼的,可将上述费用列入诉讼请求;

(二)诉前申请海事证据保全的,申请费由申请人负担;

(三)诉讼中拍卖、变卖被扣押船舶、船载货物、船用燃油、船用物料发生的合理费用,由申请人预付,从拍卖、变卖价款中先行扣除,退还申请人;

(四)申请设立海事赔偿责任限制基金、申请债权登记与受偿、申请船舶优先权催告案件的申请费,由申请人负担;

(五)设立海事赔偿责任限制基金、船舶优先权催告程序中的公告费用由申请人负担。

第四十条 当事人因自身原因未能在举证期限内举证,在二审或者再审期间提出新的证据致使诉讼费用增加的,增加的诉讼费用由该当事人负担。

第四十一条 依照特别程序审理案件的公告费,由起诉人或者申请人负担。

第四十二条 依法向人民法院申请破产的,诉讼费用依照有关法律规定从破产财产中拨付。

第四十三条 当事人不得单独对人民法院关于诉讼费用的决定提起上诉。

当事人单独对人民法院关于诉讼费用的决定有异议的,可以向作出决定的人民法院院长申请复核。复核决定应当自收到当事人申请之日起15日内作出。

当事人对人民法院决定诉讼费用的计算有异议的,可以向作出决定的人民法院请求复核。计算确有错误的,作出决定的人民法院应当予以更正。

第六章 司法救助

第四十四条 当事人交纳诉讼费用确有困难的,可以依照本办法向人民法院申请缓交、减交或者免交诉讼费用的司法救助。

诉讼费用的免交只适用于自然人。

第四十五条 当事人申请司法救助,符合下列情形之一的,人民法院应当准予免交诉讼费用:

(一)残疾人无固定生活来源的;

(二)追索赡养费、扶养费、抚育费、抚恤金的;

(三)最低生活保障对象、农村特困定期救济对象、农村五保供养对象或者领取失业保险金人员,无其他收入的;

(四)因见义勇为或者为保护社会公共利益致使自身合法权益受到损害,本人或者其近亲属请求赔偿或者补偿的;

(五)确实需要免交的其他情形。

第四十六条 当事人申请司法救助,符合下列情形之一的,人民法院应当准予减交诉讼费用:

(一)因自然灾害等不可抗力造成生活困难,正在接受社会救济,或者家庭生产经营难以为继的;

(二)属于国家规定的优抚、安置对象的;

(三)社会福利机构和救助管理站;

(四)确实需要减交的其他情形。

人民法院准予减交诉讼费用的,减交比例不得低于30%。

第四十七条 当事人申请司法救助,符合下列情形之一的,人民法院应当准予缓交诉讼费用:

(一)追索社会保险金、经济补偿金的;

(二)海上事故、交通事故、医疗事故、工伤事故、产品质量事故或者其他人身伤害事故的受害人请求赔偿的;

(三)正在接受有关部门法律援助的;

(四)确实需要缓交的其他情形。

第四十八条 当事人申请司法救助,应当在起诉或者上诉时提交书面申请、足以证明其确有经济困难的证明材料以及其他相关证明材料。

因生活困难或者追索基本生活费用申请免交、减交诉讼费用的,还应当提供本人及其家庭经济状况符合当地民政、劳动保障等部门规定的公民经济困难标准的证明。

人民法院对当事人的司法救助申请不予批准的,应当向当事人书面说明理由。

第四十九条 当事人申请缓交诉讼费用经审查符合本办法第四十七条规定的,人民法院应当在决定立案之前作出准予缓交的决定。

第五十条 人民法院对一方当事人提供司法救助,对方当事人败诉的,诉讼费用由对方当事人负担;对方当事人胜诉的,可以视申请司法救助的当事人的经济状况决定其减交、免交诉讼费用。

第五十一条 人民法院准予当事人减交、免交诉讼费用的,应当在法律文书中载明。

第七章 诉讼费用的管理和监督

第五十二条 诉讼费用的交纳和收取制度应当公示。人民法院收取诉讼费用按照其财务隶属关系使用国务院财政部门或者省级人民政府财政部门印制的财政票据。案件受理费、申请费全额上缴财政,纳入预算,实行收支两条线管理。

人民法院收取诉讼费用应当向当事人开具缴费凭证,当事人持缴费凭证到指定代理银行交纳。依法应当向当事人退费的,人民法院应当按照国家有关规定办理。诉讼费用缴库和退费的具体办法由国务院财政部门商最高人民法院另行制定。

在边远、水上、交通不便地区,基层巡回法庭当场审理案件,当事人提出向指定代理银行交纳诉讼费确有困难的,基层巡回法庭可以当场收取诉讼费用,并向当事人出具省级人民政府财政部门印制的财政票据;不出具省级人民政府财政部门印制的财政票据的,当事人有权拒绝交纳。

第五十三条 案件审结后,人民法院应当将诉讼费用的详细清单和当事人应当负担的数额书面通知当事人,同时在判决书、裁定书或者调解书中写明当事人各方应当负担的数额。

需要向当事人退还诉讼费用的,人民法院应当自法律文书生效之日起15日内退还有关当事人。

第五十四条 价格主管部门、财政部门按照收费管理的职责分工,对诉讼费用进行管理和监督;对违反本办法规定的乱收费行为,依照法律、法规和国务院相关规定予以查处。

第八章 附 则

第五十五条 诉讼费用以人民币为计算单位。以外币为计算单位的,依照人民法院决定受理案件之日国家公布的汇率换算成人民币计算交纳;上诉案件和申请再审案件的诉讼费用,按照第一审人民法院决定受理案件之日国家公布的汇率换算。

第五十六条 本办法自2007年4月1日起施行。

人民法院法官袍穿着规定

(2002年1月24日最高人民法院审判委员会第一千二百零八次会议通过,2002年1月24日印发)

为增强法官的职业责任感,进一步树立法官公正审判形象,现就法官袍穿着问题规定如下:

第一条 人民法院的法官配备法官袍。

第二条 法官在下列场合应当穿着法官袍:

(一)审判法庭开庭审判案件;

(二)出席法官任命或者授予法官等级仪式。

第三条 法官在下列场合可以穿着法官袍:

(一)出席重大外事活动;

(二)出席重大法律纪念、庆典活动。

第四条 法官在本规定第二条、第三条之外的其他场合,不得穿着法官袍,其他人员在任何场合不得穿着法官袍。

第五条 暂不具备条件的基层人民法院,开庭审判案件时可以不穿着法官袍,具体办法由各高级人民法院根据当地的具体情况制定。

第六条 法官袍应当妥善保管,保持整洁。

第七条 有关法官袍穿着规定与本规定不一致的,以本规定为准。

人民法院法槌使用规定(试行)

(2001年12月24日最高人民法院审判委员会第一千二百零一次会议通过,2002年1月8日印发)

为维护法庭秩序,保障审判活动的正常进行,现就人民法院法槌使用问题规定如下:

第一条 人民法院审判人员在审判法庭开庭审理案件时使用法槌。

适用普通程序审理案件时,由审判长使用法槌;适用简易程序审理案件时,由独任审判员使用法槌。

第二条 有下列情形之一的,应当使用法槌:

(一)宣布开庭、继续开庭;

(二)宣布休庭、闭庭;

(三)宣布判决、裁定。

第三条 有下列情形之一的,可以使用法槌:

(一)诉讼参与人、旁听人员违反《中华人民共和国人民法院法庭规则》,妨害审判活动,扰乱法庭秩序的;

(二)诉讼参与人的陈述与本案无关或者重复陈述的;

(三)审判长或者独任审判员认为有必要使用法槌的其他情形。

第四条 法槌应当放置在审判长或者独任审判员的法台前方。

第五条 审判长、独任审判员使用法槌的程序如下:

(一)宣布开庭、继续开庭时,先敲击法槌,后宣布开庭、继续开庭;

(二)宣布休庭、闭庭时,先宣布休庭、闭庭,后敲击法槌;

(三)宣布判决、裁定时,先宣布判决、裁定,后敲击法槌;

(四)其他情形使用法槌时,应当先敲击法槌,后对庭审进程作出指令。

审判长、独任审判员在使用法槌时,一般敲击一次。

第六条 诉讼参与人、旁听人员在听到槌声后,应当立即停止发言和违反法庭规则的行为;仍继续其行为的,审判长、独任审判员可以分别情形,依照《中华人民共和国人民法院法庭规则》的有关规定予以处理。

第七条 法槌由最高人民法院监制。

第八条 本规定(试行)自2002年6月1日起施行。

人民法院司法警察条例

(最高人民法院审判委员会讨论通过,2012年10月29日颁布)

第一章 总 则

第一条 为加强人民法院司法警察队伍建设和科学管理,保障司法警察依法行使职权,根据《中华人民共和国公务员法》、《中华人民共和国人民法院组织法》、《中华人民共和国人民警察法》等法律,制定本条例。

第二条 人民法院司法警察是中华人民共和国人民警察的警种之一。

第三条 人民法院司法警察的任务是预防、制止和惩治妨碍审判活动的违法犯罪行为,维护审判秩序,保障审判工作顺利进行。

第四条 最高人民法院领导地方各级人民法院和专门法院司法警察工作,上级人民法院领导下级人民法院司法警察工作。

第五条 人民法院司法警察必须以宪法和法律为活动准则,全心全意为人民服务,忠于职守,清正廉洁,服从命令,严格执法。

第六条 人民法院司法警察依法执行职务,受法律保护。

第二章 职 权

第七条 人民法院司法警察的职责:
(一)维护审判秩序;
(二)对进入审判区域的人员进行安全检查;
(三)刑事审判中押解、看管被告人或者罪犯,传带证人、鉴定人和传递证据;
(四)在生效法律文书的强制执行中,配合实施执行措施,必要时依法采取强制措施;
(五)执行死刑;
(六)协助机关安全和涉诉信访应急处置工作;
(七)执行拘传、拘留等强制措施;
(八)法律、法规规定的其他职责。

第八条 在法庭审判过程中,人民法院司法警察应当按照审判长或者独任审判员的指令,对违反法庭规则,哄闹、冲击法庭,侮辱、诽谤、威胁、殴打司法工作人员、诉讼参与人或者其他人员等扰乱法庭秩序的,依法予以强行带离,执行罚款或者拘留。

出现危及法庭内人员人身安全、被告人或者罪犯脱逃等紧急情况时,人民法院司法警察应当先行采取必要措施。

第九条 对以暴力、威胁或者其他方法阻碍司法工作人员执行职务的,人民法院司法警察应当及时予以控制,根据需要进行询问、提取或者固定相关证据,依法执行罚款、拘留等强制措施。

第十条 对不宜进入审判区域而强行进入的,人民法院司法警察应当依法强行带离;对涉嫌违法犯罪的,人民法院司法警察应当予以控制,并视情节及时移送公安机关。

第十一条 在生效法律文书的强制执行中,人民法院司法警察可以依法配合实施搜查、查封、扣押、强制迁出等执行行为。

第十二条 人民法院司法警察在履行职责过程中,遇当事人或者其他人员实施自杀、自伤等行为时,应当及时采取措施予以制止和协助救治,必要时应当对其采取约束性保护措施,并视情节移送公安机关。

第十三条 对严重扰乱人民法院工作秩序、危害人民法院工作人员人身安全及法院机关财产安全的,人民法院司法警察应当采取训诫、制止、控制等处置措施,保存相关证据,对涉嫌违法犯罪的,及时移送公安机关。

第十四条 遇有脱逃、拦劫囚车、抢夺枪支或者其他暴力行为的紧急情况,人民法院司法警察可以依照国家有关规定使用警械;使用警械不能制止或者不使用武器制止可能发生严重后果的,可以依照国家有关规定使用武器。

第三章 组织管理

第十五条 人民法院司法警察依法实行警衔制度。人民法院授予警衔的人员应当使用国家专项编制,具有司法警察职务,并履行司法警察职责。

第十六条 人民法院司法警察的编制、建制,由最高人民法院规定。

第十七条 人民法院司法警察实行编队管理。最高人民法院设立司法警察局,高级人民法院设立司法警察总队,中级人民法院设立司法警察支队,基层人民法院设立司法警察大队。

第十八条 人民法院司法警察接受所在人民法院院长和上级人民法院司法警察部门的领导,接受所在人民法院司法警察部门的管理。

第十九条 各级人民法院司法警察部门管理本级司法警察工作的主要职责:

(一)组织落实司法警察的条例、条令及其他相关文件;
(二)制定实施司法警察工作的规章制度和细则;
(三)组织司法警察履行职责;
(四)组织司法警察教育训练工作;
(五)协助管理司法警察警衔;
(六)管理司法警察装备;
(七)完成院长交办的其他任务。

第二十条 上级人民法院司法警察部门管理下级人民法院司法警察工作的主要职责：

（一）研究、制定司法警察工作的规划和规章制度；

（二）指导、监督、考评司法警察工作；

（三）制定司法警察教育训练计划；

（四）承担司法警察部门主要负责人的任免职备案工作；

（五）管理司法警察警衔；

（六）协调跨地区的重大警务活动；

（七）承担其他需要管理的事项。

第二十一条 人民法院录用的司法警察，应当符合国家规定的条件。人民法院录用司法警察，应当按照国家规定，公开考试，严格考核，择优选用。

新录用的司法警察试用期为一年，试用期满经考核合格的，正式任职并评定、授予相应警衔；不合格的，取消录用资格。

第二十二条 调任、转任到人民法院担任司法警察职务的，应当符合担任人民法院司法警察的条件和拟任职位所要求的资格条件。

第二十三条 人民法院对司法警察的调配，应当征求本院司法警察部门的意见；司法警察部门主要负责人的任免，应当报上级人民法院司法警察部门备案。

第二十四条 人民法院司法警察应当经过司法警察专业培训，考试考核合格方可任职或者晋升职务、授予或者晋升警衔。

第二十五条 人民法院司法警察实行警察职务序列，分为警官职务序列、警员职务序列和警务技术职务序列。

第二十六条 人民法院司法警察应当按照规定着装，佩带警用标志，保持警容严整，举止端庄。

人民法院司法警察在执行职务时，应当携带人民警察证。

第二十七条 人民法院司法警察的奖惩按照国家相关法律和有关规定及最高人民法院的有关规定办理。

第四章 警务保障

第二十八条 人民法院司法警察必须执行上级的决定和命令。

人民法院司法警察认为决定和命令有错误的，可以按照规定提出意见，但不得中止或者改变决定和命令的执行；提出的意见不被采纳时，必须服从决定和命令；执行决定和命令的后果由作出决定和命令的上级负责。

人民法院司法警察对超越法律、法规规定的人民法院司法警察职责范围的指令，有权拒绝执行，并同时向上级机关报告。

对审判长、独任审判员指令的执行，依照前款规定。

第二十九条 人民法院司法警察的警用标志、制式服装、武器和警械，由公安部统一监制,最高人民法院会同公安部管理,其他个人和组织不得非法制造、贩卖。

人民法院司法警察的警用标志、制式服装、武器、警械、人民警察证为司法警察专用,其他个人和组织不得持有和使用。

第三十条 人民法院司法警察工作和训练所需经费应当得到保证,并列入人民法院财务预算。

第三十一条 人民法院应当加强司法警察装备现代化建设,有计划地改善司法警察工作必需的指挥、信通、武器、警械、防护、交通、救援等装备设施。

第三十二条 人民法院司法警察实行国家公务员工资制度,并享受国家规定的警衔津贴和其他津贴、补贴、抚恤以及社会保险等福利待遇。

第五章 附 则

第三十三条 本条例由最高人民法院负责解释。

第三十四条 本条例自2012年12月1日起施行。1997年5月4日公布的《人民法院司法警察暂行条例》同时废止。

人民法院司法警察值庭规则

(最高人民法院 2003 年 7 月 16 日印发)

第一条 为保证人民法院审判工作的顺利进行,规范人民法院司法警察的值庭活动,根据《中华人民共和国刑事诉讼法》、《中华人民共和国民事诉讼法》、《中华人民共和国行政诉讼法》、《中华人民共和国人民法院法庭规则》和《人民法院司法警察暂行条例》的有关规定,制定本规则。

第二条 值庭是人民法院司法警察在法庭审判活动中,为维护法庭秩序,保证参与审判活动人员的安全,保证审判活动顺利进行所实施的职务行为。

第三条 值庭的司法警察在法庭审判活动中,根据审判长、独任审判员的指令,依法履行职责。

第四条 值庭前的准备工作由司法警察部门组织落实:

(一)根据庭审活动的时间、规模、类型、诉讼参与人的数量、场地条件等情况,选派司法警察值庭;

(二)制定实施方案和处置突发事件的应急措施;

(三)与相关部门联系,交换意见,明确任务。

第五条 司法警察值庭的职责:

(一)警卫法庭,维护法庭秩序;

(二)保障参与审判活动人员的安全;

(三)传唤证人、鉴定人;

(四)传递、展示证据;

(五)制止妨害审判活动的行为。

第六条 司法警察值庭时,应当按照规定着警服、佩戴警衔专用标志,警容严整。女司法警察不得浓妆、披发、戴饰物。

第七条 值庭的司法警察,应当依照《人民警察使用警械和武器条例》的规定,配备、使用警械和武器。

第八条 对旁听人员,值庭的司法警察应当进行安全检查。发现未成年人、精神病人、醉酒的人和其他不宜旁听的人员,应当阻止或者劝其退出审判法庭。

第九条 司法警察值庭时,应当站立于审判台侧面,背向审判台,面向旁听席。根据需要采取立正、跨立姿势或坐姿。法庭宣判时采取立正姿势;法庭调查开始后采取坐姿。值庭时间超过一小时可替换。出入法庭时应以齐步动作行进。

第十条 值庭的司法警察接取、传递、展示证据时,应注意安全。

第十一条 值庭的司法警察传唤证人时,应当打开通道门,引导证人到达指定位置。

第十二条 对旁听人员违反下列法庭纪律的,值庭的司法警察应当予以劝阻、制止:

(一) 未经允许录音、摄影和录像;

(二) 随意走动或擅自进入审判区;

(三) 鼓掌、喧哗、哄闹;

(四) 擅自发言、提问;

(五) 吸烟或随地吐痰;

(六) 使用通讯工具;

(七) 其他违反法庭纪律的行为。

第十三条 对下列行为,值庭的司法警察可以依法采取强制措施:

(一) 未经许可进入审判区,经劝阻、制止无效或者有违法犯罪嫌疑的;

(二) 严重违反法庭纪律,经劝阻、制止无效的;

(三) 哄闹、冲击法庭,侮辱、威胁、殴打参与审判活动人员等严重扰乱法庭秩序的。

第十四条 司法警察值庭时可以采取的强制措施包括:责令退出、强制带离、强行扣押、收缴、检查等。

第十五条 司法警察值庭时应提高警惕,防止当事人自伤、自杀、行凶、脱逃等行为的发生。遇有突发事件,应全力以赴,沉着应对,果断处置。

第十六条 司法警察值庭时,应当遵守法庭纪律,精神集中,举止端庄,行为文明,态度严肃。不得擅离岗位,不得让无关人员接触当事人,不得侮辱或变相体罚当事人以及实施其他妨害审判活动的行为。

第十七条 司法警察值庭时违反本规则的,依据《中华人民共和国人民警察法》处理。

第十八条 本规则自发布之日起实行。

中华人民共和国检察官职业道德基本准则

(2016年11月4日最高人民检察院第十二届检察委员会第五十七次会议通过)

第一条 坚持忠诚品格,永葆政治本色。
第二条 坚持为民宗旨,保障人民权益。
第三条 坚持担当精神,强化法律监督。
第四条 坚持公正理念,维护法制统一。
第五条 坚持廉洁操守,自觉接受监督。

《准则》从印发之日起实施,《中华人民共和国检察官职业道德基本准则(试行)》同时废止。

检察官职业行为基本规范(试行)

(2010年9月3日最高人民检察院检察委员会第十一届第四十二次会议讨论通过,2010年10月9日印发)

为规范检察官职业行为,保障和促进检察官严格、公正、文明、廉洁执法,根据《中华人民共和国公务员法》、《中华人民共和国检察官法》等法律,制定本规范。

一、职业信仰

第一条 坚定政治信念,坚持以马克思列宁主义、毛泽东思想、邓小平理论和"三个代表"重要思想为指导,认真学习中国特色社会主义理论体系,深入贯彻落实科学发展观,建设和捍卫中国特色社会主义事业。

第二条 热爱祖国,维护国家安全、荣誉和利益,维护国家统一和民族团结,同一切危害国家的言行作斗争。

第三条 坚持中国共产党领导,坚持党的事业至上,始终与党中央保持高度一致,自觉维护党中央权威。

第四条 坚持执法为民,坚持人民利益至上,密切联系群众,倾听群众呼声,妥善处理群众诉求,维护群众合法权益,全心全意为人民服务。

第五条 坚持依法治国基本方略,坚持宪法法律至上,维护宪法和法律的统一、尊严和权威,致力于社会主义法治事业的发展进步。

第六条 维护公平正义,忠实履行检察官职责,促进司法公正,提高检察机关执法公信力。

第七条 坚持服务大局,围绕党和国家中心工作履行法律监督职责,为改革开放和经济社会科学发展营造良好法治环境。

第八条 恪守职业道德,铸造忠诚品格,强化公正理念,树立清廉意识,提升文明素质。

二、履职行为

第九条 坚持依法履行职责,严格按照法定职责权限、标准和程序执法办案,不受行政机关、社会团体和个人干涉,自觉抵制权势、金钱、人情、关系等因素干扰。

第十条 坚持客观公正,忠于事实真相,严格执法,秉公办案,不偏不倚,不枉不纵,使所办案件经得起法律和历史检验。

第十一条 坚持打击与保护相统一,依法追诉犯罪,尊重和保护诉讼参与人和其他公民、法人及社会组织的合法权益,使无罪的人不受刑事追究。

第十二条 坚持实体与程序相统一,严格遵循法定程序,维护程序正义,以程序公正保障实体公正。

第十三条 坚持惩治与预防相统一,依法惩治犯罪,立足检察职能开展犯罪预防,积极参与社会治安综合治理,预防和减少犯罪。

第十四条 坚持执行法律与执行政策相统一,正确把握办案力度、质量、效率、效果的关系,实现执法办案法律效果、社会效果、政治效果的有机统一。

第十五条 坚持强化审判监督与维护裁判稳定相统一,依法监督纠正裁判错误和审判活动违法,维护生效裁判既判力,保障司法公正和司法权威。

第十六条 坚持重证据,重调查研究,依法全面客观地收集、审查和使用证据,坚决杜绝非法取证,依法排除非法证据。

第十七条 坚持理性执法,把握执法规律,全面分析情况,辩证解决问题,理智处理案件。

第十八条 坚持平和执法,平等对待诉讼参与人,和谐处理各类法律关系,稳慎处理每一起案件。

第十九条 坚持文明执法,树立文明理念,改进办案方式,把文明办案要求体现在执法全过程。

第二十条 坚持规范执法,严格依法办案,遵守办案规则和业务流程。

第二十一条 重视群众工作,了解群众疾苦,熟悉群众工作方法,增进与群众的感情,善于用群众信服的方式执法办案。

第二十二条 重视化解矛盾纠纷,加强办案风险评估,妥善应对和处置突发事件,深入排查和有效调处矛盾纠纷,注重释法说理,努力做到案结、事了、人和,促进社会和谐稳定。

第二十三条 重视舆情应对引导,把握正确舆论导向,遵守舆情处置要求,避免和防止恶意炒作。

第二十四条 自觉接受监督,接受其他政法机关的工作制约,执行检务公开规定,提高执法透明度。

第二十五条 精研法律政策,充实办案所需知识,保持专业水准,秉持专业操守,维护职业信誉和职业尊严。

三、职业纪律

第二十六条 严守政治纪律,不发表、不散布不符合检察官身份的言论,不参加非法组织,不参加非法集会、游行、示威等活动。

第二十七条 严守组织纪律,执行上级决定和命令,服从领导,听从指挥,令行禁止,确保检令畅通,反对自由主义。

第二十八条 严守工作纪律,爱岗敬业,勤勉尽责,严谨细致,讲究工作质量和效率,不敷衍塞责。

第二十九条　严守廉洁从检纪律,认真执行廉洁从政准则和廉洁从检规定,不取非分之财,不做非分之事,保持清廉本色。

第三十条　严守办案纪律,认真执行办案工作制度和规定,保证办案质量和办案安全,杜绝违规违纪办案。

第三十一条　严守保密纪律,保守在工作中掌握的国家秘密、商业秘密和个人隐私,加强网络安全防范,妥善保管涉密文件或其他涉密载体,坚决防止失密泄密。

第三十二条　严守枪支弹药和卷宗管理纪律,依照规定使用和保管枪支弹药,认真执行卷宗管理、使用、借阅、复制等规定,确保枪支弹药和卷宗安全。

第三十三条　严守公务和警用车辆使用纪律,不私自使用公务和警用车辆,不违规借用、占用车辆。遵守道路交通法规,安全、文明、礼貌行车,杜绝无证驾车、酒后驾车。

第三十四条　严格执行禁酒令,不在执法办案期间、工作时间和工作日中午饮酒,不着检察制服和佩戴检察徽标在公共场所饮酒,不酗酒。

四、职业作风

第三十五条　保持和发扬良好思想作风,解放思想,实事求是,与时俱进,锐意进取,开拓创新,研究新情况,解决新问题,创造性地开展工作。

第三十六条　保持和发扬良好学风,坚持理论联系实际,提高理论水平和解决实际问题的能力。

第三十七条　保持和发扬良好工作作风,密切联系群众,遵循客观规律,注重调查研究,察实情,讲实话,办实事,求实效,不搞形式主义,不弄虚作假。

第三十八条　保持和发扬良好领导作风,坚持民主集中制,充分发扬民主,维护集中统一,自觉开展批评与自我批评,坚持真理,修正错误,以身作则,率先垂范。

第三十九条　保持和发扬良好生活作风,艰苦奋斗,勤俭节约,克己奉公,甘于奉献,反对奢侈浪费。

第四十条　保持和发扬良好执法作风,更新执法理念,注重团结协作,提高办案效率,不要特权、逞威风。

五、职业礼仪

第四十一条　遵守工作礼仪,团结、关心和帮助同事,爱护工作环境,营造干事创业、宽松和谐、风清气正的工作氛围。

第四十二条　遵守着装礼仪,按规定着检察制服、佩戴检察徽标。着便装大方得体。

第四十三条　遵守接待和语言礼仪,对人热情周到,亲切和蔼,耐心细致,平等相待,一视同仁,举止庄重,精神振作,礼节规范。使用文明礼貌用语,表达准确,用语规范,不说粗话、脏话。

第四十四条　遵守外事礼仪,遵守国际惯例,尊重国格人格和风俗习惯,平等交往,热情大方,不卑不亢,维护国家形象。

六、职务外行为

第四十五条 慎重社会交往,约束自身行为,不参加与检察官身份不符的活动。从事教学、写作、科研或参加座谈、联谊等活动,不违反法律规定、不妨碍司法公正、不影响正常工作。

第四十六条 谨慎发表言论,避免因不当言论对检察机关造成负面影响。遵守检察新闻采访纪律,就检察工作接受采访应当报经主管部门批准。

第四十七条 遵守社会公德,明礼诚信,助人为乐,爱护公物,保护环境,见义勇为,积极参加社会公益活动。

第四十八条 弘扬家庭美德,增进家庭和睦,勤俭持家,尊老爱幼,团结邻里,妥善处理家庭矛盾和与他人的纠纷。

第四十九条 培养健康情趣,坚持终身学习,崇尚科学,反对迷信,追求高尚,抵制低俗。

七、附则

第五十条 检察官违反本规范,情节轻微的,予以批评教育;构成违纪的,依据检察人员纪律处分条例予以惩戒;构成犯罪的,依法追究刑事责任。

第五十一条 人民检察院的其他工作人员参照本规范执行。

第五十二条 本规范由最高人民检察院负责解释。

第五十三条 本规范自发布之日起试行。

公诉人出庭行为规范(试行)

(2004年12月10日最高人民检察院发布)

为规范公诉人出庭支持公诉行为,树立国家公诉人良好形象,保障公诉人正确履行出庭支持公诉职责,根据《中华人民共和国刑事诉讼法》、《人民检察院组织法》、《人民检察院刑事诉讼规则》和其他有关规定,结合公诉工作实践,制定本规范。

一、通则

第一条 公诉人出席法庭的职责,是代表国家指控、揭露和证实犯罪,对审判活动是否合法进行监督,维护诉讼参与人的合法权利,同时结合案情进行法制宣传和教育。

第二条 公诉人出庭支持公诉,应当严格依据《中华人民共和国刑事诉讼法》、《中华人民共和国刑法》、《人民检察院刑事诉讼规则》和其他有关规定,正确履行公诉职责。

第三条 公诉人出庭支持公诉,应当客观、全面、公正地向法庭提供证明被告人有罪、罪重或者罪轻的证据。

第四条 公诉人出庭支持公诉,除在少数民族聚居或者多民族杂居的地区使用当地通用的语言外,应当使用普通话。发言时应做到用语规范,语速适中,吐字清晰,声音洪亮。

二、庭前准备

第五条 公诉人在出庭前应进一步熟悉案情,研究与本案有关的法律政策问题以及审判中可能涉及的专业知识,认真做好出庭预案,熟悉讯问、询问、举证、质证和答辩提纲。

第六条 公诉人出庭支持公诉应备齐出庭所需的案件卷宗、出庭预案及相关法律法规文件和示证所需的设备。

第七条 公诉人出庭支持公诉应当按照最高人民检察院《关于人民检察服装管理规定(试行)》中的规范要求着装,佩戴胸徽和制式领带。做到仪表整洁,举止得体,并遵守下列规定:

(一) 不得挽袖子、卷裤腿、穿拖鞋;

(二) 不得染彩发、化浓妆、涂彩色指甲;

(三) 不得戴耳环、佩项链及其他饰物,男同志不得留长发、剃光头、蓄胡须;

(四) 不得佩带除检察胸徽以外的徽章;

（五）不得有其他与公诉人形象不符的服饰、发型和举止。

三、出席法庭

（一）一般规定

第八条 公诉人出席法庭应携带按照最高人民检察院规定统一制发的出庭文件夹。法庭书记员宣布"请公诉人入庭"后，公诉人应手持出庭文件夹精神饱满步入法庭，并向旁听席露出文件夹上的检察徽章。多名公诉人出庭的，应按顺序进入法庭，第一公诉人坐在靠近审判席的一侧。如案件材料较多，可将有关材料先行放到公诉席上。

第九条 公诉人出庭支持公诉应当尊重审判人员，尊重审判长依法进行的诉讼指挥，遵守法庭纪律，维护诉讼参与人的合法权益。不得随意离开法庭。确实需要离开法庭的，应当经审判长同意或提请法庭休庭。

第十条 公诉人出庭支持公诉，对合议庭组成人员应当分别称"审判长"、"审判员"、"人民陪审员"或统称"合议庭"。向法庭提出要求时应当称"审判长"；当某阶段活动完毕或发表公诉意见时应当称"审判长、审判员（人民陪审员）"。

多名被告人聘请辩护人的，应当称"被告人×××的辩护人"，一名被告人聘请两名辩护人的，应当称"被告人×××的第一辩护人"、"被告人×××的第二辩护人"。

在讯问中，对被告人应当称"被告人×××"，也可以根据具体情况称"你"。

公诉人作上述称呼时，应当正视上述人员。

公诉人可以自称为"公诉人"或者"本公诉人"。

第十一条 公诉人出庭支持公诉发现法庭审理案件严重违反法律规定的诉讼程序或严重侵犯诉讼参与人合法权益，影响案件公正审理的，应当在庭后及时向本院检察长报告，并根据需要提出意见。但是如不当庭指出可能严重影响公正审判或者可能造成难以弥补损失的，公诉人可以当庭指出并于庭后及时向本院检察长报告。

（二）法庭调查

第十二条 公诉人宣读起诉书时，应保持姿势端正。宣读起诉书应从"×××人民检察院起诉书"开始至"检察员×××"结束。宣读完毕后，应面向审判长告知："审判长，起诉书宣读完毕。"

第十三条 讯问被告人，应首先告知其应当如实回答讯问。询问被害人应当告知其应当如实陈述和有意作虚假陈述要承担的法律责任。讯问共同犯罪案件的被告人，询问证人、鉴定人，应当分别进行。必要时可以建议法庭传唤有关被告人、证人同时到庭对质。

第十四条 公诉人应当根据讯问或询问提纲以及被告人、被害人、证人、鉴定人的当庭供述或陈述，按照有利于指控犯罪的原则及时调整讯问或询问内容。

第十五条 公诉人当庭讯问被告人应遵守下列要求：

（一）应在起诉书指控的范围内，围绕对被告人的定罪和量刑进行讯问；

（二）应具有针对性，目的明确，有利于公正审判；

（三）同一事实，一般不应重复讯问，但确需强调的除外；

（四）不得使用有损人格或带有人身攻击性的语言进行讯问；

（五）不得采取威胁、诱导等不正当方式进行讯问。

第十六条　被告人在庭审中的供述与其在侦查、审查起诉阶段供述不一致，足以影响对被告人定罪量刑的，公诉人应结合被告人庭审前的供述，对不一致的内容有针对性地进行讯问，也可以在示证阶段宣读或出示被告人在庭审前的供述或提出其他证据予以证明。

第十七条　在法庭调查阶段，遇有下列情况，公诉人应根据情况自己或提请审判长制止，或者建议休庭：

（一）被告人的供述与案件无关或答非所问的；

（二）被告人使用污言秽语，或者攻击国家机关、社会团体或其他公民的；

（三）辩护人或者诉讼代理人采取威胁、诱导等不正当方式进行提问的；

（四）辩护人或者诉讼代理人的提问与案件无关的；

（五）被告人的供述或者辩护人、诉讼代理人的发言可能泄露与案件无关的国家机密的；

（六）辩护人越权为同案其他被告人辩护的，但该辩护有利于从轻、减轻或免除自己当事人刑罚的除外。

公诉人提请审判长制止的方式可以是："反对。审判长，刚才……（例：辩护人向被告人提问是诱导性的。）"或："审判长……（例：被告人当庭使用污言秽语，有损法庭庄严的形象，应予制止。）"

第十八条　讯问暂时告一段落时，公诉人应向审判长说明："审判长，对被告人×××的讯问暂时到此。"

第十九条　法庭调查过程中，如果需要继续对被告人讯问的，应当向审判长申请："审判长，公诉人需要补充讯问被告人×××。"得到准许后再讯问。前述申请不得打断辩护人、诉讼代理人正在进行的提问。

第二十条　公诉人举证、质证、答辩时应参考举证及质证提纲，并根据庭审情况及时调整。

第二十一条　公诉人应当根据庭审情况合理安排举证顺序，遵循一事一证、证明同一事项的证据同组出示的原则，做到条理清楚、层次分明。一般应先出示定罪证据，后出示量刑证据，先出示主要证据，后出示次要证据。特殊情况下，公诉人可以按照有利于指控犯罪的原则排列举证顺序。

第二十二条　公诉人要求证人、鉴定人出庭作证或要求搜查、勘验、检查等活动的见证人或负责侦查的人员出庭说明有关情况的，应说明将要证明的内容，提请合议庭传唤或通知。

第二十三条　公诉人当庭询问被害人、证人、鉴定人及搜查、勘验、检查等活动的见证人或负责侦查的人员，适用本规范第十五条关于讯问被告人的规定。

第二十四条　被害人、证人、鉴定人当庭作虚假陈述，足以影响对被告人定罪量刑的，公诉人可以宣读其在侦查、审查起诉阶段所作的陈述或证言笔录，并结合具体案情有针对性地进行询问,或在举证、质证时出示其他证据予以证明。

第二十五条 公诉人举证,应遵循下列要求:

(一)出示、宣读、播放每一份(组)证据前,公诉人应先就该证据的来源、特征及所要证明的内容向法庭作概括说明,书证、物证宣读或出示完毕后,应提请法庭交由法警让当事人、证人辨认。

(二)未到庭被害人、证人的证言笔录、陈述笔录公诉人可以直接宣读。鉴定结论、勘验笔录、检查笔录由鉴定人、勘验人、检查人自己宣读,未到庭鉴定人、勘验人、检查人的鉴定结论、勘验笔录、检查笔录公诉人可以直接宣读。

(三)每出示、宣读或播放一份(组)证据后,应说明"×××证据出示、宣读或播放完毕。"也可以根据案情在证据全部出示完毕后再向法庭说明。

(四)出示、宣读、播放每一份(组)证据时,可以全部出示,也可以摘要出示,但不得作扭曲原意的删减、概括。

(五)出示的证据一般应当为证据的原件或原物,原物不易搬运、不易保存或已返还被害人时可以出示反映原物外形或内容的照片、录像。获取书证原件有困难时可以出示书证副本或复制件。

(六)使用多媒体示证的,公诉人应向法庭简要说明该示证方式。

第二十六条 公诉人可以根据庭审需要,出示开庭前送交人民法院的证据目录以外的证据,但应说明理由及证明事项。

第二十七条 所有证据出示完毕后,公诉人应向审判长说明:"审判长,本案的有关证据现已全部出示完毕,以上证据确实、充分,足以证明起诉书指控的犯罪事实和情节,请合议庭依法采信。"

第二十八条 对于被告人、辩护人向合议庭提交的证据,公诉人应认真审查。认为该证据不具备证据的合法性、客观性或关联性的,应当及时向法庭提出。

前述证据如果对被告人的定罪、量刑有重大影响,当庭难以准确判断,符合延期审理条件的,公诉人应当提请法庭延期审理。

(三)法庭辩论

第二十九条 公诉人发表公诉意见,应参考出庭预案,结合庭审情况及时予以调整和完善。

(一)根据法庭调查的情况,概述法庭质证情况、各证据的证明作用,并运用各证据之间的逻辑关系说明被告人的犯罪事实已经得到充分证明。

(二)根据被告人的犯罪事实,论证应适用的法律条款并提出定罪及从重、从轻、减轻处罚等意见。

(三)根据法庭情况,在揭露被告人犯罪行为社会危害性的基础上,作必要的法律宣传教育工作。

第三十条 公诉人发表公诉意见,可以根据情况提出量刑建议。

第三十一条 公诉意见发表完毕,公诉人应告知审判长:"审判长,公诉意见发表完毕。"

第三十二条 辩护人发表辩护意见后,公诉人应根据庭前准备的答辩提纲,结合庭审变化情况进行适当调整,有针对性地答辩。答辩应当重点突出,条理清晰,说理充分,论证严谨。

第三十三条 对控辩双方争议的焦点问题,公诉人必须答辩。答辩前应先向审判长表明坚持公诉意见的态度,同时表明将针对被告人或辩护人的辩护观点,作出答辩。

第三十四条 公诉意见已经阐明,但被告人(或其辩护人)仍重复公诉人已经答辩过的意见时,公诉人应向法庭说明:"审判长,被告人(或其辩护人)所提意见,公诉人已在上一轮的论辩中作出答辩,鉴于被告人(或其辩护人)没有提出新的意见,公诉人不作重复答辩"。

第三十五条 对于控辩双方认识基本一致,或被告人及其辩护人提出的意见不影响对被告人定罪量刑或者与案件无关时,公诉人可以不辩论或者只做简单说明。

第三十六条 被害人及其代理人的意见与公诉意见不一致的,公诉人应参照前述规范进行答辩。

第三十七条 法庭辩论阶段,公诉人认为需要恢复法庭调查的,应当向法庭提出申请。

第三十八条 法庭辩论阶段,公诉人还有新的答辩意见,而审判长未征求公诉人意见即结束法庭辩论时,公诉人应向审判长提出:"审判长,公诉人的答辩意见还没有发表完毕,请恢复法庭辩论或者允许公诉人补充进行答辩。"

(四)延期审理及宣判

第三十九条 在法庭审理过程中,遇有《中华人民共和国刑事诉讼法》第165条、《人民检察院刑事诉讼规则》第348条规定的情况,公诉人应当要求法庭延期审理:"审判长,鉴于……情况,根据《中华人民共和国刑事诉讼法》第165条的规定,特提请法庭延期审理"。

第四十条 宣告判决时,公诉人和书记员应当按照法庭要求起立。

第四十一条 宣告判决后,公诉人一般不发表意见,如果审判长征求公诉人意见,公诉人可以回答:"审判长,根据刑事诉讼法第183条规定,本院将依法对本案的判决进行审查,如有意见,将由本院在法定期限内正式提出。"

四、附则

第四十二条 本规范适用于检察人员出庭支持公诉的一审普通程序公开审理的案件。对于人民法院按照简易程序、被告人认罪案件简化程序、二审程序公开审理或不公开审理的案件,可以参照适用本规范。

第四十三条 本规范由最高人民检察院公诉厅负责解释。

第四十四条 本规范自发布之日起试行。

检察机关文明用语规则

(2010年6月9日最高人民检察院第十一届检察委员会第三十八次会议通过)

第一条 为促进检察机关执法规范化,增强检察人员职业道德素质,提升文明执法水平,根据《中华人民共和国检察官法》、《中华人民共和国检察官职业道德基本准则(试行)》等有关规定,制定本规则。

第二条 全国检察机关应当制定、推广和使用文明用语,规范检察人员执法和工作文明语言,塑造检察队伍良好执法形象。

第三条 检察人员在履行法律监督职责及从事相关活动中,应当自觉使用文明规范用语。

第四条 检察机关文明用语应当遵循宪法和法律规定,尊重和保障人权,体现社会主义法治理念要求和人文关怀,符合法律监督工作特点和民族、宗教及社会风俗习惯。

第五条 检察机关文明用语以国家通用语言普通话为基本载体,同时尊重、使用少数民族语言、聋哑人语言以及地方方言。

第六条 检察机关文明用语包括检察业务和综合工作中涉及的接待、询问、讯问、出庭、宣传和群众工作等执法和工作用语。

第七条 接待用语应当文明、礼貌、亲和、诚恳。做到主动问候,热情周到,细心询问,耐心解释,明确告知权利义务、检察机关的职责范围和取得答复及处理结果的方式、途径,礼貌送别。

第八条 通讯语言应当使用礼貌称谓,做到准确通报本单位名称和个人身份,认真询问或者说明来电、去电事由,问话和气简洁,答话明确具体,结束通话客气礼貌。

第九条 询问用语,应当明示身份,告知权利义务,明确询问事由,笔录送阅或者宣读,应全面细致,告诉联系方式,做到言语得体,态度和蔼。

第十条 讯问用语,应当合法、规范,称谓严肃。应当依法表明身份,明确告知权利义务,讯问案情客观严谨,笔录应当送阅或者宣读。

第十一条 出席法庭用语应当严谨、理性、规范。宣读起诉书、发表公诉意见声音洪亮,吐字清晰。尊重法庭、服从审判长主持庭审活动,出示证据,询问证人,质证,讯问被告人时用语规范、文明。尊重辩护人,答辩合法、礼貌、说理。

第十二条 宣传用语应当准确、生动,富有亲和力、感染力、说服力,诠释法律和检察业务规范严谨、周密,发布检察工作、案件或事件信息客观、真实。

第十三条 群众工作用语应当适应群众工作的特点和变化,以法为据、以理服人、以情感人,态度亲近平和,表达通俗易懂,让群众听得懂、听得进、听得信服。

第十四条　检察机关文明用语的基本规范由最高人民检察院制定。最高人民检察院各内设机构按照其业务工作的不同特点、不同需求,制定文明用语基础文本。

第十五条　各级人民检察院结合本地实际,特别是当地语言风俗习惯和各岗位、各环节的具体情况,依据基本规范和基础文本,制定具体的文明用语。

第十六条　检察人员不得使用不文明语言,避免和防止因不当用语、不良表达使公众对检察机关执法公信力产生不良影响。

第十七条　违反文明用语规范,造成不良影响的,应给予批评、训诫或者责令公开道歉;造成严重后果的,依照党纪、政纪及有关规定给予处分。

第十八条　各级人民检察院应加强对检察文明用语推广使用的监督管理,将文明用语规范纳入检察职业道德教育,列入考核内容,选择适当场所向社会公布。

第十九条　本规则适用于各级人民检察院全体工作人员。

第二十条　本规则由最高人民检察院负责解释。

第二十一条　本规则自发布之日起施行。

附件:

检察机关文明用语基本规范

一、接待用语基本规范

- 您好,请坐。
- 欢迎您向检察机关反映问题。
- 根据我国法律规定,公民有权向检察机关如实反映问题,但不得诬告陷害他人,否则要承担相应法律责任。
- 您反映的情况,检察机关会依法处理,结果会向您反馈。
- 根据我国法律规定,您反映的情况属于××单位管辖。您递交的材料我们会转给他们,您也可以直接向该单位反映。
- 再见,请慢走。

二、电话通讯用语基本规范

- 您好,这里是××人民检察院××科室,我是×××。
- 请问您有什么事?(或说明去电事由)
- 我说清楚了吗?
- 请留下联系方式,有需要我们会与您联系。再见。
- 对不起,您打错了(即使接听错打电话,也要礼貌回复)。

三、询问用语基本规范

- ×××,我们是××检察院工作人员×××、×××,今天依法向你调查取证,请给予配合。
- 根据我国法律规定,证人有如实作证的义务,故意作伪证、隐匿罪证或者窝藏、包庇他人,应当负法律责任。
- 对××一案(一事),请如实谈谈知道的情况。如果担心安全问题,我们会依法采取必要的保护措施。

■ 请仔细核对笔录是否与你说的相符,如果有遗漏或者差错,可以补充或者改正;认为笔录没有错误,请逐页签名按指印或者盖章。

■ 今天先谈到这里。你对今天的调查取证工作有什么意见或建议,可以向我们提出,也可以向检察院有关部门反映。

■ 这是我们的联系电话,如果有什么情况想补充,或者因调查取证工作遇到困难及问题,请随时与我们联系。再见。

四、讯问用语基本规范

■ ×××,我们是××检察院工作人员×××、×××,现在依法对你进行讯问,你要如实回答。

■ 你可以进行有罪的陈述或者无罪的辩解,对与本案无关的问题,你有权拒绝回答。

■ 根据我国法律规定,你有权聘请律师,为你提供法律咨询、代理申诉、控告,申请取保候审。你要聘请律师吗?

■ 根据我国法律规定,你有申请回避的权利。你要求我们回避吗?

■ 请仔细核对笔录是否和你说的相符,如果有遗漏或者差错,可以补充或者改正;认为笔录没有错误,请在笔录上逐页签名按指印或者盖章。

■ 今天讯问就到这里。如果你对讯问工作有什么意见,可以向我们提出,也可以向检察院有关部门反映。

五、出庭用语基本规范

■ 审判长,下面公诉人向法庭举证,证实指控被告人×××的犯罪事实。该证据是××公安局(检察院)于×年×月×日在××地方收集(或提取),主要证明本案××事实。该证据见××卷××页。

■ 审判长,本案的有关证据已全部出示完毕。以上证据足以证实起诉书所指控的犯罪事实和情节,请法庭充分考虑并依法采纳。

■ 被告人×××,公诉人现就起诉书指控的犯罪事实(就以下问题)对你进行讯问。根据我国法律规定,你应当如实回答,听清楚了吗。

■ 审判长,公诉人对被告人×××的讯问暂时到此。

■ 审判长,公诉人发问暂时到此。

■ 审判长,公诉人要求继续发问。

■ 审判长,鉴于被告人×××不如实供述犯罪事实,公诉人要求传唤同案被告人×××(或证人×××)到庭对质。

■ 审判长,经当庭对质,被告人的辩解理由不能成立,请法庭不予采信。

■ 公诉人提请法庭传证人×××到庭作证。

■ 证人(被害人)×××,根据我国法律规定,你有如实提供证据的义务,伪造、隐匿或者毁灭证据的,要负法律责任。你听明白了吗?请你如实回答公诉人的提问。

■ 审判长,证人×××当庭陈述与在侦查阶段、审查起诉阶段证词不一致,且与本案其他证据相互矛盾,不具有客观真实性,请法庭不予采信。
- 审判长,公诉人认为辩护人的提问方式(或内容)不当(或具有诱导性倾向),请审判长予以制止(或不予采纳)。
- 审判长,辩护人刚才……违反法律规定,请法庭予以制止。
- 请辩护人注意……辩护人刚才……违反法律规定,请正确行使辩护权。
- 公诉人认真听取了被告人×××及其辩护人的辩护意见,归纳起来,主要有以下×点,现分别答辩如下。
- 审判长,对上一轮答辩的×观点,为了使法庭对此有更加全面的了解,公诉人特作如下补充发言。
- 公诉人对本案有关意见均已作出答辩,答辩意见全部发表完毕。
- 鉴于……根据我国法律规定,公诉人提请法庭休庭,待相关事实查清后再开庭审理。

六、监所检察用语基本规范
- 我们是××人民检察院派驻××监狱(看守所、劳教所)检察室的工作人员×××、×××,负责对监狱(看守所、劳教所)的监管执法情况进行法律监督。
- 请问你的姓名、年龄,在什么时间、因涉嫌(犯)什么罪被关押?
- 根据我国法律规定,你在被监管期间主要有以下权利和义务。现在向你送达权利义务告知卡。如果监管场所内发生侵犯你合法权益的事情,可以随时向派驻检察官反映。
- 你在关押期间(被关押前)是否受到过殴打、体罚虐待(刑讯逼供)或者其他不公正待遇,请你如实讲。对你反映的情况我们负责保密。
- 你约见我们,有什么情况需要反映,请讲。
- 今天找你谈话,主要是了解有关情况,你要如实回答。
- 你对××监狱(看守所、劳教所)监管执法工作和派驻检察室的监督工作有什么意见和建议。欢迎通过检察信箱或者约见我们反映。
- 对你反映的问题,我们将认真进行调查,依法作出处理,调查结果会向你反馈。
- 请仔细核对谈话笔录是否与你说的相符,如有遗漏或者差错,可以补充或者改正;如果没有错误,请在谈话笔录上逐页签名按指印或者盖章。

律师执业行为规范(试行)

(2004年3月20日第五届全国律协第九次常务理事会审议通过试行,2009年12月27日全国律协七届二次理事会修订,2017年1月8日第九届全国律协常务理事会第二次会议审议通过试行)

第一章 总 则

第一条 为规范律师执业行为,保障律师执业权益,根据《中华人民共和国律师法》和《中华全国律师协会章程》制定本规范。

第二条 本规范是律师规范执业行为的指引,是评判律师执业行为的行业标准,是律师自我约束的行为准则。

第三条 律师应当把拥护中国共产党领导、拥护社会主义法治作为从业的基本要求。

第四条 律师执业行为违反本规范中强制性规范的,将依据相关规范性文件给予处分或惩戒。本规范中的任意性规范,律师应当自律遵守。

第五条 本规范适用于作为中华全国律师协会会员的律师和律师事务所,律师事务所其他从业人员参照本规范执行。

第二章 律师执业基本行为规范

第六条 律师应当忠于宪法、法律,恪守律师职业道德和执业纪律。

律师不得利用律师身份和以律师事务所名义炒作个案,攻击社会主义制度,从事危害国家安全活动,不得利用律师身份煽动、教唆、组织有关利益群体,干扰、破坏正常社会秩序,不得利用律师身份教唆、指使当事人串供、伪造证据,干扰正常司法活动。

第七条 律师应当诚实守信、勤勉尽责,依据事实和法律,维护当事人合法权益,维护法律正确实施,维护社会公平和正义。

第八条 律师应当注重职业修养,自觉维护律师行业声誉。

第九条 律师应当保守在执业活动中知悉的国家秘密、商业秘密,不得泄露当事人的隐私。

律师对在执业活动中知悉的委托人和其他人不愿泄露的情况和信息,应当予以保密。但是,委托人或者其他人准备或者正在实施的危害国家安全、公共安全以及其他严重危害他人人身、财产安全的犯罪事实和信息除外。

第十条 律师应当尊重同行,公平竞争,同业互助。

第十一条 律师协会倡导律师关注、支持、积极参加社会公益事业。

第十二条 律师在执业期间不得以非律师身份从事法律服务。

律师只能在一个律师事务所执业。

律师不得在受到停止执业处罚期间继续执业,或者在律师事务所被停业整顿期间、注销后继续以原所名义执业。

第十三条 律师不得在同一案件中为双方当事人担任代理人,不得代理与本人或者其近亲属有利益冲突的法律事务。

第十四条 律师担任各级人民代表大会常务委员会组成人员的,任职期间不得从事诉讼代理或者辩护业务。

第十五条 律师不得为以下行为:

(一)产生不良社会影响,有损律师行业声誉的行为;

(二)妨碍国家司法、行政机关依法行使职权的行为;

(三)参加法律所禁止的机构、组织或者社会团体;

(四)其他违反法律、法规、律师协会行业规范及职业道德的行为。

(五)其他违反社会公德,严重损害律师职业形象的行为。

第三章 律师业务推广行为规范

第一节 业务推广原则

第十六条 律师和律师事务所推广律师业务,应当遵守平等、诚信原则,遵守律师职业道德和执业纪律,遵守律师行业公认的行业准则,公平竞争。

第十七条 律师和律师事务所应当通过提高自身综合素质、提高法律服务质量、加强自身业务竞争能力的途径,开展、推广律师业务。

第十八条 律师和律师事务所可以依法以广告方式宣传律师和律师事务所以及自己的业务领域和专业特长。

第十九条 律师和律师事务所可以通过发表学术论文、案例分析、专题解答、授课、普及法律等活动,宣传自己的专业领域。

第二十条 律师和律师事务所可以通过举办或者参加各种形式的专题、专业研讨会,宣传自己的专业特长。

第二十一条 律师可以以自己或者其任职的律师事务所名义参加各种社会公益活动。

第二十二条 律师和律师事务所在业务推广中不得为不正当竞争行为。

第二节 律师业务推广广告

第二十三条 律师和律师事务所为推广业务,可以发布使社会公众了解律师个人和律师事务所法律服务业务信息的广告。

第二十四条 律师发布广告应当遵守国家法律、法规、规章和本规范。

第二十五条 律师发布广告应当具有可识别性,应当能够使社会公众辨明是律师广告。

第二十六条 律师广告可以以律师个人名义发布,也可以以律师事务所名义发布。以律师个人名义发布的律师广告应当注明律师个人所任职的执业机构名称,应当载明律师执业证号。

第二十七条 具有下列情况之一的,律师和律师事务所不得发布律师广告:

(一)没有通过年度考核的;

(二)处于停止执业或停业整顿处罚期间的;

(三)受到通报批评、公开谴责未满一年的。

第二十八条 律师个人广告的内容,应当限于律师的姓名、肖像、年龄、性别,学历、学位、专业、律师执业许可日期、所任职律师事务所名称、在所任职律师事务所的执业期限;收费标准、联系方法;依法能够向社会提供的法律服务业务范围;执业业绩。

第二十九条 律师事务所广告的内容应当限于律师事务所名称、住所、电话号码、传真号码、邮政编码、电子信箱、网址;所属律师协会;所内执业律师及依法能够向社会提供的法律服务业务范围简介;执业业绩。

第三十条 律师和律师事务所不得以有悖律师使命、有损律师形象的方式制作广告,不得采用一般商业广告的艺术夸张手段制作广告。

第三十一条 律师广告中不得出现违反所属律师协会有关律师广告管理规定的内容。

第三节 律师宣传

第三十二条 律师和律师事务所不得进行歪曲事实和法律,或者可能使公众对律师产生不合理期望的宣传。

第三十三条 律师和律师事务所可以宣传所从事的某一专业法律服务领域,但不得自我声明或者暗示其被公认或者证明为某一专业领域的权威或专家。

第三十四条 律师和律师事务所不得进行律师之间或者律师事务所之间的比较宣传。

第四章 律师与委托人或当事人的关系规范

第一节 委托代理关系

第三十五条 律师应当与委托人就委托事项范围、内容、权限、费用、期限等进行协商,经协商达成一致后,由律师事务所与委托人签署委托协议。

第三十六条 律师应当充分运用专业知识,依照法律和委托协议完成委托事项,维护委托人或者当事人的合法权益。

第三十七条 律师与所任职律师事务所有权根据法律规定、公平正义及律师执业道德标准,选择实现委托人或者当事人目的的方案。

第三十八条 律师应当严格按照法律规定的期间、时效以及与委托人约定的时间办理委托事项。对委托人了解委托事项办理情况的要求,应当及时给予答复。

第三十九条 律师应当建立律师业务档案,保存完整的工作记录。

第四十条 律师应谨慎保管委托人或当事人提供的证据原件、原物、音像资料底版以及其他材料。

第四十一条 律师接受委托后,应当在委托人委托的权限内开展执业活动,不得超越委托权限。

第四十二条 律师接受委托后,无正当理由不得拒绝辩护或者代理、或以其他方式终止委托。委托事项违法、委托人利用律师提供的服务从事违法活动或者委托人故意隐瞒与案件有关的重要事实的,律师有权告知委托人并要求其整改,有权拒绝辩护或者代理、或以其他方式终止委托,并有权就已经履行事务取得律师费。

第四十三条 律师在承办受托业务时,对已经出现的和可能出现的不可克服的困难、风险,应当及时通知委托人,并向律师事务所报告。

第二节 禁止虚假承诺

第四十四条 律师根据委托人提供的事实和证据,依据法律规定进行分析,向委托人提出分析性意见。

第四十五条 律师的辩护、代理意见未被采纳,不属于虚假承诺。

第三节 禁止非法牟取委托人权益

第四十六条 律师和律师事务所不得利用提供法律服务的便利,牟取当事人争议的权益。

第四十七条 律师和律师事务所不得违法与委托人就争议的权益产生经济上的联系,不得与委托人约定将争议标的物出售给自己;不得委托他人为自己或为自己的近亲属收购、租赁委托人与他人发生争议的标的物。

第四十八条 律师事务所可以依法与当事人或委托人签订以回收款项或标的物为前提按照一定比例收取货币或实物作为律师费用的协议。

第四节 利益冲突审查

第四十九条 律师事务所应当建立利益冲突审查制度。律师事务所在接受委托之前,应当进行利益冲突审查并作出是否接受委托决定。

第五十条 办理委托事务的律师与委托人之间存在利害关系或利益冲突的,不得承办该业务并应当主动提出回避。

第五十一条 有下列情形之一的,律师及律师事务所不得与当事人建立或维持委托关系:

(一)律师在同一案件中为双方当事人担任代理人,或代理与本人或者其近亲属有

利益冲突的法律事务的;

（二）律师办理诉讼或者非诉讼业务,其近亲属是对方当事人的法定代表人或者代理人的;

（三）曾经亲自处理或者审理过某一事项或者案件的行政机关工作人员、审判人员、检察人员、仲裁员,成为律师后又办理该事项或者案件的;

（四）同一律师事务所的不同律师同时担任同一刑事案件的被害人的代理人和犯罪嫌疑人、被告人的辩护人,但在该县区域内只有一家律师事务所且事先征得当事人同意的除外;

（五）在民事诉讼、行政诉讼、仲裁案件中,同一律师事务所的不同律师同时担任争议双方当事人的代理人,或者本所或其工作人员为一方当事人,本所其他律师担任对方当事人的代理人的;

（六）在非诉讼业务中,除各方当事人共同委托外,同一律师事务所的律师同时担任彼此有利害关系的各方当事人的代理人的;

（七）在委托关系终止后,同一律师事务所或同一律师在同一案件后续审理或者处理中又接受对方当事人委托的;

（八）其他与本条第（一）至第（七）项情形相似,且依据律师执业经验和行业常识能够判断为应当主动回避且不得办理的利益冲突情形。

第五十二条 有下列情形之一的,律师应当告知委托人并主动提出回避,但委托人同意其代理或者继续承办的除外:

（一）接受民事诉讼、仲裁案件一方当事人的委托,而同所的其他律师是该案件中对方当事人的近亲属的;

（二）担任刑事案件犯罪嫌疑人、被告人的辩护人,而同所的其他律师是该案件被害人的近亲属的;

（三）同一律师事务所接受正在代理的诉讼案件或者非诉讼业务当事人的对方当事人所委托的其他法律业务的;

（四）律师事务所与委托人存在法律服务关系,在某一诉讼或仲裁案件中该委托人未要求该律师事务所律师担任其代理人,而该律师事务所律师担任该委托人对方当事人的代理人的;

（五）在委托关系终止后一年内,律师又就同一法律事务接受与原委托人有利害关系的对方当事人的委托的;

（六）其他与本条第（一）至第（五）项情况相似,且依据律师执业经验和行业常识能够判断的其他情形。

律师和律师事务所发现存在上述情形的,应当告知委托人利益冲突的事实和可能产生的后果,由委托人决定是否建立或维持委托关系。委托人决定建立或维持委托关系的,应当签署知情同意书,表明当事人已经知悉存在利益冲突的基本事实和可能产生的法律后果,以及当事人明确同意与律师事务所及律师建立或维持委托关系。

第五十三条 委托人知情并签署知情同意书以示豁免的,承办律师在办理案件的过程中应对各自委托人的案件信息予以保密,不得将与案件有关的信息披露给相对人的承办律师。

第五节 保管委托人财产

第五十四条 律师事务所可以与委托人签订书面保管协议,妥善保管委托人财产,严格履行保管协议。

第五十五条 律师事务所受委托保管委托人财产时,应当将委托人财产与律师事务所的财产、律师个人财产严格分离。

第六节 转委托

第五十六条 未经委托人同意,律师事务所不得将委托人委托的法律事务转委托其他律师事务所办理。但在紧急情况下,为维护委托人的利益可以转委托,但应当及时告知委托人。

第五十七条 受委托律师遇有突患疾病、工作调动等紧急情况不能履行委托协议时,应当及时报告律师事务所,由律师事务所另行指定其他律师继续承办,并及时告知委托人。

第五十八条 非经委托人的同意,不能因转委托而增加委托人的费用支出。

第七节 委托关系的解除与终止

第五十九条 有下列情形之一的,律师事务所应当终止委托关系:
(一)委托人提出终止委托协议的;
(二)律师受到吊销执业证书或者停止执业处罚的,经过协商,委托人不同意更换律师的;
(三)当发现有本规范第五十一条规定的利益冲突情形的;
(四)受委托律师因健康状况不适合继续履行委托协议的,经过协商,委托人不同意更换律师的;
(五)继续履行委托协议违反法律、法规、规章或者本规范的。

第六十条 有下列情形之一,经提示委托人不纠正的,律师事务所可以解除委托协议:
(一)委托人利用律师提供的法律服务从事违法犯罪活动的;
(二)委托人要求律师完成无法实现或者不合理的目标的;
(三)委托人没有履行委托合同义务的;
(四)在事先无法预见的前提下,律师向委托人提供法律服务将会给律师带来不合理的费用负担,或给律师造成难以承受的、不合理的困难的;
(五)其他合法的理由的。

第六十一条 律师事务所依照本规范第五十九条、第六十条的规定终止代理或者解除委托的,委托人与律师事务所协商解除协议的,委托人单方终止委托代理协议的,律师事务所有权收取已提供服务部分的费用。

第六十二条 律师事务所与委托人解除委托关系后,应当退还当事人提供的资料原件、物证原物、视听资料底版等证据,并可以保留复印件存档。

第五章 律师参与诉讼或仲裁规范

第一节 调查取证

第六十三条 律师应当依法调查取证。

第六十四条 律师不得向司法机关或者仲裁机构提交明知是虚假的证据。

第六十五条 律师作为证人出庭作证的,不得再接受委托担任该案的辩护人或者代理人出庭。

第二节 尊重法庭与规范接触司法人员

第六十六条 律师应当遵守法庭、仲裁庭纪律,遵守出庭时间、举证时限、提交法律文书期限及其他程序性规定。

第六十七条 在开庭审理过程中,律师应当尊重法庭、仲裁庭。

第六十八条 律师在执业过程中,因对事实真假、证据真伪及法律适用是否正确而与诉讼相对方意见不一致的,或者为了向案件承办人提交新证据的,与案件承办人接触和交换意见应当在司法机关内指定场所。

第六十九条 律师在办案过程中,不得与所承办案件有关的司法、仲裁人员私下接触。

第七十条 律师不得贿赂司法机关和仲裁机构人员,不得以许诺回报或者提供其他利益(包括物质利益和非物质形态的利益)等方式,与承办案件的司法、仲裁人员进行交易。

律师不得介绍贿赂或者指使、诱导当事人行贿。

第三节 庭审仪表和语态

第七十一条 律师担任辩护人、代理人参加法庭、仲裁庭审理,应当按照规定穿着律师出庭服装,佩戴律师出庭徽章,注重律师职业形象。

第七十二条 律师在法庭或仲裁庭发言时应当举止庄重、大方,用词文明、得体。

第六章 律师与其他律师的关系规范

第一节 尊重与合作

第七十三条 律师与其他律师之间应当相互帮助、相互尊重。

第七十四条 在庭审或者谈判过程中各方律师应当互相尊重,不得使用挖苦、讽刺或者侮辱性的语言。

第七十五条 律师或律师事务所不得在公众场合及媒体上发表恶意贬低、诋毁、损害同行声誉的言论。

第七十六条 律师变更执业机构时应当维护委托人及原律师事务所的利益；律师事务所在接受转入律师时，不得损害原律师事务所的利益。

第七十七条 律师与委托人发生纠纷的，律师事务所的解决方案应当充分尊重律师本人的意见，律师应当服从律师事务所解决纠纷的决议。

第二节 禁止不正当竞争

第七十八条 律师和律师事务所不得采用不正当手段进行业务竞争，损害其他律师及律师事务所的声誉或者其他合法权益。

第七十九条 有下列情形之一的，属于律师执业不正当竞争行为：

（一）诋毁、诽谤其他律师或者律师事务所信誉、声誉；

（二）无正当理由，以低于同地区同行业收费标准为条件争揽业务，或者采用承诺给予客户、中介人、推荐人回扣、馈赠金钱、财物或者其他利益等方式争揽业务；

（三）故意在委托人与其代理律师之间制造纠纷；

（四）向委托人明示或者暗示自己或者其属的律师事务所与司法机关、政府机关、社会团体及其工作人员具有特殊关系；

（五）就法律服务结果或者诉讼结果作出虚假承诺；

（六）明示或者暗示可以帮助委托人达到不正当目的，或者以不正当的方式、手段达到委托人的目的。

第八十条 律师和律师事务所在与行政机关、行业管理部门以及企业的接触中，不得采用下列不正当手段与同行进行业务竞争：

（一）通过与某机关、某部门、某行业对某一类的法律服务事务进行垄断的方式争揽业务；

（二）限定委托人接受其指定的律师或者律师事务所提供法律服务，限制其他律师或律师事务所正当的业务竞争。

第八十一条 律师和律师事务所在与司法机关及司法人员接触中，不得采用利用律师兼有其他身份影响所承办业务正常处理和审理的手段进行业务竞争。

第八十二条 依照有关规定取得从事特定范围法律服务的律师或律师事务所不得采取下列不正当竞争的行为：

（一）限制委托人接受经过法定机构认可的其他律师或律师事务所提供法律服务；

（二）强制委托人接受其提供的或者由其指定的律师提供的法律服务；

（三）对抵制上述行为的委托人拒绝、中断、拖延、削减必要的法律服务或者滥收费用。

第八十三条 律师或律师事务所相互之间不得采用下列手段排挤竞争对手的公平竞争：

（一）串通抬高或者压低收费；

（二）为争揽业务，不正当获取其他律师和律师事务所收费报价或者其他提供法律服务的条件；

（三）泄露收费报价或者其他提供法律服务的条件等暂未公开的信息，损害相关律师事务所的合法权益。

第八十四条 律师和律师事务所不得擅自或者非法使用社会专有名称或者知名度较高的名称以及代表其名称的标志、图形文字、代号以混淆误导委托人。

本规范所称的社会特有名称和知名度较高的名称是指：

（一）有关政党、司法机关、行政机关、行业协会名称；

（二）具有较高社会知名度的高等法学院校或者科研机构的名称；

（三）为社会公众共知，具有较高知名度的非律师公众人物名称；

（四）知名律师以及律师事务所名称。

第八十五条 律师和律师事务所不得伪造或者冒用法律服务荣誉称号。使用已获得的律师或者律师事务所法律服务荣誉称号的，应当注明获得时间和期限。律师和律师事务所不得变造已获得的荣誉称号用于广告宣传。律师事务所已撤销的，其原取得的荣誉称号不得继续使用。

第七章 律师与所任职的律师事务所关系规范

第八十六条 律师事务所是律师的执业机构。律师事务所对本所执业律师负有教育、管理和监督的职责。

第八十七条 律师事务所应当建立健全执业管理、利益冲突审查、收费与财务管理、投诉查处、年度考核、档案管理、劳动合同管理等制度，对律师在执业活动中遵守职业道德、执业纪律的情况进行监督。

第八十八条 律师事务所应当依法保障律师及其他工作人员的合法权益，为律师执业提供必要的工作条件。

第八十九条 律师承办业务，由律师事务所统一接受委托，与委托人签订书面委托合同，按照国家规定统一收取费用。

第九十条 律师及律师事务所必须依法纳税。

第九十一条 律师事务所应当定期组织律师开展时事政治、业务学习，总结交流执业经验，提高律师执业水平。

第九十二条 律师事务所应当认真指导申请律师执业实习人员实习，如实出具实习鉴定材料和相关证明材料。

第九十三条 律师事务所不得从事法律服务以外的经营活动。

第九十四条 律师和律师事务所应当按照国家规定履行法律援助义务，为受援人提供法律服务，维护受援人的合法权益。

第九十五条 律师事务所不得指派没有取得律师执业证书的人员或者处于停止执业处罚期间的律师以律师名义提供法律服务。

第九十六条 律师事务所对受其指派办理事务的律师辅助人员出现的错误,应当采取制止或者补救措施,并承担责任。

第九十七条 律师事务所有义务对律师、申请律师执业实习人员在业务及职业道德等方面进行管理。

第八章 律师与律师协会关系规范

第九十八条 律师和律师事务所应当遵守律师协会制定的律师行业规范和规则。律师和律师事务所享有律师协会章程规定的权利,承担律师协会章程规定的义务。

第九十九条 律师应当参加、完成律师协会组织的律师业务学习及考核。

第一百条 律师参加国际性律师组织并成为其会员的,以及以中国律师身份参加境外会议等活动的,应当报律师协会备案。

第一百零一条 律师和律师事务所因执业行为成为刑、民事被告,或者受到行政机关调查、处罚的,应当向律师协会书面报告。

第一百零二条 律师应当积极参加律师协会组织的律师业务研究活动,完成律师协会布置的业务研究任务,参加律师协会组织的公益活动。

第一百零三条 律师应当妥善处理律师执业中发生的纠纷,履行经律师协会调解达成的调解协议。

第一百零四条 律师应当执行律师协会就律师执业纠纷作出的处理决定。

律师应当履行律师协会依照法律、法规、规章及律师协会章程、规则作出的处分决定。

第一百零五条 律师应当按时缴纳会费。

第九章 附 则

第一百零六条 律师和律师事务所违反本规范的,律师协会应当依据《律师协会会员违规行为处分规则(试行)》和相关行业规范性文件实施处分。

第一百零七条 地方律师协会可以依据本规范,结合本地区情况制定实施细则。该实施细则与本规范不得冲突,并报全国律师协会备案后实施。

第一百零八条 本规范自颁布之日起施行。本规范以修正案的方式进行修改,修正案由常务理事会通过后试行,理事会通过后正式实施。

第一百零九条 本规范由中华全国律师协会常务理事会解释。

关于依法保障律师执业权利的规定

(最高人民法院、最高人民检察院、公安部、国家安全部、司法部2015年9月16日印发)

第一条 为切实保障律师执业权利,充分发挥律师维护当事人合法权益、维护法律正确实施、维护社会公平和正义的作用,促进司法公正,根据有关法律法规,制定本规定。

第二条 人民法院、人民检察院、公安机关、国家安全机关、司法行政机关应当尊重律师,健全律师执业权利保障制度,依照刑事诉讼法、民事诉讼法、行政诉讼法及律师法的规定,在各自职责范围内依法保障律师知情权、申请权、申诉权,以及会见、阅卷、收集证据和发问、质证、辩论等方面的执业权利,不得阻碍律师依法履行辩护、代理职责,不得侵害律师合法权利。

第三条 人民法院、人民检察院、公安机关、国家安全机关、司法行政机关和律师协会应当建立健全律师执业权利救济机制。

律师因依法执业受到侮辱、诽谤、威胁、报复、人身伤害的,有关机关应当及时制止并依法处理,必要时对律师采取保护措施。

第四条 人民法院、人民检察院、公安机关、国家安全机关、司法行政机关应当建立和完善诉讼服务中心、立案或受案场所、律师会见室、阅卷室,规范工作流程,方便律师办理立案、会见、阅卷、参与庭审、申请执行等事务。探索建立网络信息系统和律师服务平台,提高案件办理效率。

第五条 办案机关在办理案件中应当依法告知当事人有权委托辩护人、诉讼代理人。对于符合法律援助条件而没有委托辩护人或者诉讼代理人的,办案机关应当及时告知当事人有权申请法律援助,并按照相关规定向法律援助机构转交申请材料。办案机关发现犯罪嫌疑人、被告人属于依法应当提供法律援助的情形的,应当及时通知法律援助机构指派律师为其提供辩护。

第六条 辩护律师接受犯罪嫌疑人、被告人委托或者法律援助机构的指派后,应当告知办案机关,并可以依法向办案机关了解犯罪嫌疑人、被告人涉嫌或者被指控的罪名及当时已查明的该罪的主要事实,犯罪嫌疑人、被告人被采取、变更、解除强制措施的情况,侦查机关延长侦查羁押期限等情况,办案机关应当依法及时告知辩护律师。

办案机关作出移送审查起诉、退回补充侦查、提起公诉、延期审理、二审不开庭审理、宣告判决等重大程序性决定的,以及人民检察院将直接受理立案侦查案件报请上一级人民检察院审查决定逮捕的,应当依法及时告知辩护律师。

第七条 辩护律师到看守所会见在押的犯罪嫌疑人、被告人,看守所在查验律师执业证书、律师事务所证明和委托书或者法律援助公函后,应当及时安排会见。能当时安排的,应当当时安排;不能当时安排的,看守所应当向辩护律师说明情况,并保证辩护律师在四十八小时以内会见到在押的犯罪嫌疑人、被告人。

看守所安排会见不得附加其他条件或者变相要求辩护律师提交法律规定以外的其他文件、材料,不得以未收到办案机关通知为由拒绝安排辩护律师会见。

看守所应当设立会见预约平台,采取网上预约、电话预约等方式为辩护律师会见提供便利,但不得以未预约会见为由拒绝安排辩护律师会见。

辩护律师会见在押的犯罪嫌疑人、被告人时,看守所应当采取必要措施,保障会见顺利和安全进行。律师会见在押的犯罪嫌疑人、被告人的,看守所应当保障律师履行辩护职责需要的时间和次数,并与看守所工作安排和办案机关侦查工作相协调。辩护律师会见犯罪嫌疑人、被告人时不被监听,办案机关不得派员在场。在律师会见室不足的情况下,看守所经辩护律师书面同意,可以安排在讯问室会见,但应当关闭录音、监听设备。犯罪嫌疑人、被告人委托两名律师担任辩护人的,两名辩护律师可以共同会见,也可以单独会见。辩护律师可以带一名律师助理协助会见。助理人员随同辩护律师参加会见的,应当出示律师事务所证明和律师执业证书或申请律师执业人员实习证。办案机关应当核实律师助理的身份。

第八条 在押的犯罪嫌疑人、被告人提出解除委托关系的,办案机关应当要求其出具或签署书面文件,并在三日以内转交受委托的律师或者律师事务所。辩护律师可以要求会见在押的犯罪嫌疑人、被告人,当面向其确认解除委托关系,看守所应当安排会见;但犯罪嫌疑人、被告人书面拒绝会见的,看守所应当将有关书面材料转交辩护律师,不予安排会见。

在押的犯罪嫌疑人、被告人的监护人、近亲属解除代为委托辩护律师关系的,经犯罪嫌疑人、被告人同意的,看守所应当允许新代为委托的辩护律师会见,由犯罪嫌疑人、被告人确认新的委托关系;犯罪嫌疑人、被告人不同意解除原辩护律师的委托关系的,看守所应当终止新代为委托的辩护律师会见。

第九条 辩护律师在侦查期间要求会见危害国家安全犯罪、恐怖活动犯罪、特别重大贿赂犯罪案件在押的犯罪嫌疑人的,应当向侦查机关提出申请。侦查机关应当依法及时审查辩护律师提出的会见申请,在三日以内将是否许可的决定书面答复辩护律师,并明确告知负责与辩护律师联系的部门及工作人员的联系方式。对许可会见的,应当向辩护律师出具许可决定文书;因有碍侦查或者可能泄露国家秘密而不许可会见的,应当向辩护律师说明理由。有碍侦查或者可能泄露国家秘密的情形消失后,应当许可会见,并及时通知看守所和辩护律师。对特别重大贿赂案件在侦查终结前,侦查机关应当许可辩护律师至少会见一次犯罪嫌疑人。

侦查机关不得随意解释和扩大前款所述三类案件的范围,限制律师会见。

第十条 自案件移送审查起诉之日起,辩护律师会见犯罪嫌疑人、被告人,可以向其核实有关证据。

第十一条 辩护律师会见在押的犯罪嫌疑人、被告人,可以根据需要制作会见笔录,并要求犯罪嫌疑人、被告人确认无误后在笔录上签名。

第十二条 辩护律师会见在押的犯罪嫌疑人、被告人需要翻译人员随同参加的,应当提前向办案机关提出申请,并提交翻译人员身份证明及其所在单位出具的证明。办案机关应当及时审查并在三日以内作出是否许可的决定。许可翻译人员参加会见的,应当向辩护律师出具许可决定文书,并通知看守所。不许可的,应当向辩护律师书面说明理由,并通知其更换。

翻译人员应当持办案机关许可决定文书和本人身份证明,随同辩护律师参加会见。

第十三条 看守所应当及时传递辩护律师同犯罪嫌疑人、被告人的往来信件。看守所可以对信件进行必要的检查,但不得截留、复制、删改信件,不得向办案机关提供信件内容,但信件内容涉及危害国家安全、公共安全、严重危害他人人身安全以及涉嫌串供、毁灭证据等情形的除外。

第十四条 辩护律师自人民检察院对案件审查起诉之日起,可以查阅、摘抄、复制本案的案卷材料,人民检察院检察委员会的讨论记录、人民法院合议庭、审判委员会的讨论记录以及其他依法不能公开的材料除外。人民检察院、人民法院应当为辩护律师查阅、摘抄、复制案卷材料提供便利,有条件的地方可以推行电子化阅卷,允许刻录、下载材料。侦查机关应当在案件移送审查起诉后三日以内,人民检察院应当在提起公诉后三日以内,将案件移送情况告知辩护律师。案件提起公诉后,人民检察院对案卷所附证据材料有调整或者补充的,应当及时告知辩护律师。辩护律师对调整或者补充的证据材料,有权查阅、摘抄、复制。辩护律师办理申诉、抗诉案件,在人民检察院、人民法院经审查决定立案后,可以持律师执业证书、律师事务所证明和委托书或者法律援助公函到案卷档案管理部门、持有案卷档案的办案部门查阅、摘抄、复制已经审理终结案件的案卷材料。

辩护律师提出阅卷要求的,人民检察院、人民法院应当当时安排辩护律师阅卷,无法当时安排的,应当向辩护律师说明并安排其在三个工作日以内阅卷,不得限制辩护律师阅卷的次数和时间。有条件的地方可以设立阅卷预约平台。

人民检察院、人民法院应当为辩护律师阅卷提供场所和便利,配备必要的设备。因复制材料发生费用的,只收取工本费用。律师办理法律援助案件复制材料发生的费用,应当予以免收或者减收。辩护律师可以采用复印、拍照、扫描、电子数据拷贝等方式复制案卷材料,可以根据需要带律师助理协助阅卷。办案机关应当核实律师助理的身份。

辩护律师查阅、摘抄、复制的案卷材料属于国家秘密的,应当经过人民检察院、人民法院同意并遵守国家保密规定。律师不得违反规定,披露、散布案件重要信息和案卷材料,或者将其用于本案辩护、代理以外的其他用途。

第十五条 辩护律师提交与案件有关材料的,办案机关应当在工作时间和办公场所予以接待,当面了解辩护律师提交材料的目的、材料的来源和主要内容等有关情况并记录在案,与相关材料一并附卷,并出具回执。辩护律师应当提交原件,提交原件确有困难的,经办案机关准许,也可以提交复印件,经与原件核对无误后由辩护律师签名确认。辩护律师通过服务平台网上提交相关材料的,办案机关应当在网上出具回执。辩护律师应当及时向办案机关提供原件核对,并签名确认。

第十六条 在刑事诉讼审查起诉、审理期间,辩护律师书面申请调取公安机关、人民检察院在侦查、审查起诉期间收集但未提交的证明犯罪嫌疑人、被告人无罪或者罪轻的证据材料的,人民检察院、人民法院应当依法及时审查。经审查,认为辩护律师申请调取的证据材料已收集并且与案件事实有联系的,应当及时调取。相关证据材料提交后,人民检察院、人民法院应当及时通知辩护律师查阅、摘抄、复制。经审查决定不予调取的,应当书面说明理由。

第十七条 辩护律师申请向被害人或者其近亲属、被害人提供的证人收集与本案有关的材料的,人民检察院、人民法院应当在七日以内作出是否许可的决定,并通知辩护律师。辩护律师书面提出有关申请时,办案机关不许可的,应当书面说明理由;辩护律师口头提出申请的,办案机关可以口头答复。

第十八条 辩护律师申请人民检察院、人民法院收集、调取证据的,人民检察院、人民法院应当在三日以内作出是否同意的决定,并通知辩护律师。辩护律师书面提出有关申请时,办案机关不同意的,应当书面说明理由;辩护律师口头提出申请的,办案机关可以口头答复。

第十九条 辩护律师申请向正在服刑的罪犯收集与案件有关的材料的,监狱和其他监管机关在查验律师执业证书、律师事务所证明和犯罪嫌疑人、被告人委托书或法律援助公函后,应当及时安排并提供合适的场所和便利。

正在服刑的罪犯属于辩护律师所承办案件的被害人或者其近亲属、被害人提供的证人的,应当经人民检察院或者人民法院许可。

第二十条 在民事诉讼、行政诉讼过程中,律师因客观原因无法自行收集证据的,可以依法向人民法院申请调取。经审查符合规定的,人民法院应当予以调取。

第二十一条 侦查机关在案件侦查终结前,人民检察院、人民法院在审查批准、决定逮捕期间,最高人民法院在复核死刑案件期间,辩护律师提出要求的,办案机关应当听取辩护律师的意见。人民检察院审查起诉、第二审人民法院决定不开庭审理的,应当充分听取辩护律师的意见。

辩护律师要求当面反映意见或者提交证据材料的,办案机关应当依法办理,并制作笔录附卷。辩护律师提出的书面意见和证据材料,应当附卷。

第二十二条 辩护律师书面申请变更或者解除强制措施的,办案机关应当在三日以内作出处理决定。辩护律师的申请符合法律规定的,办案机关应当及时变更或者解除强制措施;经审查认为不应当变更或者解除强制措施的,应当告知辩护律师,并书面说明理由。

第二十三条 辩护律师在侦查、审查起诉、审判期间发现案件有关证据存在刑事诉讼法第五十四条规定的情形的,可以向办案机关申请排除非法证据。

辩护律师在开庭以前申请排除非法证据,人民法院对证据收集合法性有疑问的,应当依照刑事诉讼法第一百八十二条第二款的规定召开庭前会议,就非法证据排除问题了解情况,听取意见。

辩护律师申请排除非法证据的,办案机关应当听取辩护律师的意见,按照法定程序审查核实相关证据,并依法决定是否予以排除。

第二十四条　辩护律师在开庭以前提出召开庭前会议、回避、补充鉴定或者重新鉴定以及证人、鉴定人出庭等申请的,人民法院应当及时审查作出处理决定,并告知辩护律师。

第二十五条　人民法院确定案件开庭日期时,应当为律师出庭预留必要的准备时间并书面通知律师。律师因开庭日期冲突等正当理由申请变更开庭日期的,人民法院应当在不影响案件审理期限的情况下,予以考虑并调整日期,决定调整日期的,应当及时通知律师。

律师可以根据需要,向人民法院申请带律师助理参加庭审。律师助理参加庭审仅能从事相关辅助工作,不得发表辩护、代理意见。

第二十六条　有条件的人民法院应当建立律师参与诉讼专门通道,律师进入人民法院参与诉讼确需安全检查的,应当与出庭履行职务的检察人员同等对待。有条件的人民法院应当设置专门的律师更衣室、休息室或者休息区域,并配备必要的桌椅、饮水及上网设施等,为律师参与诉讼提供便利。

第二十七条　法庭审理过程中,律师对审判人员、检察人员提出回避申请的,人民法院、人民检察院应当依法作出处理。

第二十八条　法庭审理过程中,经审判长准许,律师可以向当事人、证人、鉴定人和有专门知识的人发问。

第二十九条　法庭审理过程中,律师可以就证据的真实性、合法性、关联性,从证明目的、证明效果、证明标准、证明过程等方面,进行法庭质证和相关辩论。

第三十条　法庭审理过程中,律师可以就案件事实、证据和适用法律等问题,进行法庭辩论。

第三十一条　法庭审理过程中,法官应当注重诉讼权利平等和控辩平衡。对于律师发问、质证、辩论的内容、方式、时间等,法庭应当依法公正保障,以便律师充分发表意见,查清案件事实。

法庭审理过程中,法官可以对律师的发问、辩论进行引导,除发言过于重复、相关问题已在庭前会议达成一致、与案件无关或者侮辱、诽谤、威胁他人,故意扰乱法庭秩序的情况外,法官不得随意打断或者制止律师按程序进行的发言。

第三十二条　法庭审理过程中,律师可以提出证据材料,申请通知新的证人、有专门知识的人出庭,申请调取新的证据,申请重新鉴定或者勘验、检查。在民事诉讼中,申请有专门知识的人出庭,应当在举证期限届满前向人民法院申请,经法庭许可后才可以出庭。

第三十三条　法庭审理过程中,遇有被告人供述发生重大变化、拒绝辩护等重大情形,经审判长许可,辩护律师可以与被告人进行交流。

第三十四条　法庭审理过程中,有下列情形之一的,律师可以向法庭申请休庭:

（一）辩护律师因法定情形拒绝为被告人辩护的；
（二）被告人拒绝辩护律师为其辩护的；
（三）需要对新的证据作辩护准备的；
（四）其他严重影响庭审正常进行的情形。

第三十五条 辩护律师作无罪辩护的，可以当庭就量刑问题发表辩护意见，也可以庭后提交量刑辩护意见。

第三十六条 人民法院适用普通程序审理案件，应当在裁判文书中写明律师依法提出的辩护、代理意见，以及是否采纳的情况，并说明理由。

第三十七条 对于诉讼中的重大程序信息和送达当事人的诉讼文书，办案机关应当通知辩护、代理律师。

第三十八条 法庭审理过程中，律师就回避，案件管辖，非法证据排除，申请通知证人、鉴定人、有专门知识的人出庭，申请通知新的证人到庭，调取新的证据，申请重新鉴定、勘验等问题当庭提出申请，或者对法庭审理程序提出异议的，法庭原则上应当休庭进行审查，依照法定程序作出决定。其他律师有相同异议的，应一并提出，法庭一并休庭审查。法庭决定驳回申请或者异议的，律师可当庭提出复议。经复议后，律师应当尊重法庭的决定，服从法庭的安排。

律师不服法庭决定保留意见的内容应当详细记入法庭笔录，可以作为上诉理由，或者向同级或者上一级人民检察院申诉、控告。

第三十九条 律师申请查阅人民法院录制的庭审过程的录音、录像的，人民法院应当准许。

第四十条 侦查机关依法对在诉讼活动中涉嫌犯罪的律师采取强制措施后，应当在四十八小时以内通知其所在的律师事务所或者所属的律师协会。

第四十一条 律师认为办案机关及其工作人员明显违反法律规定，阻碍律师依法履行辩护、代理职责，侵犯律师执业权利的，可以向该办案机关或者其上一级机关投诉。

办案机关应当畅通律师反映问题和投诉的渠道，明确专门部门负责处理律师投诉，并公开联系方式。

办案机关应当对律师的投诉及时调查，律师要求当面反映情况的，应当当面听取律师的意见。经调查情况属实的，应当依法立即纠正，及时答复律师，做好说明解释工作，并将处理情况通报其所在地司法行政机关或者所属的律师协会。

第四十二条 在刑事诉讼中，律师认为办案机关及其工作人员的下列行为阻碍律师依法行使诉讼权利的，可以向同级或者上一级人民检察院申诉、控告：

（一）未依法向律师履行告知、转达、通知和送达义务的；
（二）办案机关认定律师不得担任辩护人、代理人的情形有误的；
（三）对律师依法提出的申请，不接收、不答复的；
（四）依法应当许可律师提出的申请未许可的；
（五）依法应当听取律师的意见未听取的；
（六）其他阻碍律师依法行使诉讼权利的行为。

律师依照前款规定提出申诉、控告的,人民检察院应当在受理后十日以内进行审查,并将处理情况书面答复律师。情况属实的,通知有关机关予以纠正。情况不属实的,做好说明解释工作。

人民检察院应当依法严格履行保障律师依法执业的法律监督职责,处理律师申诉控告。在办案过程中发现有阻碍律师依法行使诉讼权利行为的,应当依法、及时提出纠正意见。

第四十三条 办案机关或者其上一级机关、人民检察院对律师提出的投诉、申诉、控告,经调查核实后要求有关机关予以纠正,有关机关拒不纠正或者累纠累犯的,应当由相关机关的纪检监察部门依照有关规定调查处理,相关责任人构成违纪的,给予纪律处分。

第四十四条 律师认为办案机关及其工作人员阻碍其依法行使执业权利的,可以向其所执业律师事务所所在地的市级司法行政机关、所属的律师协会申请维护执业权利。情况紧急的,可以向事发地的司法行政机关、律师协会申请维护执业权利。事发地的司法行政机关、律师协会应当给予协助。

司法行政机关、律师协会应当建立维护律师执业权利快速处置机制和联动机制,及时安排专人负责协调处理。律师的维权申请合法有据的,司法行政机关、律师协会应当建议有关办案机关依法处理,有关办案机关应当将处理情况及时反馈司法行政机关、律师协会。

司法行政机关、律师协会持有关证明调查核实律师权益保障或者违纪有关情况的,办案机关应当予以配合、协助,提供相关材料。

第四十五条 人民法院、人民检察院、公安机关、国家安全机关、司法行政机关和律师协会应当建立联席会议制度,定期沟通保障律师执业权利工作情况,及时调查处理侵犯律师执业权利的突发事件。

第四十六条 依法规范法律服务秩序,严肃查处假冒律师执业和非法从事法律服务的行为。对未取得律师执业证书或者已经被注销、吊销执业证书的人员以律师名义提供法律服务或者从事相关活动的,或者利用相关法律关于公民代理的规定从事诉讼代理或者辩护业务非法牟利的,依法追究责任,造成严重后果的,依法追究刑事责任。

第四十七条 本规定所称"办案机关",是指负责侦查、审查逮捕、审查起诉和审判工作的公安机关、国家安全机关、人民检察院和人民法院。

第四十八条 本规定所称"律师助理",是指辩护、代理律师所在律师事务所的其他律师和申请律师执业实习人员。

第四十九条 本规定自发布之日起施行。

律师出庭服装使用管理办法

(2002年3月30日第四届全国律协常务理事会第十二次会议审议通过)

第一条 为了加强律师队伍的管理,规范律师出庭服装着装行为,增强律师执业责任感,根据《中华人民共和国律师法》相关规定,制定本办法。

第二条 律师担任辩护人、代理人参加法庭审理,必须穿着律师出庭服装。

第三条 律师出庭服装由律师袍和领巾组成。

第四条 律师出庭着装时,应遵守以下规定:

(一)律师出庭服装仅使用于法庭审理过程中,不得在其他任何时间、场合穿着;

(二)律师出庭统一着装时,应按照规定配套穿着:内着浅色衬衣,佩带领巾,外着律师袍,律师袍上佩带律师徽章。下着深色西装裤、深色皮鞋,女律师可着深色西装套裙;

(三)保持律师出庭服装的洁净、平整,服装不整洁或有破损的不得使用;

(四)律师穿着律师出庭服装时,应表现出严肃、庄重的精神风貌。律师出庭服装外不得穿着或佩带其他衣物或饰品。

第五条 律师出庭服装的式样、面料、颜色等由中华全国律师协会常务理事会审定。

第六条 中华全国律师协会负责统一制作律师出庭服装。

未经中华全国律师协会授权而制作律师出庭服装的行为均侵犯律师出庭服装的知识产权。

第七条 中华全国律师协会负责将律师出庭服装式样报最高人民法院、最高人民检察院备案。

第八条 各级律师协会对律师出庭服装的使用实行监督检查。

第九条 律师事务所负责本所律师出庭服装的管理。律师出庭服装的购置、更新或因遗失、严重坏损而需要重新购置的,由律师事务所向所在地地市级律师协会提出申请,省、自治区、直辖市律师协会汇总各地申请,统一向中华全国律师协会申请购置律师出庭服装。

第十条 中华全国律师协会每年6月1日至20日、12月1日至20日受理购置律师出庭服装的申请。

第十一条 律师出庭服装的费用由律师事务所承担。律师调离律师事务所时,需将律师出庭服装交还律师事务所。

第十二条 律师出庭服装不得转送、转借给非律师人员。如有遗失、损坏,要及时向所在地律师协会报告。

第十三条 对违反本办法的,参照中华全国律师协会《律师协会会员处分规则》,由律师协会予以训诫处分,情节严重者,予以通报批评。

第十四条 本办法自 2003 年 1 月 1 日起施行。

第十五条 本办法由全国律协常务理事会负责解释。